LES SIX FEMMES
DE HENRI VIII

AVIS.

L'auteur et l'éditeur de cet ouvrage se réservent le droit de le traduire ou de le faire traduire en toutes langues. Toutes contrefaçons ou traductions faites au mépris de leurs droits, seront poursuivies en vertu des lois, décrets et traités internationaux.

Ch. Lahure, imprimeur du Sénat et de la Cour de Cassation
(ancienne maison Crapelet), rue de Vaugirard, 9.

LES SIX FEMMES
DE HENRI VIII

SCÈNES HISTORIQUES

PAR M. EMPIS

de l'Académie française

« Lorsque le roi Henri VIII, prince en
« tout le reste accompli, s'égara dans les
« passions qui ont perdu Salomon et tant
« d'autres rois, et commença d'ébranler
« l'autorité de l'Église, les sages lui dé-
« noncèrent qu'en remuant ce seul point
« il mettait tout en péril, et qu'il donnait,
« contre son dessein, une licence effrénée
« aux âges suivants. »
(BOSSUET, *Oraison funèbre de Hen-
riette de France.*)

TOME PREMIER

PARIS

ARTHUS BERTRAND, ÉDITEUR

Libraire de la Société de géographie, rue Hautefeuille, 24

PREMIER TABLEAU

PERSONNAGES.

HENRI VIII, roi d'Angleterre, fils de Henri VII et d'Élisabeth d'York.
CATHERINE D'ARAGON, reine d'Angleterre, veuve d'Arthur, prince de Galles, fils aîné de Henri VII, épouse en secondes noces de Henri VIII.
MARIE, princesse de Galles, fille de Henri VIII et de Catherine d'Aragon.
THOMAS WOLSEY, cardinal de Sainte-Cécile, archevêque d'York, évêque de Wincester, légat *a latere* du pape Clément VII, grand chancelier d'Angleterre, premier ministre du roi.
Le cardinal LAURENT CAMPEGGIO, évêque de Salisbury, nonce en Angleterre du pape Clément VII.
Don CAPUCIUS, ambassadeur de Charles-Quint, roi d'Espagne et empereur d'Allemagne.
HENRI HOWARD, comte de SURREY, fils de lord Thomas Howard, duc de Norfolk.
Lord PIERCY, fils du comte de Northumberland, attaché comme secrétaire au cardinal Wolsey.
Le comte WRIOTHESLEY, lord chambellan et lord chancelier.
Sir JOHN BLOUNT, membre de la chambre des communes.
MARGUERITE, épouse de sir Georges Boleyn, dame du lit de la reine.
ANNE BOLEYN, fille de sir Thomas Boleyn et d'Élisabeth Howard,
JEANNE SEYMOUR,
ANNE ASKEW, } filles d'honneur de la reine.
CATHERINE PARR,
CATHERINE HOWARD, fille de sir Edmond Howard, frère du duc de Norfolk,
FRANCIS WASTON,
GUILLAUME BRERETON, } pages du roi et de la reine.
Un Crieur public.

La scène se passe en Angleterre, au palais de Hampton-Court.

Le cabinet de travail de la reine.

PREMIER TABLEAU.

SCÈNE I.

Catherine d'ARAGON, MARIE, Marguerite BOLEYN, Catherine PARR, Anne ASKEW, Anne BOLEYN, Lord PIERCY, Jeanne SEYMOUR, Catherine HOWARD.

(*Catherine d'Aragon, un écheveau de soie autour du cou, le fuseau à la main, est assise auprès d'une petite table. La princesse Marie, sur un tabouret, aux pieds de sa mère, et Marguerite Boleyn à côté de la reine, travaillent à des ouvrages de tapisserie. De l'autre côté du salon, Anne Boleyn, devant une table et une plume à la main, copie de la musique. Lord Piercy est appuyé sur le dos de son fauteuil. Jeanne Seymour file au fuseau, Catherine Howard au rouet. Anne Askew et Catherine Parr debout examinent des objets d'art placés sur un buffet d'ébène noire, couvert d'un drap rouge et brodé en or.*)

CATHERINE D'ARAGON, *à la princesse Marie.*
Ma fille, de qui est le dessin de cette tapisserie?...

MARIE.
Madame, il est d'Holbein, du premier peintre du roi.

MARGUERITE BOLEYN.
En vérité, Mme la princesse Marie a un talent merveilleux pour tous les ouvrages qui se font à l'aiguille!...

CATHERINE D'ARAGON.
Aussi sera-t-elle cause qu'avant peu de temps le point d'Angleterre aura la préférence sur le point d'Espagne.

ANNE BOLEYN, *en riant*.

Ah! madame, quel horrible blasphème dans la bouche de la fille de Ferdinand le Catholique et d'Isabelle de Castille!... Si, par malheur, don Capucius, l'illustre envoyé de l'empereur Charles-Quint, votre puissant neveu, avait entendu les paroles de Votre Majesté, je craindrais que bientôt la reine ne fût dénoncée au saint-office de Madrid, pour avoir montré si peu de patriotisme et d'orgueil national!...

CATHERINE D'ARAGON.

Miss Anne Boleyn, ma patrie n'est plus le pays où je suis née. Catherine d'Aragon a cessé d'être Espagnole, du jour où elle a mis le pied sur la terre anglaise.

CATHERINE PARR, *à Anne Askew, en lui montrant une rose d'or*.

Quel travail délicat!...

ANNE ASKEW.

C'est d'un goût exquis!...

CATHERINE D'ARAGON.

Que regardez-vous donc avec tant d'attention, Anne Askew?

ANNE ASKEW.

Madame, Catherine Parr me fait admirer un chef-d'œuvre de Benvenuto Cellini : la rose d'or, ointe de saint chrême et parfumée de musc, dont le pape Jules II fit présent au roi.

CATHERINE PARR.

Voici l'épée et la toque bénites envoyées par Léon X.

ANNE ASKEW.

Et ce livre si magnifiquement relié, qui porte les armes d'Angleterre entourées de fleurs, quel est-il?...

CATHERINE PARR, *lisant*.

« De septem sacramentis, contra Martinum Lutherum,

« heresiarcon, per illustrissimum principem Henricum
« Octavum. »
CATHERINE D'ARAGON.

Cet ouvrage, mes filles, fut présenté au souverain pontife en plein consistoire. Léon X le compara aux écrits de saint Jérôme et de saint Augustin. Un bref, souscrit par vingt cardinaux, décerna au royal auteur le titre de champion de l'Église et de défenseur de la foi.

ANNE ASKEW.

Je serais curieuse d'examiner moi-même les questions qui divisent les catholiques et les protestants.

CATHERINE D'ARAGON.

Le roi, j'en suis persuadée, se fera un plaisir de vous offrir à toutes deux un exemplaire de son ouvrage. Il voit avec intérêt votre zèle pour la vraie religion et le goût que, si jeunes encore, vous montrez l'une et l'autre pour les études théologiques.

CATHERINE PARR.

Ah! si la reine savait combien sous cette candeur et cette tendre piété envers les malheureux, notre belle compagne cache d'enthousiasme et de courage!... Convaincue d'une vérité, Anne Askew, j'en suis sûre, souffrirait le martyre plutôt que de renoncer à sa croyance!...

CATHERINE D'ARAGON, *souriant*.

Tandis que, plus prudente ou plus adroite, notre chère Catherine Parr saurait sans doute conserver la foi sans s'exposer aux flammes?

MARGUERITE BOLEYN.

Ah! madame, que Votre Majesté connait bien Catherine Parr!

CATHERINE D'ARAGON.

Milord Piercy, nous ferez-vous ce soir la grâce de chanter

avec Mlle Boleyn cette romance de sir Thomas Wyatt, dont le roi a composé la musique?

LORD PIERCY.

Je ferai remarquer à la reine que Mlle Anne n'a pas même achevé de copier la partie qui m'est destinée?

ANNE BOLEYN, *lui présentant un papier.*

Vous vous trompez, milord,... la voici!... (*A voix basse.*) Ce soir, au bal, chez le cardinal d'York, après le souper!... en visitant les salons avec Catherine Howard et Jeanne Seymour, je pourrai vous parler!

JEANNE SEYMOUR, *à Catherine Howard, en riant.*

Et toi, à Deheram, ou à Mannoc!... Lequel des deux, petite espiègle?

CATHERINE HOWARD.

Chut!...

JEANNE SEYMOUR, *à part.*

Coquette, à neuf ans, c'est commencer de bonne heure.

MARGUERITE BOLEYN, *de manière à n'être entendue que de la reine.*

La reine veut-elle bien me permettre de lui adresser humblement une question?

CATHERINE D'ARAGON.

Sans doute, milady....

MARGUERITE BOLEYN.

Dans quel dessein Votre Majesté pense-t-elle que le vieux comte de Northumberland ait attaché son fils, milord Piercy, à la personne du cardinal Wolsey?

CATHERINE D'ARAGON.

Le comte de Northumberland suit en cela l'exemple des seigneurs les plus puissants du royaume; un emploi dans la maison du ministre favori n'est-il pas le degré le plus sûr pour arriver rapidement à la fortune et aux honneurs?... Wolsey n'est-il pas surnommé par toute la chrétienté le souverain cardinal, le cardinal-roi?... et l'humble et bon cardinal, en parlant du roi, son maître, en présence même de l'Empereur et du roi de France, ne dit-il pas modestement : « Moi et le roi nous voulons? »

MARGUERITE BOLEYN.

Madame, je crois à milord Piercy des vues moins ambitieuses.... Si je ne m'abuse, son unique désir est d'accompagner chaque jour Son Éminence chez le roi; de passer, pendant leurs conférences, dans l'appartement de la reine; d'y rencontrer sa fille d'honneur, Mlle Anne Boleyn, ma très-chère belle-sœur, et, comme en ce moment même, de l'entretenir à voix basse de son amour, sous l'obligeante protection de Catherine Howard et de miss Seymour.

CATHERINE D'ARAGON.

Lady Marguerite pense-t-elle que Mlle Boleyn réponde à la tendresse de lord Piercy?...

MARGUERITE BOLEYN.

Comment ne serait-elle pas flattée d'une si grande alliance?

CATHERINE D'ARAGON.

La malignité des courtisans lui prête cependant de plus hautes prétentions.... qui seraient favorisées par lady Marguerite Boleyn.

MARGUERITE BOLEYN.

Par moi, madame?

CATHERINE D'ARAGON.

Oui, milady.... et puisque vous m'avez amenée sur ce sujet, je vous dirai, madame, que les assiduités du roi semblent autoriser ces méchants bruits.... Quoi? depuis plus de cinq ans, livré à toute la fougue des plaisirs et aux plus folles dissipations, Henri n'éprouvait qu'ennuis et tristesses près de sa femme et de sa fille.... Je ne le voyais plus.... Tout à coup, sans motif avoué, Mlle Boleyn quitte Paris, arrive à Londres, et sans qu'à peine je sois consultée, le roi lui donne auprès de moi la place qu'à la cour de François Ier, elle occupait près de Claude de France et de Mme la duchesse d'Alençon?... Henri ne quitte plus nos appartements ; mais c'est Anne seule qu'il y cherche. Bals, festins, parties de chasse, joutes et tournois, Anne est l'objet et l'âme de toutes ces fêtes.... On exalte à tout propos ses grâces et sa beauté, la vivacité de ses reparties, son adresse à jouer du luth ou du clavecin, son chant, sa danse, et jusqu'à ses ridicules robes à la française!... Quel présage, lady Marguerite, dois-je tirer de cet étrange engouement?

JEANNE SEYMOUR, *riant*.

Ah! ah! ah!... Quelle folie!... Ah! ah! ah!...

CATHERINE D'ARAGON.

De quoi riez-vous, Jeanne?

JEANNE SEYMOUR.

D'une prédiction, madame, que nous a faite un savant magicien, à la dernière mascarade que le roi nous a donnée dans les jardins de Greenwich.

CATHERINE D'ARAGON.

L'oracle, à ce que je vois, ne doit pas être bien effrayant?

LORD PIERCY.

Non, madame.... On a prédit à miss Anne Boleyn, à miss Jeanne Seymour, et à miss Catherine Howard, qu'elles seraient reines!

CATHERINE PARR.

Et moi, milord, vous m'oubliez?... Ah! vous êtes mauvais courtisan!

CATHERINE D'ARAGON.

Reines?... Quoi? toutes les quatre? Reines d'Angleterre?

LORD PIERCY.

Ah! madame.... quelle supposition!

CATHERINE D'ARAGON.

Vous aussi, Catherine Parr?

CATHERINE PARR.

A dire vrai, madame, j'y compte faiblement.... Mais je suis patiente.... et j'aime les choses difficiles!

CATHERINE HOWARD.

Et pourquoi pas? Le grand maître de la maison du roi, le beau, l'aimable Charles Brandon, duc de Suffolk, n'a-t-il pas épousé la sœur de Henri VIII, que ma cousine Anne avait suivie à Paris; une reine de France, la veuve de Louis XII? Une jolie femme ne saurait-elle donc avoir le même privilége?... Il suffit d'un caprice!... Les princes en ont tant!... et avec beaucoup de vertu et un peu de coquetterie, on doit arriver à tout!

ANNE BOLEYN.

Voyez-vous la petite ingénue!

CATHERINE HOWARD, *à la reine*.

Ah! madame, que je serais fière de vous appeler un jour ma sœur!

CATHERINE D'ARAGON.

Et quel est, mesdemoiselles, l'habile astrologue qui vous a prédit ce brillant avenir?

LORD PIERCY.

Sous le travestissement, madame, il n'était sans doute pas aisé de le reconnaître?

MARIE.

Ce ne peut être que William Sommers, le bouffon du roi!... ou Patch, le fou de milord d'York!

CATHERINE HOWARD, *se récriant.*

Ah! madame..., non, non..., ce serait bien plutôt sir Henri Norris, l'ami, le favori de Sa Majesté.

JEANNE SEYMOUR.

Ou son musicien!... sir Marc Smeaton, le maître de chapelle!

CATHERINE PARR.

Ou l'un des pages du roi, Waston, ou Brereton?

CATHERINE HOWARD.

Peut-être Deheram?

JEANNE SEYMOUR.

Peut-être Mannoc?

ANNE BOLEYN.

J'en doute!

CATHERINE D'ARAGON.

Sur qui s'est donc porté le soupçon de mademoiselle Boleyn?...

ANNE BOLEYN.

Madame, si ce grand sorcier n'était pas notre grande dame du lit....

MARGUERITE BOLEYN, *avec aigreur.*

Moi, ma sœur?

ANNE BOLEYN.

Je parierais que c'était le roi lui-même!

TOUS.

Le roi?

ANNE ASKEW, *sérieusement.*

Miss Anne Boleyn, miss Catherine Howard? L'ambition doit avoir laissé de cruels souvenirs dans votre famille?..

Croyez-moi, mesdemoiselles, ayez toujours présente à la mémoire la triste fin du duc de Buckingham!... Qu'est-il advenu de la prophétie de Nicolas Hoptinks, de ce chartreux qui lui avait prédit qu'il gouvernerait l'Angleterre?... Quelques jours plus tard, l'infortuné connétable portait sa tête sur l'échafaud !

ANNE BOLEYN.

Il faut être juste,... miss Anne Askew a toujours des idées riantes.... qui égayent singulièrement la conversation !

WASTON, *annonçant.*

Monsieur le comte de Surrey !

MARIE, *à Catherine Parr.*

Henri Howard ?

CATHERINE D'ARAGON.

Monsieur le duc de Norfolk n'espérait pas revoir son fils aussi promptement.

MARIE, *à voix basse.*

Ah ! ma bonne Catherine Parr !

(*Waston sort.*)

SCÈNE II.

LES MÊMES, LE COMTE DE SURREY.

CATHERINE D'ARAGON.

Soyez le bienvenu, milord.... Malgré vos longs voyages en Italie, vous avez été plus d'une fois présent parmi nous; nous lisions vos vers.

SURREY.

Madame....

CATHERINE D'ARAGON.

Nous admirions vos exploits.... Ami et digne émule de sir Thomas Wyatt, le comte de Surrey a su prouver à toute l'Europe que le fils et le compagnon d'armes du vainqueur de Flodden, est aussi bon poëte que vaillant guerrier!

ANNE BOLEYN.

Nous avons appris avec orgueil que, pendant son séjour à Florence, mon noble cousin, le cœur embrasé d'une flamme mystérieuse, avait fait publier un défi à tout venant, chrétien, juif, sarrasin, turc ou cannibale, afin de soutenir l'incomparable beauté de sa maîtresse!

CATHERINE HOWARD.

Et, si la renommée n'est pas trompeuse, ce ne fut pas assez pour le preux chevalier d'avoir reçu le prix du combat des mains mêmes du prince de Toscane, le glorieux paladin voulut encore, par de plus éclatantes prouesses, signaler sa valeur et sa fidélité dans toutes les grandes villes de la Lombardie?

SURREY.

Je vois, sans en être excessivement surpris, que mes très-chères cousines, Anne Boleyn et Catherine Howard, sont toujours aussi belles que portées à la raillerie?

CATHERINE D'ARAGON.

Sans crainte de mériter le même reproche, puis-je vous demander, milord, si vous revenez plus heureux?

SURREY, *tristement*.

Je n'ose l'espérer, madame....

CATHERINE D'ARAGON.

Quoi donc?... la reine ne pourrait-elle intercéder en votre faveur? Doit-elle ignorer toujours quelle est la femme que vos sonnets ont immortalisée, sous le nom de la belle Géraldine?

SURREY.

S'il m'était permis d'aspirer à sa main, et si l'honneur ne me commandait le silence, soyez-en bien persuadée, madame, son véritable nom cesserait à l'instant même d'être un secret pour Votre Majesté.

MARIE.

Je ne suis pas curieuse,... mais s'il faut en croire la voix publique, cette belle Géraldine n'est autre que la fille du comte de Kildare, vice-roi d'Irlande, lady Élisabeth Fitzgerald.

JEANNE SEYMOUR, *à Anne Boleyn.*

La princesse est bien émue?

SURREY, *avec chaleur.*

Je suis heureux du moins de pouvoir assurer à la princesse Marie que lady Élisabeth Fitzgerald ne fut et ne sera jamais l'objet de mes vœux.

MARIE.

Pardon, milord,... je n'ai rien affirmé.... ce n'était qu'une supposition.

ANNE BOLEYN.

Une supposition toute simple et bien naturelle! (*A Jeanne Seymour, à voix basse.*) Je crois à la princesse un goût très-décidé pour les beaux vers!

CATHERINE HOWARD, *de même.*

Et notre aimable cousin tout aussi ambitieux que M. Charles Brandon, duc de Suffolk!

JEANNE SEYMOUR.

L'exemple est contagieux!

CATHERINE D'ARAGON.

Milord, avez-vous traversé la France?... Vous êtes-vous présenté au Louvre?

SURREY.

Oui, madame.

CATHERINE D'ARAGON.

Quelle était la nouvelle du jour?

MARIE.

Est-il vrai, monsieur le comte, que Mme la duchesse d'Alençon épouse le roi de Navarre?

SURREY.

Je l'ignore, madame.... Il n'était bruit à Paris que d'un seul événement,... d'un événement qui sans doute fait aussi l'unique entretien de la cour de Londres,... et qui doit combler de joie et la reine et madame la princesse Marie?...

MARIE.

Quel événement, monsieur le comte?

SURREY.

Le mariage de Votre Altesse avec M. le duc d'Orléans....

MARIE.

Mon mariage, monsieur le comte?... Quoi? ma mère....

SURREY.

La présence à Londres de MM. de Turenne et de Montmorency....

CATHERINE D'ARAGON.

C'est de vous, milord, que je reçois le premier avis de ce mariage!... Mais je dois à l'inimitié de M. le cardinal d'être rarement informée des choses qui m'intéressent le plus.

SURREY.

Je crois être bien instruit, madame.... (*Il se rapproche de la reine.*) Et si je ne craignais de porter à Votre Majesté un coup peut-être bien inattendu....

CATHERINE D'ARAGON *se lève.*

Je crois vous comprendre, milord!... Déjà quelques mots

échappés à M. l'ambassadeur d'Espagne.... Parlez, comte, que savez-vous?

SURREY.

A mon départ de Rome, madame, on assurait que sir Thomas Boleyn, mon oncle, et son aumônier, sir Thomas Cranmer, n'étaient envoyés près du saint-siége que pour solliciter le divorce du roi.

CATHERINE D'ARAGON, *élevant la voix.*

Le roi?... me répudier?... un divorce!...

MARIE.

Qu'entends-je?

TOUS LES PERSONNAGES.

Un divorce?

MARIE, *se jetant dans les bras de la reine.*

Ah! ma mère!

CATHERINE PARR.

Ah! madame....

CATHERINE D'ARAGON.

Quel affront!...

MARGUERITE BOLEYN, *à part.*

Songerait-il bien à placer Anne sur le trône?... Oh! non, non, cela n'est pas possible!

CATHERINE D'ARAGON.

Que dites-vous de cette nouvelle, lady Marguerite?

MARGUERITE BOLEYN.

Moi, madame!... Je n'y crois pas.

CATHERINE D'ARAGON.

Et vous, mademoiselle Boleyn?...

ANNE BOLEYN.

Madame, je ne sais que penser.

CATHERINE D'ARAGON.

Vous n'imaginez pas, mademoiselle, sur qui pourraient

se porter les vues du roi?... Cependant il n'est que trop réel que sir Thomas Boleyn est en ce moment à Rome.... Ignorez-vous donc l'objet de sa mission?

ANNE BOLEYN, *d'un ton très-calme.*

Je l'ignore totalement, madame.

CATHERINE D'ARAGON.

Vous êtes bien peu curieuse, mademoiselle.... ou très-discrète!

LORD PIERCY, *à part.*

Ah! Dieu! Quel trait de lumière! (*A Anne Boleyn, à voix basse.*) Mademoiselle, le roi vous aime?...

ANNE BOLEYN, *avec vivacité.*

Oui!... (*Souriant.*) Oui!... jaloux!

CATHERINE HOWARD, *à Jeanne Seymour.*

Ce devin?... cette prédiction?... C'est Anne!... ou c'est toi!...

JEANNE SEYMOUR.

Moi! être reine?

CATHERINE HOWARD.

Non, c'est Anne!... Anne est née heureuse!

JEANNE SEYMOUR.

Ah! c'est un bonheur que jamais je ne lui envierai!...

CATHERINE HOWARD.

Vous ne voudriez pas être reine?

JEANNE SEYMOUR.

Non, pour tous les trésors qui sont sous le ciel!

CATHERINE HOWARD, *à part.*

Croyez cela!

ANNE ASKEW *se lève avec effroi.*

Ah! madame....

CATHERINE D'ARAGON.

Qu'est-ce donc, mademoiselle?

TABLEAU 1, SCÈNE II.

ANNE ASKEW.

Ah!...

MARIE.

Qu'avez-vous, Anne Askew?...

ANNE ASKEW.

Quel souvenir!... Madame, je n'ose....

CATHERINE D'ARAGON, *avec douceur.*

Parlez, parlez, dites, mon enfant.

ANNE ASKEW.

Madame.... il y a deux mois à peine.... je venais d'être admise parmi les filles d'honneur de la reine.... au moment de me séparer de ma mère, elle me dit, les larmes aux yeux et en me rappelant toutes les bontés de Votre Majesté, que des bruits de divorce, accompagnés de récits merveilleux, circulaient sourdement dans la province de Kent....

CATHERINE D'ARAGON.

Quoi?...

MARIE.

Déjà?...

CATHERINE D'ARAGON.

Continuez, ma fille!

ANNE ASKEW.

Des moines, qui parcouraient les campagnes, racontaient qu'une religieuse de la paroisse d'Aldington, nommée Élisabeth Barton, à laquelle le vicaire Richard Maskers et le docteur Bockins, chanoine de Cantorbéry, attribuaient le don de lire dans l'avenir, avait été plusieurs fois avertie en songe de ce projet conçu par le cardinal d'York.

CATHERINE D'ARAGON.

C'est une œuvre du cardinal.... du cardinal-roi!... Ah!

qu'il agit saintement dans tout ce qu'il entreprend! et avec quel zèle!...

ANNE ASKEW.

Ces pèlerins assuraient qu'un jour qu'Élisabeth Barton était prosternée dans une chapelle de la Vierge, en face de l'image de Marie-Madeleine, la sainte fille de Kent s'était tout à coup levée, comme saisie d'un transport divin, et qu'elle avait révélé à un grand nombre d'assistants : Que si le cardinal parvenait à rompre le mariage du roi, et lui faisait épouser une autre femme, il perdrait son pouvoir en moins d'un mois, et la faveur du Tout-Puissant en moins d'une heure; et que la femme que le roi épouserait, ainsi que ceux qui attenteraient aux droits de la reine et de la princesse Marie, mourraient tous de la mort des scélérats!...

CATHERINE PARR, *à la reine.*

Cette prophétie est au moins étrange, madame!

ANNE BOLEYN, *avec gaieté.*

Oui, le conte est beau!... et surtout très-divertissant!... Ah! ah! ah!...

ANNE ASKEW.

Quoi? mademoiselle, vous mettez en doute....

ANNE BOLEYN.

Une fable ridicule.... tout au plus faite pour amuser des enfants!... Bientôt, au conte les moines ajouteront des miracles!... Ah! ah! ah!... c'est se jouer effrontément de l'ignorance ou de la crédulité publique!... Ah! ah! ah!...

ANNE ASKEW.

Ah! ne plaisantez pas, ne raillez pas, miss Anne Boleyn!...

JEANNE SEYMOUR *et* CATHERINE HOWARD.

Ah! ah! ah!...

ANNE ASKEW.

Jeanne Seymour!... Catherine Howard!... Ah! croyez-moi, ne riez pas!...

JEANNE SEYMOUR, *troublée, à Catherine Howard.*

Quel regard!

CATHERINE HOWARD.

Son accent m'a fait frémir!

ANNE BOLEYN, *avec enjouement.*

Folles!... Eh! que vous importe?

CATHERINE HOWARD.

Qui sait?

ANNE BOLEYN, *avec ironie.*

Eh! ne voyez-vous pas qu'affaiblie par l'étude et ses pieuses rêveries, la pauvre enfant est sujette à des vapeurs.... à des maux de nerfs?

JEANNE SEYMOUR.

Non! c'est son cœur qui l'éclaire, et qui s'effraye pour nous!... Elle est si bonne et toujours si dévouée!

WASTON, *annonçant.*

Son Excellence M. l'ambassadeur d'Espagne!

(*Waston sort.*)

SCÈNE III.

LES MÊMES, DON CAPUCIUS.

CATHERINE D'ARAGON.

Que venez-vous m'annoncer, seigneur Capucius?

CAPUCIUS.

Ah! madame....

CATHERINE D'ARAGON.

Seriez-vous instruit des nouvelles que m'apporte M. le comte de Surrey?... avez-vous des lettres d'Italie?

CAPUCIUS.

Oui, madame.... une dépêche, datée de Bologne, m'annonce que le pape, déguisé en marchand, s'est échappé du château Saint-Ange où l'Empereur le retenait prisonnier. Clément VII, réfugié dans la forteresse d'Orvietto, réclame l'assistance des rois de France et d'Angleterre ; et, pour prix de ses secours, le roi Henri VIII, madame, sollicite la rupture de son mariage avec Votre Majesté.

MARIE.

Il serait donc vrai?

CATHERINE D'ARAGON.

Comment en douter?

CAPUCIUS.

Oui, madame, dans ce moment même, là, dans le cabinet du roi, l'évêque de Tarbes, M. Gabriel de Grammont, et le cardinal d'York, réunis contre l'Empereur, signent un traité qu'une double alliance doit bientôt cimenter : le duc d'Orléans épouse la princesse Marie....

MARIE *et* SURREY, *à part*.

Ciel!...

CATHERINE D'ARAGON.

Et le roi d'Angleterre, milord?

CAPUCIUS.

Le roi, madame, épouse la sœur de François Ier, Mme Marguerite de Valois, veuve du duc d'Alençon!

CATHERINE D'ARAGON.

La duchesse d'Alençon!...

LORD PIERCY, *à part*.

Ah! je respire.

CAPUCIUS.

Et l'évêque de Salisbury, le cardinal Campeggio, muni des pouvoirs du saint-siége, vient d'arriver à Londres.

CATHERINE D'ARAGON.

Un divorce!... mais encore sur quel prétexte?

CAPUCIUS.

Le très-charitable cardinal d'York, madame, a pris soin d'en informer toute la ville de Londres.

CATHERINE D'ARAGON.

Et comment?

(On entend un roulement de tambours et le son d'une trompe.)

CAPUCIUS.

Cette bulle que Sa Révérendissime Éminence fait publier, à son de trompe, sous les murs mêmes du palais....

MARIE, *attentive.*

Écoutez, madame, écoutez!...

UN CRIEUR PUBLIC, *dans la rue.*

« Nous, cardinal archevêque d'York, légat de notre saint-père le pape Clément VII, faisons défense, conformément à la loi de Dieu, et sous les peines de l'enfer, à tout sujet du roi de la Grande-Bretagne, de contracter mariage avec la veuve de son frère. »

(Le crieur sonne de la trompe et s'éloigne.)

CATHERINE D'ARAGON.

Qu'entends-je?... et moi aussi, milord, lorsque j'épousai le roi, j'étais veuve du prince de Galles, de son frère Arthur!

MARIE.

Ah! ma mère.... ah! s'il n'avait pas l'agrément du roi, le cardinal eût-il osé publier cette bulle?

BRERETON, *annonçant.*

Le roi!... le roi!...

SCÈNE IV.

Les mêmes, HENRI, WOLSEY, BRERETON.

(*Henri VIII s'avance lentement, une main appuyée sur l'épaule du cardinal Wolsey. La robe rouge du prélat est couverte de broderies d'or et de soie, de diamants et de pierreries.*)

CATHERINE HOWARD, *à Jeanne Seymour.*

Ah! ma chère, quelle magnificence! quel éclat!

JEANNE SEYMOUR.

Il efface le roi!

CATHERINE HOWARD.

Les yeux en sont éblouis!

ANNE BOLEYN.

Aussi vain qu'ambitieux! (*A lord Piercy.*) Ne dirait-on pas d'un empereur romain, plutôt que d'un serviteur du Christ?... Quelque satrape en soutane rouge?...

CATHERINE D'ARAGON, *à Marie.*

Quel regard altier!...

WOLSEY, *à Brereton.*

Enfant, fais entrer sir John Blount, membre des communes, et le lord chambellan, M. le comte Wriothesley.

(*Brereton sort.*)

HENRI, *au comte de Surrey.*

Ah! ah!... Nous voilà de retour d'Italie, cher filleul! sois le bienvenu à Hampton-Court! (*Il lui donne sa main à baiser.*) Comte, vous avez sans doute laissé à Rome sir Thomas Boleyn, avec son chapelain, le docteur Cranmer?

SURREY.

Sire, je crois savoir que mon oncle a dû partir pour

Bologne ou pour Orvietto,... et le docteur Cranmer pour l'Allemagne.

HENRI.

Fort bien!... (*A don Capucius, d'un air affectueux.*) Je vous salue, milord.

(*Piercy s'incline profondément. Le roi fait semblant de ne pas le remarquer.*)

HENRI, *à part.*

Que fait-il ici?

BRERETON *annonce.*

Milord Wriothesley! sir John Blount!

(*Brereton sort.*)

SCÈNE V.

LES MÊMES, WRIOTHESLEY, JOHN BLOUNT.

HENRI, *à John Blount, dès qu'il l'aperçoit.*

Oh! oh! l'ami, vos gens ne veulent donc pas laisser passer mon bill?... A votre avis, c'est beaucoup trop de huit cent mille livres sterling pour entretenir nos flottes et nos armées?

JOHN BLOUNT *se met à genoux devant le roi.*

Redouté seigneur!...

HENRI *place sa main sur la tête de John Blount.*

On m'assure que, dans votre chambre, vous êtes le chef le plus éloquent de l'opposition?... Camarade, j'entends que tout me soit soumis, que tout ploie, que tout soit souple, quand je commande!... Que ma volonté se fasse demain, ou demain cette tête est à bas!

JOHN BLOUNT, *se relevant.*

Sire, l'argument est *ad hominem*!... Jamais Votre

Royale Majesté ne poussa plus avant l'art de persuader!...
Vie longue et heureuse au roi Henri VIII, le digne souverain de l'Angleterre!...

HENRI, *en riant.*

Merci, compère!...

JOHN BLOUNT, *au comte Wriothesley, qui fait quelques pas en avant.*

Sa Grâce est aujourd'hui d'une grande bonté! (*Il sort en s'écriant :*) Dieu conserve le roi!

HENRI, *à Wolsey.*

J'ai touché juste.

JOHN BLOUNT, *dans l'antichambre, et criant plus fort.*

Dieu conserve le roi!... Dieu conserve le roi!...

SCÈNE VI.

LES MÊMES, *à l'exception de* SIR JOHN BLOUNT.

HENRI, *au cardinal.*

Par ma jarretière, le drôle a l'humeur gaillarde!... et nous aussi, cher York, nous goûtons fort la plaisanterie!... (*Il regarde Wriothesley d'un œil sévère. Le comte pâlit.*) Lord chambellan, que vient de nous apprendre notre hôte et savant ami, le docteur Érasme? Vous menacez la vie d'Hans Holbein!... d'un artiste, d'un peintre qui est à moi?

WRIOTHESLEY.

Redouté seigneur, s'il plaisait à Votre Gracieuse Majesté....

HENRI, *l'interrompant.*

Non, monsieur, il ne me plaît pas!... Quoi? la fantaisie

vous prend de voir travailler mon peintre? et vous forcez sa porte? et vous l'empêchez de terminer le portrait qu'il m'avait promis pour ce soir? c'est en vain que, pour se délivrer de vos importunités, il épuise tous les moyens que lui prescrit la politesse....

WRIOTHESLEY.

Il me chasse de son atelier avec violence! moi, comte Wriothesley, lord chambellan, lord chancelier, pair du royaume!...

HENRI.

Par la mort, taisez-vous, monsieur!... et parce que vous avez eu l'insigne maladresse de vous laisser choir....

WRIOTHESLEY.

Ah! sire....

HENRI.

Silence, monsieur! par ma tête, taisez-vous!... et parce qu'il vous a plu de rouler sottement du haut en bas du degré, vous voulez assassiner mon peintre? et pour échapper à votre rage, Holbein est obligé de se mettre sous la protection du roi? Monsieur, je vous défends, sur votre vie, d'attenter à celle de mon peintre! La différence qu'il y a entre vous et lui est si grande, que de sept paysans je puis faire sept comtes comme vous; mais de sept comtes je ne pourrais faire un Holbein!... Sur ce, milord, nous vous souhaitons une bonne nuit.

WRIOTHESLEY *fait une profonde révérence au roi.*

Je n'oublierai pas mon bon maître dans mes prières.

WASTON, *annonçant.*

Monseigneur l'évêque de Salisbury!...

HENRI.

Le cardinal Campeggio! ah! Dieu! ah! mon cher Wolsey!...

CATHERINE D'ARAGON, *à Catherine Parr, avec amertume.*
Quelle joie !

(*La reine se rassoit et reprend son fuseau. Entre le cardinal Campeggio. Waston sort.*)

SCÈNE VII.

Les mêmes, le cardinal CAMPEGGIO.

HENRI.

Ah ! monsieur le cardinal, vous faire annoncer sous le simple titre que vous portez comme évêque de mon royaume ! quel procédé délicat et flatteur pour nous !... Soyez le bienvenu dans cette île, savant et vénérable prélat ; disposez-en ainsi que de moi. Milord d'York, ayez soin, je vous prie, qu'on ne nous prenne pas pour un donneur de paroles.

WOLSEY.

Sire, cela ne peut être.

HENRI.

Excellent homme ! que je suis ravi de vous voir !...

JEANNE SEYMOUR, *à Anne Boleyn.*

Un visage d'ange !...

ANNE BOLEYN.

Le capuchon ne fait pas le moine.

HENRI.

Et votre second fils, monsieur le cardinal ?... M. Rodolphe, que sir Thomas Boleyn nous faisait espérer.... n'a-t-il donc pas accompagné son père ?

CAMPEGGIO.

Pardonnez-moi, sire, mon fils est à Londres.

HENRI.

Ah! la bonne nouvelle!

CAMPEGGIO.

J'aurais craint de commettre une indiscrétion en le présentant au roi, sans y être préalablement autorisé.

HENRI.

Votre Éminence cût prévenu un de mes désirs les plus ardents, monsieur le cardinal!... Je serai charmé de faire connaissance avec ce cher enfant!... Et pour punir et le père et le fils d'une discrétion fort mal entendue.... milord d'York, je nomme M. Rodolphe Campeggio chevalier de notre royaume.... (*Au cardinal Campeggio.*) Il faudra bien, cardinal, que demain il vienne nous remercier?

CAMPEGGIO.

Ce sera avec une reconnaissance bien vive, sire.

ANNE ASKEW, *à Catherine Parr.*

Son fils?

CATHERINE PARR.

Un cardinal marié?

JEANNE SEYMOUR, *en riant.*

Il faut croire qu'avant d'entrer dans les ordres, le cardinal était veuf?

ANNE BOLEYN, *à lord Piercy.*

Sans cela, M. Rodolphe serait un neveu!

HENRI *prend affectueusement le cardinal Campeggio par la main, et le présente à la reine.*

Milord cardinal Campeggio, légat de notre saint-père le pape....

CAMPEGGIO, *d'un ton mielleux.*

Très-haute, très-excellente et très-puissante dame, Sa Sainteté m'a chargé d'offrir à Votre Royale Majesté ses salutations les plus affectueuses,... ses vœux les plus tendres!...

CATHERINE D'ARAGON, *le regarde avec dignité.*

Je suis touchée comme je dois l'être, milord, du bienveillant souvenir du saint-père....

HENRI, *serrant le nonce dans ses bras.*

Ah! milord, que je vous embrasse!... que je vous embrasse encore!... combien je remercie le saint conclave de l'amitié qu'il me témoigne, en m'envoyant un prélat tel que je pouvais le désirer!... une des gloires de la pourpre romaine!... une des plus grandes lumières de l'Italie littéraire!... un flambeau de l'Église!... un interprète universel!... Ah! cardinal, Clément VII est pour moi une source inépuisable de bontés!... c'est un dieu auquel je n'ai jamais adressé en vain mes prières.... et que je ne cesserai d'invoquer et de glorifier!

CAPUCIUS, *au comte de Surrey.*

Que de caresses et de cajoleries!

CAMPEGGIO.

En vérité, sire, vous le savez, de tous les souverains, c'est vous que le saint-siége chérit le plus ardemment dans le Seigneur.... Vous en qui reposent notre affection la plus tendre et notre plus ferme espérance!

HENRI *prend un chapelet attaché à sa ceinture.*

Monsieur le cardinal, Votre Grâce voudra-t-elle me permettre de lui offrir un bien faible gage de ma reconnaissance?

CAMPEGGIO.

Ce magnifique chapelet?... Ah! sire.... c'est vraiment trop de bontés.

HENRI.

Les dessins, milord, sont d'Hans Holbein, notre peintre.... Ils représentent les mystères de la vie de Notre-Seigneur.

CAMPEGGIO.

La sculpture en est admirable!

HENRI.

Cardinal, ce chapelet m'a porté bonheur!... il ne m'a pas quitté un seul instant, depuis que je lève mes mains suppliantes vers le ciel, pour demander à Dieu votre prompte arrivée!

CAMPEGGIO.

Vos libéralités, sire, vous ont conquis l'amour de tous les étrangers.... Ce château de vos ambassadeurs à Rome, que je dois à votre générosité....

HENRI.

Sir Thomas Boleyn l'a-t-il fait meubler à votre goût, milord?

CAMPEGGIO.

Avec une somptuosité beaucoup trop grande, sire.

HENRI, *du ton de la confiance.*

Cardinal, à peine êtes-vous arrivé que je vais vous demander un service!... C'est me montrer bien indiscret sans doute?

CAMPEGGIO.

Ah! sire, est-ce possible?

HENRI.

Sans façon, mon cher cardinal, faites-moi l'amitié de me dire ce que Sa Sainteté aimerait le mieux : de la vaisselle d'or, des tapisseries, ou des chevaux?... Sir Thomas Boleyn, et son chapelain, à qui j'avais soigneusement recommandé, au moment de leur départ pour Rome, de s'informer avec adresse et circonspection, me laissent dans un embarras le plus cruel du monde!... De vous à moi, milord, que préfère Sa Sainteté?... Des chevaux, des vases d'or, ou de riches tentures?... Pardon, cardinal!... je parle franchement, j'ai le cœur sur la main. Ne vous formalisez pas trop, je vous en conjure, de la liberté que j'ose prendre !

CAMPEGGIO.

En conscience, sire, il faudrait être bien épineux, bien hérissé de difficultés, pour s'offenser d'un procédé aussi honnête !... Je prie Votre Majesté de bien croire que tant de susceptibilité n'est jamais entrée dans l'humeur, ni dans les manières d'agir du saint-siége apostolique.... (*En souriant*). Nous ne sommes point d'un naturel farouche.

HENRI.

Charmant homme !

CAMPEGGIO.

Seigneur roi, j'userai, quoique avec respect et ménagement, d'une égale sincérité.... Sire, j'ai l'assurance pleine et entière que tout ce que le saint-père et *les quatre Couronnés* souhaitent avec le plus de passion, c'est de voir la magnifique église Saint-Pierre promptement achevée !

HENRI.

Affaire faite !... ce soin me regarde !... Par saint Paul, cardinal, je veux achever Saint-Pierre de Rome !... j'y veux faire travailler dès aujourd'hui !... et je ne me croirai pas encore quitte avec le saint-siége !

CAMPEGGIO.

Sire, de toutes vos œuvres pies, aucune ne saurait être plus louable, plus agréable à Dieu !... Celle-ci est digne de l'allié fidèle du saint-siége.

HENRI.

Dites, monsieur le cardinal, du fils de l'Église le plus soumis et le plus obéissant !

CAMPEGGIO.

Du grand prince théologien qui veut bien se tenir honoré du titre de champion de l'Église, de défenseur de la foi !

HENRI.

J'en suis plus fier, milord, que de ma qualité de roi de France !... Dans cette île, l'Église du Christ fleurit en paix ; notre devise à nous tous, bons Anglais, est et sera toujours : Un Dieu, un baptême, une foi !... Milord d'York, écrivez ce soir même à sir Thomas Boleyn, au chevalier Grégoire Cassali, à Bryan !... J'entends que les travaux de Saint-Pierre soient repris dans la minute !... aux frais de notre épargne royale !... Dites bien à ces messieurs qu'on se dépêche !... Ah !... cher d'York, notre évêché de Durham n'est-il pas encore vacant ?

WOLSEY.

Oui, sire.

HENRI.

Combien peut-il rendre par an ?

WOLSEY.

Vingt mille livres, sire.

HENRI.

Fort bien !... Cardinal, j'en disposerai moi-même !... j'ai mes idées.

WOLSEY.

Des idées, sire, que j'ose pénétrer,... qui me semblent les meilleures du monde !... (*En souriant.*) A chaque saint son offrande !...

HENRI.

C'est très-bien dit !...

CAMPEGGIO.

Vous me comblez, sire !... c'est trop de générosité !... Clément VII n'ignore pas d'ailleurs tous les efforts de Votre Grâce pour le délivrer de sa captivité.... Sa Sainteté en a toute la gratitude imaginable!... Soyez bien persuadé, sire, qu'elle fera pour Votre Majesté, et particulièrement dans la question délicate qui m'amène à Londres, tout ce qu'un bon père, tout ce qu'un père libéral et indulgent peut accorder au meilleur des fils!

WOLSEY.

A merveille!... Bien assailli, bien répondu!

HENRI.

Et moi, milord, en toute rencontre, je m'arrangerai de façon à prouver à cet excellent père qu'il n'a pas affaire à un fils inhumain ou ingrat!

CAPUCIUS, *au comte de Surrey.*

Cette fois, du moins, la corruption marche à découvert!

CAMPEGGIO.

Milord cardinal d'York, vous m'êtes associé comme juge souverain et sans appel.

HENRI.

Deux hommes d'égale force!...

CAMPEGGIO.

Mon frère, voici le brevet de votre commission.... (*Au roi.*) En le signant, sire, Clément n'a consulté que son cœur!...

HENRI.

Monsieur le cardinal, vos paroles ne sont pas eau bénite de cour.... L'effet suit promptement les promesses....

CATHERINE D'ARAGON *se lève, détache l'échereau de soie qu'elle avait à son cou, et pose son fuseau sur la table.*

Seigneur nonce, cette mission délicate qui amène à Londres Votre Éminence, la reine doit-elle encore l'ignorer longtemps?...

CAMPEGGIO.

Madame, s'il m'était loisible de m'exprimer ici avec toute franchise....

WOLSEY.

Oui, madame, à vous dire toute la vérité....

CATHERINE D'ARAGON, *élevant la voix.*

La vérité?... Si vous la dites, monsieur le cardinal.... Vous voyez ici quelques personnes qui, pour l'amour de leur maîtresse, vous adresseront de vifs remercîments....

WOLSEY, *d'un ton patelin.*

Tanta est erga te mentis integritas, Regina Serenissima....

CATHERINE D'ARAGON, *l'interrompant avec vivacité.*

Docte lord cardinal, pas de latin!... une langue étrangère m'est suspecte, de grâce, expliquez-vous en anglais. Le péché le plus volontaire que j'aie jamais commis, milord, peut aisément s'absoudre en anglais!

HENRI, *le visage ouvert et d'un air de confiance.*

Madame, je n'ai point le talent de feindre : je porte un cœur sincère, incapable de déguisement.... Tout cœur noble, tout homme d'honneur doit agir ouvertement, sans dissimulation et sans artifice. Catherine, si, dans le monde entier, il se trouve un seul homme qui ose affirmer qu'il possède une meilleure femme que toi, qu'il soit à jamais maudit, pour avoir menti impudemment!... Ton incomparable douceur, ton angélique et céleste résignation ; cet art d'une épouse d'obéir avec dignité.... cette familiarité obligeante qui fait qu'on se rabaisse sans se dégrader, et qui accorde si heureusement la liberté avec le respect.... cette vie toujours si réglée et toujours si irréprochable... toutes tes grandes et aimables qualités, toutes les vertus souveraines, Catherine, t'ont proclamée la reine de toutes les reines de la terre!... Mais, hélas! ô ma tendre et fidèle compagne, ma conscience est atteinte d'un doute.... d'un scrupule.... d'une syndérèse!...

CATHERINE D'ARAGON, *souriant avec amertume*.

Armez-vous de courage, sire!... parlez hardiment!... je connais vos desseins sur ma fille et sur moi.... Le seigneur Capucius et M. le comte de Surrey m'ont tout appris....

HENRI.

Quoi? madame, vous savez que notre bon frère, cousin, compère et perpétuel allié le roi de France n'a envoyé près de nous l'évêque de Tarbes, et MM. de Turenne et de Montmorency, que pour traiter d'un mariage entre le duc d'Orléans, son second fils, et notre bien-aimée fille Marie?

CATHERINE D'ARAGON.

Oui, sire, je viens d'en être informée.

HENRI.

Mais ce que personne assurément n'avait encore pu vous apprendre, madame, et ce que je ne veux pas vous cacher, c'est que tout à l'heure, au moment même de conclure, M. de Tarbes vient de réclamer un délai, afin que le roi son maître pût prendre l'avis de ses meilleurs conseillers sur la question de savoir si, étant née de mon mariage avec une douairière qui a été l'épouse de mon frère Arthur, la princesse Marie est notre fille légitime.

CATHERINE D'ARAGON.

Ah! monsieur....

MARIE.

Ah mon père.... Ah! sire.... Ah! sire, que dites-vous?...

HENRI.

Quel coup pour un père, milords! vous savez si j'aime Marie, ma fille unique?

CAPUCIUS.

Sire, une pareille objection....

HENRI, *l'arrêtant avec vivacité.*

N'est pas nouvelle, monsieur l'ambassadeur!... Faut-il rappeler à Votre Seigneurie que déjà les états de Castille l'ont élevée, lorsqu'il s'est agi du mariage de cette enfant chérie avec Charles d'Autriche, mon illustre neveu?... En ouvrant les saints livres, je lus ce verset du Lévitique : *Que le frère n'épouse pas la veuve de son frère.* A ce commandement, Dieu, qui sonde les cœurs, sait de quelle anxiété mon âme fut agitée!... car ces mots semblaient me demander compte du salut de ma femme, de ma fille, et surtout de mon âme qu'attendent, au delà de cette vie, d'éternels tourments, si, averti de l'inceste où je vis, je ne cherche pas à en sortir!... Cette dispense donnée par Jules II.... Jules avait-il bien le pouvoir de l'accorder?

CAMPEGGIO, *avec vivacité.*

Quoi donc, sire?

HENRI, *de même.*

Très-assurément non, milord! Le pape n'a point la puissance de rendre licite ce que Dieu a déclaré illégitime!

CAMPEGGIO, *avec hauteur.*

Douter du pouvoir du pape?... Y songez-vous bien, sire? ce serait subvertir la puissance apostolique qui est infinie et souveraine!

HENRI, *courbant la tête.*

J'en, suis persuadé, cardinal!... Rome est la gardienne de toute sagesse! (*A part.*) Le compère nous prépare-t-il quelque tour d'Italien? *(Haut, d'un ton caressant.)* Aussi, seigneur nonce, est-ce le souverain jugement du saint-siége que j'implore en ce moment!... et nous sommes fermement résolus, moi et mon peuple, d'obéir à la sentence qu'il rendra.

CAPUCIUS.

Le roi de Portugal, Emmanuel, sire, n'a-t-il donc pas épousé les deux sœurs de la reine, bien qu'il eût des enfants de la première?...

HENRI.

Je le plains cordialement, monsieur!... car bientôt sa conscience criera!...

CATHERINE D'ARAGON, *regardant le roi avec tendresse, et d'une voix émue.*

Quoi? sire.... Quoi? Henri.... Vous voulez me répudier?...

HENRI.

Moi?... moi te répudier?... Ah! mon amour, quelle expression fâcheuse!... Ai-je pu dire cela, cher trésor! Ah! Catherine!... ah! que tu me connais mal!... Tu me fais injure!... Amie, va, tu peux m'en croire, je n'ai qu'un désir, c'est d'éclairer, c'est de rassurer ma conscience!... Ah! lorsqu'on a la crainte de Dieu dans le cœur!...

ANNE ASKEW, *à Catherine Parr.*

Oh! l'hypocrite!... l'hypocrite!...

HENRI, *à Campeggio, en poussant un soupir affecté.*

Ma pauvre conscience!... ah! cher cardinal, elle est bien malade, ma pauvre conscience!... elle est cruellement déchirée!... Ce délai, réclamé par M. de Tarbes, vient de rouvrir et fait saigner toutes les plaies de mon âme!... Car enfin mon cœur lutte vainement contre ma raison!... j'aurai beau faire.... tôt ou tard je serai bien obligé de le confesser, cardinal.... L'Ancien Testament frappe de malédiction celui qui épouse la veuve de son frère!... la loi divine le condamne à ne point avoir de postérité!... le texte hébreu est parfaitement clair!... Hélas! milords, la vengeance du ciel semble descendue sur moi et sur mon royaume!...

CAMPEGGIO.

Sire, que la paix soit à Votre Majesté!

HENRI.

Quelle douleur pour un père de voir successivement périr tous ses enfants!... Oui, cardinal, tous les enfants que la reine a conçus sont morts, ou dans son sein, ou peu de temps après avoir vu le jour.... J'ai perdu l'espoir de laisser à mes sujets un héritier de mon amour pour eux!... Et cependant, quel homme capable de sentiment n'aurait pas l'âme brisée à l'idée de se séparer d'une si douce compagne!... de cette femme aux mœurs de neige!... Et ne pouvoir plus vivre avec elle sans péché!... Ah! la conscience!... la conscience!... Ah! milords, c'est une partie bien tendre et bien délicate!... Ah!... quelquefois je voudrais me cacher sous terre!... (*Ses regards se sont portés sur Anne Boleyn.*) Cher d'York, je le sens.... oh! oui, je le sens, mon bon lord cardinal, je cherche inutilement à me tromper.... il faudra que je quitte ma bonne Catherine!... il le faudra, mon bon ami!... ah!... après vingt années de douceur!... (*Le roi s'approche d'Anne Boleyn et de Jeanne Seymour qu'il salue de la manière la plus gracieuse.*) Ah! mademoiselle Boleyn, ce collier de perles, qui se marie si adroitement à vos beaux cheveux.... cette épingle d'or posée si habilement.... annoncent un art, un goût que nos dames n'ont point.

(*Il continue à parler, à voix basse, à Anne Boleyn et à Jeanne Seymour.*)

CAMPEGGIO, *qui pendant ce temps s'est approché de la reine, et à demi-voix.*

Noble dame, ne pensez pas, je vous en conjure, que je vienne ici en accusateur!... Le saint-père m'a particulièrement recommandé de bien assurer sa très-chère fille en Jésus-Christ, de sa tendresse, de sa sollicitude toute paternelle!... (*Avec douceur.*) Vertueuse dame, il est de pieux sacrifices, de ces actes de courage et d'héroïsme, faits au repos de la chrétienté, dont le monde tient compte dans cette vie et Dieu dans l'autre!

CATHERINE D'ARAGON, *gravement.*

Quoi, monsieur?...

CAMPEGGIO, *d'une voix plus douce encore.*

Je sais, madame, que vous avez une âme douce et égale. Ne voyez en mon frère et moi que ce que nous voulons faire hautement profession d'être, des médiateurs de paix, des hommes de bien, honnêtes.... et libres de tout intérêt. Très-honorée dame, le roi vous aime!.. (*D'un ton expressif.*) Et vous avez ici plus d'une espérance et plus d'un ami.

CATHERINE D'ARAGON, *avec douleur.*

Ah! je ne suis plus jeune, mon bon seigneur!... je ne suis plus jeune!... voilà le crime que le roi ne pourra pas me pardonner!

WOLSEY, *avec intention.*

O ma digne souveraine! au nom de la vertu, ne prenez aucun ombrage de serviteurs dévoués, guidés uniquement par le zèle et le profond respect qu'ils ne cesseront de porter à Votre Gracieuse Majesté.

CATHERINE D'ARAGON, *au comte de Surrey, d'un ton mordant.*

De vénérables prélats!.... de saints personnages!... sur mon âme, des vertus cardinales!...

MARIE, *à Anne Askew.*

Cœurs faux!... cœurs sans pitié!

WOLSEY.

Hélas!... mes larmes étouffent ma voix.

HENRI.

Quoi donc? Voyez, il pleure, l'excellent homme!... il pleure!... Sainte Marie, mère de Dieu! je jure qu'il n'y a pas une plus belle âme dans tout mon royaume!

CATHERINE D'ARAGON, *à Marie.*

Double dans ses paroles comme dans ses desseins!

MARIE.

Le ciel n'ouvrira-t-il jamais les yeux du roi?

WOLSEY, *prenant un air peiné.*

Sire, la charité veut que je fasse très-humblement observer au roi que Votre Clémente Majesté a toujours aimé trop tendrement ma bonne, ma gracieuse souveraine, pour lui refuser ce que la loi accorde à la femme du rang même le plus infime, des avocats qui puissent défendre sa cause librement.

HENRI.

Ah! de tout mon cœur, cher d'York!

CAPUCIUS.

Et ces avocats, sire, qui seront-ils?

HENRI.

Tous ceux du choix de la reine, monsieur!... Les conseillers de l'Empereur!... et, parmi ceux de mes États, les plus habiles, les plus intègres!... Fisher! Thomas Morus!... Ma faveur est à celui qui défendra le mieux la reine!... Je n'ai en vue que Dieu et la justice!... Qu'on me prouve, par un témoignage incontestable, que notre mariage est légitime, et, sur ma vie, sur ma dignité royale, je le jure, nous sommes satisfait d'achever le cours de notre vie mortelle avec Catherine d'Aragon, notre souveraine amie!... Nous la préférons à la plus parfaite créature, choisie entre toutes celles de la terre!

CATHERINE D'ARAGON *se laisse aller sur un fauteuil, et d'une voix éteinte.*

Malheureuse!... Ah! Marie, que vais-je devenir?
(*Toutes ses filles s'empressent autour d'elle.*)

MARIE.

Ma mère!...

ANNE BOLEYN.

Ah! madame...

CATHERINE D'ARAGON *se relève avec fierté.*

Miss Anne Boleyn!... arrière de moi!... Mademoiselle, ne m'approchez pas.

CAMPEGGIO, *à Wolsey.*

Qu'est-ce donc, mon frère? que signifie?...

WOLSEY.

Rien, rien, mon frère!... (*A part.*) Que se passe-t-il?... Ciel! voudrait-il bien placer la couronne de saint Édouard sur la tête de sa maîtresse?

HENRI, *à la reine.*

Madame, les représentants de notre bon frère, cousin, compère et perpétuel allié le roi de France, MM. de Turenne et de Montmorency, attendent Votre Majesté au palais d'York.... Vous n'ignorez plus l'intérêt qui les y conduit. L'absence de notre bien-aimée fille Marie ne saurait être excusée.

CATHERINE D'ARAGON.

Sire, vous m'y verrez!... et malgré out ce que je souffre, sans larmes aux yeux!... (*Le regardant en face.*) Je n'ai pas peur, sire!... cependant avant de me rendre à cette fête, je vais fortifier mon âme aux pieds du crucifix, et prendre le Seigneur Jésus à témoin du serment que je fais ici, en présence de Votre Royale Majesté, de défendre, et jusqu'à la mort s'il le faut, mes droits sacrés de mère, d'épouse et de reine!... J'aurai pour moi Dieu et mon courage inébranlable!... et avec Dieu, sire, voici celle qui fera ma force!... (*Elle prend la main de la princesse de Galles.*) Marie, point de pleurs!... Vois, ta mère ne pleure pas!... Viens, viens, ma fille!... Ne crains de ta mère aucune faiblesse, aucune bassesse!... Reine et fille de roi, je saurai me connaître et ne pas me manquer à moi-même!... Non, non, sire, je ne céderai point à mon sort : il ne sera pas maître de moi!... Je connais la vertu de la croix!...

HENRI, *à part.*

Quelle fermeté ! quelle vigueur!

CATHERINE, *arrivée près de la porte, se retourne et s'adresse à Wolsey sans aigreur ni fierté.*

Lord archevêque!... prenez bien garde de ne pas perdre votre âme!... Je vous le répète, prenez-y bien garde!... Oui, milord, je vous en conjure avec instance!

(*Catherine d'Aragon et Marie sortent suivies de leurs filles d'honneur et du comte de Surrey. Lord Piercy se retire d'un autre côté.*)

SCÈNE VIII.

CAPUCIUS, HENRI, CAMPEGGIO, WOLSEY.

HENRI, *à Capucius qui fait un mouvement pour sortir.*
Monsieur l'ambassadeur, deux mots, je vous prie!

CAMPEGGIO, *à part.*

Déterminer le roi à renoncer à son projet... Catherine à prendre le voile.... ce ne sera pas aisé!

HENRI, à *Capucius.*

Combien je serais aise, milord, que l'Empereur, un prince si pieux et si catholique, prît à bien, comme il le doit, l'angoisse intérieure où Votre Seigneurie me voit en proie. (*D'une voix plus basse.*) Cher seigneur, écrivez, je vous en prie, à mon royal neveu que, pour prix de sa juste condescendance et de son prompt consentement au divorce, je lui offre trois cent mille couronnes, la restitution immédiate de la dot de Catherine, son douaire comme veuve du prince Arthur, et de plus, pour me punir moi-même d'avoir vécu si longtemps en péché, une grosse pension pendant tout le reste de ses jours!... Et veuillez bien considérer, milord, que pour une douairière l'Infante est encore une très-jeune femme!

CAPUCIUS, *avec hauteur.*

Sire, l'Empereur n'est pas marchand pour vendre à prix d'argent les droits de sa tante! La justice décidera du sort de la reine : vous avez demandé des juges, les juges prononceront; et le pape, s'il y a lieu, pourra confirmer la sentence. Si le mariage est dissous par le saint-père, mon maître se soumettra sans doute en silence au décret souverain. Mais si, comme j'en ai la ferme confiance, le divorce est repoussé, l'Empereur, sire, soutiendra la cause de l'opprimée par tous les moyens que Dieu a mis en son pouvoir!

HENRI, *avec amertume.*

Voici de fort belles paroles, monsieur!... mais, croyez bien, je vous prie, que je saurai aussi défendre mes remords!... Cardinal d'York, ce soir vous demanderez à l'ambassadeur de Venise la restitution de Ravenne et de Cervia au patrimoine de Rome!

(*Capucius fait une révérence profonde et se retire.*)

SCÈNE IX.

WOLSEY, HENRI, CAMPEGGIO.

HENRI, *à part.*

L'Espagnol est dur à l'éperon!... (*A Wolsey, à voix basse.*) Tout à l'heure, tu lui offriras quatre mille écus, et à son secrétaire, trente couronnes!... (*Gaiement.*) Milord d'York, voyons si la fête que vous nous avez promise sera digne d'un ordonnateur de votre goût et de votre expérience!... (*A Campeggio.*) Seigneur nonce, vos appartements étaient depuis longtemps préparés chez ma sœur, la reine Marie, duchesse de Suffolk.... Demain, à mon réveil, ma première pensée sera de vous y rendre visite.... Ce soir, je vous en conjure, cardinal, ne nous quittez pas!... Faites-moi la grâce de m'accompagner jusqu'au palais de ce bon d'York. Je crois me rappeler que Votre Éminence aime le jeu?... nous serons bien charmé, je vous assure, de vous procurer cette innocente récréation.... Ne voudrez-vous pas bien, monseigneur, faire la partie du roi?

CAMPEGGIO.

Ah! sire, tant d'honneur....

HENRI.

Cardinal, vous êtes devenu, m'a-t-on dit, grand chasseur de renards?

CAMPEGGIO.

Oui, sire, contre ma goutte, les médecins m'ont prescrit l'exercice.

HENRI.

A merveille!... c'est aussi ce que m'ordonne le docteur

Butts!... Nous avons, à ma maison de Grafton, un vieux renard noir, qui, depuis plus de huit jours, déjoue tous les artifices, toutes les ruses de l'ambassadeur de France, M. du Bellay.... Je gage, milord, qu'un nonce du pape, qu'un évêque de mon royaume, sera plus adroit que M. l'évêque de Bayonne.... qui pourtant est bien fin, cardinal!... Demain donc chasse au lévrier, et dîner à Grafton, en compagnie de notre cher fils Rodolphe! Nous aurons du vin contre la goutte!... Après-demain, une partie de paume ou de mail, et souper à Windsor!... Bon et aimable cardinal, votre présence est un cordial qui réconforte, qui réjouit le cœur!... Je ne veux plus passer une heure, sans voir ce visage frais et vermeil, et de si bon augure!... (*Mettant la main sur l'épaule de Wolsey.*) Et toi, ô mon cher Wolsey, viens!... Choisisse qui voudra son docteur! voici le mien!... Cher et honnête d'York, tu remets le calme dans ma conscience malade!... Tu es fait pour guérir un roi!

CAMPEGGIO, *à lui-même.*

Après vingt ans de mariage, vouloir se séparer de sa femme!... Ah! pour le repos de l'Église, quelle malheureuse fantaisie!

FIN DU PREMIER TABLEAU.

DEUXIÈME TABLEAU

PERSONNAGES.

HENRI VIII.
CATHERINE D'ARAGON.
MARIE.
Le cardinal WOLSEY.
Le cardinal CAMPEGGIO.
Don CAPUCIUS.
Lord CHARLES BRANDON, duc de SUFFOLK, grand maître de la maison du roi, époux de lady Marie, sœur de Henri VIII, veuve en premières noces de Louis XII, roi de France.
Lord THOMAS HOWARD, duc de NORFOLK, comte maréchal, lord trésorier d'Angleterre.
Lord PIERCY.
Le comte de SURREY.
Sir HENRI NORRIS, premier gentilhomme de la chambre du roi.
Sir GEORGES BOLEYN, gentilhomme de la chambre du roi.
Sir ÉDOUARD SEYMOUR, gentilhomme de la chambre du roi.
Le baron de NORMAN, ambassadeur du duc de Saxe et du prince de Clèves.
Le comte FRÉDÉRICK DE VALBERG, secrétaire d'ambassade, gentilhomme de la chambre du prince de Clèves.
Sir STEPHEN GARDINER, secrétaire du roi, précédemment au service du cardinal Wolsey.
Sir THOMAS CROMWELL, secrétaire du roi, précédemment au service du cardinal Wolsey.
Sir GUILLAUME KINGSTON, lieutenant de la Tour de Londres et capitaine des gardes du roi.
Le docteur BUTTS, médecin du roi.
Lady MARGUERITE BOLEYN.
ANNE BOLEYN.

PERSONNAGES.

JEANNE SEYMOUR.
ANNE ASKEW.
CATHERINE PARR.
CATHERINE HOWARD.
BRERETON.
WASTON.
FRANÇOIS DEHERAM, page du roi.
HENRI MANNOC, page attaché à la musique du roi.
Sir NICOLAS BRANDS, fournisseur breveté des vins de la maison du roi.
Le vicomte de TURENNE,
ANNE DE MONTMORENCY,
GABRIEL DE GRAMMONT, évêque de Tarbes, } ambassadeurs de François Ier.
JEAN DU BELLAY, évêque de Bayonne.
L'AMBASSADEUR DE VENISE.
Lord JEAN DUDLEY.
Lord JOHN RUSSELL.
Sir WILLIAM HERBERT.
Sir WILLIAM PAGET.
Sir ANTOINE DENNY, gentilhomme de la chambre du roi.
Sir ANTONY BROWN, écuyer du roi.
Sir THOMAS SEYMOUR, frère puîné de sir Édouard Seymour.
RODOLPHE CAMPEGGIO, fils du cardinal.
Lady KINGSTON, femme du lieutenant de la Tour.
Mistress VINGFIELD, femme d'un valet de chambre du roi.
Sir WILLIAM GASCOIGNE, intendant de la maison du cardinal d'York.
LORDS et DAMES de la cour, GENTILSHOMMES, ÉCUYERS et PAGES du cardinal.

La scène se passe à Londres, au palais de l'archevêque.

Une vaste et spacieuse galerie, décorée à l'orientale; des arabesques, des tapis, des tentures, des meubles incrustés; des tableaux de Raphaël, de fra Bartolomeo, d'Albert Durer, de Cimabuë, d'Holbein; des statues de Perrin della Vaga, de Michel Ange, de Sansovino, d'Orgagna. Partout des tables où se trouvent étalés avec profusion des objets d'art, des étoffes, des dentelles de Malines, des toiles de la Haye, des soieries de Florence et de Lyon, des armes ciselées de Brescia, des vases d'or et d'argent, des coupes de Benvenuto Cellini.

Au fond une salle splendidement éclairée où l'on danse; à gauche et à droite de la porte qui y conduit, deux gentilshommes portant l'un la croix de légat du cardinal, l'autre sa croix d'archevêque d'York. Au-dessus de cette porte les armes du roi, surmontées des armes et de l'écusson du cardinal.

DEUXIÈME TABLEAU.

SCÈNE I.

LE DUC DE SUFFOLK, LE DUC DE NORFOLK, LE BARON DE NORMAN, LE COMTE FRÉDÉRICK DE VALBERG, GEORGES BOLEYN, ÉDOUARD SEYMOUR, BRERETON, MANNOC, DEHERAM, WASTON, NICOLAS BRANDS, WILLIAM GASCOIGNE, *des* GENTILSHOMMES *et des* PAGES *au service du cardinal d'York.*

(*Le duc de Suffolk, le duc de Norfolk, le baron de Norman, le comte Frédérick de Valberg, sont assis devant une table de jeu ; derrière eux, debout, Georges Boleyn, Édouard Seymour. Brereton, Deheram, Mannoc jouent aux dés. William Gascoigne distribue des ordres aux gentilshommes et aux pages du cardinal, qui se dirigent de divers côtés.*)

GASCOIGNE.

Messieurs, de toutes choses avec profusion !... Plus qu'il ne faut ne serait pas encore assez !

SUFFOLK.

Quelle magnificence royale !... Quel amas de richesses !... on dirait un bazar oriental !... le palais de quelque nabab !

NORFOLK.

Ce prêtre n'a de gloire que pour le luxe, d'esprit que pour inventer des plaisirs !

SUFFOLK, *au baron de Norman.*

Ah! monsieur le baron, que de ruses, de perfidies, de larmes, de faux serments ces trésors ont dû coûter à leur maître!

NORMAN.

Oui! et pourtant son crédit ne tombe pas!

SUFFOLK.

Que voulez-vous? cet homme impérieux change les choses à son gré! il ment au roi avec l'ingénuité d'un enfant!

NORFOLK.

Pour conserver son ascendant sur le prince, l'homme d'Église s'est dévotement donné au diable!

SUFFOLK.

De princes que nous sommes, ce roturier d'Ipswich viendra à bout de faire de nous ses pages!... cela ne peut pas durer!

NORFOLK.

Sur ma conscience, je voudrais le voir à dix brasses sous terre!

(*Waston entre avec Brands par une porte latérale.*)

BRANDS, *gros et gras.*

Fluet et leste, et l'on se glisse partout! Grâce à vous, mon jeune ami, m'y voilà!

WASTON, *à voix basse.*

Par ici, maître Brands! par ici!

DEHERAM.

Vite! vite!

MANNOC.

A cette table!

BRERETON

Prenez place!

BRANDS, *s'asseyant.*

Grand merci, messieurs les pages!

WASTON.

Le roi doit traverser cette galerie pour se rendre à la salle du banquet : de cet endroit vous pourrez le contempler tout à votre aise!

BRANDS.

Voir le roi!... ah! messieurs, quel bonheur!... Mais, bon Dieu, quelles belles tapisseries! que de choses rares! quel monceau de curiosités!

BRERETON, *à voix basse.*

Que de pilleries, maître Brands!

BRANDS.

Des pilleries?... le cardinal?... la gloire de la cour et du royaume! un autre roi d'Angleterre!... Non, non, ce sont là des présents des têtes couronnées, de Léon X, de Clément VII, de Charles V, de François Ier, d'Henri VII, et du roi lui-même!... Non, non, sur son siége de chancelier, le cardinal ne vend pas la justice, comme ceux qui l'ont précédé!... et, s'il fait dorer les toits de ses palais, il ne souffre pas du moins que le fort opprime le faible!... Excusez-moi, mes enfants, si je fais l'éloge du cardinal!... ce n'est pas parce que je suis chez lui.... mais il y a près de quinze ans que je fournis seul tous les vins qui se boivent dans sa maison, et aucun seigneur ne paye avec plus de générosité,... pas même M. le grand maître, M. le duc de Suffolk, que voilà!... Ah! ah! quelle magnificence!... que de perles et de pierreries!... quelle recherche dans son ajustement!...

BRERETON.

Il est paré comme une femme!...

BRANDS.

Ah! si la reine-duchesse s'est mésalliée, elle a su choisir un joli cavalier!... Celui-ci doit durer plus longtemps que le roi Louis XII!

BRERETON.

En face de M. le duc de Suffolk....

BRANDS.

Le grand maréchal!... le vainqueur de Flodden!... notre brave duc de Norfolk!... Qui ne le connaît pas? Grand capitaine!...

WASTON.

Et meilleur courtisan!

BRANDS.

Quels sont les autres?

BRERETON.

A la gauche du grand maître, deux seigneurs allemands : le baron de Norman, envoyé du duc de Saxe et du prince de Clèves, et le jeune comte Frédérick de Valberg, son premier secrétaire d'ambassade.

BRANDS.

Bon Dieu! comme il est pâle!... Pauvre jeune homme! Est-il souffrant? Est-il amoureux? Aurait-il le malheur de soupirer pour quelque grande dame trop fière de sa naissance pour descendre jusqu'à lui?

WASTON.

C'est, ma foi, bien possible! Je le crois assez romanesque, ou assez fou pour cela!

BRANDS.

Ah! ce serait bien dommage!... Et l'habit rouge qui est debout, comment le nommez-vous?

DEHERAM.

C'est Georges Boleyn, le frère de notre belle Française, de miss Anne Boleyn.

BRANDS.

Un charmant cavalier!... On dit que le frère et la sœur s'adorent comme deux cœurs, comme de vrais tourtereaux?

WASTON.

Jamais amitié ne fut plus vive!... ils font plaisir à voir!

BRANDS.

Et l'habit vert?

MANNOC.

C'est Édouard Seymour.

WASTON.

Un petit ambitieux, qui se croit appelé à jouer un rôle, à gouverner un jour le royaume!

BRERETON.

Dites un faux ami, qui, tout en flattant et caressant Georges Boleyn dont il est envieux, n'attend peut-être que l'occasion de le trahir!

WASTON.

Oui, déjà on le voit qui tout doucement cherche à se faire un instrument, un marchepied de la beauté et de l'innocence de sa jeune sœur.... Il n'est pas d'amorces, de séductions qu'il n'emploie pour attirer sur elle les soins et la faveur dont le roi entoure publiquement miss Anne Boleyn.

DEHERAM.

Que voulez-vous, tout le monde ici, jusqu'au cardinal, sent qu'on ne peut arriver ou se maintenir qu'avec l'appui d'une femme!

MANNOC.

Et pour comble d'embarras, le roi semble épris de toutes les femmes!

WASTON.

Allons, père Brands, une partie de dés?

BRANDS.

Volontiers!... Mais pas de tours d'adresse, messieurs les pages!... Est-il vrai que la nuit dernière, en jouant à la prime avec le roi, un gentilhomme trop heureux a été poliment prié de sortir par la fenêtre?

BRERETON.

Pourquoi diantre aussi se laisse-t-il prendre sur le fait?

DEBERAM.

Mon cher monsieur Brands, ce n'est pas à ce jeu-là que je serais tenté de tricher le roi!

MANNOC.

Ah! si jamais je puis lui souffler une de ses maîtresses....

BRANDS.

Ah! diable, ne vous y frottez pas! On dit le Tudor jaloux, et sa colère terrible!

LE DUC DE SUFFOLK, *au baron de Norman.*

A vous, l'honneur, monsieur le baron, je vous rends les armes!... Vous êtes trop fort pour moi!

LE BARON DE NORMAN, *au duc de Norfolk.*

Quant à Votre Seigneurie, monsieur le duc, je désespère de la convertir jamais!

LE DUC DE NORFOLK.

Oui, monsieur le baron, je persiste à croire que Martin Luther et tous les réformateurs attireront de grands malheurs sur l'Allemagne.... A force d'ébranler l'autorité de l'Église, prenez garde, messieurs, de mettre la royauté en péril!

LE BARON DE NORMAN.

Vous justifiez bien votre réputation, milord.... On reconnait en vous un fervent catholique!

LE DUC DE NORFOLK.

Le saint-siége n'aura jamais de plus zélé défenseur que moi.

GEORGES BOLEYN.

Bah!... Qui sait, mon oncle? Qui peut répondre de l'avenir? ne jurons de rien.

ÉDOUARD SEYMOUR.

Peut-être avant peu nous laisserons-nous aussi séduire aux idées nouvelles.

LE DUC DE NORFOLK.

Moi? jamais!

(*Entre le comte Wriothesley.*)

SCÈNE II.

Les mêmes, WRIOTHESLEY.

WRIOTHESLEY.

Ah! milords, milords!...

LE DUC DE SUFFOLK.

Qu'est-ce donc, cher lord chambellan? Quel air important et mystérieux?

WRIOTHESLEY.

Un coup d'État!... toute une révolution!... (*Tout le monde s'approche de Wriothesley et écoute avec attention.*) Milords, le roi vient, devant toute la cour, d'offrir la main à miss Anne Boleyn, et de l'inviter à danser avec Mme la duchesse de Suffolk et le représentant du roi de France, M. le vicomte de Turenne!

LE DUC DE NORFOLK.

Eh bien, cher lord chambellan, qu'augurez-vous de cette préférence?

WRIOTHESLEY.

Quoi donc?... Ignorez-vous la grande nouvelle?

GEORGES BOLEYN.

Un nouveau conte sans doute?... Quelque historiette de la ville?

WRIOTHESLEY.

Un légat du pape Clément VII, le cardinal Campeggio, notre évêque de Salisbury, a été reçu à Hampton-Court!... il est ici!... Milords, le roi veut par un divorce se séparer de Catherine d'Aragon!

BRANDS.

Ih bah!

NORFOLK, GEORGES BOLEYN, ÉDOUARD SEYMOUR.

Que dites-vous, milord?

WRIOTHESLEY.

Oui, le cardinal d'York, pour se venger de l'Empereur, qui ne l'a point fait pape, et par haine contre Catherine d'Aragon, qui sans cesse lui reproche son orgueil et sa vie dissolue, notre pieux cardinal, de concert avec Longland, le confesseur du roi, a eu l'art de jeter dans l'âme du prince un scrupule qui doit causer la ruine de la reine. N'est-ce pas là une œuvre méritoire?

NORFOLK.

Quel scrupule?

NORMAN.

Il paraîtrait, milord, que son mariage avec la veuve de son frère serre aujourd'hui sa conscience de près?

WRIOTHESLEY.

Non, monsieur le baron, non.... c'est sa conscience qui serre de trop près une autre femme.

ÉDOUARD SEYMOUR.

Et cette femme?...

WRIOTHESLEY.

C'est Mlle Boleyn.

NORFOLK.

Ma nièce !

GEORGES BOLEYN.

Ma sœur !

BRANDS.

Ah ! la charmante fille ! En vérité, je ne saurais blâmer la conscience du roi.

WASTON.

Paix !

NORRIS.

Milords, le roi !

SCÈNE III.

Les mêmes, HENRI, NORRIS, GARDINER, CROMWELL, KINGSTON, Marc SMEATON, GASCOIGNE.

(Le roi a un manteau de satin blanc, brodé en argent, et drapé à l'espagnole : le justaucorps fortement arrêté sur les hanches ; sa toque de velours, ornée d'une plume d'autruche, est posée sur son oreille avec coquetterie ; à son cou, l'ordre français de Saint-Michel, à son bras un magnifique bracelet. Tout, dans sa mise, annonce le soin curieux qu'il prend de sa personne. — Il s'avance lentement, s'arrêtant à droite et à gauche, pour considérer les tableaux et les objets d'art dont la salle est garnie.)

BRANDS.

Ah ! mes amis, le bel homme ! le beau prince ! Visage anglo-saxon ! Quelle douceur sur tous ses traits !... Comme le bleu de son œil est tendre !... Quelles larges épaules !... avec une main de femme !

DEHERAM, *ironiquement*.

Et la barbe fauve.

BRANDS.

Quelle fleur de santé !

MANNOC.

Un peu trop d'embonpoint peut-être?

BRANDS.

Je ne trouve pas. Savez-vous quel est ce superbe collier que porte le roi?

WASTON.

C'est le collier de l'ordre de Saint-Michel, que M. Anne de Montmorency vient de remettre à Sa Majesté de la part de François Ier.

BRANDS.

Fort bien. Et nous, ne donnerons-nous pas la jarretière à notre bon frère de France?

WASTON.

Lord Jean Dudley et lord Carew, le grand écuyer, sont chargés de la lui offrir au nom du roi.

BRANDS.

Tant mieux. Les petits présents entretiennent l'amitié. Je ne veux jamais être en reste de bons offices avec personne. Et ce beau bracelet?

WASTON.

C'est encore un don que François Ier a fait au roi, au camp du Drap d'or.

BRANDS.

Il doit être d'un grand prix. Quel est ce joli garçon à la droite de Sa Majesté?

WASTON.

C'est sir Henri Norris, premier gentilhomme de la chambre.

BRANDS.

Ah! ah! le confident? l'ami de cœur?

WASTON.

Plus loin, sir Stephen Gardiner et sir Thomas Cromwell, les nouveaux secrétaires du roi.

BRANDS.

Diantre! deux hommes de mérite.

WASTON.

Deux créatures du cardinal, qui sans doute supplanteront bientôt leur protecteur.

BRANDS.

C'est l'usage.... Et ce gentilhomme qui porte la tête haute et le nez au vent?

WASTON.

C'est un musicien.... c'est Marc Smeaton, le maître de musique des pages de la chapelle royale.... le successeur du chevalier Bryan, en ce moment à Rome.... intendant breveté des plaisirs secrets de Sa Majesté.

BRANDS.

Ah! ah! cet honnête bandit dont Sa Grâce se fait suivre dans ses orgies et ses expéditions nocturnes, et que nos matelots ont surnommé le lieutenant d'enfer du roi?

WASTON.

C'est lui-même. Un sot qui a des velléités d'aller sur les brisées de son maître et de glaner après lui, se vantant partout et à tout propos de bonnes fortunes qu'il n'a pas, aussi crédule que présomptueux, et capable de tout, même de faux témoignage, par peur ou pour de l'or!

HENRI.

Ah! deux tableaux d'Holbein? que représentent-ils?

CROMWELL.

Celui-ci, la Richesse.

GARDINER.

Et l'autre, la Pauvreté.

HENRI.

Le prêtre profite peu de la leçon du peintre.

(*Gardiner sourit.*)

CROMWELL.

Sire, autour de ce palais, Votre Majesté ferait vainement chercher un pauvre, et tous les malades de la Cité y trouvent gratuitement tous les remèdes et tous les secours qui leur sont nécessaires.

HENRI, *à part*.

Un simple sujet, étaler toutes les splendeurs de la royauté!... Des buffets remplis de vaisselle d'or!... Les richesses de ce prêtre surpassent celles de la couronne. Par la fortune! comment a-t-il pu amasser tout cela?... Il prendra tout, je crois.... Aucune écuelle n'est à l'abri de ses doigts crochus.... Ce palais, qu'il a bâti, est plus magnifique que la demeure des rois!... Par le ciel! on serait ici fort commodément.... J'en veux faire ma maison de plaisance.... Je m'y logerai avec Anne Boleyn.... mon bon William Gascoigne?

GASCOIGNE.

Votre Grâce?

HENRI.

Quelle peut être la fortune de mon très-cher ami le cardinal? le sait-il bien lui-même?

GASCOIGNE, *fièrement*.

Sire, j'ai passé plus de quinze jours à en dresser l'état.... il ne forme pas moins de quarante pages in-folio!

HENRI.

En vérité, mon bon? (*A Gardiner d'un ton significatif.*) Stéphen, je serais curieux de jeter les yeux sur cet invenfaire! (*Le docteur sourit.*) Gardiner parle peu.... mais son œil dit beaucoup!... Si Wolsey pleure, Gardiner sourit toujours! (*Ouvrant ses narines.*) Tout ici sent l'or! C'est comme un parfum qui enivre! (*Il se retourne.*) Quoi?... Quoi?... sur cette porte, les armes du roi au-dessous de son écusson d'archevêque et de légat?... L'insolent!... Oh! oh! cet homme est dangereux!... C'est des pieds à la tête un traître dans toute la force du terme! (*Il s'approche du baron de Norman.*) Monsieur l'ambassadeur, vos différends avec le saint-siége ne sauraient altérer la bonne amitié qui règne entre les princes réformés et nous; vous m'obligerez de leur en donner l'assurance. (*Au comte de Valberg.*) Monsieur le comte, j'ai des reproches à vous faire.

VALBERG.

A moi, sire?

HENRI.

Vous ne m'aviez pas dit, monsieur, que le prince de Clèves avait une fille dont toute l'Allemagne vante la beauté et les talents. Notre nouveau secrétaire, sir Thomas Cromwell, s'est montré moins discret que vous; et si je dois en juger d'après un portrait que j'ai vu dans l'atelier d'Holbein, la renommée est encore au-dessous de la réalité.

VALBERG.

Ah! sire, jamais femme ne fut plus accomplie! Les beaux traits! la belle taille! un port de reine! une noblesse! une douce majesté!

HENRI.

Par saint Thomas, jeune homme, le feu avec lequel vous en parlez....

VALBERG.

Ne prouve, sire, que mon respect et mon profond attachement pour mes maîtres.

HENRI.

Cette chaleur fait naître un vif désir de connaître celle dont vous faites un éloge qui doit partir du fond du cœur.... Comment s'appelle la princesse de Clèves?

VALBERG.

Anne est son nom.

HENRI.

Anne, dites-vous?... J'adore ce nom-là!... Il semble fait pour les belles personnes! (*Au baron de Norman.*) Monsieur l'ambassadeur, vous ne partirez pas, j'espère, sans avoir pris congé de nous.

LE BARON DE NORMAN.

Sire, je suis aux ordres du roi.

HENRI, *à Valberg*.

Et vous, monsieur le comte, vous voudrez bien, dès votre arrivée, offrir mes plus sincères compliments à Mme la princesse Anne de Clèves; je ne saurais, à coup sûr, choisir un plus digne interprète que vous. (*S'adressant successivement aux personnes qui l'entourent.*) Georges, votre sœur chante et danse à ravir!... La vôtre, Édouard, garde dans son maintien et dans toute sa conduite une grâce, une modestie, qui inspirent le respect et la confiance.... Mon cher Norfolk, votre nièce Catherine Howard a bien le petit minois le plus piquant! Je n'ai rien vu de si coquet, de si joli!

BRANDS.

Quel gaillard!... Il est homme à les épouser toutes les quatre!

WASTON *et* BRERETON.

Chut!

HENRI, *à Norris, apercevant Brands*.

Quel est ce gros bourgeois?... Je l'ai vu quelque part; je ne saurais dire où; mais son visage m'est familier.

NORRIS, *en riant.*

Il l'est à bien d'autres, sire! Cet homme est spectateur de profession; c'est lui qu'on voit dans les tableaux d'Holbein représenter le peuple ou l'assistance.

HENRI.

Ah! ah!... Écoute, ami!... La plus aimable figure que j'aie jamais rencontrée.... On dirait un séraphin! (*A Brands.*) Approche; qui es-tu?

BRANDS.

Nicolas Brands, Votre Grâce,... marchand de vins breveté de la cour, quai de la Tamise, en face de la fontaine Saint-Jean.

HENRI.

Par Notre-Dame, sir Nicolas Brands, je suis content de toi : tes vins sont nets, coulants, aisés à boire.

BRANDS.

Je fais du mieux qu'il m'est possible, sire.

HENRI.

Tu me plais, Brands; j'ai du plaisir à te voir.

BRANDS.

Moi de même, sire!... Il y a sympathie!

HENRI.

Milords, cet heureux embonpoint, ce teint frais et vermeil, nous sont un témoignage sensible de la prospérité publique.

BRANDS.

Eh! mais.... on ne se plaint pas, Altesse.... Ça se soutient!...

HENRI.

Mon brave, sois prudent. Je m'imagine que cet hiver le froid pourrait geler les vignes de la Castille et de l'Aragon.... Aie soin que nos caves soient abondamment pourvues des meilleurs vins d'Espagne; et fais en sorte que de tous nos sujets nous soyons servi le premier.... Après le cardinal, veux-je dire.

Les courtisans se mettent à rire.

BRANDS.

Cela s'entend de reste, Majesté.

HENRI.

Brands, notre premier écuyer Norris te dit bon et fin connaisseur en toutes choses.

BRANDS.

J'en ai la réputation, sire.... Sans vanité, je suis l'idole, l'oracle de la Cité!... On m'aime!... On croit en moi!... Et mes vins de Bourgogne et de Porto ont fait passer plus de cent de vos bills au parlement!

HENRI.

Ami, sais-tu lire?

BRANDS.

Couramment, sire.

HENRI.

As-tu lu notre dissertation sur les sept sacrements, en réponse à Martin Luther?

BRANDS.

Admirable, sire! C'est là ma récréation de tous les soirs. Oxford n'a rien produit d'aussi savant, d'aussi beau! Ah! Majesté, que d'éloquence! que de science! que de grandeur! que de sagesse! que de piété! et quelles longues phrases!... On s'y promène, on s'y perd avec un ravissement!...

HENRI.

Et de notre musique, de notre talent sur la flûte, qu'en dis-tu, compère?... nos messes, nos chansons à boire?

BRANDS.

Je les sais toutes par cœur, Altesse! dix fois par jour je

les chante, le verre à la main! (*Il chante d'une voix de tonnerre.*) « O Bacchus, ô mon dieu! »

HENRI.

A merveille, mon brave! (*Avec orgueil.*) Et nous as-tu vu quelquefois figurer dans un ballet ou dans un carrousel, sous le costume maure ou vénitien? M'as-tu vu dompter un cheval, rompre une lance, diriger un frêle esquif sur une mer orageuse, abattre le daim ou le faucon avec la flèche et l'arquebuse? pointer une boule? renvoyer une balle avec le gantelet?

BRANDS.

Ah! quelle adresse, quelle souplesse, quelle dextérité, quelle aisance, quelle élégance! Quelles manières lestes et martiales!... Sire, avant que Votre Altesse fût montée sur le trône, toutes les femmes vous avaient nommé le roi! (*Un murmure approbateur se fait entendre.*) Pardon, Altesse! en parlant ainsi j'offense sans doute votre modestie....

HENRI, *très-vivement.*

Du tout! pas le moins du monde!... tu me fais plaisir!

BRANDS.

Ah! Majesté, quand je pense que, lorsque votre frère Arthur vivait encore, M. votre père voulait faire de vous un abbé, un archevêque de Cantorbéry! eût-ce été dommage!

HENRI.

Ah! ah!... c'est que s'il m'eût pris envie de faire valoir, avec mon épée, mes droits au trône, comme unique héritier de la maison d'York, par ma mère Élisabeth, j'aurais été, je crois, pour ce cher père, un prétendant un peu plus redoutable que Perkins Warbeck!... Mais aujourd'hui, compère, je ne me plains pas de l'éducation cléricale qu'on m'a donnée.... elle pourra m'être utile.... Étais-tu à Ardres, au camp du Drap d'or?

BRANDS.

Oui, sire, et j'étais à la journée des Éperons, à la prise de Térouanne et de Tournay. J'aime la guerre. Il n'est pas de fête, de plaisir royal, dont je n'aie pris ma part. J'assistais, quoique bien jeune encore, aux pompeuses funérailles du roi Henri VII, votre illustre père, de qui, grâce au ciel, Votre Altesse ne tient guère.... C'était bien le prince le plus avaricieux, le plus ladre....

WASTON.

Brands!...

BRANDS.

Dieu bénisse sa mémoire!... J'étais à votre entrée à Calais, au couronnement de la reine, au baptême de la princesse Marie; c'est moi qui portais sur un coussin la bourse et le chapeau du cardinal. A la fameuse exécution du duc de Buckingham, j'étais au pied de l'échafaud, j'ai vu voler et bondir sa tête! Ah! sire, je n'aurai point regret de mourir : j'ai vu, dans ce siècle, tout ce qu'un homme pouvait voir!

HENRI.

Et tu n'as rien vu encore, camarade! Patience, et bientôt je convierai mes peuples à de plus grands, à de plus beaux spectacles!

BRANDS.

Dieu conserve le roi!

HENRI.

Norris, et vous aussi, lieutenant de la Tour, souvenez-vous que sir Nicolas Brands est de nos amis.

(*Entre Wolsey, un flambeau à la main, suivi de lord Piercy.*)

HENRI, *jetant un cri de surprise.*

Ah! ah! milord d'York, le gros diamant que vous avez au doigt!

WOLSEY *remet le flambeau à lord Piercy, ôte le diamant de son doigt, et le présente au roi en mettant un genou en terre.*

Sire, ce diamant dérobé, dit-on, à la couronne d'un cacique mexicain, m'a été donné par l'empereur Charles-Quint. Veuillez me permettre de l'offrir très-humblement à Votre Gracieuse Majesté.

HENRI, *prenant le diamant.*

J'accepte, milord cardinal, j'accepte avec grand plaisir.

WOLSEY.

Sire, la reine vient de prendre place au banquet. Un essaim de jeunes beautés forme autour de Sa Majesté le cercle le plus brillant et le plus aimable.

BRANDS, *à part, tandis que le roi prête l'oreille en souriant.*

Ah! que ne suis-je seulement le confesseur de trois ou quatre de ces belles demoiselles!

HENRI.

C'est ma musique que j'entends! c'est une de mes chansons à boire! (*Au cardinal.*) En vérité, mon très-cher ami, vous êtes le miroir de toute courtoisie. (*La joie rayonne sur le visage de Wolsey.*)

WOLSEY.

Sire, vous avez fait beaucoup d'honneur à mon modeste logis. J'en rends mille actions de grâces à mon souverain, et le supplie d'en user selon son bon plaisir. Le plus grand monarque se glorifierait de cet honneur.... Comment puis-je le mériter, moi, sire, qui ne suis qu'un de vos obscurs et humbles sujets?...

HENRI.

Comment donc?... Un bon accueil, d'excellents vins!... (*Brands se frotte les mains.*) Et de jolies femmes!... C'est à merveille, cardinal!... (*Finement.*) Vous êtes homme d'Église ; sans cela, je vous le dis, cardinal, j'aurais eu sur vous de mauvaises pensées !

WOLSEY, *en riant*.

Je suis bien ravi que l'arrivée du cardinal Campeggio ait rendu Votre Grâce de si bonne humeur !

HENRI.

A table donc, milord d'York!... J'ai une demi-douzaine de santés à porter à ces belles dames, et une nouvelle danse à danser avec Mlle Boleyn. Ah ! mon cher cardinal, quelle danseuse!... Elle ressemble plutôt à un ange descendu du paradis qu'à une simple mortelle!... Par le ciel, c'est une délicate beauté! une ravissante créature ! parfaite d'âme et de figure !... Allons, sir Marc Smeaton, force trompettes et tambourins ! (*A Brands.*) Compère, sois des nôtres. Tu dois être un joyeux partner. Et j'ai idée que les alouettes du cardinal seront de ton goût.

BRANDS.

En toutes choses, je suis toujours de l'avis du roi !... Quel prince populaire !... Plus on le voit de près, plus on l'aime, et plus on voudrait lui ressembler !... A table, mes jeunes amis !

(*Le cardinal prend le flambeau de la main de lord Piercy, et précède le roi, courbé profondément devant son maître. Tous les personnages suivent, au bruit des trompettes et des hautbois, à l'exception de Deheram et de Mannoc.*)

SCÈNE IV.

DEHERAM, MANNOC.

DEHERAM.

Quoi? Mannoc, tu ne suis pas le roi?... Qui donc donnera l'assiette à Sa Majesté, ou lui présentera le gobelet? Prends garde!... Le grand maître se fâchera!

MANNOC.

Eh! mais.... tu n'es guère plus empressé, ce me semble?

DEHERAM.

Fripon! Tu attends quelqu'un? Quelque fille de la reine, je gage? Catherine Howard?

MANNOC.

Moi?

DEHERAM.

Tiens! la voici!

CATHERINE HOWARD.

Ah! monsieur Deheram?... monsieur Mannoc?

DEHERAM et MANNOC.

Mademoiselle?

CATHERINE HOWARD.

Ma cousine, miss Anne Boleyn, désire se retirer.

DEHERAM.

Comment? déjà?

(Anne Boleyn entre avec Jeanne Seymour.)

ANNE BOLEYN.

Messieurs, ayez, je vous prie, l'extrême obligeance d'avertir sir Georges Boleyn ou lady Marguerite.

MANNOC.

Trop heureux de vous servir, mademoiselle.

DEBERAM, *à Catherine Howard, à voix basse.*

La réponse que vous m'aviez promise....

CATHERINE HOWARD, *de même.*

La voici! (*Haut.*) Vite! vite! messieurs! il n'y a pas un moment à perdre!

SCÈNE V.

CATHERINE HOWARD, ANNE BOLEYN, JEANNE SEYMOUR.

(*Pendant cette scène et la suivante, plusieurs personnes traversent le salon, se promènent dans la galerie, s'arrêtent à des tables de jeu, devant des tableaux et des curiosités. — Enfin tout le mouvement d'une fête.*)

JEANNE SEYMOUR.

Quoi! vous ne paraîtrez pas au banquet, ne fût-ce qu'un instant? Que pensera la reine?

ANNE BOLEYN.

J'obéis à ses ordres.

CATHERINE HOWARD.

Comment?

ANNE BOLEYN.

A peine avais-je fini de danser avec le roi, que j'allai m'asseoir à côté de lady Marguerite. Catherine Parr s'est aussitôt avancée vers moi, et m'a signifié, au nom de la reine, que j'aurais à lui remettre la clef de la chambre de Sa Majesté, et à m'abstenir de me trouver désormais en sa présence.

JEANNE SEYMOUR.

Ah! Dieu!... Sur quel motif?... Une injonction si peu méritée....

ANNE BOLEYN.

Jeanne, je ne saurais la blâmer ni me plaindre; son cœur ne l'a point trompée; le roi venait de me déclarer son amour!...

JEANNE SEYMOUR et CATHERINE HOWARD.

Lui?

ANNE BOLEYN.

Jugez, après cela, si je puis rester à cette fête?... Mais votre absence, chères amies, peut être remarquée, et vous attirer de justes réprimandes.... Que du moins ma disgrâce n'entraîne pas la vôtre. (*Apercevant lord Piercy.*) Lord Piercy?... Non, restez; maintenant, restez toutes deux!

SCÈNE VI.

Les mêmes, PIERCY.

PIERCY.

Ah! miss Anne!

ANNE BOLEYN.

Quel trouble, milord?... Qu'avez-vous?

PIERCY.

Madame, au moment où le roi allait s'asseoir, ses yeux vous ont en vain cherchée près de la reine.... Il sait la défense qui vous a été faite.... et, sur son ordre, le cardinal m'envoie pour vous inviter à venir occuper la place que Sa Majesté a elle-même désignée. Anne, ah! mademoiselle, vous êtes perdue pour moi!... Oui, le roi vous aime!... et peut-être, hélas! aimerez-vous bientôt le roi?

ANNE BOLEYN.

Moi, l'aimer!... moi, ingrat, de l'amour pour lui?...

Mais tout à l'heure, à ses côtés, j'éprouvais une terreur invincible, et sa main glaçait la mienne!... Eh! que penser, dites-moi, de cette grande admiration pour les vertus de Catherine, de cette tendresse fastueuse dont il fait étalage à l'égard d'une infortunée dont il brise le cœur?... Vous l'avez entendu? il redoute la vengeance du ciel!... L'imposteur!... se jouer et rire des choses saintes! Ah! ce mélange inouï de dévotion et de libertinage, de génuflexions et de mascarades.... cet amour bizarre et fantasque, qui, sous les yeux de sa fille, se promène et s'arrête tour à tour sur toutes les femmes de la reine, sans même savoir où se fixer.... que vous dirai-je?... l'ambition de mon frère, les séductions de lady Marguerite, les piéges de Marc Smeaton, l'aspect de sir Guillaume Kingston, de ce geôlier attaché à toutes les fêtes royales.... ce présage même d'Anne Askew, ce cri menaçant qu'en vain j'ai cherché à étouffer sous le rire et le sarcasme.... oui, milord, oui, tous ces souvenirs, toutes ces pensées m'obsèdent et m'épouvantent!

PIERCY.

Eh bien, madame, daignez vous placer sous la sauvegarde et la protection de mon père!... Si votre tendresse répond à la mienne, qu'un engagement mutuel, qu'un contrat nous lie à jamais l'un à l'autre. Le cardinal, éclairé par la jalousie de la reine sur cet amour du roi, qu'il ignorait, et qui vient traverser ses vues sur la duchesse d'Alençon, approuve et favorise nos vœux; une lettre de sa main vient de partir pour le Northumberland : je réponds du consentement de mon père. Ah! madame, ici même, en présence de miss Seymour et de miss Howard, que je prends à témoin de mes serments, je jure à vos pieds....

JEANNE SEYMOUR.

On vient.

ANNE BOLEYN.

Levez-vous !

CATHERINE HOWARD.

C'est le roi !

ANNE BOLEYN, *effrayée*.

Ciel !

(*Le roi est suivi de Norris, de Wriothesley et de Kingston.*)

SCÈNE VII.

Les mêmes, HENRI, NORRIS, WRIOTHESLEY, KINGSTON.

HENRI.

Fort bien, monsieur, à merveille !... je dois des remercîments à Votre Seigneurie pour l'empressement qu'elle met à s'acquitter du message dont elle avait bien voulu se charger.... (*A Anne Boleyn.*) Voilà donc votre réponse, madame ?

ANNE BOLEYN.

Si le lieu l'avait permis, sire, et avec le profond respect que je professe pour Votre Majesté, je vous aurais répondu, comme Élisabeth de Woodville au roi Édouard IV : « Sire, je ne suis pas assez noble pour être votre épouse ; mais je suis de trop bonne maison pour être votre maitresse ! »

HENRI.

Quel titre !... quelle injure !... L'avez-vous pu croire, mademoiselle ?... Ah ! jamais je n'eus cette détestable pensée!... A vous, madame, à vous un sceptre que votre beauté, vos talents, votre vertu, ont mérité.... Est-il besoin pour y prétendre d'être issue d'un sang royal?... Le sang de ma noblesse est digne de donner un héritier au trône d'Angleterre!... Madame, la nature a formé ce front majestueux pour porter la plus belle couronne de l'univers!... vous êtes née souveraine!... toute autre place qu'un trône serait indigne de vous!

ANNE BOLEYN.

Qu'osez-vous dire?... Oubliez-vous, sire, que vous êtes marié?

HENRI, *avec impatience*.

Marié! marié!... Oui, je suis marié!... mais ne vais-je pas cesser de l'être? ne le savez-vous pas, madame?

ANNE BOLEYN.

Moi, sire, usurper la place de celle qui m'a comblée!... A tant d'indulgence et de bonté, répondre par cet excès d'ingratitude!... revêtir sa dépouille!

WRIOTHESLEY.

Sire, la reine!

ANNE BOLEYN.

La reine!

SCÈNE VIII.

Les mêmes, Catherine d'ARAGON, MARIE, WOLSEY, CAMPEGGIO, CAPUCIUS, Anne ASKEW, Catherine PARR, le duc de SUFFOLK, le duc de NORFOLK, le comte de SURREY, le baron de NORMAN, le comte Frédérick de VALBERG, Georges BOLEYN, Édouard SEYMOUR, WASTON, BRERETON, MANNOC, DEHERAM, CROMWELL, GARDINER, William GASCOIGNE, des Seigneurs, des Dames de la cour, Nicolas BRANDS.

ANNE BOLEYN, *à la reine qui traverse l'appartement.*
Ah ! madame, je tombe à vos genoux !

CATHERINE D'ARAGON, *surprise et indignée.*
Mademoiselle !
(*Un grand silence règne dans l'assemblée.*)

ANNE BOLEYN, *d'un ton suppliant.*
Ah ! cette fois, ne me repoussez pas, madame !... De votre bouche un mot de haine ou de mépris peut ici me flétrir sans retour ! (*Avec douceur et fermeté.*) Madame, je ne suis pas coupable envers vous, et j'ai droit à toute votre pitié !

CATHERINE D'ARAGON.
Vous ! vous !

ANNE BOLEYN.
J'aime milord Piercy, madame !

CATHERINE D'ARAGON.
Ah ! dois-je vous croire ?

HENRI, *avec violence.*
Miss Anne ?...

ANNE BOLEYN *se retourne vivement.*

C'est la vérité, sire!... J'aime lord Piercy! (*Le roi pâlit et jette sur lord Piercy un regard menaçant.*)

PIERCY, *à la reine.*

Ah! madame, protégez-nous!

ANNE BOLEYN.

Sauvez-nous! sauvez-nous!

CATHERINE D'ARAGON.

Anne!... noble et généreuse fille, lève-toi!... lève-toi, chère!... Ah! je t'aime presque comme mon enfant!... Et je te faisais injure!... je t'outrageais!... Ah! pardonne-moi, pardonne-moi! (*La reine attendrie lui tend la main. Anne la baise avec une vive effusion.*)

ANNE BOLEYN.

Ah! madame....

WOLSEY, *à part.*

Une fille de ce caractère sur le trône!... ce serait nous donner un maître!

CATHERINE D'ARAGON, *à lord Piercy.*

Milord, tous nos vœux sont pour vous : comptez sur notre plus ferme appui! (*Au cardinal Campeggio.*) Seigneur nonce, maintenant, ce me semble, Votre Grâce doit être en mesure de mieux apprécier les scrupules dont on lui a parlé!

HENRI.

Madame!

CATHERINE D'ARAGON.

Ah! j'ai le cœur brisé, sire.... (*Montrant la princesse Marie.*) Et vous voyez les pleurs de cette enfant!... Rassurez-vous : ici je n'ai rien à dire à Votre Majesté. La reine ne manquera jamais au respect qu'elle doit à son seigneur et roi, ni la femme à la tendresse qu'elle a vouée à son époux. Anne, Piercy, suivez-moi, mes amis!

MARIE, *à Catherine Parr.*

Ah! quoi qu'il arrive, puissé-je au moins n'être jamais séparée de ma mère!

(*La reine sort, les dames la suivent, et les courtisans s'écoulent petit à petit.*)

SCÈNE IX.

LES MÊMES, *à l'exception de* CATHERINE D'ARAGON, *de* MARIE, *de* LORD PIERCY, *d'*ANNE BOLEYN, *et de* CATHERINE PARR.

(*Au lieu de suivre la reine, Anne Askew s'avance vers Wolsey.*)

ANNE ASKEW, *d'une voix forte.*

Cardinal d'York!

(*Tous les yeux se portent sur elle.*)

Cardinal! ignorez-vous donc la prophétie que Dieu a mise dans la bouche de la sainte fille de Kent?... Élisabeth Barton a prédit la mort.... une mort prochaine et violente.... à quiconque attentera aux droits de la reine Catherine d'Aragon!

HENRI.

Qu'est-ce à dire?

JEANNE SEYMOUR.

Imprudente! arrête!

CATHERINE HOWARD.

Que fais-tu?

ANNE ASKEW.

Souverain cardinal!... tremble! ton heure approche!...

WOLSEY, *troublé.*

Quoi donc?

ANNE ASKEW.

Tu pâlis?... Tiens! regarde de ce côté!... Déjà sir Guillaume Kingston interroge le visage de son maître, prêt à saisir sa proie!

HENRI.

Jeune fille!

JEANNE SEYMOUR, *l'entraînant.*

Par ta mère, sors!

CATHERINE HOWARD.

Viens! viens!

ANNE ASKEW.

Sire, la prédiction n'excepte personne! *(Elle se retire à pas lents, en portant successivement son regard sur le duc de Suffolk, le duc de Norfolk, Norris et Cromwell.)* Personne! *(A Jeanne Seymour et à Catherine Howard.)* Non!... non!... personne! *(Elle jette un cri.)* Ah!... *(Elle se couvre les yeux de ses deux mains, et sort en sanglotant avec Jeanne et Catherine.)*

SCÈNE X.

Les mêmes, *à l'exception d'*Anne ASKEW, *de* Jeanne SEYMOUR *et de* Catherine HOWARD.

HENRI.

Cromwell, que dès demain je sache quelle est cette Élisabeth Barton!... Fisher et Thomas Morus l'interrogeront. Comte de Surrey, la reine fixera sa résidence à Greenwich; je vous charge de l'y conduire.

SURREY.

La seule faveur que j'ambitionne, sire, est de rester près de Sa Majesté.

HENRI.

Cette faveur vous est accordée, milord, sous la condition expresse de ne plus sortir de Greenwich; la solitude en effet convient aux poëtes. Sir Kingston, vous me rendrez compte de la soumission de la reine et de l'obéissance du comte de Surrey. (*A Campeggio.*) Seigneur nonce, je n'en ferai plus mystère : mon intention est de placer Mlle Boleyn sur le trône.

WOLSEY.

Sire, son attachement pour lord Piercy....

HENRI.

Avant huit jours, lord Piercy épousera Marie Talbot, fille du comte de Schelbury!

WOLSEY.

Sans l'aimer, sire, sans la connaître?

HENRI, *avec emportement.*

Qu'il l'aime ou non, qu'importe!... Qu'il l'épouse!... je le veux! Comte Wriothesley, partez! annoncez ma volonté au comte de Northumberland!

WOLSEY.

Quoi, sire, élever au trône une des femmes de la reine, la fille de sir Thomas Boleyn, la fille d'un simple banneret!

HENRI.

Sir Thomas Boleyn, un simple banneret, monsieur?... Je le fais comte de Witshire, commandeur de l'ordre du Bain, trésorier de ma maison; son fils, Georges Boleyn, vicomte de Rocheford; sa fille, Anne Boleyn, marquise de Pembroke!... Monsieur le duc de Suffolk, demain vous irez lui offrir de ma part la couronne et le manteau d'honneur. Cromwell, tu lui remettras un brevet de pension de mille livres sterling par an. Norris, je te nomme son premier écuyer!... Waston, Brereton, vous serez ses pages : Jeanne Seymour et Catherine Howard seront ses filles d'honneur. Messieurs, j'entends que la marquise de Pembroke ait le rang et soit traitée à l'égal d'une princesse!... Quiconque aime le roi sera pour elle, et briguera l'honneur d'être attaché à sa personne!... Monsieur le cardinal, dites-moi, Mlle Anne Boleyn est-elle assez noble maintenant?... A moins de la faire reine, puis-je l'élever plus haut?

WOLSEY *se jette aux genoux du roi, les mains jointes, et les larmes aux yeux.*

Sire, de grâce, écoutez-moi!... Faut-il pour le caprice d'un jour, rompre une alliance conclue avec le roi de France?... rejeter et Mme la duchesse d'Alençon.... et la princesse Renée?

HENRI.

Eh! monsieur, ne savez-vous rien?... Mon frère de France, mon ami le mieux aimé, applaudit à mon choix : la duchesse d'Alençon épouse le roi de Navarre!...

WOLSEY.

Ciel!

HENRI.

Et la princesse Renée est promise au fils du duc de Ferrare!... Dans huit jours François Ier m'attend à Calais avec Mlle Boleyn. Les fêtes surpasseront en magnificence toutes celles d'Ardres et du camp du Drap d'or. Duc de Norfolk, faites connaître mes vœux au comte de Wiltshire; écrivez-lui dès ce soir. Vicomte de Rocheford, plaidez ma cause auprès de votre mère; je vous confie mes intérêts les plus précieux : regardez-moi comme un frère; Georges, aime-moi comme je t'aime! tu verras comme Henri agit avec ses amis de cœur, et récompense ses vrais serviteurs! Amis, secondez-moi tous, aidez-moi à vaincre la résistance qu'on m'oppose!... Édouard, votre sœur y peut quelque chose, et votre jeune et charmante petite nièce aussi, mon cher Norfolk : qu'elles me soient favorables, et je les en aimerai davantage. Norris, des bals, des concerts, des carrousels, des joutes, des tournois, des chansons françaises, de joyeuses comédies, des fêtes de jour, des fêtes de nuit! Marc Smeaton, les chants les plus purs, les plus suaves, pour la charmer et l'attendrir!... Mes jeunes amis, ne la quittez pas! entourez-la de soins, de prévenances ; parlez-lui sans cesse et du roi et de son amour!... Ne la trouvez-vous pas bien belle?

NORRIS.

Ah! sire, charmante!

WASTON.

Ravissante!

BRERETON.

Adorable!

NORRIS.

Que de grâces et d'esprit!

HENRI.

Cromwell, Gardiner, que vingt courriers répandent dans toute l'Europe l'annonce de mon prochain mariage. Brands, fais en part à tous les citoyens, à tous les marchands français!... Qu'en dira mon peuple?

BRANDS.

Sire, le peuple est comme moi! le peuple aime le changement!... tout bon Anglais adore toutes les jeunes et jolies femmes!

HENRI.

Eh bien, compère, le jour même où j'aurai la certitude d'être aimé, je veux qu'en réjouissance toutes les fontaines de la Cité versent à grands flots la bière et le vin!... Brands, je t'en donne la fourniture!

BRANDS.

Vive le roi!... Dieu conserve le roi!

CAPUCIUS, *au baron de Norman.*

Ce qui charme dans cette cour, c'est que toutes les convenances y sont observées avec un tact, un goût!...

HENRI.

Baron de Norman, comte de Valberg, avant de nous séparer, un dernier toast!... Toutes les belles ont droit à nos hommages!... Au nom d'Anne Boleyn, unissons ceux d'Anne de Clèves, de Jeanne Seymour, de Catherine Howard!... Duc de Suffolk, des vins de France!... du bourgogne!... du bordeaux!... Deheram, mon gobelet!... et vous, messieurs, les vôtres!

(*Waston, Brereton, Deheram, Mannoc, et les pages du cardinal distribuent des coupes d'or.*)

Mon cher Georges, une coupe de taille à contenir tous les vœux que je forme pour votre adorable sœur!

(*Les pages versent le vin.*)

Milords, messieurs, à votre santé à tous!

TOUS LES PERSONNAGES.

Vive le roi! vive le roi!

HENRI.

A la belle des belles!... A la plus spirituelle!... A la reine de toutes les fêtes! A miss Anne Boleyn! A la marquise de Pembroke! Sa vertu fait son honneur!...

TOUS.

A la marquise de Pembroke!

HENRI.

A Anne de Clèves!

TOUS.

A Anne de Clèves!

HENRI.

A Jeanne Seymour! à Catherine Howard!...

TOUS.

A Jeanne Seymour!... A Catherine Howard!... Vive le roi! Vive Henri VIII!...

BRANDS.

Au protecteur du commerce!... au père du peuple!...

(*Les pages agitent leurs toques au-dessus de leurs têtes. Brands lance son chapeau en l'air. Des fanfares se font entendre de tous côtés.*)

CAPUCIUS, à *Campeggio*.

Eh bien, seigneur nonce?

CAMPEGGIO.

Ah! milord, quelle débauche! Quelle orgie! Quelle aveugle brutalité!

CAPUCIUS.

Ne dirait-on pas une bacchanale?

BRANDS.

Vive Dieu!... quelle joie!... Quelle merveilleuse mangerie!... c'est plus fort, c'est mieux qu'à la taverne du bon roi Salomon! Ah! qu'on s'amuse chez les hommes de Dieu!

HENRI.

Mes amis, je ne saurais dormir. Norris! Waston! une partie de dés?... et demain, à notre arrivée à Hampton-Court, une partie de paume?... Brereton, j'ai idée que tu feras merveille!... Camarade, tu ruineras le roi!

BRERETON.

De grand cœur, sire.

HENRI.

Cette nuit, si l'on triche, le roi n'est pas d'humeur à s'en apercevoir!... Au jeu donc!...

WASTON.

Au jeu!

BRERETON.

Au jeu!

HENRI.

A table! à boire!... O mon Dieu, je vous jure de ne pas couper ma barbe, jusqu'à ce que je sois sorti du péché, et qu'Anne soit devenue ma femme légitime! A boire!

WASTON.

A boire!... au péché ma jeunesse!

HENRI.

La vieillesse au repentir! A boire! à boire!

BRANDS, *avec plus de force.*

A boire! à boire! à boire!...

HENRI *s'arrête sur le seuil de la porte et s'adresse à Woisey.*

Monsieur le cardinal, j'étais tranquille, j'étais heureux; je vivais bien avec ma femme; ma fille faisait ma joie et mon orgueil. Vous êtes venu jeter le remords et la terreur dans mon âme!...

WOLSEY.

Moi, sire?

HENRI.

Oui, milord; d'intelligence sans doute avec Longland, mon confesseur, vous avez suscité en moi des angoisses et des désirs qui, sans vous, n'auraient jamais approché de mon cœur.... Oui, monsieur, c'est vous qui le premier m'avez montré le but et ouvert la voie. Depuis que vous êtes à moi, milord, toutes vos entreprises ont réussi; j'aime les gens heureux: le succès fait excuser et rachète bien des fautes; aussi ma confiance en vous a-t-elle jusqu'ici été sans bornes. (*Son œil ardent se promène autour de l'appartement.*) Mais vous avez eu l'imprudence d'offrir à mes regards ce que peut-être je n'aurais jamais dû voir!... L'or éblouit, monsieur le cardinal!... L'or allume et irrite tous les sens!... Milord d'York, la proie est belle!... Elle est facile à saisir!... Encore un coup, réussissez, monsieur!... Que je sois content, ou bientôt j'aurai plus d'un compte à vous demander!... (*A Campeggio.*) Seigneur nonce, je puis faire juger mon mariage par les évêques de mon royaume!... Ne l'oubliez pas!...

CAMPEGGIO.

Quoi, sire, le champion de l'Église, le défenseur de la foi....

HENRI.

Peut rompre avec Rome, et dès demain! c'est mon dernier mot, milord!...

(*Le roi sort au bruit des tambours et des trompettes. Il est suivi d'une partie de ses courtisans; d'autres s'éloignent de différents côtés.*)

SCÈNE XI.

CAPUCIUS, WOLSEY, CAMPEGGIO.

CAPUCIUS.

Milords, tous les voiles, tous les masques sont tombés: jouons cartes sur table!... Charles-Quint est maître en Italie: il y peut tout; l'outrage fait à sa tante ne resterait point impuni. Mais l'Empereur est encore ce qu'il a toujours été, prompt à récompenser un service, généreux, magnifique!... (*A Campeggio.*) Seigneur nonce, à Votre Seigneurie, l'archevêché de Tolède!...

CAMPEGGIO.

Quoi? milord....

CAPUCIUS, *à Wolsey.*

Cardinal d'York, à Votre Grâce l'évêché de Badajoz!...

WOLSEY, *avec hauteur*.

Un évêché, monsieur!... au cardinal-roi!...

CAPUCIUS.

Cardinal, le trône de Saint-Pierre!...

WOLSEY.

Encore de nouveaux artifices, monsieur? de nouveaux piéges?

CAPUCIUS.

Milord, le pape Clément VII se meurt!

WOLSEY, *avec un transport de joie*.

Ciel!

CAMPEGGIO.

En êtes-vous sûr, milord?

WOLSEY.

Faux bruit. La preuve?

CAPUCIUS, *lui remettant une dépêche*.

Lisez, milord; la voici.

WOLSEY.

Ah! Dieu!... ah! je pourrais être pape? Charles me tiendrait parole?

CAPUCIUS.

Vous n'avez pas sur la terre de meilleur ami que l'Empereur. Cardinal, demain, au point du jour, chez la reine!

WOLSEY.

J'y serai, milord!... (*A Campeggio*.) Et vous, mon frère?

CAMPEGGIO.

Moi, mon frère? moi? Demain, je serai parti pour Rome, afin de vous donner ma voix.

WOLSEY *lui saute au cou*.

Ah! mon frère!... mon frère!... (*Il le serre dans ses bras.*)

CAPUCIUS.

Seigneur nonce, veuillez accepter mon bras.

CAMPEGGIO.

Ah! milord....

(*Wolsey les reconduit avec beaucoup de civilités jusqu'à la porte du salon. Au moment de s'en séparer, il se précipite sur la main de don Capucius, s'élance ensuite vers Campeggio, et l'embrasse avec transport. Le nonce et l'ambassadeur s'éloignent rapidement.*)

WOLSEY, *à l'un de ses pages.*

Appelle Gardiner ! Gardiner ! vite ! vite ! Gardiner !

SCÈNE XII.

WOLSEY.

Ah ! quelque splendide qu'il soit, ce palais ne saurait jamais valoir le Vatican ! (*Il marche à grands pas.*) Oui, oui, je serai pape ! Dieu le veut ! Dieu le veut !... Je les tiens !... Henri par l'appât, Charles par la crainte du divorce !... L'essentiel est de promettre : nous verrons après !... Cette fois, je n'ai plus peur d'être trompé ; c'est moi qui les tromperai, qui les jouerai tous !... je serai pape !... Un cardinal anglais !... ah ! quelle plus douce joie ? quel coup de fortune ! quel triomphe pour la Grande-Bretagne !

SCÈNE XIII.

WOLSEY, GARDINER.

(*Gardiner entre rapidement.*)

WOLSEY *lui saisit le bras avec force.*
Cher Gardiner, Clément VII est mort !

GARDINER *sourit.*
En êtes-vous certain, milord?...

WOLSEY, *les larmes aux yeux.*
Ah ! trop certain !... Pauvre saint-père ! pauvre saint-père ! Gardiner, tu sais ce que je veux ?... Tu sais parler et écrire ?... Le roi, mon bon ami, a la plus merveilleuse opinion de ton habileté !... Pars, pars ce soir pour Rome !... Ne te laisse pas séduire par de belles paroles ! sois adroit !... Le roi, cher, est convaincu que si Charles tient ses anciennes promesses, nous aurons pour nous tous les impériaux ! et si Charles me trahit, je lui déclare la guerre, et mon cher ami le roi de France me soutiendra de sa flotte et de ses armées !... Il est à Rome de jeunes cardinaux qui ne sont pas riches : ils voudront se vendre; fais-leur voir de l'or !... Promets, fais des offres magnifiques ! le roi veut qu'on n'épargne ni son nom ni son or !... Promets, Gardiner, promets tout ce que tu voudras.... des présents, des dignités, de l'argent ! Tout ce que tu auras promis, le roi le tiendra ! le roi saura faire honneur à ta parole. A l'œuvre ! pars ! pars dès ce soir ! A l'œuvre, cher Gardiner ! à Rome ! à Rome !... à Rome ! A ton retour, mon évêché de Wincester est à toi.

(*Gardiner sort en souriant.*)

SCÈNE XIV.

WOLSEY.

Et nous, allons porter à Henri cette heureuse nouvelle! (*On entend retentir les cris de :* Vive le roi!) Vive le roi?.. Ah! bientôt ces voûtes retentiront des cris de : Vive le pape!... Oui, oui, déjà je crois entendre le cardinal dataire, criant aux peuples assemblés sous les fenêtres du conclave : « Peuples de la chrétienté, vous avez un pape nouveau : c'est Thomas, cardinal de Sainte-Cécile, archevêque d'York, légat du saint-siége! » (*Les mêmes cris de :* Vive le roi! *se répètent. Le cardinal, dans un transport de joie, mais à voix basse.*) Vive le pape! vive le pape! (*Élevant la voix.*) Allons, allons, à moi la gloire de la triple couronne! à moi la ville sainte! à moi Rome! à moi le monde!... Et un jour, quand je descendrai de ma mule, l'empereur d'Allemagne, Charles-Quint, notre fils bien-aimé en Jésus-Christ, Charles-Quint nous tiendra l'étrier.... A Rome! à Rome! à Rome!...

FIN DU DEUXIÈME TABLEAU.

TROISIÈME TABLEAU

PERSONNAGES.

HENRI VIII.
Lady ANNE BOLEYN, marquise de PEMBROKE.
Lord WRIOTHESLEY.
Lord GEORGES BOLEYN, vicomte de ROCHEFORD.
Sir HENRI NORRIS.
Sir THOMAS CROMWELL.
Sir THOMAS CRANMER, aumônier de lord Thomas Boleyn, comte de Witshire.
Lady MARGUERITE BOLEYN, vicomtesse de ROCHEFORD.
JEANNE SEYMOUR, } filles d'honneur de la marquise de PEMBROKE.
CATHERINE HOWARD, }
BRERETON, } pages de la marquise.
WASTON, }
MARC SMEATON, musicien de la marquise.
NICOLAS BRANDS.

La scène se passe au palais de Hampton-Court.

Un salon richement décoré chez la marquise de Pembroke; dans le fond quelques métiers de tapisserie, une harpe, plusieurs guitares placées sur des fauteuils, des corbeilles de fleurs; une fenêtre avec balcon qui donne sur la place; une table sur laquelle est une cassette.

TROISIÈME TABLEAU.

SCÈNE I.

WASTON, BRANDS, BRERETON.

(Brereton est assis devant une table sur laquelle est une cassette. Waston entre avec Brands.)

BRANDS, *son bonnet à la main.*

J'attendrai, mon jeune ami, je vais attendre.

WASTON.

Mme la marquise ne peut tarder à rentrer.... Dès ce matin, Sa Grâce, armée de son arquebuse, et montée sur sa plus belle haquenée, est partie de Hampton-Court, pour aller chasser à Grafton, en compagnie de M. l'évêque de Bayonne, du vicomte de Rocheford et de sir Henri Norris.

BRANDS.

N'a-t-elle pas fait cadeau à Son Éminence d'un accoutrement magnifique?

WASTON.

Robe de chasse, chapeau, trompe et lévrier; rien n'y manque.

BRANDS.

Et cela sans doute, afin de rendre notre bon frère de France favorable au divorce, et de solliciter son appui près du saint-siége?... Ah! diable, la petite personne est adroite! comme en un tour de main elle a su mettre de côté et Catherine d'Aragon, et Marguerite de Valois, et la princesse Renée!... Et sans être tout à fait encore la femme du roi, la voilà installée au palais de Hampton-Court, dans un superbe appartement,... qui ne doit pas être très-éloigné de celui de Sa Majesté, n'est-il pas vrai?...

WASTON.

Le roi a voulu qu'en toutes choses Mme la marquise de Pembroke fût traitée à l'égal d'une princesse.

BRANDS.

Et je gage que déjà la cour lui est faite plus grosse qu'à la reine et à la princesse Marie, reléguées à Greenwich? Eh! mais.... c'est ce cher monsieur Brereton?

BRERETON *se lève*.

Plus bas, maître Brands!... Mme la vicomtesse de Rocheford est dans ce petit salon avec Mlle Howard et Mlle Seymour.... Marc Smeaton leur fait étudier de nouveaux airs qu'elles doivent chanter ce soir devant le roi.

BRANDS.

Que faisiez-vous donc là, seul et pensif, devant cette cassette que vous considérez encore si attentivement?

BRERETON.

Je me demande, monsieur Brands, comment il a été possible d'en forcer la serrure?

BRANDS.

Ah! grand Dieu!... Est-ce qu'on aurait volé les joyaux de Mme la marquise?...

BRERETON.

Non.... Le voleur est moins intéressé que curieux.... Il avait sous la main un diamant d'une valeur de plus de quinze mille écus,... ce diamant qu'à la dernière entrevue de Calais, François Ier fit remettre à Mme Anne, comme présent de noces, par le prévôt des marchands de Paris. Mais ce singulier larron semble avoir un souverain mépris pour tout ce qui est or et pierreries ; il n'a dérobé que les lettres écrites par le roi à Mme la marquise.

BRANDS.

Diantre !... et par qui le coup peut-il avoir été fait ?... dans quel intérêt ?...

WASTON.

Ce n'est assurément qu'un ennemi de Mme Anne !...

BRERETON.

Quelque agent de l'Empereur ou du pape ?

WASTON, *mystérieusement.*

Peut-être Mme la vicomtesse de Rocheford,... gagnée par le cardinal....

BRANDS.

Ventrebleu ! mes amis, ne dites pas de mal de M. le cardinal !... n'allez pas me brouiller avec lui !... il consomme à lui seul plus de vins d'Espagne et de France que tous les moines noirs et blancs de l'Angleterre et de l'Irlande !... Le saint homme !... ah ! que n'est-il arrivé à la chaire de Saint-Pierre ?... Si Dieu, sensible à mes prières, eût récompensé les vertus de Clément VII, en lui ouvrant les tabernacles éternels....

WASTON.

C'est cela !... il eût été commode à messire Nicolas Brands qu'un pape mourût tout exprès pour servir la politique de l'Empereur, ou l'ambition de milord d'York ?

BRANDS.

Le cardinal une fois pape, l'affaire du roi en eût-elle été plus mal ?...

WASTON.

Le cardinal n'exerce-t-il pas dans cette île toute l'autorité du saint-siége ? qui l'empêche d'agir ?

BRANDS.

Aussi agira-t-il!... et pas plus tard que demain!... Milord d'York s'est converti au divorce, et demain le divorce sera prononcé!... et je m'en réjouis!... car, pour vous dire ma fantaisie, je crois que Sa Grâce en est si avant, qu'autre que Dieu ne l'en saurait ôter!... Mes bons petits chers amis, ne m'oubliez pas!... une place à *Black-Friars*, je vous en supplie!...

BRERETON.

Vous pouvez y compter! la meilleure!... sur le premier rang!... en face du roi et de la reine!...

(*Entre Marc Smeaton.*)

SCÈNE II.

LES MÊMES, MARC SMEATON.

(*Marc traverse le salon, sa toque sur la tête.*)

WASTON, *élevant la voix.*

Où donc allez-vous, monsieur?

MARC SMEATON *se retourne brusquement.*

Où je vais?... (*D'un air d'importance.*) La question est nouvelle!... Parbleu, je vais où bon me semble!

WASTON.

Mais encore?...

MARC SMEATON.

Dans la chambre à coucher de Mme la marquise!...

WASTON.

Ne savez-vous pas qu'à l'exception de son frère, le vicomte de Rocheford, il n'est permis à personne d'y entrer?...

MARC SMEATON.

Et qui donc, si ce n'était moi, accorderait l'épinette qu'on vient d'y placer?

WASTON.

Je ne puis sans un ordre de Sa Majesté....

MARC SMEATON.

Je vous trouve plaisant!... mon petit monsieur, libre à vous de porter vos doléances au roi, ou à Mme la marquise!... quant à moi, je vous jure que je n'ai pas la crainte d'en être excessivement maltraité!... en vérité, on pourrait croire monsieur Waston jaloux?

WASTON *devient pâle*.

Moi? jaloux? de qui? que voulez-vous dire?

MARC SMEATON, *d'un ton moqueur*.

Il suffit!... je m'entends!

(*Il entre dans la chambre de la marquise.*)

SCÈNE III.

WASTON, BRANDS, BRERETON.

BRERETON.

Ce drôle devient chaque jour plus insolent, et s'arroge de nouveaux priviléges!...

WASTON.

Il n'est pas une des femmes de Mme la marquise qui ne soit l'objet de ses poursuites, et que le fat ne cherche à compromettre par des familiarités ou des indiscrétions calculées.... Je ne serais pas surpris que son impudente vanité s'adressât bientôt à Mme la marquise elle-même.

BRANDS.

Ah! je vous le répète, qu'on ne s'y frotte pas!... Le gracieux maître n'est pas endurant!... Et quand il frappe, il frappe vite et ferme! (*A voix basse.*) Ah çà! que faut-il croire de ces bruits qui circulent dans la Cité?... Est-il vrai que, depuis quelque temps, et grâce au docteur Rowland Lee, le roi s'est approché de bien près de sa maîtresse.... et que Mme Anne n'occupe pas seulement à table la place de la reine?

WASTON.

Un mariage secret! avant le divorce! quelle calomnie!

BRANDS.

Permettez!.. le roi avait juré de ne pas couper sa barbe que Mlle Boleyn ne fût devenue sa femme!.. et comme Sa Majesté continue chaque jour et très-régulièrement à se raser le menton....

BRERETON, *d'un ton moitié sérieux, moitié moqueur.*

Cela, maître Brands, ne doit faire supposer qu'une chose,... c'est que Mme la marquise a une insurmontable antipathie pour les mentons barbus!

BRANDS, *avec un sourire malin.*

C'est beaucoup plus probable!

WASTON.

Ah! malgré les bienfaits nombreux du roi et l'attrait du rang suprême, qui oserait répondre que le souvenir de lord Piercy soit entièrement effacé du cœur de lady Anne? N'avez-vous pas su, maître Brands, tout ce qu'elle a souffert de l'abandon de ce seigneur?... et le serment qu'elle fit de se venger tôt ou tard du cardinal?... Sans les supplications du vicomte de Rocheford, qu'elle aime si tendrement que parfois même lady Marguerite s'en montre jalouse, sans le désir d'élever ce frère chéri jusqu'aux marches du trône, je doute que Mme la marquise se fût jamais départie de ses premiers refus.

BRERETON.

Lord Piercy!... être aimé d'une telle femme!

WASTON.

Avoir pour rival un roi!... l'emporter sur ce roi!... Et, sur l'ordre de son rival, lui céder complaisamment celle qu'il aime! s'enchaîner à une autre, sans amour, par peur, par ambition!... Ah! messieurs, pour un comte de Northumberland, quelle honte!... quelle servilité!

BRERETON, *s'animant*.

A la place de lord Piercy, les menaces du cardinal, le courroux du roi, la malédiction de mon père, j'aurais tout bravé!

WASTON, *avec enthousiasme*.

Moi, plutôt que d'obéir, j'aurais affronté la mort! Toute ma joie, toute ma gloire eût été de mourir pour Anne Boleyn!

BRANDS, *la voix émue*.

Enfants!... enfants!... Vous m'effrayez!... Ah! sans doute, j'aime, j'honore en vous cette chaleur de cœur, cet enthousiasme généreux!... Je sens tout ce que votre dévouement a de pur, de saint!... mais est-ce donc à moi de vous le dire?... Là.... oui, là, dans cette antichambre, comme à Greenwich, comme au Palais-Cardinal, chacun est aux écoutes.... On observe,... on épie,... dans le dessein de nuire,... avec l'espoir de trouver en faute.... Toutes les choses y sont dénaturées, noircies, envenimées!... et déjà, devant moi, plus d'un méchant propos a été tenu sur Mme la marquise!

WASTON.

Sur elle?

BRERETON.

Quel est le misérable ?...

WASTON.

Par saint Georges !... Si je le connaissais !

BRANDS.

Ah çà ! mais... Est-ce de ma faute ? Allez-vous vous en prendre à moi ? Me faire quelque mauvais parti ?

WASTON, *lui serrant les mains.*

Ah ! cher monsieur Brands !

BRERETON.

Nous vous aimons trop pour cela !

BRANDS, *avec bonhomie.*

Je le sais bien !... mais voyons.... point d'emportement : du calme, du sang-froid.... une bonne fois, parlons franchement.... Le voulez-vous ?

WASTON.

De tout mon cœur.

BRANDS.

Eh ! mes chers enfants, comment votre belle et aimable maîtresse pourrait-elle échapper aux traits de la médisance ?... C'était bien assez de son élévation soudaine, de cette fortune inouïe, pour soulever, pour ameuter contre elle toutes les jalousies, toutes les haines de nos grandes dames !... Mais si je suis bien renseigné, son esprit satirique et mordant, dont le roi s'amuse, et le plaisir beaucoup trop vif qu'elle prend elle-même à railler, en sa présence, les plus hauts personnages, lui ont attiré d'irréconciliables adversaires.... Quel triomphe pour eux, quelle vengeance, s'il y avait moyen de trouver à reprendre dans la conduite de la jeune fille,... de se faire une arme d'une apparence de légèreté,... d'éveiller subtilement la jalousie du maître, et d'écarter pour jamais leur ennemie du trône!... Mes enfants, c'est à quoi tendent les partisans de Catherine d'Aragon!

BRERETON.

Ah ciel! que dites-vous?

BRANDS.

N'en doutez pas!

WASTON.

Mon cher monsieur Brands, c'est vous qui maintenant m'effrayez?

BRANDS.

Et c'est précisément où je veux arriver!... Tenez, point de complaisance envers nous-mêmes!... rendons-nous justice!... nous, les serviteurs, les vrais amis de cette bonne Mme Anne, ne venons-nous pas, sans le vouloir, de prêter les mains, et, en quelque sorte, d'aider aux sourdes menées qui se font contre elle?

BRERETON.

Nous?

WASTON.

Et comment?

BRANDS.

Eh oui!... Et moi-même, moi qui fais ici le prédicateur, le bel exemple vraiment que tout à l'heure je vous ai donné!... Ah! ce n'est pas bien!... c'est mettre en doute la vertu de cette jeune femme qui me comble de bontés!... c'est insinuer doucement qu'avant d'être légitimement au roi, elle peut avoir eu la faiblesse de céder à ses sollicitations!

WASTON, *avec chaleur*.

Ah! monsieur Brands!... ah! quelle calomnie!

BRANDS.

Oui, c'est bien ainsi, c'est bien par ce cri d'indignation

que vous m'avez aussitôt répondu !... et avec un accent tel que je devais vous croire !... (*Lui serrant cordialement les mains.*) Et je vous crois, cher monsieur Waston !... Mais enfin, cette calomnie qu'avec une habile perfidie les ennemis de Mme la marquise répandent en tous lieux,... il n'est pas moins vrai que, malgré toutes mes excellentes intentions, je m'en suis rendu l'écho, tout à l'heure, ici même ?... et je suis chez elle, et je n'y viens que pour recevoir de sa belle main les aumônes qu'elle me charge sans cesse de distribuer à tous les pauvres de ma paroisse !... (*Les larmes aux yeux.*) Je vous en fais juges, n'est-ce pas bien honnête de ma part ?... n'est-ce pas là une jolie façon de la remercier de sa charité ?... et, cependant, vous savez tous les deux si personne au monde l'admire et la respecte plus que moi ?

WASTON.

Brave et excellent homme !

BRANDS, *s'essuyant les yeux*.

Oui.... ceci me pesait sur la conscience !... voilà ma confession faite.... et je me sens soulagé !... Maintenant, passons à la vôtre !... Enfants, quelle étourderie, quelle faute ne venez-vous pas à l'instant même de commettre ?... sous mes yeux ?

BRERETON.

Comment ?

WASTON.

Expliquez-vous.

BRANDS.

Vous imaginez-vous que je n'ai pas été frappé de certains mots échappés à Marc Smeaton ?... « On dirait M. Waston jaloux ? » Ne sont-ce pas là les propres paroles de Marc ?... (*Waston pâlit et reste immobile sans rien répondre.*) Quelle était l'intention de Marc ?... que voulait-il dire ?... ja-

loux de qui? de qui?... (*Waston garde le silence.*) De lui, sans doute?... à l'occasion de quelle personne?... de Mme la marquise?... Quoi? quoi donc?... dans la pensée de Marc, vous aimeriez la marquise autrement qu'il ne vous est permis de l'aimer?

WASTON, *cherchant à se remettre.*

Moi?

BRANDS.

Et vous, mon jeune ami, vous supposez, et vous avez osé le dire devant moi, que la vanité et les prétentions de Marc pourraient un jour s'élever jusqu'à Mme la marquise?... Ah! quelle légèreté! quelle imprudence!... et si le père Brands était un sot ou un mauvais homme, quel venin ne pourrait-il pas tirer de tous ces discours?... Qui sait si Marc, en parlant de vous, n'a pas été plus loin, et si vous-même, en parlant de lui, vous n'avez pas été plus téméraire encore dans vos conjectures?... Qui sait si votre admiration, si votre culte pour Mme Anne, dont vous faites beaucoup trop de bruit, n'a pas déjà donné lieu aux plus malignes interprétations?

WASTON.

Mais, cher monsieur Brands, vous ne remarquez pas une chose? c'est que vous êtes en voie de mériter tous les reproches que vous m'adressez, et que c'est vous qui faites ici des suppositions.

BRANDS.

Non, non!... je ne suppose pas!... Le mal est fait!

WASTON.

Que dites-vous?

BRANDS.

J'en suis sûr!... Déjà un avis charitable est parvenu jusqu'au roi!

BRERETON.

Est-ce bien possible?

WASTON.

Et qu'a dit le roi?

BRANDS.

Le roi s'est mis à rire!... il a plaisanté.... de la meilleure grâce!... cela devait être. Il est sous le charme : il est amoureux fou de Mlle Boleyn!... mais on peut revenir à la charge!... On y reviendra!... et plus tard, quand la passion sera amortie, la calomnie, réduite aujourd'hui à l'impuissance, portera un coup mortel !

WASTON et BRERETON.

Ah Dieu !

BRANDS.

Braves, braves garçons!... De leur côté, vos jeunes camarades, Deheram et Mannoc, sont-ils beaucoup plus sages?... L'un et l'autre semblent fort occupés de miss Catherine Howard.... Ce n'est encore qu'une enfant.... et pourtant on les voit rôder sans cesse autour d'elle.... Quel peut être leur espoir?... Sont-ils de condition à pouvoir jamais prétendre à la main d'une nièce du duc de Norfolk?... Quels regrets n'auraient-ils pas, si ces enfantillages devaient un jour faire tort à cette charmante fille, si naïve, si innocente?... monsieur Waston, monsieur Brereton, soyez plus prudents, plus sensés que ces jeunes écervelés.... Croyez-moi, ce sera bien servir Mme Anne que d'en parler peu, ou mieux encore, de n'en jamais parler!... Par hasard, vous seriez-vous mépris sur les motifs qui règlent sa conduite?... A la veille de monter sur le trône, la fille d'honneur de Catherine d'Aragon n'oublie pas que naguère sir Henri Norris et les principaux officiers de la maison royale vivaient avec elle sur le pied de l'égalité,... et si aujourd'hui elle se montre, dans son intimité, plus affectueuse ou plus familière qu'il ne conviendrait peut-être à sa nouvelle dignité..., c'est à dessein. Oui, c'est par un excès de bonté!... toute sa crainte, sans doute, est de leur faire apercevoir la distance qui va les séparer, et de passer à leurs yeux pour fière ou pour ingrate!... c'est à ses amis de faire en sorte qu'elle n'ait jamais à se repentir de sa générosité. Ne vous souvenez plus de ce qu'elle était,... ne voyez en elle que la reine!... Prenez les devants,... changez insensiblement de manières et de ton.... Eh! mon Dieu! ce que je vous demande est bien peu de chose!... ce n'est rien!... c'est une nuance!... Mais, avec les dispositions où l'on est à l'égard de la marquise, dans une cour, où de la moindre peccadille on peut tout d'un coup faire un crime.... tout importe, tout est de conséquence : et on ne saurait trop veiller sur soi. Est-on moins attaché aux gens, pour se renfermer dans le respect qu'on leur doit?... Est-ce que je tire vanité de la manière toute cordiale et sans façon dont Mme la marquise en use avec moi!... De ce qu'assez souvent elle me badine, me raille et rit à mes dépens, est-ce que je fais l'avantageux?... Est-ce que je prends des libertés avec elle?... Du tout!... je ne lui rends que de plus grandes déférences!... je ne m'oublie pas!... Mes amis, jamais je n'ai fait un métier de sot : jamais je n'ai soupiré que là où je pouvais espérer une franche et prompte réciprocité. Imitez-moi! point de folles ambitions, ne portez pas vos vues où vous ne pouvez atteindre : et ne vous adressez qu'à celles qu'on peut aimer sans danger pour elles.... et pour soi!

WASTON, *en riant.*

Grand merci de la morale, père Brands!

BRANDS.

Quoiqu'un peu long, le sermon peut être utile! Faites mieux encore; mariez-vous.

BRERETON.

Nous marier?

WASTON.

A notre âge?

BRERETON.

Oh! que non pas! Je n'aurais qu'à être la proie d'une coquette? Je crains le sort de milord Wriothesley!

WASTON.

Et moi, celui de Georges Boleyn!... Une femme jalouse? Ah! quel enfer!... Jusqu'où les soupçons de lady Marguerite n'iront-ils pas un jour? Tout lui fait ombrage, tout lui paraît possible!... En voyant la tendresse de Georges pour la marquise, lady Marguerite serait femme à supposer un amour coupable entre le frère et la sœur!

BRERETON, *riant*.

Ah! ah! ah!

BRANDS.

Bah! nous serons plus heureux!... Voulez-vous une femme de ma main? je fournis les plus riches héritières du royaume, et j'ose dire qu'elles honorent toutes votre serviteur d'une considération particulière!... J'aime à faire des mariages : donnez-moi carte blanche.

WASTON, *en riant*.

Rien ne presse.

BRANDS.

Promettez-moi d'y réfléchir,... je serai plus tranquille!... Chers et aimables enfants, grâce à votre extrême obligeance, ma curiosité a été si souvent satisfaite, j'ai vu tant de spectacles, que vous n'avez pas sur cette terre de meilleur ami que moi!... Avez-vous besoin d'argent? usez de ma bourse comme de la vôtre.... c'est moi qui serai votre obligé!

WASTON, *lui frappant sur l'épaule.*

J'accepte!...

BRANDS.

Combien?

WASTON.

Cinquante angelots?

BRANDS, *lui donnant une bourse.*

Les voilà!... Je suis rond en affaires, moi!

WASTON.

Ah! vous êtes le plus aimable des hommes!...

(*Des rumeurs populaires se font entendre. — Entrent la vicomtesse de Rocheford, Jeanne Seymour, Catherine Howard.*)

SCÈNE IV.

LES MÊMES, LA VICOMTESSE DE ROCHEFORD, JEANNE SEYMOUR, CATHERINE HOWARD.

BRERETON.

D'où vient ce bruit?

LA VICOMTESSE DE ROCHEFORD *et* JEANNE SEYMOUR.

Qu'est-ce donc, messieurs?

CATHERINE HOWARD.

Quel tumulte aux portes du palais?

WASTON, *qui a ouvert une fenêtre.*

C'est Mme la marquise qui rentre.

(*Tous s'approchent de la fenêtre. — Cris du dehors : Vive la reine! Vive Catherine d'Aragon! A bas la marquise! A bas la Pembroke!...*)

LA VICOMTESSE DE ROCHEFORD.

Quels cris!...

JEANNE SEYMOUR.

Quel attroupement!...

WASTON, *poussant un cri.*

Ah! Dieu! on entoure lady Anne!...

BRERETON.

On porte la main à la bride de son cheval!

WASTON.

Brereton! vite! vite! suivez-moi!... Au secours! au secours!...

(*Tous deux sortent précipitamment.*)

SCÈNE V.

LES MÊMES, *excepté* WASTON *et* BRERETON.

BRANDS, *à la fenêtre.*

Bon! son frère et sir Henri Norris l'ont dégagée!... Preste! la voilà qui a franchi la porte du palais! *En criant.*) Monsieur Waston? arrêtez-le! arrêtez-le! là! là! ce petit bancal qui fuit à toutes jambes!... Sir Guillaume Brereton? à vous, cet autre!... Goddem! nous avons mis la main dessus!... A la Tour, à Newgate, camarades!... Oh! oh! si je m'y connais, ce ne sont pas là des barbes anglaises! il y a là des moustaches espagnoles ou italiennes,... et tout ceci sent furieusement le Capucius ou le Campeggio!...

SCÈNE VI.

Les mêmes, la marquise de PEMBROKE, le vicomte de ROCHEFORD, NORRIS, WASTON, BRERETON.

(*La marquise porte un costume de chasse très-élégant, avec un riche bracelet sur lequel est le portrait du roi. Elle tient une arquebuse à la main.*)

ANNE BOLEYN.

Bonsoir, monsieur Brands!... Je me flatte, monsieur, que vous n'avez pas un seul instant tremblé pour moi? (*Riant.*) Voyez! j'étais armée!

(*Elle remet son arquebuse à Waston.*)

BRANDS.

Madame, nous savons tous votre courage et votre adresse.

ANNE BOLEYN, *à la vicomtesse de Rocheford*.

Marguerite, voyez donc notre pauvre Georges!... il est encore tout ému! (*Elle lui tend la main.*) Cher ami!... et ces braves enfants!... Eh bien, aucun malheur n'est arrivé à votre maîtresse!... La voilà!... Croyez-vous, si nous devenons reine, que nous n'aurons jamais de plus terribles épreuves à traverser?... A quoi pensez-vous, Waston?

WASTON.

Je frémis, madame, en songeant à tous les excès auxquels ces lâches pouvaient se porter!... et moi j'aurais pu ne pas être là?

ANNE BOLEYN, *souriant*.

Eh bien, vous ne me quitterez plus.

BRERETON, *avec vivacité*.

Ni moi, milady?

ANNE BOLEYN.

Ni l'un ni l'autre!... je vous le promets, et quand je devrai mourir, vous serez près de moi.... tous les deux! (*En riant.*) Suis-je bonne?

BRERETON.

Ah! madame....

WASTON.

Adorable!

ANNE BOLEYN.

On est heureuse, on est fière d'être aimée de la sorte!... Si jeunes encore, ils ne connaissent pas l'art de feindre.... Cher monsieur Brands, je vous ai fait attendre : mais nos pauvres ne s'en plaindront pas; je me mets moi-même à l'amende. (*Lui donnant une bourse.*) La somme que vous veniez chercher est doublée.

BRANDS, *du ton le plus gracieux*.

Merci pour eux, madame la marquise, et pour moi.... L'espérance de vous voir était déjà du plaisir, du bonheur.... et au moment de vous quitter, milady, je regrette que Votre Grâce soit arrivée sitôt.

ANNE BOLEYN, *avec une légère ironie*.

Depuis longtemps, monsieur, vous m'avez fait une douce habitude de votre urbanité, de votre galanterie.

BRANDS.

Ma politesse, madame, c'est tout bonnement de la franchise.

ANNE BOLEYN.

Vous me comblez, monsieur! (*D'un ton affectueux.*) A la veille d'un événement qui doit décider de toute ma vie, j'ai idée que les prières d'un honnête homme, d'un ami, me porteront bonheur!... Monsieur, je me recommande à vos prières.... à celles de Mme Brands et de sa jeune et intéressante famille!

BRANDS.

Ah! milady, je ne fais qu'un saut d'ici à Saint-Paul!... Madame la marquise, Dieu, dans son infinie miséricorde, m'a donné pour compagne un ange,... modèle constant de patience et de résignation,... qui, à la Saint-Martin prochaine, et sous l'œil de mes concitoyens, me rendra père de mon quatorzième enfant.... Je suis moralement sûr qu'avant d'être ma femme, cette douce fille d'Ève n'était pas veuve de mon frère,... et cependant, dès que je vous vois, madame la marquise, il me prend à l'instant des troubles.... des scrupules de conscience.... pardon, madame,... j'ai de la timidité,... je sais le roi jaloux.... et je n'ose dire ici tout ce qui se passe en moi.... Je cours à Saint-Paul!

ANNE BOLEYN.

Le drôle de corps!

BRANDS, à *Norris.*

Adorable créature!... On voudrait être roi, rien que pour avoir le plaisir de se donner des remords qui doivent rendre si heureux! (*Il sort en riant d'un gros rire.*)

SCÈNE VII.

LES MÊMES, *excepté* BRANDS.

ANNE BOLEYN, *à miss Howard, dont elle serre affectueusement la main.*

Catherine, pendant que j'étais absente, lady Marguerite a dû vous faire un peu de sa morale?

CATHERINE HOWARD.

Oui, ma cousine.

ANNE BOLEYN.

A-t-elle été bien rigide?... Vous a-t-elle fait grand'peur et du diable et de l'enfer?

CATHERINE HOWARD.

Pas trop!

JEANNE SEYMOUR.

Comme hier!

ANNE BOLEYN.

Je m'en doutais.

LA VICOMTESSE DE ROCHEFORD, *avec aigreur*.

Il faut donc que toujours vous vous moquiez, ma sœur?

ANNE BOLEYN, *en souriant*.

Je m'essaye.

LA VICOMTESSE DE ROCHEFORD.

Bien obligée!... je vais faire encore tous les frais de la soirée!... Grâce à votre humeur satirique, mon lot est de divertir la compagnie, de servir de jouet et de risée à la gaieté du roi!

ANNE BOLEYN.

Je vous plains!... Et, sans que je l'en aie priée, lady Marguerite n'a-t-elle jamais discrètement cherché comment elle pourrait procurer à Sa Grâce quelques honnêtes distractions?

LA VICOMTESSE DE ROCHEFORD, *ingénument*.

Moi? que voulez-vous dire? je ne vous entends pas....

ANNE BOLEYN, *finement*.

Je vois clair, Marguerite!

LA VICOMTESSE DE ROCHEFORD, *sèchement*.

En vérité, madame, on ne sait jamais si vous parlez sérieusement, ni comment prendre les choses.

WASTON, *annonçant*.

M. le comte Wriothesley!

SCÈNE VIII.

Les mêmes, WRIOTHESLEY.

ANNE BOLEYN, *le regardant avec surprise.*
Quoi! milord, sans le roi! vous venez seul?

WRIOTHESLEY, *d'un air triste.*
Le roi, madame la marquise, m'a chargé de l'excuser auprès de vous.

ANNE BOLEYN.
Sa Grâce ignore-t-elle donc, monsieur, ce qui vient de se passer aux portes mêmes du palais?

WRIOTHESLEY.
Non, madame; et le conseil privé, convoqué aussitôt par ordre de M. le cardinal, a pensé, d'un avis unanime, qu'au moment où le procès de la reine allait s'ouvrir, le libre cours de la justice, et toutes les convenances, voulaient impérieusement que madame la marquise eût la discrétion et le bon goût de quitter la résidence de Hampton-Court, et de ne s'y point montrer pendant toute la durée des assises.... Son château d'Héver....

LE VICOMTE DE ROCHEFORD, *d'un air effrayé.*
Juste ciel!

(*La marquise ne montre point d'émotion.*)

WRIOTHESLEY.
Vous venez, madame, d'en faire la fâcheuse expérience.... Le peuple murmure; les partisans de l'Empereur et de Catherine d'Aragon s'agitent : on craint une révolte; on va même jusqu'à dire la vie du roi menacée.... Sa Majesté dont le cœur est navré, ne met pas en doute, milady, qu'un

esprit aussi ferme, aussi clairvoyant que le vôtre, et toujours si empressé de se conformer à ses moindres désirs, ne donne son plein agrément à une mesure dictée moins encore par la raison d'État, que par un excès de sollicitude éclairée et de tendresse judicieuse.

ANNE BOLEYN, *souriant*.

Très-bien, monsieur le comte!... (*Elle s'asseoit devant une table, et se met à écrire.*) Mais cet ordre empreint d'une si exquise politesse, quoique un peu brusque, ne cacherait-t-il pas quelque dessein dont j'aurais lieu de m'inquiéter? Dites-m'en cordialement votre pensée, milord!... Depuis hier, n'avez-vous rien observé, rien deviné?

WRIOTHESLEY.

Non, madame, je vous jure!...

ANNE BOLEYN.

Quoi?... ni vous, ni lady Marguerite, dont l'oreille est pourtant si fine, et le regard si perçant?

LA VICOMTESSE DE ROCHEFORD, *avec humeur*.

Mais, ma sœur, vous me faites des réputations!

ANNE BOLEYN, *d'un ton gracieux*.

Bien au-dessous de vos mérites, ma sœur!

LA VICOMTESSE DE ROCHEFORD.

Que voulez-vous donc que je sache?

ANNE BOLEYN, *sans la regarder*.

Eh! mais.... une nouvelle que j'ai apprise à Grafton; une nouvelle qui, si je suis bien instruite des justes prétentions de milord Wriothesley, ne saurait lui être tout à fait indifférente. Le solliciteur général, dont la santé déjà si faible....

WRIOTHESLEY, *avec joie*.

Mon meilleur ami!... Quoi, madame, lord Audley est mort?

TABLEAU III, SCÈNE VIII.

ANNE BOLEYN, *levant la tête.*

Ah! je n'ai pas dit cela!... Mais on assure qu'il est très-dangereusement malade.

WRIOTHESLEY.

Ah Dieu! de quel triste événement me flattez-vous? Ah! madame, je me sens si invinciblement attaché à tous vos intérêts, que pour vous servir, il n'est pas un secret d'État que je ne me fisse une loi de violer; c'est, de tous mes devoirs de conscience, celui auquel j'ai toujours donné la première place dans mes restrictions mentales. (*Avec importance et mystère.*) Et pour être franc, je dois vous avouer, milady, que depuis hier le roi semble avoir démêlé que tous ses expédients, pour faire casser son mariage, sont épuisés.

ANNE BOLEYN, *tout en écrivant, et avec sang-froid.*

Comment cela?

LA VICOMTESSE DE ROCHEFORD.

Eh! mais, madame.... l'opposition persévérante de l'Empereur....

WRIOTHESLEY.

Les lenteurs artificieuses du cardinal Campeggio....

LA VICOMTESSE DE ROCHEFORD.

Le zèle sensiblement attiédi du cardinal d'York ...

WRIOTHESLEY.

Le retour chaque jour plus incertain de sir Thomas Cranmer....

LA VICOMTESSE DE ROCHEFORD.

Tout doit démontrer au roi qu'il s'est témérairement jeté dans des difficultés inextricables!

WRIOTHESLEY.

Et, malgré toute la vigueur de sa volonté, je tremble, milady, que Sa Grâce ne commence à chanceler!

ANNE BOLEYN, *toujours calme.*

Ce n'est encore là qu'une simple conjecture?

WRIOTHESLEY.

A ne vous point mentir, madame, le roi vient de me déclarer qu'il n'eût jamais songé au divorce, s'il ne se fût cru certain d'obtenir aisément l'approbation du pape; que l'assurance qu'on lui avait donnée était fausse; et que si demain tout n'était terminé, il abandonnait pour toujours une poursuite inutile!

ANNE BOLEYN, *se levant, une lettre à la main.*

Brereton, faites à l'instant même préparer ma litière!

(*Brereton sort.*)

LE VICOMTE DE ROCHEFORD.

Quoi? ma sœur....

ANNE BOLEYN, *d'un air digne.*

Mon frère, je dois partir,... et je pars!...

LE VICOMTE DE ROCHEFORD.

Sans avoir vu le roi!... Ah! je vais moi-même....

WRIOTHESLEY.

Sa Grâce, monsieur le vicomte, est enfermée dans son oratoire; défense est faite à M. le duc de Suffolk de laisser pénétrer qui que ce soit....

LE VICOMTE DE ROCHEFORD.

Comment? pas même madame la marquise?

WRIOTHESLEY.

L'ordre ne comporte aucune exception.

LA VICOMTESSE DE ROCHEFORD, *jouant le désespoir.*

Ah! ciel!... Ah! mon Dieu! Quel coup de foudre!... Ah! milady, ah! ma sœur, nous sommes perdues, ruinées, livrées sans miséricorde à toutes les vengeances du cardinal!... Et quand je me figure la reine si cruellement offensée, rentrant à Londres triomphante!

ANNE BOLEYN, *très-froidement.*

Eh! non, non, ma sœur!... Vous n'êtes pas perdue!... Vous n'êtes pas ruinée! et vous n'avez à craindre ni le courroux de la reine, ni celui du cardinal. (*En riant.*) Vous le savez bien?

LA VICOMTESSE DE ROCHEFORD.

Moi?... Mais est-ce de moi que je m'occupe?... (*D'un ton sentimental.*) Songé-je jamais à moi?... Je n'ai de craintes que pour vous.... que j'aime tant!... à qui je suis si dévouée!... (*Avec attendrissement.*) Ah! ce n'est pas croyable!... j'éprouve un saisissement, un battement de cœur!...

ANNE BOLEYN, *sévèrement.*

Lady Marguerite.... voyez ces jeunes filles!... leur chagrin est réel, leur affection véritable.... j'en suis bien sûre!

JEANNE SEYMOUR.

Ah! madame!

CATHERINE HOWARD.

Chère cousine!

ANNE BOLEYN.

Les amis qui mettent le plus de jactance et d'apparat dans leur douleur, milady, ne sont pas ceux qui en ressentent le plus.

LA VICOMTESSE DE ROCHEFORD, *prenant un air peiné.*

Je ne m'explique pas....

ANNE BOLEYN, *sérieusement.*

Bientôt vous allez me comprendre.... Sir Henri Norris, cette lettre contient mes derniers adieux au roi....

WRIOTHESLEY.

Si madame la marquise daignait la confier à mon zèle....

ANNE BOLEYN.

Ce soir, milord, regarde sir Henri Norris.

NORRIS.

Ah! milady, croyez bien que si je puis arriver jusqu'à Sa Majesté....

ANNE BOLEYN.

Veuillez, je vous prie, dire à M. de Suffolk qu'hier au soir j'avais su trouver l'occasion de solliciter pour lui la charge de grand connétable....

WRIOTHESLEY.

Comment donc?

ANNE BOLEYN.

Je n'étais pas sans quelque espoir,... et je regrette vivement d'être obligée de partir pour Héver, avant d'avoir obtenu ce que j'avais tant à cœur de voir réussir.... Allez, mon ami, allez!

(*Norris sort.*)

SCÈNE IX.

Les mêmes, *excepté* NORRIS.

ANNE BOLEYN, *à Wriothesley*.

Milord, vous ne m'avez pas tout dit: votre démarche est l'œuvre de Wolsey!

WRIOTHESLEY.

Ah! madame....

ANNE BOLEYN.

Et tout, jusqu'à votre indiscrétion, vous a été dicté par le cardinal! Ah! sans doute son anxiété est cruelle!... « Que faire? s'est-il dit: comment sortir d'embarras? Comment contenter à la fois le roi, le pape et l'Empereur?... Si l'on pouvait amener la reine à se désister, à confesser elle-même la nullité de son mariage?... Est-il donc si difficile, ou de la séduire, en lui offrant le titre de princesse de Galles et le maintien des droits de sa fille, ou de l'intimider, en l'accusant d'un complot contre la vie du roi?... Cardinal Campeggio, partons pour Greenwich!... » Et tous deux, milord, sont, en ce moment, en présence de la reine!... Suis-je mal instruite?

WRIOTHESLEY.

La tentative, milady, semble offrir peu de chances de succès....

ANNE BOLEYN.

Le cardinal l'a si bien compris qu'il a cru devoir se frayer une double voie!... Il s'est imaginé de confier à deux honnêtes personnes le soin de jeter le désordre dans l'esprit de lady Boleyn, par un coup inattendu, et de la réduire à l'alternative de tout perdre, ou de se donner au roi, avant le divorce.

LA VICOMTESSE DE ROCHEFORD.

La démarche est délicate!

WRIOTHESLEY.

Périlleuse!

ANNE BOLEYN.

Qui sait, très-honorable lord?... Voyons!... j'écoute!... j'attends!...

WRIOTHESLEY, *après quelques instants de réflexion.*

Elles n'oseront pas!...

ANNE BOLEYN, *avec une noble fierté.*

Et bien leur en prend!

WRIOTHESLEY, *s'efforçant de rire.*

C'est ce que j'ai toujours pensé!

LA VICOMTESSE DE ROCHEFORD.

Cependant la démarche pourrait ne pas être ignorée du

roi.... Et, sans blesser l'extrême délicatesse de lady Anne, une voix amie ne pourrait-elle pas lui faire comprendre que de tout temps le prince fut impatient et volage?... Que d'habiles prétentions peuvent surgir!

ANNE BOLEYN.

J'ai vu le manége employé pour les faire naître. (*D'un air aisé.*) Mais quoi?... déjà craindre une rivale?... moi?... Ah! ma sœur, regardez-moi!... en vérité, la chose est-elle possible?...

LA VICOMTESSE DE ROCHEFORD, *avec un peu d'ironie.*

Je vous trouve un peu bien confiante, madame la marquise?

ANNE BOLEYN.

Eh! non, madame la vicomtesse! (*A demi-voix.*) Jeanne m'a prévenue!

LA VICOMTESSE DE ROCHEFORD, *avec étonnement.*

Elle!...

ANNE BOLEYN, *prenant la main de Jeanne Seymour.*

Et son amitié, milady, sa vertu me répondent de l'avenir! (*Elle la baise au front.*) Sachez le donc bien, madame.... Le jour où milord Piercy a violé la foi qu'il m'avait jurée, j'ai résolu que je serais reine d'Angleterre!... Je le veux, madame!... et je vais l'être!...

LA VICOMTESSE DE ROCHEFORD.

La chose n'est pas aisée, ma sœur?

ANNE BOLEYN.

Tout est difficile à qui n'ose pas! L'impossible irrite et séduit mon orgueil!

LA VICOMTESSE DE ROCHEFORD, *malignement.*

A moins d'une bulle qui permette au roi d'avoir deux femmes à la fois....

WRIOTHESLEY, *d'un ton persifleur.*

Ce que je n'ose espérer, milady....

LA VICOMTESSE DE ROCHEFORD.

Il faut obtenir le divorce!... Il le faut, ma sœur!

ANNE BOLEYN.

Et je l'obtiendrai, chère sœur!

LA VICOMTESSE DE ROCHEFORD.

Votre Grâce compte-t-elle beaucoup sur la faveur de milord d'York?

ANNE BOLEYN.

Non!... Je ne compte que sur moi!

LA VICOMTESSE DE ROCHEFORD.

Mon jugement sans doute peut me tromper.... Mais, à dire toute ma pensée, je n'aperçois aucune voie,... aucun moyen.

ANNE BOLEYN, *avec assurance.*

Il en est un!

LA VICOMTESSE DE ROCHEFORD.

Prompt?

ANNE BOLEYN.

Prompt et infaillible!... qui ne dépend que de la volonté du roi!

LA VICOMTESSE DE ROCHEFORD, *vivement.*

Quel est-il donc?

ANNE BOLEYN, *riant.*

Ah! ah! c'est mon secret, milady!

LA VICOMTESSE DE ROCHEFORD, *d'un ton piqué.*

Et depuis quand ma sœur a-t-elle des secrets pour moi?

ANNE BOLEYN.

Depuis que ma bonne sœur m'a mise dans l'obligation de deviner les siens!... Celui-ci, chère Marguerite, appartient au roi, à lui seul, et je vais bientôt le lui confier.

LA VICOMTESSE DE ROCHEFORD, *avec impatience et incrédulité.*

Lady Anne, ne vous flattez pas d'arriver jusqu'à lui !

ANNE BOLEYN, *d'un ton très-vain.*

Je ne prendrai pas cette peine, madame la vicomtesse !... Le roi, repentant et confus, va venir implorer sa grâce,... se jeter à mes pieds !

LA VICOMTESSE DE ROCHEFORD.

Le roi, madame ?

ANNE BOLEYN.

Lui-même, mi'ady ! (*Baissant la voix.*) Ignorez-vous donc encore que de sa vie Henri n'a su vaincre un seul de ses désirs, ni renoncer à ce qu'une fois il a voulu ? (*Avec réflexion et lentement.*) Le grand crime de Catherine d'Aragon est de ne plus être jeune !... Je le suis encore !... Le roi m'aime !... il me veut !... il m'aura, ma sœur : je serai sa femme !... et pour arriver là, je le conduirai par les voies que j'ai choisies. Quoi qu'on fasse, milady, il n'est au pouvoir ni du plus habile politique, ni de la plus jolie femme, d'entraver ni de retarder mon triomphe !... Cette jolie femme fût-elle lady Marguerite !

LA VICOMTESSE DE ROCHEFORD, *avec dépit.*

Vous êtes mordante, madame la marquise !... Vous aimeriez mieux, je crois, mourir, que de résister au plaisir de vous moquer.

ANNE BOLEYN.

Oui !... oui, sur l'échafaud j'aimerais encore à railler, à défier la main prête à me frapper ! (*D'un air libre et gaiement.* Et je mourrai contente, chère sœur, pourvu que je meure reine !

NORRIS, *ouvrant la porte du salon et annonçant.*

Le roi !

WRIOTHESLEY *et* LA VICOMTESSE DE ROCHEFORD, *jetant un cri.*

Ah Dieu!

ANNE BOLEYN, *à voix basse, à Waston et à Brereton.*

Courez vite, vous, chez Cromw ''vous, chez Cranmer! dites-leur que je les attends!

(*Waston et Brereton sortent précipitamment.*)

ANNE BOLEYN, *à Norris.*

Milord, je sais tout ce que je vous dois!

(*Elle lui donne sa main à baiser.*)

LE VICOMTE DE ROCHEFORD, *à Norris.*

Ah! mon ami!

(*Entre le roi.*)

SCÈNE X.

HENRI *et* LES PERSONNAGES PRÉCÉDENTS, *à l'exception de* WASTON *et de* BRERETON.

ANNE BOLEYN, *élevant la voix.*

Monsieur le comte Wriothesley, madame la vicomtesse de Rocheford, annoncez de ma part à M. d'York qu'il s'est trop hâté de faire graver l'empreinte de son chapeau de cardinal sur la monnaie du roi!

HENRI.

Quoi? milady....

ANNE BOLEYN.

Dites-lui qu'il est perdu!... et que c'est moi, moi, Anne Boleyn, la fille du petit banneret, qui vais le perdre!... moi, qui vais précipiter le grand homme, le fils du boucher d'Ipswich, avec sa mitre, sa crosse, sa robe rouge, ses croix, ses masses, et toutes ses pompes royales!... Allez!

LA VICOMTESSE DE ROCHEFORD, *à Wriothesley.*

Non, je ne voudrai jamais croire qu'Anne, que ma sœur puisse être ma reine!

WRIOTHESLEY, *d'un air de satisfaction.*

Bien moi! *(Il adresse à la marquise de profonds saluts, et fléchit le genou. La marquise n'a pas l'air de l'apercevoir.*

ANNE BOLEYN.

Jeanne, Catherine, ne vous éloignez pas!

(Wriothesley et la vicomtesse de Rocheford sortent par la porte du fond : le vicomte de Rocheford et Norris par une des portes latérales.)

LE VICOMTE DE ROCHEFORD, *à Norris.*

Quel est son dessein?

SCÈNE XI.

ANNE BOLEYN, HENRI, JEANNE SEYMOUR, CATHERINE HOWARD.

Jeanne Seymour et Catherine Howard se sont assises au fond de l'appartement. Elles travaillent à des ouvrages d'aiguille.)

HENRI, *en riant.*

Je vois, milady, que Votre Grâce n'est plus guère amie de milord le cardinal?

ANNE BOLEYN.

Non, sire, je ne l'aime pas; pas plus que Votre Majesté ne l'aimerait si elle voulait réfléchir à ses méfaits! Les beaux exploits vraiment que nous lui devons!... Ce prêtre a réussi à vous brouiller avec vos sujets!... Chaque jour il achète et vend comme il lui plait, et à son profit, l'honneur du roi!... Si milord de Norfolk, si milord de Suffolk, si mon père, ou tout autre, avaient fait la moitié de ce qu'il a fait, il y a longtemps qu'ils n'auraient plus de tête!

HENRI.

De quel crime, mon cher cœur, Wolsey s'est-il donc, depuis hier, rendu coupable?

ANNE BOLEYN, *lui présente un papier.*

Sire, cette dépêche, par lui adressée au pape, va vous en instruire. Avertie par M. du Bellay que le cardinal, réconcilié avec l'Empereur, sacrifiait vos intérêts à ceux de Catherine, j'ai pris sur moi de faire arrêter le courrier qui partait pour Rome.

HENRI, *sévèrement.*

Quoi? madame....

ANNE BOLEYN.

Sire, j'ai respecté le secret de l'État : le cachet est intact. Lisez, sire. Si j'accuse à tort, que votre sévérité s'exerce sur moi : j'y consens; mais si le cardinal reste convaincu de perfidie et de connivence avec vos ennemis, point de grâce, sire, point de pitié! Vengez-vous! vengez-moi!

HENRI, *lisant.*

« Courage, saint-père! C'est maintenant qu'il faut épuiser toutes nos adresses, user toutes nos plus belles couleurs. Prodiguez les promesses, les protestations d'amitié, de service, de dévouement inviolable; mais n'ayez garde de vous fermer les voies de réconciliation avec l'Empereur. Temporiser, éluder, suspendre toute décision, telle doit être notre politique. Oui, saint-père, j'ai été joué par mon maître : j'ai appris trop tard son dessein pour une créature de la reine, lady Anne Boleyn, ambitieuse hypocrite, faisant un étalage bruyant de pruderie et de chasteté; et qui, pour ne rien perdre aux lenteurs du saint-siége, et rapprocher sa main de la couronne, se glisse nuitamment dans le lit du roi, et vit avec l'époux de Catherine, comme si déjà elle était sa femme. »

ANNE BOLEYN.

L'infâme!... moi, moi, sire, votre concubine?... ah! votre femme, oui, oui, si enfin vous le voulez!... mais votre concubine, jamais! jamais, sire!..

HENRI.

« Des lettres de l'amant à sa maîtresse, que vous aurez bientôt entre les mains, donneront à Votre Sainteté le moyen de flétrir du haut de la chaire ce commerce scandaleux. Don Capucius et milord Rodolphe Campeggio se sont chargés de les faire parvenir au Vatican. »

ANNE BOLEYN.

Sire, ce matin, à mon réveil, j'ai trouvé ma cassette forcée: vos lettres avaient été enlevées!...

HENRI, *d'une voix altérée.*

L'auteur du larcin, quel est-il?...

ANNE BOLEYN.

Hormis lady Marguerite, je réponds de tous mes amis.

HENRI.

Marguerite?... à la Tour! à la Tour!...

ANNE BOLEYN.

Achevez de lire, sire, achevez!...

HENRI.

« Grâce à l'humeur variable du roi, ses plus grandes tendresses durent peu. Déjà une habile diversion s'élabore. Mais dût cette fantaisie passagère avoir le sort de tant d'autres, la chute de la favorite n'est pas moins assurée! Tandis qu'aveuglée par son incorrigible légèreté, la folle se livre dévotement au plaisir de la chasse avec son vaillant adorateur, l'évêque de Bayonne, certaines particularités, touchant les galanteries de la dame à la cour de France, sont racontées au roi sous la couleur qui convient. Gardiner, qu'à cette fin j'ai rappelé de Paris, porte à notre superbe ennemie le coup dont elle doit périr. » L'abominable complot!... « J'achèverai ce soir l'œuvre commencée. La Providence a mis sur ma langue un miel, un charme qui a la vertu de fasciner, d'endormir notre tigre, et de l'amener tout doucement où je veux le conduire. » Ah! triple serpent, ton miel est âpre et dur à digérer!... « Si de concert avec mon frère Campeggio, je trouve le secret de résoudre la reine à terminer ses différends à l'amiable et à se retirer dans un couvent, au lieu de la duchesse d'Alençon que mademoiselle Anne nous a fait manquer, je place sur le trône Renée de France, fille de Louis XII, qui nous veut peu de mal ; il y a là quelque chose de plus que de beaux yeux. Cette Anne nous est d'ailleurs signalée comme infectée d'hérésie ; et il ne serait pas salutaire à l'Église catholique, qu'une fille de Luther reposât longtemps sur le sein d'un homme fougueux et emporté, qui, au moindre obstacle, se jette hors de ses voies, brise ses entraves, et tranche d'un coup tout ce qu'il ne peut délier. L'exemple des princes protestants a d'autant plus de quoi tenter et séduire ce caractère indomptable, que sa révolte rencontrerait un auxiliaire aussi complaisant qu'intrépide dans l'aumônier du comte de Wiltshire, sir Thomas Cranmer, député en Italie et en Allemagne près des plus célèbres universités, pour y mendier à prix d'or des consultations favorables au divorce. Ce prêtre, marié secrètement à Nuremberg avec la sœur d'Osiander, est un de ces esprits remuants et audacieux qui semblent nés pour le schisme et le martyre. Mais, le ciel aidant, nous ferons en sorte qu'avant d'aborder les côtes d'Angleterre, son vaisseau rencontre plus d'une tempête et plus d'un écueil. »

Post-scriptum. « Mon frère Campeggio me donne avis que le secrétaire intime de Votre Sainteté, Jean Campana, porteur d'instructions nouvelles, est débarqué cette nuit à Douvres. Puisse-t-il arriver à Londres, avant les assises qui demain s'ouvrent à Black-Friars ! » *(Poussant un long soupir.)* Ah!...

ANNE BOLEYN.

Eh bien, sire ?

HENRI.

Ah! mon cher bon petit cardinal!... ah! vous sentez donc enfin que tant de trésors entassés excèdent les bornes de la fortune qui sied à un sujet?... Ah! vous voulez faire cadeau à votre gracieux souverain de votre belle argenterie et de votre magnifique palais d'York?... soit! très-volontiers, milord! le détour est adroit!... mais je comprends enfin!... et j'accepte, compère; j'accepte!... et avec gratitude!... Ah! votre langue dorée aura prompte raison du tigre!... Dès demain, mon doux ami, une très-courte séance à la Chambre étoilée, et je vous jure que votre tête sera pour longtemps soulagée de son grand bonnet de cardinal!... Après quoi, cher, si des chaleurs vous montent encore au cerveau, il vous sera loisible de vous rafraîchir le sang dans les bras de votre jolie petite brunette!... Holà! Norris!...

ANNE BOLEYN.

Sire, qu'allez-vous faire?...

(Entre Norris.)

SCÈNE XII.

NORRIS, Anne BOLEYN, HENRI.

ANNE BOLEYN.

Sir Henri, le roi vous sait gré de cet empressement.... Bientôt Sa Grâce vous rappellera....

NORRIS.

Je crois devoir informer madame la marquise que les misérables, apostés pour l'outrager de leurs cris et de leurs menaces insolentes, ont été interrogés par sir Guillaume Kingston.

HENRI.

Eh bien ?

NORRIS.

Sire, ce sont tous des Espagnols et des Italiens. Les uns appartiennent au cardinal d'York : les autres sont au service du cardinal Campeggio et du seigneur Capucius.

ANNE BOLEYN.

L'avis est bon !... il arrive à propos ! Mille grâces, milord !...

(*Norris s'éloigne.*)

SCÈNE XIII.

HENRI, Anne BOLEYN.

HENRI.

Et c'est vous, Anne, c'est vous qui retenez mon bras prêt à frapper !... mais il est clair comme le jour que ces prêtres me jouent !... que jamais ils ne casseront mon mariage !... (*Marchant avec agitation.*) Ah ! ce n'est plus que du ciel que j'attends la fin de mes tourments!... Dieu peut y mettre un terme, s'il lui plaît!... chaque matin et chaque soir je le supplie pour cela!... mais Dieu le voudra-t-il?... Quel moyen, ah! quel moyen de sortir avec honneur de ce maudit procès?... (*Il se jette sur un fauteuil.*) Je n'en vois pas! je n'en vois pas!...

ANNE BOLEYN.

Vous pensez?... (*Après un long silence, la marquise s'approche du roi, et s'appuie sur le dos de son fauteuil.*) Quoi donc?... le mariage du roi avec la veuve de son frère est-il légitime ou non?...

HENRI.

Eh! mon cœur, voilà justement ce que le pape ne veut pas qu'on décide!...

ANNE BOLEYN.

Le pape?... (*En souriant.*) Le pape, sire?... mais c'est un homme comme un autre!...

HENRI.

Et un homme d'une ignorance crasse!... mais c'est le chef de l'Église visible!...

ANNE BOLEYN, *d'un air méprisant.*

Chef de l'Église visible!... Quand toutes les universités du monde catholique ont décidé que le mariage du roi est nul, que peut la voix d'un évêque de Rome contre leurs décisions?... (*Le roi s'appuie sur le bras de son fauteuil, la tête cachée entre ses mains.*) Mais songez donc, sire, que la parole de Dieu est immuable comme Dieu même!... Si votre mariage est contraire à la loi divine, la dispense de Jules II est nulle!... Le pape a-t-il le pouvoir d'approuver ce qui est condamné de Dieu?... Ah! si je pouvais tout,... si j'étais le maître souverain,... ce n'est pas au pape que je m'adresserais!...

HENRI, *brusquement*.

A qui? que ferais-tu?

ANNE BOLEYN.

Comment se sont conduits les princes allemands, quand Rome n'a pas voulu écouter leurs justes griefs?... Ils se sont eux-mêmes fait justice!...

HENRI.

Une rupture avec Rome?... Ah! que de fois j'y ai songé!... Je les en avais menacés!... Mais ici, parmi nos évêques, soumis, vendus à Wolsey, qui oserait casser mon mariage?

ANNE BOLEYN.

Un simple prêtre!... Le chapelain de mon père!... Cranmer, sire!... Cranmer qui est de retour!...

HENRI *se lève précipitamment*.

Cranmer à Londres!... et depuis quand?

ANNE BOLEYN.

Depuis hier!... Il n'a vu que Cromwell et moi!... et déjà tout est concerté, sire, tout est prêt!... Cromwell, à l'insu du cardinal, s'est assuré des dispositions du parlement et du clergé; et moi, sire, je puis vous répondre des ducs de Suffolk et de Norfolk!...

HENRI.

Quoi?

ANNE BOLEYN.

Témoin des anxiétés de son bien-aimé souverain, Cromwell n'a pas eu la force de voir tranquillement tant d'horribles souffrances se prolonger. Cromwell et Cranmer sont là, sire.... pour tomber à vos pieds, et faire excuser l'avis présomptueux que, par ma bouche, ils se sont permis d'adresser à leur maître : ces fidèles serviteurs, sire, n'attendent qu'un mot, un signe de Votre Majesté!...

HENRI *se promène de long en large dans une grande agitation.*

Quoi? me démentir!... répudier ma gloire!... après avoir reçu de Léon X le titre de défenseur de la foi, changer la foi dans mes Etats!... après avoir combattu les réformateurs, me faire l'apôtre de la réformation!... m'enrôler sous les drapeaux de Luther!... Anne, est-il donc vrai que vous soyez luthérienne?...

ANNE BOLEYN.

Moi, sire!... j'aurais, à son insu, une autre religion que la religion de mon seigneur et roi!... Non, non, Henri, je ne croirai jamais que ce que Votre Majesté croira!... Eh! qui donc, dans ce siècle, oserait se dire plus grand théologien que mon souverain maître?... De si profondes spéculations, sire, sont sans doute au-dessus d'une faible femme,... et je connais toute mon ignorance!... Mais j'aime à m'instruire.... et si j'ai de la curiosité, je ne suis pas indocile.... Et puisque j'ai le bonheur de posséder un ami, qui, par son génie et par son savoir, peut donner des leçons aux plus sages et aux plus savants esprits de toutes les nations,... de grâce, Henri, éclairez-moi, instruisez-moi!... N'est-ce pas à mon ami qu'il appartient de régler toutes mes croyances?... Quoi donc? se soustraire au joug, à la correction d'un évêque de Rome, serait-ce violer la loi du Christ?...

HENRI, *très-vivement.*

Non!... assurément non, mon cher cœur!...

ANNE BOLEYN.

Eh bien, sire, respect, obéissance à la loi divine et immuable!... Mais, sans toucher au dogme, changez la discipline.... Soyez le fondateur d'un culte nouveau!... Dirigez, gouvernez les âmes!... Protecteur et chef souverain de l'Eglise anglicane sous le Christ, annexez à la couronne des droits usurpés par le saint-siège!... Soyez roi-pontife!... (*Les yeux du roi étincellent de joie.*) Archevêque de Cantorbéry, primat d'Angleterre, vicaire de Henri VIII, dès demain sir Thomas Cranmer brise vos chaînes, et m'unit à Votre Majesté!... Qui vous arrête, sire?... Que craignez-vous?...

HENRI, *feignant d'hésiter.*

Porter la main sur l'encensoir!... placer la tiare sur ma tête!... élever autel contre autel!... Que d'imprécations!... que de révoltes!... *Avec un soupir hypocrite.* Que de sang!... Ah! déjà mille spectres hideux semblent se dresser devant moi!...

ANNE BOLEYN *lui prend la main.*

Devenir l'unique arbitre de la foi!... le maître absolu des consciences!...

HENRI, *avec orgueil et entraînement.*

Le maître de sa religion!... le maître de tout!... Être pape dans son royaume!... être infaillible!... être Dieu!...

ANNE BOLEYN.

Quelle gloire!... quelle puissance!... Et pensez-vous, sire, que les sources de l'épargne royale en seront taries?...

HENRI.
(*La convoitise se peint sur sa figure.*)

Ah! Dieu! ces grasses abbayes! ces riches tabernacles! ces soleils! ces reliques, ces châsses, ces tombes, toutes pleines de joyaux et de pierreries! toutes ces saintes rapines de l'Église! quel butin splendide! quel pillage immense! (*Il éclate de rire.*) Ah! ah! ah!... Faire regorger ces gros moines!... leur enlever la poule aux œufs d'or! Ah! le bon tour! ah! le vrai coup de maître! Ah! ah! ah!... ah! ah! ah!.. Quel cri d'allégresse dans toute l'Allemagne! quel rire inextinguible!... Qu'en dira notre bon frère de France?... Lui?... Il est de cœur à tôper bravement au jeu, à se jeter tout armé dans la mêlée!... Quant à notre prudent neveu Charles V, je crois, à la nouvelle de l'énorme attentat, voir le sceptre tomber de sa main royale! Tenez! voilà l'empereur d'Allemagne qui se rase et qui endosse le froc!... Il s'enfuit d'épouvante dans les profondeurs d'un cloître! ah! le lâche! ah! le poltron!... (*Ses rires redoublent*.) Ah! ah! ah!... ah! ah! ah!...

ANNE BOLEYN *se rapproche et lève sur lui ses yeux humides de pleurs.*

Et celle que vous aimez, Henri, votre amie, en sera-t-elle moins belle.... ou moins tendre?

HENRI.

Anne!... Ah! quel regard!... quel accent!... Où suis-je!... Quel vertige s'empare de moi!... O désirs! ô terreurs!... toutes les passions me dévorent à la fois!... Anne!... ah! quand serai-je à toi, comme je le suis déjà de cœur!... ah! je crois déjà sentir ce joli petit cœur battre sous une heureuse main!... O Seigneur! ô Seigneur Jésus! quand serai-je dans les bras de cette tendre petite mignonne! quand pourrai-je baiser les jolis petits.... Ah!... ah!... dussé-je me damner, je veux étancher ma soif à cette coupe divine!... Anne, où vos amis sont-ils? Cromwell! Cranmer! Cranmer!

ANNE BOLEYN *ouvre une porte latérale.*

Venez, venez!

SCÈNE XIV.

Les mêmes, CRANMER, CROMWELL.

HENRI, *en apercevant Cranmer.*

Docteur, vous avez trouvé le nœud de l'affaire ! nous perdions notre temps : je vous confie ma cause. Messieurs, je ne demande rien que ce qui est véritable, juste, honnête, et saint. Ce que lady Anne vient de me promettre en votre nom, êtes-vous gens à le tenir ?

CROMWELL.

Oui, mon souverain.

CRANMER.

Oui, si le roi est pour nous.

HENRI.

Le divorce, le mariage, dès demain ?

CROMWELL.

Dès ce soir.

CRANMER.

A l'instant.

HENRI.

Sainte Marie ! je tiens la truie par l'oreille. Par saint Thomas Becquet ! sir Thomas Cranmer, j'aime les hommes d'accommodement et de résolution. Vous êtes archevêque de Cantorbéry ! Cromwell, je te fais secrétaire d'État et membre du conseil privé !

CRANMER *et* CROMWELL *mettent un genou en terre.*

Ah ! sire....

HENRI.

Vous ne me devez rien, messieurs. Levez-vous ! remerciez la reine !

(*La marquise leur donne sa main à baiser.*)

CRANMER *et* CROMWELL.

Ah! madame.... ah! reine....

ANNE BOLEYN, *avec émotion.*

Sire!

HENRI.

Qu'est-ce donc? ô ciel! Anne, qu'avez-vous?

ANNE BOLEYN.

Ah! sire.... ah! j'ignore ce qui se passe en moi.

HENRI.

Quoi! des pleurs?

ANNE BOLEYN, *vivement.*

Oh! ne vous y trompez pas!... ces larmes que je ne puis retenir, ces larmes sont d'attendrissement et de joie. Henri! cher Henri! vous me rendez bien heureuse! mais mon âme, en proie à cette ivresse, et à je ne sais quel effroi, succombe aux brûlantes émotions dont elle est dévorée. Arrivée où j'aspirais, je me sens étonnée, éblouie, effrayée du succès; une sorte de tristesse me saisit et me glace; malgré moi le présent me trouble et m'inquiète, et l'avenir, Henri, l'avenir m'épouvante.

HENRI.

Eh! mon cher cœur, que pourriez-vous craindre ou désirer encore?

ANNE BOLEYN.

Ah! j'ai plus, sans doute, que je n'ai mérité; je goûte avec transport toutes les délices du triomphe! Orgueil, ambition, vengeance: je vois mes plus ardentes passions satisfaites, mes vœux les plus téméraires exaucés! Et c'est vous, sire, qui m'élevez à ce comble de gloire, vous qui m'avez trouvée toujours si froide et si austère!... Ah! pourquoi fallait-il cacher ma faiblesse et m'armer contre vos plus séduisantes prières? (*Cranmer prend Cromwell à part et se dirige avec lui vers la fenêtre.*) Pour m'être, avec trop de raison, défiée de moi-même, n'ai-je pas été dure et cruelle? Oui, je m'en veux! je m'impute à mal un excès de rigueur; j'éprouve comme un remords, quand vous faites tout pour moi, d'avoir, hélas! si peu fait pour vous! oh! pardonnez-moi, sire! vous avez moins souffert que moi!

HENRI.

Chère âme!

ANNE BOLEYN.

Oubliez le passé.... de grâce, ne me montrez plus, au seul nom de Piercy, un visage triste ou sévère!... De quoi vous alarmer encore?... Quelle différence de cette âme faible et pusillanime à la vôtre!... Lord Piercy!... lui?... se vanter d'aimer?... Eh! pour garder un cœur, qui, j'en conviens, sire, fut un instant à lui, qu'a-t-il entrepris?... qu'a-t-il osé?... Il m'a quittée par peur!... il s'est marié par ordre!... le lâche!... Oh! je ne m'en plains pas!... Tandis que vous, sire, n'étant pas aimé, le sachant, que d'efforts nobles et généreux n'avez-vous pas tentés, pour vaincre le dépit et le fol entêtement d'une fille qui se croyait liée par une promesse frivole!... qu'un faux point d'honneur abusait.... mais dont le plus grand tort, après tout, fut de se sentir trop fière pour obéir à la crainte, et livrer sa personne sans donner son cœur!... Ah! c'en est fait, sire,... ce cœur, en apparence si rebelle, si opiniâtre, dont tant de fois, ingrat, vous pensiez avoir à vous plaindre,... ce cœur vaincu, subjugué, vous appartient: il est vôtre; il est à vous pour la vie!

HENRI.

Ah! ma toute chère!

ANNE BOLEYN.

Mais déjà les rôles sont changés.... Vous doutiez de ma

tendresse, et maintenant c'est moi qui, craintive et jalouse, vous conjure à genoux et les mains jointes de me rassurer, de m'aimer toujours!

HENRI.

Que faites-vous?

ANNE BOLEYN.

Sire, vous m'avez tirée d'un rang obscur pour me décorer du glorieux titre de reine, et du titre, plus précieux encore, de votre compagne.... Mais je me rends justice : mon élévation n'est fondée que sur un caprice de l'amour.... Bientôt un objet plus aimable peut à son tour séduire votre imagination, et m'enlever votre cœur....

HENRI, *l'interrompant.*

Ah ciel! quelle injustice!

ANNE BOLEYN, *en souriant, et d'un ton caressant.*

Rien, sire, n'est si contagieux que l'exemple!... notre beau seigneur, notre très-loyal serviteur et véritable ami Henri Tudor est galant!... ah! très-galant!... et jusqu'à ce jour.... d'une fidélité au moins très-contestable!... ce qu'aujourd'hui je dois à sa seule tendresse, d'autres moins scrupuleuses et plus habiles pourront un jour le demander à l'intrigue?... Oh! par pitié, bon Henri, qu'une légère fantaisie, que la haine et les mauvais conseils de mes ennemis ne me privent jamais de votre amour!

HENRI.

Qu'osez-vous dire?... oh! qu'osez-vous dire?...

ANNE BOLEYN, *avec coquetterie.*

Eh! mais, monseigneur.... si j'en dois croire cette lettre de milord le cardinal, n'ai-je pas déjà couru plus d'un danger?... Ces jeunes filles que j'ai eu l'extrême imprudence de placer si près de moi.... et de Votre Altesse.... Catherine et Jeanne.... elles sont jolies, mon beau seigneur....

oh! oui, fort jolies! (*Baissant la voix.*) Lady Marguerite a dû vous le dire?

HENRI, *avec quelque embarras.*

Lady Marguerite!

ANNE BOLEYN.

Elle voit tout!... et c'est une si bonne âme, si charitable, si obligeante!... Peut-être aussi avez-vous eu la curiosité de vous en assurer?

HENRI.

Ah!

ANNE BOLEYN, *avec enjouement.*

Où serait le mal?... Un roi prévoyant et sage ne doit-il pas tout apprendre, tout connaître par lui-même?... Allons, peureux, allons, hypocrite, un peu de courage!... (*Elle s'appuie légèrement et avec grâce sur le bras du roi.*) Satisfaites votre envie!... faites votre bonheur!... regardez-les, regardez-les bien!... Jeanne Seymour n'est-elle pas toute gracieuse et toute charmante?

HENRI, *en riant.*

Comme vous vous plaisez à jouer avec le feu!

ANNE BOLEYN.

Ne daignerez-vous plus jeter un seul regard sur votre servante?... Cependant, pour bien juger, il faut voir, il faut comparer?... Le voisinage doit-il m'effrayer beaucoup?

HENRI.

Folle!... adorable railleuse!... D'ailleurs, madame la marquise, qu'auriez-vous à craindre?... Jeanne Seymour n'est-elle pas votre meilleure amie?

ANNE BOLEYN, *avec vivacité.*

Comptez là-dessus! (*Elle pâlit. Après un long silence, et d'un ton sérieux.*) Et moi?... et moi n'étais-je pas l'amie de

Catherine d'Aragon?... Ah! sire.... Catherine Howard sans doute est encore bien jeune, bien enfant.... mais Jeanne?... on dit ses deux frères, sir Edouard et sir Thomas Seymour, très ambitieux et fort entreprenants!... Ah! si j'étais moins confiante, et si je l'aimais moins.... je devrais éloigner Jeanne.

HENRI.

Eh bien, milady, ne dépend-elle pas de vous? faites, ordonnez!

ANNE BOLEYN, *gaiement*.

Non!... Oh! non, mon seigneur!... on dirait que j'ai eu peur!... que je doute de ma force!... ce serait encourager les plus timides!... et, je le sens, j'aurai toujours plus de vanité que de prudence!... (*Avec étourderie.*) D'ailleurs, la lutte me plaît!... L'aspect du péril me rend intrépide!... Tremblez, seigneur roi, tremblez!.. je veux à force d'art, d'inventions, d'agaceries, de coquetteries, faire de vous mon esclave!... Libre enfin de tant de tristesse et de soucis, je me livre à toute ma verve, à toute ma gaieté!... Ah! bonne lady Marguerite!... ah! cher comte Wriothesley!... ah! mes amis, que je vous plains!... ah! que de traits vont pleuvoir sur vos têtes!... Votre amour-propre saignera de plus d'une piqûre!... mais, dussé-je me blesser moi-même, il n'est pas d'armes si dangereuses que je ne veuille manier pour assurer ma souveraineté sur mon seigneur et maître!... je maudis presque le sort qui va me faire reine!... Quelque belle qu'elle puisse être, une reine, hélas! par son rang, est à l'abri de toute poursuite, de toute séduction;... et moi, sire, je voudrais être adorée, recherchée, courtisée de toute la terre!... Oui, je voudrais que ma fidélité pût être tentée!... Oui, je le voudrais,... afin de goûter le plaisir ineffable d'apprendre et de redire sans cesse au monde entier, qu'Anne Boleyn n'aime et n'aimera jamais que son Henri,... son époux, son seigneur et son roi !

HENRI.

O ma bien-aimée ! ô ma meilleure amie !

ANNE BOLEYN, *avec l'accent le plus tendre*.

Mais si jamais je vous étais moins chère.... si un jour je venais à encourir votre disgrâce.... ah ! ce serait ma mort !... Et vous ne voudrez jamais que je meure,... n'est-ce pas, Henri ?

HENRI.

Ah ! mon cher cœur !... quand pourrai-je par mille et mille baisers !...

ANNE BOLEYN *lui abandonne sa main*.

A demain, Henri !

HENRI.

A demain, chère petite mignonne !... A demain !

ANNE BOLEYN.

Sire, je compte sur votre parole ?

HENRI.

Ma volonté est immuable !

ANNE BOLEYN.

Promettez-moi donc, ami, que jamais vous n'écouterez parler le cardinal ?

HENRI.

Je te le promets, mignonne ! jamais je ne goûterai de son lait ni de son miel !... Non, dût l'Église romaine être écrasée sous ses ruines, dût le trône de Saint-Pierre être réduit en cendres et jeté aux vents, Anne, ô ma maîtresse, je t'en fais serment, il n'est pas de pouvoir au monde qui puisse l'empêcher d'être à moi !... il n'y a plus que Dieu qui nous puisse séparer !... Cromwell, viens prêter serment entre les mains du roi!... (*A Cranmer.*) Milord de Cantorbéry, le roi veut vous remettre de sa main l'anneau et le bâton pastoral!... Milady, messieurs, mystère et promptitude!

(*Le roi sort accompagné de Cranmer et de Cromwell.*)

SCÈNE XV.

Anne BOLEYN, Jeanne SEYMOUR, Catherine HOWARD, LE VICOMTE DE ROCHEFORD, NORRIS, WASTON, BRERETON.

(*Anne Boleyn va ouvrir une des portes latérales, tandis que Waston entre par la porte du fond.*)

ANNE BOLEYN.

Georges! Georges! ah! mon frère!

LE VICOMTE DE ROCHEFORD.

Eh bien?

WASTON, *met un genou en terre et présente un livre à la marquise.*

Madame la marquise?

ANNE BOLEYN.

Eh! bon Dieu! Waston, qu'est-ce donc?... Quel air sombre?

WASTON.

Ce livre, que M. le docteur Érasme vient de me confier avec prière de l'offrir à Votre Grâce....

ANNE BOLEYN.

Eh bien, ce livre, qu'a-t-il de si effrayant?... (*Lisant.*) « De la préparation à la mort. Dédié à milord Thomas « Boleyn, comte de Witshire. — Hommage respectueux

« d'Érasme à milady Anne Boleyn, marquise de Pem-
« broke. » Nous préparer à mourir?... (*Riant.*) Ah! ah!
ah!... l'à-propos est vraiment admirable!... Cher docteur, tiendriez-vous pour vraies les prophéties d'Élisabeth
Barton et d'Anne Askew?... Pour un grand philosophe,
je vous trouverais bien crédule!... Non, non, notre heure
n'est pas venue!... et vous prévoyez les malheurs de trop
loin!... Jeanne, Catherine, vous tous, ô mes amis, pré-
parez vos plus beaux habits de fête!...

LE VICOMTE DE ROCHEFORD.

Quoi donc?

NORRIS.

Que s'est-il passé, madame?

ANNE BOLEYN.

Cher Norris, demain je serai la femme de Henri VIII!

TOUS.

Demain!

ANNE BOLEYN.

Oui, demain je serai reine de la Grande-Bretagne!

LE VICOMTE DE ROCHEFORD, *tombant à ses pieds.*

Ah! ma sœur!

TOUS, *aux pieds de la marquise.*

Ah! madame!

ANNE BOLEYN, *riant.*

Mes amis, je vous en fais juges?... en conscience, est-ce
bien le moment de songer à la mort?

FIN DU TROISIÈME TABLEAU.

QUATRIÈME TABLEAU

PERSONNAGES.

HENRI VIII.
CATHERINE D'ARAGON.
MARIE.
Le cardinal WOLSEY.
Le cardinal CAMPEGGIO.
Don CAPUCIUS.
Le duc de SUFFOLK.
Le duc de NORFOLK.
Le comte WRIOTHESLEY.
Le comte de SURREY.
Le vicomte de ROCHEFORD.
Lord JOHN RUSSELL.
Sir HENRI NORRIS.
Lord THOMAS CRANMER, archevêque de Cantorbéry.
Sir STEPHEN GARDINER, secrétaire en chef.
Sir THOMAS CROMWELL, chancelier de l'Échiquier.
Sir GUILLAUME KINGSTON.
JEAN CAMPANA, secrétaire du pape Clément VII.
Lady ANNE BOLEYN, marquise de PEMBROKE.
JEANNE SEYMOUR.
CATHERINE HOWARD.
ANNE ASKEW.
CATHERINE PARR.
GRIFFITH, gentilhomme, écuyer de la reine.
PATIENCE, dame de la reine.
Mistress SIMONETTE, ancienne gouvernante de la marquise de Pembroke.
Mistress VINGFIELD,
Mistress CORSYNS, } dames au service de la marquise.
Mistress STRONOR,
WASTON.
BRERETON.
MARC SMEATON.

PERSONNAGES.

DEHERAM.
MANNOC.
Sir LUDOVIC COOKE de Wincester, appariteur.
RICHARD SAMPSON, doyen de la chapelle royale,
JOHN BELL, docteur en droit. } avocats du roi.
PETER,
TRIGONEL,
FISHER, évêque de Rochester,
STANDISH, évêque de Saint-Asaph, } avocats de la reine.
LONGLAND, évêque de Lincoln, confesseur du roi,
CLERK, évêque de Bath, } conseillers adjoints au cardinal Wolsey et au cardinal Campeggio.
JOHN ISLIP, abbé de Westminster,
JOHN TAYLOR, maître des rôles.
PAYTON, } cordeliers de l'Observance.
ELSTON,
DES MOINES de Black-Friars.
DES RELIGIEUX de Londres et de Greenwich. } partisans de Catherine d'Aragon.
PLUSIEURS LORDS et DAMES, personnages muets; OFFICIERS, GARDES et AUTRES PERSONNES de la suite du roi, de la reine et de la marquise de Pembroke.
DES SECRÉTAIRES, DES HUISSIERS, UN CRIEUR.
DES GENTILSHOMMES et DES PAGES au service du cardinal Wolsey.
DES HOMMES et DES FEMMES DU PEUPLE, DES JEUNES FILLES, DES PETITS GARÇONS.

La scène se passe à Londres, dans le monastère de Black-Friars. Un vaste amphithéâtre faiblement éclairé par des lampes suspendues. Au fond, l'entrée principale; à gauche, une large portière et le trône du roi; en face, un bureau sur lequel brûlent plusieurs flambeaux; à droite, l'enceinte réservée au public. Les sièges des juges ecclésiastiques, les fauteuils des secrétaires et des clercs.

QUATRIÈME TABLEAU.

SCÈNE I.

Un Huissier, un Crieur, BRANDS, un gros Bourgeois.

(*Le crieur introduit Brands et le gros Bourgeois.*)

LE CRIEUR.

Ici, messieurs, ici! sur le premier rang!... Vous verrez le roi face à face.

LE GROS BOURGEOIS, *ôtant son bonnet.*

Grand merci, monsieur!

BRANDS.

Monsieur le crieur, quand vous serez enroué, passez chez moi : le vin y est bon et ne coûte rien à ceux qui sont de nos amis!...

LE CRIEUR.

A ce soir, monsieur Brands!...

(*Le Crieur va s'asseoir au-dessous de l'horloge.*)

LE GROS BOURGEOIS, *à Brands.*

Tiens?... ce jeune huissier, que fait-il donc là tout seul, en attendant que les portes de Black-Friars soient ouvertes?...

BRANDS.

Il lit la sainte Bible!...

LE GROS BOURGEOIS.

Singulier divertissement!... Quel plaisir ou quel intérêt peut-il prendre à cette lecture?...

BRANDS.

Par saint Jacques!... ainsi que tout bon Anglais, ce jeune homme s'intéresse à l'affaire du roi,... d'où dépend peut-être la tranquillité du royaume!

LE GROS BOURGEOIS.

Il a l'air cagot!... Mais c'est tout de même un beau brin d'homme!... Ah! le joli jouvenceau! Quel teint vif et vermeil!...

BRANDS.

Ah! si celui-là ne trouve pas à se marier?...

LE GROS BOURGEOIS.

Il n'y a pas de crainte!...

BRANDS.

Et moins encore que sa femme veuille faire divorce avec lui! (*Le jeune homme lève les yeux sur l'horloge.*) Eh! mais.... attendez donc!... n'est-ce pas là ce beau garçon qui, depuis huit à neuf mois, habite, avec une certaine tante, une des maisons de la place Saint-Paul?...

LE GROS BOURGEOIS.

C'est, ma foi, lui!... il est clerc de chapelle et chantre à la paroisse!...

BRANDS.

Une bonne taille!

LE GROS BOURGEOIS.

Mais les yeux toujours baissés et la mine sournoise!...

BRANDS.

Ah! ah! mon gaillard!...

LE GROS BOURGEOIS.

La tante, dit-on, n'est ni très-belle ni très-jeune!...

BRANDS.

Non, mais elle a du bien!... en fonds de terre!... c'est pourquoi le monde jase dans le quartier!...

(Entre un second Huissier.)

SCÈNE II.

LES MÊMES, UN SECOND HUISSIER.

LE GROS BOURGEOIS.

Oh! oh!... Celui-ci ne vaut pas l'autre!...

BRANDS.

Sur mon âme, c'est un laid matin!...

LE SECOND HUISSIER.

Dieu vous conserve, cher collègue!...

LE PREMIER HUISSIER *reste assis, sans quitter la Bible qu'il tient à la main.*

Eh bien, monsieur, quelles nouvelles dans Londres? Que dit-on ce matin?

LE SECOND HUISSIER.

On dit que milord le cardinal, également odieux aux partisans de la reine et aux créatures de lady Anne, ne peut plus tenir tête aux cabales.... Quelle que soit aujourd'hui l'issue du procès, sa chute paraît certaine!... Depuis hier au soir, le bruit court dans Westminster que le cardinal doit être conduit à la Tour!... Déjà la Tamise est couverte de bateaux et bordée d'une multitude de spectateurs prêts à battre des mains!...

LE PREMIER HUISSIER.

Oh! oh!... Ce serait un peu précipité!...

LE SECOND HUISSIER.

En venant ici, je me suis trouvé sur le passage de la reine et de la princesse Marie qui, avant d'entrer à Black-Friars, parcourent la ville, et semblent prendre plaisir à se faire voir dans les rues les plus fréquentées... Jamais elles ne se sont montrées plus familières, plus affables avec le peuple!... On assurait dans quelques groupes que Catherine d'Aragon est résolue à défendre son bon droit, même par les armes!...

LE PREMIER HUISSIER.

Catherine? faire la guerre au roi?.. Ah! quant à cela, je n'en crois rien; Catherine est trop Anglaise!... Elle aime trop le roi!... Et cependant, collègue, le *Deutéronome* est si favorable à la reine, que, dans l'ancienne loi, il eût fallu que le roi l'épousât!...

LE SECOND HUISSIER.

En vérité?...

LE PREMIER HUISSIER.

Sans cela, il aurait été déshonoré!... Jugez-en vous-même!... Voici ce que tout à l'heure, je lisais dans notre sainte Bible.

BRANDS, *élevant la voix.*

Chapitre xxv du *Deutéronome!*...

LE SECOND HUISSIER.

Silence, messieurs!...

LE PREMIER HUISSIER.

« 5. Lorsque deux frères auront habité ensemble, et que l'un d'eux sera mort sans enfants, la femme du mort n'en épousera point un autre; mais le frère de son mari la recevra pour femme, et elle donnera des enfants à son frère; »

LE SECOND HUISSIER.

C'est précisément le cas du roi !...

LE PREMIER HUISSIER.

« 6. Et il appellera l'aîné des fils qu'il aura d'elle, du nom de son frère, afin que le nom de son frère ne se perde point en Israël.

« 7. S'il ne veut pas épouser la femme de son frère, qui lui est due selon la loi, cette femme ira à la porte de la ville, et elle invoquera les anciens, et dira : Le frère de mon mari ne veut pas ressusciter le nom de son frère en Israël, et me prendre pour sa femme.

« 8. Et aussitôt ils le feront appeler et ils l'interrogeront ; s'il répond : Je ne veux pas épouser cette femme ;

« 9. La femme s'approchera de lui, devant les anciens, et lui ôtera sa chaussure, et elle lui crachera au visage, disant : Il en sera ainsi de celui qui n'édifie pas la maison de son frère.

« 10. Et sa maison sera appelée, dans Israël, la maison de l'homme qui a perdu sa chaussure. » Est-ce clair ?...

LE SECOND HUISSIER.

Oh ! parfaitement clair !...

BRANDS.

Un instant, mon ancien !... Eh !... joli garçon !...

LE SECOND HUISSIER.

Plaît-il, monsieur ?...

BRANDS.

Pardon !... c'est à votre jeune camarade que le compliment s'adresse !

LE GROS BOURGEOIS, *à Brands.*

Ah çà ! mais.... de quoi diantre vous mêlez-vous ?

LE PREMIER HUISSIER.

Qu'est-ce donc, monsieur ? de quoi s'agit-il ?

BRANDS.

Voulez-vous bien, mon cher monsieur, me faire l'amitié de tourner quelques feuillets? en arrière!... plus en arrière!... passons par-dessus les *Nombres!...* fort bien!... arrêtons-nous au *Lévitique!...* y êtes-vous?

LE PREMIER HUISSIER.

J'y suis!...

BRANDS.

Eh bien?... que voyons-nous dans la divine ordonnance? chapitres XVIII et XX?... Lisez, monsieur, lisez!... à haute voix, s'il vous plaît?... Eh bien donc?... qui vous arrête?

LE PREMIER HUISSIER, *baissant les yeux d'un ton hypocrite.*

Ah! monsieur!... je n'ose pas....

BRANDS.

Comment? vous rougissez?... enfant!... innocent!... moi, jeune homme, à l'âge de sept ans, ma mère m'avait déjà fait apprendre tout cela par cœur!...

« Tu ne découvriras point la nudité de la femme de ton frère contre la pudeur, car ce serait la honte de ton frère. »

Ah! c'était une femme d'une grande sagesse, et d'une rare prévoyance que ma mère!...

« Celui qui épousera la femme de son frère fait une chose illicite; il a découvert la turpitude de son frère; ils seront privés d'enfants. » Ai-je failli d'un mot,... d'une seule syllabe?...

LE PREMIER HUISSIER *pousse un profond soupir.*

Hélas!... c'est écrit!...

BRANDS.

Ah! diable!... on sait l'Ancien et le Nouveau Testament!... Le père Brands est aussi ferré sur les bonnes mœurs que sur les canons!...

LE SECOND HUISSIER, *d'un ton d'incrédulité.*

Oh! oh! messieurs!... s'il était aussi aisé de comprendre et de concilier les Écritures que de les réciter par cœur, le divorce du roi n'aurait pas traîné si longtemps!...

BRANDS, *d'un air d'importance.*

Monsieur, avec de la droiture, de la bonne foi, et tant soit peu de judiciaire, rien n'était plus facile que de rendre une prompte sentence!... mais aujourd'hui le sacré collége est d'une ignorance si grossière!... on n'y compte qu'un seul cardinal anglais!...

LE PREMIER HUISSIER, *les yeux fixés sur le livre et frappant du pied.*

Maudite!... ah! maudite loi!...

BRANDS.

Mère de Dieu! quel blasphème!...

LE PREMIER HUISSIER, *avec un nouveau soupir.*

Hélas! hélas! oui.... c'est écrit!... « Si quelqu'un a dormi avec sa tante....

BRANDS, *continuant.*

« S'il a vu sa honte, et elle la honte de son neveu, ils commettront un crime énorme, et ils seront exterminés tous les deux du milieu du peuple. »

LE SECOND HUISSIER.

Exterminés?...

LE PREMIER HUISSIER, *d'une voix douce.*

Tous les deux, monsieur?... ou seulement la tante?

BRANDS, *d'une voix terrible.*

Tous les deux, mon neveu!... « Parce qu'ils ont découvert ensemble la turpitude l'un de l'autre; et ils porteront leur iniquité. »

LE PREMIER HUISSIER.

Quelle injustice!... est-ce dommage!... ah!...

BRANDS.

Et c'est fort bien vu, mon neveu!... et le *Lévitique* est de droit divin!... de droit naturel!... on n'en peut dispenser!

LE PREMIER HUISSIER *dépose la Bible sur le bureau et se lève.*

Pardonnez-moi!... on le peut!...

BRANDS, *vivement.*

Du tout!

LE PREMIER HUISSIER, *sans s'émouvoir.*

Mais si....

BRANDS.

Mais non!...

LE PREMIER HUISSIER.

Mais si....

BRANDS, *criant.*

Mais non! mais non!... non, non, non, non, non!...

LE PREMIER HUISSIER, *toujours aussi tranquille.*

Et Jules II, pour le roi?...

BRANDS.

C'est à tort!...

LE PREMIER HUISSIER.

A tort?... (*Souriant.*) Et le pape qui est infaillible?...

BRANDS.

Et le pape qui peut être surpris!... Dispense ou rémission obtenue sur faux exposé n'a pas lieu!... (*S'animant*) Eh! quelles sont les paroles que saint Jean-Baptiste, mon patron, adresse à Hérode?... Que disent les Pères?... Tertullien, saint Jérôme, saint Basile, saint Innocent?... Que disent-ils, ces chastes anachorètes sur la virginité, la continence et les secondes noces?... Et saint Paul?... Paul en parle-t-il moins clairement lorsqu'il excommunie l'incestueux de Corinthe?

LE PREMIER HUISSIER, *s'écriant.*

Merci de ma vie!... votre Corinthien?... L'infâme!... Le

Corinthien avait abusé de sa belle-mère!... il lui fit violence!... tandis que nous.... Ah!... ah! quelle différence!

BRANDS.

Je n'en sais rien.

LE PREMIER HUISSIER.

Puisque je vous le dis!... Mais, quand on veut douter de tout!... quand la passion s'en mêle !

BRANDS, *s'emportant.*

Et pourquoi donc pas ?... Moi, monsieur, j'aime le roi !... vive le roi ! vive le roi ! Le roi ne fait jamais régler mes mémoires, et paye argent comptant ! vive le roi ! Le roi a de l'amitié pour moi ! je ne me vante pas ! tout le monde le sait ! C'est à lui, c'est à sa protection que je dois d'être entré à Black-Friars, le premier, avant tout le monde, avant l'ouverture des portes!... (*Montrant le gros Bourgeois et le frappant rudement sur l'épaule.*) Avec ce gros joufflu que voilà!... et, c'est justice, car c'est bien la vraie bête du bon Dieu!...

LE GROS BOURGEOIS.

Comment donc ?

BRANDS.

J'adore Mme la marquise de Pembroke!... Elle ne me veut pas de mal!... Ce n'est un mystère pour personne!... je suis avocat né de toutes les belles femmes, et partout, à toute heure, à pied, à cheval, je me fais gloire de plaider, de prêcher, de prier en faveur de Mme Anne!... Pauvre chère petite mignonne de mon cœur!... pauvre cher Henri!... y a-t-il assez longtemps que l'Église nous fait attendre ?...

LE PREMIER HUISSIER.

S'il est vrai que vous ayez attendu ?...

BRANDS.

Ah ! qui le sait mieux que moi !

LE PREMIER HUISSIER.

Ah! messieurs, quel délice ce serait de dormir avec sa tante légitimement!

BRANDS *s'élance par-dessus la balustrade qui le sépare du prétoire.*

Qu'entends-je? ah! miséricorde!... quelle horreur!...

LE PREMIER HUISSIER, *en souriant.*

Eh! non.... eh! non, je vous assure!... c'est là une idée fausse!... Ma belle, ma bonne tante, avec elle je dormirais d'un sommeil aussi profond, aussi paisible que notre vertueux souverain a dormi, durant vingt ans, avec la veuve de son frère?

BRANDS.

Quoi?... prendre pour femme, épouser la sœur de votre mère?

LE PREMIER HUISSIER.

Du tout!

BRANDS.

La sœur de votre père?

LE PREMIER HUISSIER.

Point!... ma tante?... ma tante?.. mais, mon Dieu, c'est tout simplement la femme de mon oncle!

BRANDS, *ouvrant la Bible placée sur le bureau.*

« Tu ne découvriras point la nudité du frère de ton père, et tu ne t'approcheras point de sa femme.... à qui tu tiens par les liens de la parenté. » La chose, mon neveu, n'est ni moins criminelle, ni moins exécrable!

LE PREMIER HUISSIER.

Je ne trouve pas!... plus tard, je ne dis pas!... il se peut!... peut-être aurai-je aussi mon mouvement de conscience.... et me jetterai-je un jour dans le repentir?... mais, pour le présent...

BRANDS.

Découvrir l'infamie de votre parente!... lui révéler l'ignominie de votre chair ?

LE SECOND HUISSIER.

Ah!... ah! mon cher collègue!

BRANDS.

Mais lisez, lisez donc, jeune homme!... c'est commettre une abomination !

LE PREMIER HUISSIER.

Que voulez-vous ? ce n'est pas mon sentiment !

LE SECOND HUISSIER, *à Brands.*

Ah ça! mais.. dites-moi, vénérable monsieur, par aventure, vous serait-il jamais arrivé de laisser une Bible entre les mains de vos jeunes enfants ?

BRANDS.

Oui vraiment!... oui, monsieur!... et j'en ai quatorze!... et leur père peut se vanter de leur en avoir fait comprendre, aussi bien qu'à leur pudique mère, les passages les plus scabreux, les plus délicats !... Ah! ces chères petites filles ont toutes une sagacité !... une intelligence si vive !

LE SECOND HUISSIER.

Monsieur, je vous trouve bien hardi !

BRANDS, *au premier Huissier.*

Mais, mon bon ami, la terre vous vomira de son sein !... Votre sang sera sur vous !

LE PREMIER HUISSIER.

Il en sera ce qui pourra !

BRANDS.

Vous mourrez d'une mort infâme !... tous les deux !... Tous les deux !

LE PREMIER HUISSIER.

Je n'en sais rien !

BRANDS.

Et vous mourrez sans enfants !

LE PREMIER HUISSIER *souriant avec malice.*

Oh ! oh !... je ne crois pas !

LE SECOND HUISSIER.

Comment, messieurs, dans un quart d'heure toutes ces jolies choses vont être ici discutées, débattues, librement, à haute voix, en pleine audience ?

LE GROS BOURGEOIS.

Tiens donc ?... moi je ne suis venu que pour ça !... *Il se frotte les mains.)* On dit que notre gracieux souverain va raconter tout au long tout ce qui s'est passé la première nuit des noces du prince Arthur avec Catherine d'Espagne !... puis, toutes les particularités de la première nuit de ses propres noces avec la veuve de son frère ?... Sera-ce curieux ? Sera-ce amusant ?...

LE SECOND HUISSIER.

Et moral !

LE GROS BOURGEOIS.

On appellera les matrones ! on entendra des sages-femmes !... On a fait venir de Saint-Ildefonse les linges ensanglantés, envoyés autrefois par Henri VII à Isabelle de Castille !

LE SECOND HUISSIER.

Ah ! par Notre-Dame, si cela vient à se savoir dans la Cité, nos commères et les petites filles vont-elles accourir à Black-Friars !

LE GROS BOURGEOIS.

Ma femme y sera !

BRANDS.

Et la mienne donc ? et notre aînée ? est-elle éveillée ?

est-elle futée ? C'est tout l'esprit, toute la petite coquetterie de Mlle Howard !... avec son innocence et toute sa naïveté ! (*En riant.*) Ah ! ah ! ah !... Depuis l'arrivée à Londres du seigneur Campeggio, à la ville, à la cour, dans les campagnes, dans les cloîtres, l'affaire du roi, l'affaire secrète, voilà l'unique objet de toutes les conversations !... Ce matin, comme je traversais les jardins de Hampton-Court, j'ai surpris dans un des bosquets, une des petites filles d'honneur de lady Anne, en tête à tête avec un petit page de huit ans, qui disputait ingénument avec lui sur l'infirmité du prince Arthur et la virginité de la reine !... Le petit libertin soutenait bravement que le premier mariage avait pu être consommé !... Il n'en voulait pas démordre !

LE SECOND HUISSIER.

Rien n'est plus édifiant !

LE PREMIER HUISSIER *baissant la voix et d'un air câlin.*

Respectable monsieur !... étant aussi bien que vous l'êtes dans les bonnes grâces du roi, de lady Anne, et de milord le cardinal, ne voudrez-vous pas un peu me venir en aide ?... Cette énormité, qui, vous pouvez m'en croire, n'est horrible qu'en imagination, si par votre obligeante entremise et une adroite interprétation du *Deutéronome*, il était possible qu'elle me fût permise.... croyez bien, cher monsieur, qu'aucun sacrifice ne me coûterait !... Je ne regarderais pas plus que le roi au nombre des angelots !... Ah ! j'ai toujours tant affectionné ma tante ! du vivant même de mon oncle !... C'est une douairière et si douce et si riche ! et que je connais si bien !... Hélas ! il y a eu un an le dernier dimanche de la Passion, qu'à l'exemple de notre gracieux maître et de sa belle marquise de Pembroke, nous veillons ensemble toutes les nuit, afin de nous expliquer mutuellement la loi de Moïse.... Eh bien, après tant d'examens et de commentaires faits en conscience, je vous promets, respectable monsieur, que, dans la position intéressante où je vois aujourd'hui ma pauvre tante, il existe les raisons les plus fortes, pour que notre miséricordieux cardinal nous accorde une dispense, qui ne saurait se faire attendre bien longtemps sans occasionner quelque scandale fâcheux!... l'honneur et la religion, cher monsieur, me défendent d'en dire davantage.

BRANDS.

Bonté du ciel !

LE PREMIER HUISSIER.

Que voulez-vous? Si, selon l'ancienne loi, la femme du frère mort sans enfants était due au frère survivant, ai-je eu grand tort de croire par analogie, que j'avais des droits sur la femme du frère de mon père? Fallait-il me laisser ignominieusement cracher au visage?... enlever ma chaussure?... Quoi? cette belle maison, place Saint-Paul, dont je jouis en commun avec cette chère tante, s'appellerait la maison du déchaussé?... Non, non!... Puisque le frère de mon père est mort sans enfants, j'épouserai la femme du mort! Je donnerai des enfants à mon oncle!... J'édifierai sa maison! Je ressusciterai son nom!... Oui, je le jure ici devant Dieu, l'aîné des fils que j'aurai de ma tante, je l'appellerai du nom de mon oncle, afin que ce nom, que je suis heureux et fier de porter, ne se perde jamais en Israël!

BRANDS.

Allons, allons, le chapitre de Saint-Paul fait de bons élèves !... il est de l'école de sir Stephen Gardiner!... Courage! pour un apprenti casuiste, ce n'est pas mal débuter!

Votre morale n'est pas trop sévère, et je regrette que l'affaire du roi ne dépende pas de vos résolutions. Pour moi, si jamais ma conscience d'honnête homme venait à me tourmenter.... (*Lui serrant cordialement les mains.*) Je ne veux pas avoir d'autre directeur que vous!... Demain matin, venez me prendre! J'ai en effet quelque crédit, et je serai charmé de vous présenter soit au cardinal, soit à sir Stephen Gardiner!

(*L'horloge sonne midi.*)

LE CRIEUR.

Laissez entrer! ouvrez les portes!

(*La foule se précipite en tumulte dans l'auditoire.*)

SCÈNE III.

Les mêmes, des Hommes et des Femmes du peuple, des Jeunes Filles, des Petits Garçons, des Moines noirs et blancs, des Religieux de Londres et de Greenwich.

BRANDS.

Ah! quels flots! quelle marée! quel vacarme!...

LE GROS BOURGEOIS.

Quelle canaille!

LE PREMIER HUISSIER.

Croyez-vous trouver ici de la bière et des gâteaux, brutaux que vous êtes!

(*On entend des cris qui imitent le chant du coq et le rugissement du lion.*)

BRANDS.

La brillante assemblée!... Ils sont venus de tous les faubourgs!

LE SECOND HUISSIER.

Est-ce ici une place publique pour beugler ainsi? Prenez-vous la cour de Black-Friars pour l'arène aux ours?... Allez, coquins, allez brailler ailleurs!

(Les cris redoublent.)

LE PREMIER HUISSIER.

Est-ce une foire? Avons-nous un sauvage indien à vous montrer pour que les femmes nous assiègent de la sorte?

LE CRIEUR.

Ah! malotrus! ah! cocus, ou faiseurs de cocus, vous voulez voir des divorces! *Il reçoit une pomme dans la figure.* Merci de ma vie! un fouet! un manche à balai! un gourdin! un gourdin de quatre pieds! que je vous étrille! que je vous caresse la tête!... Une douzaine de pruniers et des plus forts, et je vais vous distribuer des chiquenaudes!... Veux-tu bien retirer ton nez en dedans, fornicateur infâme! *(Il s'adresse à un gros homme placé près de Brands.)* Te tairas-tu, toi?

L'HOMME DU PEUPLE.

Mon bon monsieur le crieur, j'appartiens à la charcuterie!

LE CRIEUR.

Appartiens à la potence, vaurien, et va te faire pendre!... A bas de dessus la barrière, toi, la veste de camelot, ou je t'empale sur ma pique!

(Le silence s'établit insensiblement.)

LE GROS BOURGEOIS, *à Brands.*

Quelle licence épouvantable, monsieur!... Un roi et une reine, vivre ainsi publiquement dans un état d'inceste!... N'est-ce pas une chose horrible?... Et dire que, durant plus de vingt ans, pas un de nous, mais pas un, ne se soit seulement douté d'un scandale aussi intolérable!

BRANDS.

Ce n'est toujours pas la faute du cardinal, ni du confesseur du roi! Ils en ont parlé assez souvent!... et à qui a voulu les entendre!

LE GROS BOURGEOIS.

Pensez-vous, monsieur, que nous verrons ici la marquise de Pembroke?

BRANDS, *se frottant le menton.*

Peut-être!... Peut-être bien!...

LE GROS BOURGEOIS.

Convenez pourtant, monsieur, que notre bon roi s'est pris là d'une passion bien étrange!... S'amouracher à ce point!... Et pour qui? Pour une grande perche,... qui a le visage long d'une aune, les cheveux rouges, trois mamelles!... une surdent!... six doigts à chaque main et à chaque pied! tous les ongles doubles! et une grosse loupe sous le menton!... Est-ce bizarre?

BRANDS, *d'un ton moqueur.*

Monsieur a-t-il eu très-fréquemment l'honneur de voir Mme la marquise de Pembroke?

LE GROS BOURGEOIS.

Jamais, monsieur!

BRANDS.

Et qui, diantre, vous en a fait ce beau portrait?

LE GROS BOURGEOIS.

L'ami de ma femme, Payton, un cordelier de l'Observance!... Il paraît du reste que la demoiselle n'en est pas moins un morceau de roi! On assure que pendant son séjour au Louvre, Louis XII et François Ier ont eu grande part à ses bonnes grâces!

BRANDS.

Qui dit cela?

LE GROS BOURGEOIS.

Un autre ami de ma femme! un jeune bachelier d'Oxford!... Figurez-vous, monsieur, que cette malheureuse fille se gouvernait avec si peu de décence qu'elle n'était plus connue à la cour de France que sous le nom de la haquenée d'Angleterre!... Ah! ah! ah!.. La reine Claude et Marguerite de Valois l'appelaient entre elles la mule du roi!.. Ah! ah! ah!... ah! ah! ah!... la mule du roi!

BRANDS.

Infamie!... abomination!... et le parlement ne fera pas une loi pour attacher à des potences, pour jeter dans des chaudières bouillantes toute cette engeance de vipères?

LE GROS BOURGEOIS.

Quoi donc?

BRANDS.

Allez! vous n'êtes qu'une bête!

LE CRIEUR.

Silence, messieurs!...

UNE FEMME, *dans le fond de l'auditoire pousse des cris.*

Ah!... ah!.. j'accouche!

UN SOLDAT.

Tendez vos écuelles!

(*Bruyants éclats de rire.*)

LA MÊME FEMME.

François!... François!... au secours?...

LE GROS BOURGEOIS.

Ah! si c'était ma femme! je m'appelle François! et le cordelier de ma femme, Payton aussi s'appelle François!

BRANDS.

Un chirurgien! Butts! Butts! le médecin du roi!

UN PORTEFAIX.

Une sage-femme!... une sage-femme!

UN MATELOT.

Voilà! voilà, compère!

(Les cris et les rires redoublent.)

LE GROS BOURGEOIS.

Écoutez! les trompettes sonnent!

UN HUISSIER.

Le roi!

UN AUTRE HUISSIER.

Milord le cardinal d'York!

UN HOMME DU PEUPLE.

Se faire annoncer comme le roi!.. Ce prêtre n'a pas d'orgueil!

UN AUTRE HOMME DU PEUPLE.

Non, ce n'est pas la peine d'en parler!

BRANDS, *à ses voisins*.

Pauvre cher homme du bon Dieu!... il n'existe pas une plus belle âme dans tout le royaume!

LE GROS BOURGEOIS.

Oui!... mais à peine traite-t-il le roi comme son égal!... il met son nom avant celui du roi!... il a dénoncé la guerre à l'Empereur, sans avoir consulté le roi!

UN MATELOT.

Il a, pour se faire pape, envoyé à Rome tout l'argent destiné à la flotte!

BRANDS.

Ah! messieurs, qu'il a d'élégance dans les manières!... de gaieté dans l'esprit! Quelle souplesse! Que de talent pour le gouvernement! Quel zèle! Quelle fidélité! Ah! si la flotte savait tout ce que le commerce des vins et des eaux-de-vie lui doit de reconnaissance!

UN BRASSEUR.

Ah! ah! ses ennemis sont pourtant nombreux!

BRANDS, *d'un air méprisant.*

Qui cela? de méchants petits brasseurs de bière!... de mauvais marchands d'orge et de houblon!

LE GROS BOURGEOIS, *avec importance.*

Non pas! non pas!... Ses ennemis ne sont pas de minces personnages!

(*Les trompettes sonnent.*)

UN HUISSIER.

Le roi!

UN AUTRE HUISSIER.

Milord le cardinal d'York!

SCÈNE IV.

LES MÊMES, HENRI, WOLSEY, KINGSTON.

(*Le roi s'avance lentement, en tenant le bras du cardinal.*)

LE GROS BOURGEOIS.

Quel faste!... il y a, ma foi, sur sa robe plus d'or et de pierreries que sur le manteau du roi!

UN MATELOT, *à Brands.*

Ah ça! mais.... s'il est vrai que votre cardinal soit atteint du mal français, comment ose-t-il parler à l'oreille du roi, et lui souffler ainsi son haleine sur la bouche?

BRANDS.

Le cardinal!... attaquer ses mœurs!... le mal français! lui! le réformateur des monastères!

HENRI.

Viens, viens, honnête et loyal ami!... je t'aime!.. je te répète que je t'aime!... Donne-moi ta main!... dis, dis encore, bon d'York!

WOLSEY.

Oui, sire, oui, tout me porte à croire que j'ai eu l'adresse de persuader pleinement la reine!

HENRI.

Je n'en serai pas surpris!... Aucune langue n'a la douceur, le sucre, le miel de la tienne!... c'est une suavité!... c'est un art qui n'est connu que des maîtres!

WOLSEY.

Les paroles, sire, ne sont pas les actions!

HENRI.

Très-bien répondu!

WOLSEY.

Et je m'applique moins à bien dire qu'à bien faire!

HENRI.

C'est parler à merveille!

WOLSEY.

Et dans toutes mes actions, sire, je n'ai pour but que mon Dieu, mon roi, mon pays, et la vérité!

HENRI.

C'est encore mieux dit!... Hier au soir, cher York, j'avais pris une grande résolution!... je m'étais déterminé à embrasser la vie religieuse!

WOLSEY, *souriant*.

Sans doute après avoir quitté Mme la marquise?... Vous, sire, entrer dans un cloître?

HENRI, *de même*.

Moi-même, bon d'York!

WOLSEY.

C'est une vocation que je ne connaissais pas au roi!.. à moins pourtant qu'il ne soit question de s'enfermer dans quelque couvent de jeunes et jolies filles?

HENRI.

Ah! cardinal!... ah! cette idée appartient à Votre Seigneurie!... une aussi pieuse pensée ne saurait naître que dans la tête d'un homme d'Église!

WOLSEY.

Mais dans quel but, sire, cette retraite soudaine?

HENRI.

Afin d'engager Catherine à prendre le voile!... à prononcer des vœux!.... Aussitôt que la reine aurait fait profession, le pape me relèverait de mes serments, et m'autoriserait à me remarier!... Qu'en dis-tu, bon d'York?

WOLSEY.

On ne peut rien imaginer de plus ingénieux!

HENRI.

Pourquoi d'ailleurs le pape ne trouverait-il pas bien qu'à l'exemple des patriarches j'eusse deux femmes, dont l'une seulement porterait le titre de reine?... Pourquoi les enfants de l'une et de l'autre ne seraient-ils pas légitimes?

WOLSEY.

Rien, à coup sûr, ne serait plus naturel!... mais tous ces biais, sire, deviennent fort heureusement inutiles. Toutes les difficultés sont aplanies.... Dans quelques moments, la reine va remettre ici sa cause à votre justice, à votre générosité!... Son désir est en effet de se retirer dans un cloître.... d'entrer en religion!... Je l'ai laissée à Bridewell avec le seigneur Capucius auquel elle faisait part de sa pieuse résolution.... Toute cette procédure ne sera donc plus que pour la forme,... afin de sauver les apparences et d'adoucir l'Empereur!... Oui, mon gracieux souverain, ce soir, ce soir enfin, notre impatiente marquise sera toute à votre amour!.. Je ne dois pas laisser ignorer au roi que le lord Wriothesley et milady Marguerite Rocheford m'ont donné à entendre que Mme Anne s'imaginait avoir reçu de moi, le plus humble et le plus passionné de tous ses adorateurs, quelque petit sujet de mécontentement.

HENRI, *en riant.*

Ah! ah! ah!... je sais!... je sais ce que c'est!

WOLSEY.

Hélas! personne autant que moi, pauvre homme, n'est en butte aux discours de la calomnie!...

HENRI.

Je le sais!...

WOLSEY.

Votre Majesté daignera-t-elle me permettre de la choisir pour médiatrice,... de la supplier très-humblement de faire ma paix avec ma belle ennemie?...

HENRI.

Très-volontiers!... bon d'York, à moins d'être la plus aveugle ou la plus ingrate des femmes, tant qu'il lui restera un souffle de vie, la marquise doit se considérer comme celle de tes créatures que la reconnaissance oblige la première entre toutes, à t'aimer, à te servir!...

WOLSEY.

C'est dire beaucoup!... Votre Grâce s'exagère mes services!

HENRI.

Du tout!... Je ne dis pas tout ce que je pense!... Je sais, à n'en pouvoir douter, tout ce que je te dois!... J'ai des preuves!.. et dès qu'il en sera temps, milord, sois sûr que je t'en tiendrai bon compte!... Hier au soir encore, ce cher petit cœur prenait plaisir à me rappeler toutes les peines, toutes les inquiétudes que tu t'es données pour elle et pour moi!... « Quand serai-je en état de les récompenser, me disait-elle?... Je ne cesse de demander à Dieu la conservation de jours qui me sont si précieux : c'est, en ce moment, le seul moyen que j'aie de m'acquitter. Tout ce que demain j'aurai de félicités, c'est à lui que je le devrai. Aussi l'aimé-je plus que personne au monde ! »

WOLSEY.

Le roi excepté, j'espère !...

HENRI.

« Tant que je vivrai, je m'étudierai à lui donner des marques de ma reconnaissance !... »

WOLSEY.

Quelles douces paroles !...

HENRI.

Tu n'auras pas de servante plus soumise, plus obéissante !... Entre nous, on te ménage une surprise,... que je suis censé ignorer.... Ce soir, notre petite mignonne doit, en gage de réconciliation, te faire porter des tablettes d'or par Norris !... Ah ! mon cher, Dieu ne l'accordera jamais autant de bonheur que je t'en souhaite !... Bon, excellent d'York, sois donc bien convaincu que ta fidélité, ton désintéressement ont jeté des racines profondes dans le cœur de ton roi, de ton véritable ami !... Sur mon âme, cardinal, je ne souffrirai jamais qu'on blesse seulement ton petit doigt !...

WOLSEY.

Sire, le seul appui sur lequel je veuille me fonder, c'est ma loyauté !... c'est ma probité !...

HENRI.

C'est parler avec noblesse !... Oui, ta loyauté !... (*Le roi met la main sur son pourpoint.*) Ta probité !... ton intégrité !...

WOLSEY.

Sire, elles ne peuvent avoir d'ennemi que Satan ou ses disciples !...

HENRI.

Très-bien répondu!...

(*Trompettes, symphonies, cors.*)

WOLSEY.

Voici la reine!...

HENRI *aperçoit Brands.*

Ah! ah!... je suis ravi de te voir, monsieur Brands!...

BRANDS.

Sire, je suis fort obligé à Votre Altesse!...

HENRI.

Et nos vins d'Espagne!...

BRANDS.

Le navire qui les porte, sire, vient d'entrer triomphant dans la Tamise!...

HENRI.

Fort bien, mon brave!...

(*Le roi continue à marcher avec Wolsey, en causant familièrement avec lui. A plusieurs reprises, il lui serre les mains, et chaque fois le cardinal s'incline avec de grandes démonstrations de joie.*)

WOLSEY.

Oui, sire; oui, tout ira bien!...

HENRI.

Amen, s'il plaît à Dieu!...

(*Tandis que Wolsey quitte le roi et va prendre son rang dans le cortège, Henri va s'asseoir sous son dais.*)

SCÈNE V.

Les mêmes *et* les Personnages *ci-après indiqués.*

Trompettes, Symphonies, Cors. *Entrent* deux Huissiers *portant de courtes baguettes d'argent;* Stephen GARDINER, deux Secrétaires *en robes de docteurs,* COOKE de Winchester. *Après viennent* les Évêques de Rochester *et* de Saint-Asaph, Richard SAMPSON, John BELL, PETER, TRIGONEL. *A quelque distance* un Gentilhomme *portant la bourse, le grand sceau et un chapeau de cardinal;* deux Prêtres *portant chacun une croix d'argent;* le Gentilhomme introducteur *tête nue, accompagné d'*un Sergent d'armes *portant une masse d'argent;* deux Gentilshommes *portant deux grandes colonnes d'argent. Marchent ensuite l'un à côté de l'autre* les cardinaux WOLSEY *et* CAMPEGGIO; *derrière eux* CAMPANA, les Évêques de Lincoln *et* de Bath, John ISLIP, John TAYLOR; deux Nobles *portant l'épée et la masse.*

(On entend du bruit derrière l'amphithéâtre, et l'on crie : Place à la reine! place à la reine!)

LE GENTILHOMME INTRODUCTEUR.

La reine!...

SCÈNE VI.

Les mêmes, Catherine d'ARAGON, la princesse MARIE et leur suite; Catherine PARR, Anne ASKEW, Don CAPUCIUS, le comte de SURREY, GRIFFITH, PATIENCE et plusieurs Demoiselles *vêtues à l'espagnole, puis* les Personnages *ci-après indiqués qui entrent successivement.*

(*La reine porte une robe blanche.*)

HENRI, *à Kingston.*

Sainte Mère de Dieu! je hais tant ces habillements à l'espagnole, qu'il me semble voir des diables!

(*Le roi salue gracieusement la reine, qui lui rend son salut et va prendre place à quelque distance de lui.*)

UNE VIEILLE FEMME DU PEUPLE.

Hélas! pauvre dame! pauvre dame!... La rejeter après tant d'années! c'est une pitié à émouvoir un monstre!

UNE JEUNE FILLE.

Sur ma foi et mon honneur, je ne voudrais pas être reine!...

UNE VIEILLE FILLE.

Ah! je voudrais bien l'être, moi!... et pour cela j'aventurerais bien mon honneur!... Et vous en feriez tout autant, malgré ces petits airs sucrés d'hypocrisie!...

LA JEUNE FILLE.

Moi?

LA VIEILLE FILLE.

Vous! vous!... quoique vous fassiez la petite bouche!...

LA JEUNE FILLE.

Non, pour le monde entier!...

LA VIEILLE FILLE.

Je vous dis que si, en vérité; et en vérité!...

Pendant ce colloque, les cardinaux s'asseyent en face du roi. Les évêques se rangent sur chacun des côtés en forme de consistoire; au-dessous d'eux sont Gardiner et les deux secrétaires. Les lords se placent à la suite des évêques. L'appariteur, le crieur, les huissiers, et le reste des personnages présents se tiennent debout, selon leur rang, autour de la salle. Sur le devant, Payton, Elston, quelques cordeliers de l'Observance, plusieurs moines noirs.

WOLSEY, *aux Huissiers.*

Qu'on ordonne le silence, tandis qu'on fera lecture de la commission de la cour de Rome.

HENRI.

Qu'avons-nous besoin de cette lecture?... Les deux parties ont également reconnu l'autorité de la cour. C'est une perte de temps qu'on peut nous épargner.

WOLSEY.

Sir Stephen Gardiner, veuillez faire votre office!...

GARDINER, *à l'Appariteur.*

Sir Ludovic Cooke de Wincester, dites à Henri, roi d'Angleterre, de venir à cette cour!

COOKE DE WINCESTER.

Henri, roi d'Angleterre?...

HENRI.

Je suis présent.

COOKE DE WINCESTER.

Catherine, reine d'Angleterre?...

CATHERINE D'ARAGON, *au lieu de répondre, quitte son siège, traverse la cour, et va droit au roi.*

Sire, tout est ici contre moi; je suis femme, étrangère, sans parents, sans amis : mes juges sont vos propres sujets : l'un est votre premier ministre, et l'autre tient de vous l'évêché de Salisbury; que puis-je espérer de l'équité d'un tribunal ainsi constitué?... Hélas! sire, en quoi vous ai-je offensé? Comment ai-je mérité le traitement qu'on me fait éprouver?... Je proteste que je n'ai rien négligé de tout ce qui est en moi pour bien vivre avec vous; que, dans toutes mes actions, dans tous mes discours, j'ai cherché constamment ce qui pouvait vous être agréable, et vous marquer mon entière soumission. Quand est-il jamais arrivé que j'aie contredit vos désirs, ou que je n'en aie pas fait les miens? Quel est celui de vos amis que je ne me sois pas efforcée d'aimer, même lorsque je savais qu'il était mon ennemi? Et qui de mes amis a conservé mon affection, lorsqu'il s'était attiré votre colère?... Après le ciel, je vous ai chéri plus que tout au monde; je vous ai obéi sans réserve; j'ai poussé pour vous la tendresse jusqu'à la superstition, oubliant presque mes prières pour le soin de vous complaire. Et cela pour m'en voir ainsi récompensée?... Ah! sire, ce n'est pas bien!.. Je suis votre femme depuis vingt ans; je vous ai donné plusieurs enfants. Lorsque j'entrai dans votre lit, j'étais vierge!... Dieu le sait,... et j'en appelle ici à votre conscience!... Si dans le cours de cette longue durée d'années, l'on peut me reprocher la moindre faute, si j'ai fait quelque chose qui soit contraire à l'honneur ou à la fidélité conjugale, chassez-moi comme une infâme?... j'y consens!... Mais si je n'ai jamais manqué à l'amour et au respect que je dois à votre personne sacrée.... (*Elle se jette à ses pieds.*) Sire, je vous supplie de me rendre justice.... de m'épargner.... de me regarder en pitié... car je suis la femme la plus malheureuse qu'il y ait au monde!... (*Joignant les mains, et fondant en larmes.*) Sire!... mon seigneur!... Rendez-moi mes droits sur votre cœur!... mes droits d'épouse et de reine!... mes droits de mère!...

Je vous en conjure au nom de Dieu, notre juge à tous!...
Si vous me refusez, sire, je n'ai plus que Dieu pour me
défendre, et c'est à Dieu que j'en appelle!... Ah! sire,
justice!... Henri, pitié! pitié!...

(Les paroles de Catherine d'Aragon font une vive impression sur l'assemblée. Des murmures d'indignation contre le roi et de pitié en faveur de la reine s'échappent de tous les côtés de l'auditoire.)

DES FEMMES *et* DES JEUNES FILLES.

Pauvre Catherine!... Pauvre reine!...

WOLSEY.

O reine, si admirée et si chérie! par ces frayeurs vous
offensez la tendresse de Sa Majesté!... Le roi sait combien
vous avez toujours été attachée à vos devoirs!... il vous
aime, madame!... son cœur est généreux!...

CATHERINE D'ARAGON *se relève.*

Evêque d'York, c'est au roi, c'est à mon seigneur que je
m'adresse!...

WOLSEY.

Sage et religieuse dame, veuillez être patiente.

CATHERINE D'ARAGON.

Je le serai quand vous serez humble!... Tout ceci,
monsieur, passe ma capacité. Que pourrais-je répondre,
moi, pauvre créature, à un homme comme vous? Je ne
suis pas habile, je ne suis pas de force à lutter contre vos
artifices. Votre bouche est pleine de douceur et de sagesse ;
mais votre cœur est gonflé de haine et d'orgueil!... Cardinal d'York, vous avez chrétiennement souhaité ma
ruine!

WOLSEY.

Moi, très-excellente dame!

CATHERINE D'ARAGON.

Milord, je vous accuse!... Cardinal d'York, c'est vous

qui êtes la cause de toutes mes souffrances!... C'est vous qui le premier avez conseillé ce divorce!

WOLSEY.

Moi?

CATHERINE D'ARAGON.

Vous! vous! Je n'en puis accuser d'autre que vous!... Quoi donc? selon vous, monsieur, c'est une question, si mon mariage avec Henri, mon seigneur, est légitime?... Nos pères, Henri VII et Ferdinand le Catholique, ces princes si éclairés, n'avaient-ils pas pris l'avis des prélats et des conseillers les plus instruits?... Le pape Jules II n'a-t-il pas accordé une dispense dont je possède l'original?... La *Sagesse* n'a-t-elle pas dit : « Que jamais l'homme ne sépare ce que Dieu a uni?... » Et quand, depuis près de vingt ans, le roi et moi, nous sommes unis, ces noces si pures, on voudrait aujourd'hui les faire passer pour sacrilèges, pour abominables?... Cela est prodigieux, monsieur!... Mais enfin ma franchise vous a offensé!... Je n'ai pu approuver votre orgueil!... j'ai dit ce que je pensais de vos brigues, de votre arrogance, de votre ambition, de votre tyrannie, de vos débauches!

WOLSEY.

Pieuse reine!

CATHERINE D'ARAGON.

L'Empereur, mon neveu, ne vous a point fait pape : c'est là la source de tous nos malheurs. Et pour vous venger de l'Empereur et de moi, vous ne vous êtes pas contenté de mettre toute l'Europe en armes, vous nous avez suscité la plus méchante affaire qui se puisse imaginer!... Dieu sait ce que je souffre, monsieur! Votre vengeance a dépassé nos mépris!... Mais Dieu sera votre juge et le mien!

WOLSEY.

Très-gracieuse dame....

CATHERINE D'ARAGON.

Taisez-vous, taisez-vous, milord !

WOLSEY.

Très-vertueuse dame, vous faites injure à votre dévoué serviteur....

CATHERINE D'ARAGON.

Loin de moi !... Loin de moi !... Vous êtes mon ennemi, mon bon seigneur !... C'est vous, c'est vous qui avez allumé ces charbons entre mon époux et moi ! Milord, je réclame la loi pour vous récuser !... Cardinal d'York, vous ne serez point mon juge !... Je le répète de toute la force de mon âme, je vous déteste et vous récuse pour mon juge, vous qu'encore une fois je regarde comme mon plus cruel ennemi !

BRANDS.

Par saint Georges, elle est ferme et vigoureuse !

CATHERINE D'ARAGON.

Cardinal Campeggio, milords, peuple, vous tous qui m'écoutez, je fais, en votre présence, mon appel à Rome !... Je veux porter ma cause entière au pied de notre saint-père !... Reine d'Angleterre, épouse de Henri Tudor, fille de Ferdinand, tante de Charles-Quint, mère de Marie, je ne puis et ne veux être jugée que par le souverain pontife !... Que Dieu donne à mon époux le repos de l'âme !... Mais je suis sa femme légitime, et l'Église qui m'unit à lui peut seule dissoudre notre mariage !... Qu'elle parle ! oui, qu'elle parle !... et je me soumettrai !... Je me soumettrai aux ordres de la Providence !

UNE FEMME DU PEUPLE.

Ame vraiment chrétienne !

(*La reine s'incline respectueusement devant le roi et traverse la salle, en s'appuyant sur le bras de la princesse Marie.*)

DES FEMMES *et* DES JEUNES FILLES.

Vive la reine! Vive la reine!

HENRI, *se contenant avec peine.*

Qu'on retienne la reine!

COOKE DE WINCESTER.

Catherine, reine d'Angleterre, revenez devant la cour!

CATHERINE PARR.

Entendez-vous, madame?... on vous rappelle....

CATHERINE D'ARAGON.

J'entends bien!... mais ce n'est pas une cour où je puisse espérer justice. Sortons!

HENRI, *avec force et d'un ton impérieux*

Kingston, qu'on retienne la reine!

CAMPEGGIO.

Madame, demeurez encore, je vous en conjure!...

MARIE.

Ma mère!...

CATHERINE PARR.

Pauvre reine!... Quelles humiliations! quelle misère!...

ANNE ASKEW.

Raillée! outragée!

CATHERINE PARR.

Sans secours!

CATHERINE D'ARAGON.

Saintes filles, ô mes chères amies!... Mon cœur est si troublé!... Je ne trouve plus de paroles!...

MARIE.

Ma bonne mère!...

CATHERINE D'ARAGON.

Ah! Marie, votre mère est traitée bien cruellement!...

ANNE ASKEW.

Digne fille de Ferdinand le Catholique, courage!... Courage, grande et religieuse reine!

CATHERINE D'ARAGON, *d'une voix éteinte.*

O mon Dieu!... O mon unique protecteur!...

(*La reine se laisse aller sur son siège en fondant en larmes.*)

SURREY, *se couvrant le visage.*

Ah! quel spectacle!

(*Trompettes et fanfares.*)

SCÈNE VII.

LES MÊMES, LE DUC DE SUFFOLK, LE DUC DE NORFOLK, LE COMTE WRIOTHESLEY, CRANMER, CROMWELL, DES DÉPUTATIONS DU PARLEMENT *et* DE L'ASSEMBLÉE DU CLERGÉ.

WOLSEY.

Qu'est-ce donc, milords?

CAMPEGGIO, *à Campana.*

Que se passe-t-il?

WOLSEY.

Que vois-je?... Sir Thomas Cranmer?...

CATHERINE D'ARAGON *et* MARIE.

Cranmer!...

WOLSEY.

Vous à Londres, monsieur? Sans que j'en sois informé?...

CRANMER.

Mon premier devoir, monsieur le cardinal, m'appelait à Hampton-Court; j'ai eu l'honneur de rendre compte au roi de la mission que Sa Grâce avait daigné me confier.

CAMPEGGIO.

Mais en ce moment, monsieur, quel intérêt vous conduit à Black-Friars?

WOLSEY, *avec hauteur*,

Que faites-vous ici?

CAMPEGGIO.

Qui vous envoie?

CRANMER.

Le parlement! l'assemblée du clergé!

WOLSEY.

De quel droit?

CAMPEGGIO.

A quel titre?

CRANMER.

Comme archevêque de Cantorbéry!... En ma qualité de primat d'Angleterre!

CAMPEGGIO *fait un mouvement de surprise*.

Vous, monsieur!...

WOLSEY.

Le chapelain de M. Boleyn, prince de l'Église?...

CAMPEGGIO.

Depuis quand? Qui vous a nommé?

CRANMER.

Le roi!...

WOLSEY.

Quoi? sire....

SUFFOLK.

Par Notre-Dame, seigneurs légats, c'est assez de détours et de subtilités!

WOLSEY.

Milords, est-ce ici votre place?

CAMPEGGIO.

Que voulez-vous? Que demandez-vous?

SUFFOLK.

Nous demandons jugement!...

CAMPEGGIO.

Qu'est-ce à dire?...

WOLSEY.

Cette insolence!

NORFOLK.

Point de faux-fuyants, milords!

SUFFOLK.

Plus de subterfuges!

NORFOLK.

La voie la plus courte!

SUFFOLK.

Le droit chemin, s'il vous plaît!...

NORFOLK.

Quoi donc, seigneur nonce, les grands du royaume, les premiers d'entre nous, ducs, marquis, ou barons, se sont fait un pieux devoir d'écrire au pape, pour le supplier de donner quelque satisfaction à leur prince sur son mariage; et leurs instances filiales sont accueillies avec cette insouciance et ce dédain?... Sa Sainteté, ayant autant d'obligation qu'elle en a, et au roi et à toute l'Angleterre, n'aurait-elle pas dû prévenir nos prières, et apporter remède à nos peines?...

SUFFOLK.

Ignorez-vous, seigneur légat, que la tranquillité du royaume est compromise par la naissance problématique de l'héritière présomptive de la couronne?...

NORFOLK.

Avez-vous dessein d'exciter l'ambition de ceux qui ont des prétentions au trône?... Voulez-vous rallumer les longues guerres de Lancastre et d'York?...

SUFFOLK.

Le roi doit-il être condamné à mourir, sans laisser d'enfants mâles après lui?... Ne peut-on le mettre en état d'en pouvoir espérer?... Monsieur, maintenant que le mariage est révoqué en doute, la cause du souverain est liée à l'intérêt de ses sujets!...

NORFOLK, *pliant le genou.*

Seigneur légat, toute l'Angleterre conjure à mains jointes Sa Sainteté de confirmer une chose que tant d'universités, tant de personnes doctes et habiles trouvent juste et équitable?... Ce n'est que par là que le siége apostolique peut détourner les maux dont nous sommes menacés?... Bon et miséricordieux seigneur, nous avons toujours considéré le pape comme notre père!... Regardez-nous comme ses enfants!... ne nous abandonnez pas!... ayez pitié de nous!...

(*Campeggio reste impassible ; Norfolk se relève avec fierté.*)

Seigneur légat, pour un prêtre, vous avez le cœur dur !... vous tardez longtemps à nous accorder ce que nous demandons!...

SUFFOLK.

Monsieur le cardinal, tout délai sera pris par nous pour un refus!...

NORFOLK.

Et peut-être irons-nous demander des remèdes ailleurs!... Pour prévenir de plus grands maux, quelquefois on se porte à de fâcheuses extrémités!...

SUFFOLK.

C'est malgré soi!... c'est à regret!... mais enfin, seigneur nonce, un malade cherche du soulagement partout où il croit en trouver!...

CAMPEGGIO, *avec une douce ironie.*

J'entends!... se soulever contre le saint-siége?... se soustraire à l'obéissance?... faire schisme?... tomber dans l'hérésie?... Ce serait assurément une chose fort glorieuse à votre maitre!... Mes très-chers fils, soyez sages!... Je vous donne avis, comme un bon père, de rejeter toutes ces mauvaises pensées!... ce n'est pas la faute du médecin, lorsque le malade s'impatiente et ne veut rien faire que ce qui lui est contraire!... Mes frères, je vous pardonne les termes durs que vous avez employés,... et ne les attribue qu'au zèle et à l'amour que vous avez pour votre prince.... Hélas!... nous avons bien plus d'obligation à Sa Majesté que vous ne le dites,... et personne au monde ne se sent plus porté que moi à la servir.... Oui, mes chers fils, je n'ai pas de plus forte passion que de lui faire plaisir; je souhaite encore plus que vous des enfants mâles au roi.... et je voudrais lui accorder absolument tous ceux qu'il demande.... Mais, en vérité, je ne suis pas Dieu pour lui en donner?...

SUFFOLK.

Sur mon âme, seigneur nonce, vous êtes de tout le monde chrétien l'homme d'Église le plus accommodant et le plus bénin!... Toutes vos paroles semblent avoir passé par le miel et par le sucre!... Cependant, milord, il faut enfin que la conscience du roi soit mise en repos!...

NORFOLK.

Il faut que la question se décide! que la cour se prononce!...

SUFFOLK.

Aujourd'hui même!

NORFOLK.

A l'instant!

SUFFOLK.

Ou sinon !...

CAMPEGGIO *avec calme.*

Milords, cela ne se peut.

SUFFOLK *frappe le bureau de son poing et s'écrie en fureur.*

Par la sainte messe, le proverbe est vrai !... Jamais légat ni cardinal n'a rien fait qui vaille en Angleterre !...

BRANDS.

Ah ! l'insulte est sanglante !...

SUFFOLK, *frappant la table une seconde fois.*

Ces prêtres ne nous ont jamais porté que malheur !...

WOLSEY *se lève, et regardant en face le duc de Suffolk.*

Milord !... il vous convient moins qu'à personne de vous plaindre des cardinaux. J'ai l'honneur d'être membre du sacré collége, et tout misérable que je suis, et tout duc que vous êtes, si vous avez la tête sur les épaules, vous m'en avez l'obligation. Nous ne vous avons offensé ni mon frère ni moi, et nous avons l'un et l'autre, milord, plus en recommandation le bien du royaume et le repos de Sa Majesté, que vous ou aucun homme au monde. Nous ne sommes que commissaires dans l'affaire dont il s'agit, et nous ne pouvons que suivre les ordres de celui de qui cette commission est émanée. Nous avons fait notre devoir, et il n'y a qu'un malavisé qui puisse nous blâmer. Ainsi, milord, trève aux emportements, et n'offensez personne !... et s'il vous est impossible de parler comme un homme sage et un homme d'honneur, taisez-vous, et ménagez vos amis ! Vous savez ce que vous leur devez !...

LE GROS BOURGEOIS.

Quel ton de maître !...

BRANDS.

Ah ! c'est fièrement répondu !...

WOLSEY *se rassoit*.

Je n'en ai jamais tant dit. Arrière donc, messieurs, arrière !...

(*Le duc de Suffolk s'éloigne tout confus.*)

NORFOLK, *d'un ton mordant*.

Il est aisé de voir, milords, que les grands clercs ne sont pas toujours de sages conseillers ?...

CAMPEGGIO, *vivement*.

Moi, monsieur le duc, je n'ai jamais vu de courtisans qui se soient montrés de grands clercs !... A merveille donc, mes seigneurs ! étalez votre zèle ! Faites votre cour ! faites de l'indignation !... Toutes ces injures, ces menaces, ces violences concertées, toute cette puérile ostentation de dédain pour le saint-siége et les cardinaux, sont sans doute autant de parfums agréables et doux à votre maître !...

HENRI, *dévorant sa colère*.

Milord !... milord cardinal !... Votre Seigneurie abuse beaucoup de ma patience !... Je ne suis pas un ange, mon révérend père !... et je peux avoir mon tour !...

CAMPEGGIO, *hardiment*.

Je ne doute point, sire, que Votre Majesté ne se fasse une violence extrême pour ne pas éclater.... Je prévois ce qui va se passer.... Ce n'est pas d'hier, je le sais, qu'on songe à se séparer de la communion romaine,... et sans doute Mlle Boleyn doit déjà être derrière cette tapisserie, tenant Luther par la main.... L'arrivée de son messager, de ce nouveau patriarche, me fait assez connaître le péril où je suis.... Mais dussé-je encourir votre courroux, dût-on me faire mourir, aucune considération, sire, ne me fera dévier de mon devoir. Je suis trop vieux pour désirer la faveur ou craindre le ressentiment de qui que ce soit. A mon âge, sire, on doit moins se mettre en peine de sa vie que de son salut éternel!... J'aime mieux perdre mon corps que mon âme!... (*Se tournant vers la reine.*) Vertueuse et très-honorée dame, pauvre et faible femme, injustement tombée dans la disgrâce, que la paix soit avec Votre Majesté!... (*A la princesse Marie.*) Princesse, séchez vos larmes!... (*A Catherine d'Aragon.*) Reine, votre piété, votre courage dans l'adversité, votre amour pour un époux qui vous dédaigne, votre patience envers une rivale,... tant de vertus royales, tant d'épreuves et d'indignes traitements, ont appelé sur votre personne sacrée l'intérêt et les pleurs du monde chrétien. Clément n'a pu apprendre sans émotion les outrages dont on abreuve sa fille bien-aimée : votre lettre lui a brisé le cœur!... Reine, le saint-siége apostolique a prévenu vos désirs!...

MARIE.

Juste ciel!...

CATHERINE D'ARAGON.

Que dites-vous, milord ?

CAMPEGGIO, *à Wolsey.*

Monsieur le cardinal, voici le décret qui révoque votre commission.

WOLSEY, *à part.*

Ah! Dieu!...

CAMPEGGIO, *au roi.*

Sire, voici la sentence qui évoque l'affaire à Rome.

HENRI, *à part.*

Trahison!...

CAMPEGGIO.

Sa Sainteté se réserve personnellement la connaissance de la cause. Seigneur Campana, veuillez approcher.

LE GROS BOURGEOIS.

Quel est cet homme?

BRANDS.

Un secrétaire intime de Clément VII arrivé ce matin.

CAMPEGGIO.

Cette bulle qu'à mon départ de Bologne Sa Sainteté m'a confiée,... cette bulle qui déclare nul le mariage de Henri d'Angleterre et de Catherine d'Aragon,... mais dont la publication était soumise à notre examen et à notre décision,... seigneur Campana, j'obéis aux ordres souverains dont vous êtes porteur!...

(*Campeggio approche le parchemin d'une lampe qui le consume.*)

Je vous en prends à témoin, je l'ai brûlée sous vos yeux!...

HENRI, *à part.*

Malédiction!...

MARIE, *se jetant dans les bras de Catherine d'Aragon.*

Ah! ma mère!

CATHERINE D'ARAGON.

O ma fille! ma fille!...

LE GROS BOURGEOIS *et* LE PEUPLE.

Vive la reine!... vive notre saint-père le pape!... vive Catherine d'Aragon!...

(*La reine et la princesse Marie s'avancent du côté de l'auditoire, et saluent le peuple de la main.*)

MARIE.

Merci, noble peuple anglais!

CATHERINE D'ARAGON.

Merci, bon peuple chrétien! merci!... Bénis Dieu!... rends grâce à Dieu!...

(*La reine et la princesse Marie agitent leurs mouchoirs.*)

LE PEUPLE.

Vive! vive la reine!... vive la princesse Marie!...

WOLSEY.

Madame!... ces cris de révolte et de sédition.... et l'accueil que vous leur faites.... s'accordent avec l'accusation portée contre Votre Majesté devant le conseil d'État!...

CATHERINE D'ARAGON.

Une accusation?... contre moi, monsieur?

WOLSEY.

Madame, la voici!

CATHERINE D'ARAGON.

Et de quoi m'accuse-t-on?

WOLSEY.

De sourdes menées, afin de capter la faveur populaire,... afin de détourner les sujets de leur affection pour le roi!... Madame, on vous accuse de complot contre la vie du roi!...

MARIE, *avec indignation.*

Quelle horreur!...

CATHERINE D'ARAGON, *avec beaucoup de dignité.*

Moi, conspirer contre mon époux?... moi, attenter aux jours du roi!... moi?...

MARIE.

Ma mère?...

ANNE ASKEW *et* CATHERINE PARR.

La reine?...

CATHERINE D'ARAGON.

Moi?... moi qui, malgré toute son injustice, l'aime encore!... l'aime, Dieu sait avec quelle tendresse!... moi qui à l'instant de ma mort le bénirai?... (*Avec dédain.*) Ah!... ah!... vous raillez, milord cardinal!...

MARIE.

Ah!... cette infamie, vous n'y croyez même pas?...

CATHERINE D'ARAGON.

Non, vous n'y croyez pas?...

WOLSEY.

Madame....

MARIE.

Non ! non !

CATHERINE D'ARAGON.

Non !... Votre espoir est de m'intimider !... (*Avec un sentiment de mépris.*) Mais vos menaces, monsieur, auront aussi peu de prise sur moi aujourd'hui, qu'hier vos basses prières, vos lâches conseils !...

WOLSEY.

Madame !...

CATHERINE D'ARAGON.

Évêque !... évêque d'York !... Dieu est juste !... et tout me dit,... oui, jusqu'au regard du roi, tout m'annonce que le poids de mes douleurs va retomber sur vous !...

(*Le cardinal considère le roi avec inquiétude.*)

HENRI, *à Kingston.*

Oui, sur ma vie, ceci est contre ma volonté !

MARIE, *élevant la voix.*

Cœur faux, qui nous hais !... Oui, tu nous hais !... cœur gonflé d'orgueil et de fiel, qui jamais ne nous montras de pitié que lorsque tu méditais notre ruine !... *Élevant toujours la voix.*) Honte, honte à toi !...

CATHERINE PARR.

Par l'honneur ! rétracte-toi ! amende-toi !...

ANNE ASKEW.

Malheur sur toi !... malheur sur tous les hypocrites tels que toi !...

CATHERINE D'ARAGON *leur prend les mains.*

Ô saintes filles !... chères amies !...

(*Le roi descend lentement les degrés du trône, s'approche du cardinal Wolsey, et lui tend la main d'un air très-amical.*)

WOLSEY, *d'un air de confiance.*

Ah ! mon souverain !... ah ! mon gracieux et doux maître!... c'est trop d'honneur que me fait Votre Altesse!... c'est trop de bonté!...

(Il baise respectueusement la main du roi. Henri tire de son pourpoint un énorme cahier. Norfolk et Suffolk sourient, et échangent entre eux un regard de joyeuse intelligence.)

HENRI, *d'une voix douce.*

Mon loyal, mon fidèle ami, lisez ceci....

(Le roi lui présente gracieusement le cahier qu'il tient à la main.)

WOLSEY.

En vérité, sire, vos louanges me donnent de la confusion. *(Le cardinal, en redressant la tête, jette un regard orgueilleux sur la reine, puis il ouvre le cahier.)* Que vois-je?... l'état de mes biens?... Quoi? sire.... *(Le cardinal pâlit et se trouble.)*

HENRI, *avec le même sang-froid, tire de son pourpoint la dépêche que lui a remise la veille la marquise de Pembroke. Avec un sourire malicieux.*

Mon loyal, mon fidèle ami, Votre Seigneurie voudra bien, j'espère, me faire ensuite la grâce de lire ceci!... *(Le roi déplie la dépêche avec un mouvement de colère, et, le doigt posé sur une ligne, agite le papier devant la figure pâle du cardinal.)* Voyez donc, milord, voyez donc!... ici!... ici!... n'est-ce pas là votre écriture?...

WOLSEY.

Dieu! ma lettre au pape!...

HENRI.

Insolent!... *(Le roi reprend toute sa sérénité.)* Maintenant, mon loyal, mon fidèle ami, je vous invite à aller déjeuner avec tout ce qui vous reste d'appétit!... *(Le roi lance un regard de courroux sur le cardinal.)*

WOLSEY, *atterré, tombe sans mouvement sur son siège.*

Miséricorde!... je suis perdu!

NORFOLK *et* **SUFFOLK.**

Bien joué!...

(*Le roi, en regagnant lentement sa place, s'arrête devant le duc de Suffolk et le duc de Norfolk.*)

HENRI.

Qu'en dites-vous, chers ducs?... pas trop mal, ce me semble?...

SUFFOLK *éclate de rire avec affectation.*

Ah! sire.... à merveille!... ah! ah! ah!... ah! ah! ah!... ah! ah! ah!...

NORFOLK.

Quel coup de maître! ah! ah! ah!... ah! ah! ah!...

HENRI *regarde le cardinal.*

Ah! ah! ah!... ah! ah! ah!...

(*De grands éclats de rire et des battements de mains se font entendre aussitôt dans tout l'auditoire. Le roi monte les marches du trône, en se caressant le menton d'un air narquois.*)

LE GROS BOURGEOIS, *à Brands.*

De profundis.

BRANDS, *avec un gros soupir.*

Adieu la pratique!

LE GROS BOURGEOIS.

Compère, un peu plus d'eau dans votre vin!...

(*Avant de s'asseoir, le roi salue très-affectueusement la reine.*)

DES HOMMES DU PEUPLE.

Vive le roi!... vive le roi!...

LES FEMMES *et* **LES ENFANTS.**

Vive la reine! vive la reine!... Vive Marie!... vive la princesse de Galles!...

(*Le visage du roi s'assombrit.*)

SUFFOLK.

Sire, la noirceur de cet homme, que Votre Majesté tenait si près de son cœur, ne tournera qu'à sa honte et à son châtiment?... Non, sire, non, vous ne serez ni le jouet de la cour de Rome, ni la risée de l'Empire. Cette trame ourdie de longue main, votre sagesse l'avait pénétrée ; et votre parlement averti n'attendait que le moment de punir et de venger votre injure.

CRANMER.

Sire, aux rois, principalement et en propre, appartient le droit de défendre la religion véritable : Dieu commande aux évêques de leur obéir; et de tout temps vos prédécesseurs ont eu dans les causes ecclésiastiques une autorité absolue. Deux fois le pape Éleuthère a qualifié le roi Lucius de vicaire de Jésus-Christ dans ses États : Éthelred, Edgar, Edmond, Athelstan, Ina, ont donné des lois à leurs Églises ; et depuis Guillaume le Conquérant, vingt édits ont prohibé les recours à Rome par appel. Quoi donc? il y aurait plus d'un maître dans le royaume? Les prêtres ne relèveraient plus des rois? Le sacerdoce détruirait en eux la condition de sujets? Sire, il n'en peut être ainsi. Ce n'est que par des voies indirectes, à l'aide de fraudes et de supercheries, que la juridiction tyrannique des papes a pu s'établir dans le royaume ; et si des princes ignorants et pusillanimes se sont dissimulé l'usurpation ou l'industrie de la cour de Rome, aujourd'hui que cette puissance ne peut plus être ramenée à une juste modération, qu'elle se met au service de l'étranger, et conspire avec l'Empereur le renversement du trône, il faut que le souverain légitime ressaisisse son ancienne autorité, et ne laisse plus sortir de ses mains le gouvernement de son Église.

SUFFOLK.

Enfin, voilà de la franchise !

CRANMER.

Sire, il était temps que cette île fût arrachée au joug de

cette monarchie sacrée, qui, depuis tant de siècles, pèse par ses superstitions sur l'esprit humain !... Tous les ordres de l'État se sont associés à votre pieuse résolution : c'en est fait ; la loi a prononcé ; l'autorité des papes est abolie dans le royaume !

CATHERINE D'ARAGON.

O mon Dieu !... ô mon Dieu !

SURREY.

Changer la religion ! renverser toutes les lois ! fouler aux pieds toute justice !

MARIE.

O Seigneur ! Seigneur Jésus !

CRANMER.

Sire, Clément n'est plus pour vos peuples qu'un évêque de Rome ; le parlement, l'assemblée du clergé, vous décernent, à vous et à vos successeurs, le titre de protecteur et de chef suprême de l'Église d'Angleterre !

NORFOLK, SUFFOLK, WRIOTHESLEY, LES DÉPUTATIONS DU PARLEMENT
et DU CLERGÉ.

Vive Henri VIII ! vive le roi-pontife !...

(*Un silence profond règne dans l'auditoire.*)

CROMWELL.

Sire, examen fait des dépositions reçues par les légats, des décisions académiques, des déclarations du clergé des deux provinces, le parlement a prononcé sur votre divorce.

HENRI, *jouant la surprise.*

Quoi, milord ?... Déjà ?

(*Se tournant vers la députation du parlement.*)

Votre arrêt, messieurs, quel est-il ?

WRIOTHESLEY.

Sire, d'un avis unanime, votre mariage avec la veuve

du prince Arthur a été déclaré contraire au droit divin, dont Jules II n'a pu dispenser.

HENRI, *du ton le plus aimable.*

Milords.... messieurs,... dans des conjonctures bien difficiles, bien délicates,... j'ai mille fois apprécié la sagesse du parlement. Cette sentence réfléchie fortifie, corrobore l'opinion que je m'étais formée de son impartialité,... du caractère ferme et indépendant de chacun de ses membres....

(*Tous les membres de la députation saluent profondément.*)

Je ne vous flatte point, messieurs.... Je me ferai toujours une loi, dans les choses même qui pourraient le plus contrister mon cœur, de me laisser aveuglément gouverner par vos lumières.

(*Nouveau salut de la part des députations.*)

WRIOTHESLEY.

Cette fois, sire, votre parlement n'a d'autre mérite que d'avoir conformé ses sentiments à l'opinion de toutes les universités de l'Europe.

HENRI.

Tant de déférence et de modestie, messieurs, est d'un bon exemple!... Cet exemple ne sera pas perdu,... j'en ferai mon profit, soyez-en bien sûrs!

WRIOTHESLEY.

Sire, nous devons tout espérer d'un prince que la sagesse conseille, que la valeur anime, et que la justice accompagne dans toutes ses actions.

SURREY, *à part.*

Ah! quelle abjecte servilité!

CRANMER *s'avance vers le roi.*

Sire, ne vous étonnez pas, si j'ignore l'art de farder la vérité....

HENRI.

La vérité, monsieur l'archevêque?... on me l'a cachée trop souvent!... La vérité, je l'aime!... je la cherche!... je suis digne de l'entendre!... Venant d'un esprit aussi droit que le vôtre, la plus sévère correction ne peut jamais déplaire.... Milord, point de ménagement pour moi!... l'avis, quel qu'il soit, doit porter son fruit; je ne désire que le repos et le bien de mes peuples.

CRANMER.

Sire, le monde s'indigne depuis trop d'années contre le commerce où vous vivez avec la fille de Ferdinand le Catholique!... cet état ne peut durer!... et quant à moi, je dois vous déclarer que je suis résolu à ne plus souffrir davantage un si grand scandale!

UN HOMME DU PEUPLE, *à Brands.*

Quelle hardiesse!... de quel ton il parle au roi!

BRANDS.

Ah! diable! celui-ci n'est pas homme à autoriser ses plaisirs!

HENRI.

Milord de Cantorbéry, il faut être juste,... nos oreilles n'étaient pas habituées à entendre un pareil langage!

CRANMER.

Ce n'est pas, sire, que je m'imagine votre cœur endurci dans le péché, au point de n'en avoir ni honte ni remords!

HENRI.

Milord, tout l'univers le sait, Dieu ne m'a point abandonné à mon égarement.... Depuis longtemps j'aurais voulu mieux vivre!...

CRANMER.

Eh bien, sire, aurez-vous besoin d'exhortation pour bien faire?

HENRI, *avec un embarras affecté.*

Monsieur l'archevêque....

CRANMER.

Vous hésitez, sire?... Sire, puisque j'y suis contraint, je vous somme de vous séparer de la femme de votre frère!

HENRI.

Milord!...

CRANMER, *élevant la voix.*

Seigneur roi, obéissez à l'Évangile!... Me faudra-t-il en venir aux censures?

(*Le roi baisse les yeux, se couvre le visage de ses mains, et semble se recueillir profondément.*)

UN HOMME DU PEUPLE.

Excommunier le roi?

UN AUTRE HOMME DU PEUPLE.

Le menacer des foudres de l'Église?

LE GROS BOURGEOIS.

Ah ça! notre archevêque se moque-t-il du roi ou de nous, avec ses semonces et ses beaux discours?... N'a-t-il pas peur que le roi veuille garder sa femme?

BRANDS.

Taisez-vous, vous n'entendez rien aux choses saintes!

CRANMER.

Sire, vos sujets attendent de vous un grand exemple!... Sire, il faut que vous quittiez la veuve de votre frère!... Dieu le veut, sire!... Dieu vous l'ordonne!...

UNE FEMME DU PEUPLE.

A d'autres!

LE COMTE DE SURREY, *à part.*

Quelle jonglerie!... Quelle farce grossière!

WRIOTHESLEY, *de même.*

Comment Cranmer fait-il pour tenir son sérieux?

CRANMER *se prosterne aux pieds du roi.*

Sire, ne voudrez-vous pas conjurer les périls qui menacent la succession?... Sire, au nom de la sainte Église....

HENRI, *brusquement.*

Levez-vous, monsieur!... Lady Catherine, vous le voyez, hormis la cour de Rome, tout le monde catholique nous condamne.... Fidèles à la loi de Jésus-Christ, le parlement, l'assemblée du clergé, ont déclaré notre mariage illicite; il ne faut plus qu'une sentence pour le casser. Avant que M. l'archevêque de Cantorbéry, dont je dois plus que personne respecter les prérogatives, en vienne à cette cruelle extrémité, ma tendresse me pousse à vous adresser une dernière prière. (*Feignant un air pénétré.*) Au nom de ce pur amour, de cette résignation inaltérable que pendant plus de vingt ans vous m'avez montrée, Catherine, ma très-chère dame et maîtresse souveraine en toutes choses, je vous en conjure, permettez-moi, en cessant d'être votre époux, de rester votre meilleur et plus fidèle ami; laissez-moi corriger l'injustice du sort, me purger de l'accusation odieuse de vouloir vous faire injure. Le ciel a prononcé; ne vous refusez donc plus sans utilité à une séparation volontaire et amiable. Par pitié pour vous-même, ma très-chère vie, ne nous privez pas des adoucissements que ma douleur se promet d'un divorce fait sans contrainte, et de bonne et franche cordialité. Vous aimez Dieu par-dessus toutes choses; rien ne lui plaît tant que la soumission entière de notre volonté; Dieu vous bénira. Oui, rétractez votre appel, désistez-vous de toutes poursuites, et ce qu'hier je vous offrais, mon cœur vous l'offre encore aujourd'hui; le titre, les honneurs, tous les droits de duchesse de Cornouailles et de princesse douairière de Galles, seront le juste prix de votre sage condescendance. Madame, je ferai plus ; à défaut d'enfants mâles, j'assure la couronne à votre fille.

CATHERINE D'ARAGON.

Sire, aucun intérêt ne me fera oublier ce que je dois à mon honneur et à ma conscience. Il n'y a qu'une sentence du pape qui soit capable de changer ma résolution.

HENRI, à *Cranmer*.

Monsieur l'archevêque, remplissez votre office en toute liberté !... prononcez, milord,... mais au nom de Dieu.... de Dieu seul !... Roi et chef suprême de toute juridiction spirituelle dans mon royaume, je ne reconnais sur la terre d'autre maître que Dieu !... Je n'entends me soumettre à l'autorité d'aucun être créé !

CRANMER.

Catherine d'Aragon, infante d'Espagne, veuve d'Arthur Tudor, prince de Galles, votre mariage avec le prince Henri Tudor, ici présent, est un mariage de fait, non de droit. Au nom de Dieu, je le déclare contraire à la loi divine, non avenu, nul dès le commencement. Henri, roi d'Angleterre, je vous donne la liberté d'épouser qui il vous plaira.... Sire, soumettez-vous à l'arrêt du ciel.

SCÈNE VIII.

Les précédents, Anne BOLEYN, Jeanne SEYMOUR, Catherine HOWARD, le vicomte de ROCHEFORD, NORRIS, BRERETON, WASTON, Marc SMEATON, mistress SIMONETTE, mistress VINGFIELD, mistress CORSYNS, mistress STRONOR.

(Le roi s'approche de la porte par laquelle il est entré. Le duc de Suffolk tire un rideau. La marquise de Pembroke paraît revêtue du manteau royal. Norris porte un coussin sur lequel une couronne est placée.)

HENRI *prend la marquise par la main.*

Peuple, milords, messieurs, lady Anne Boleyn, marquise de Pembroke, est la femme que je prends en mariage !

(La marquise met un genou en terre ; le roi place la couronne sur sa tête.)

Peuple chrétien, voici votre reine !

(Tous les courtisans crient : Vive la reine Anne !... A l'exception de Brands, l'auditoire garde le silence.)

UNE FEMME DES HALLES, *à sa voisine.*

Une servante !... être la maîtresse de sa maîtresse !... la reine de la reine !

SUFFOLK.

Lady Catherine d'Aragon, vous n'êtes plus la femme du roi ; la loi vous interdit de prendre un titre autre que celui de princesse douairière de Galles, duchesse de Cornouailles. Le château d'Amphtill est désigné pour votre résidence. Monsieur le comte de Surrey, miss Catherine Parr, miss Anne Askew, le roi vous enjoint, aussi bien qu'à tous officiers et dames de la maison de Madame Catherine d'Aragon, en vous adressant à sa personne, ou parlant en son nom, de substituer aux titres de reine et de majesté ceux de princesse et d'altesse.

CATHERINE D'ARAGON.

Quoi donc? Quoi? m'ayant enlevé la dignité souveraine, on ne veut même pas m'en laisser le fantôme?... Monsieur le duc, quelque chose qu'on fasse, je suis, je serai toujours la femme du roi, et reine d'Angleterre!... je ne cesserai point d'en prendre le nom, d'en exiger les droits!... Tant qu'une sentence du saint-siége apostolique ne m'aura pas dépouillée de mon titre, je ne souffrirai à mon service, je n'admettrai auprès de moi que des personnes disposées à me traiter en reine. La mort seule pourra me séparer de ma dignité!

HENRI.

Lady Catherine d'Aragon, votre conduite décidera du sort de votre fille!... Si je ne suis satisfait, je la déshérite!...

CAMPEGGIO.

Henri, roi d'Angleterre, au nom du pape Clément VII, qu'ici je représente, je vous fais défense de contracter l'union projetée entre vous et Anne Boleyn, marquise de Pembroke; votre hymen serait un adultère!... Sire, je vous ordonne de reprendre et de garder près de vous votre femme légitime Catherine d'Aragon, reine d'Angleterre!... Anne Boleyn, je vous en avertis, le roi Henri VIII est marié. En vivant avec lui, vous ne serez point son épouse : vous serez sa concubine. Anne Boleyn, ce diadème n'est point à vous; c'est le bien d'une autre; il faut le restituer!... ou bientôt un souffle du Tout-Puissant va l'enlever de votre front et le mettre en poussière!...

CAMPANA.

Henri d'Angleterre, vous tous, complices de sa rébellion, je vous cite à comparaître à Rome, pour y être interrogés sur vos crimes dans l'espace de quatre-vingt-dix jours, sous peine d'excommunication.

HENRI.

Insolent!... ton évêque ne peut rien sur le troupeau que Dieu m'a confié!... seul ici je commande!... seul je suis protecteur et chef suprême de l'Eglise d'Angleterre!...

(*Campana présente à Campeggio un crucifix d'ivoire avec un parchemin scellé en plomb; le cardinal rompt le sceau, sans s'émouvoir.*)

HENRI, *poussant un éclat de rire.*

Ah! ah! ah!... la foudre romaine!... Ah! vraiment!... Ah!... ah! ah! ah!...

CAMPEGGIO *déploie la bulle.*

Sire, votre félonie était prévue!...

CATHERINE D'ARAGON, *à part.*

N'a-t-il donc plus aucune crainte de Dieu?

MARIE, *éplorée.*

Quoi? déjà la sentence est rendue?... déjà?...

CAMPEGGIO.

Henri, roi d'Angleterre!...

MARIE *se jette aux pieds du légat.*

Monseigneur! monseigneur!...

CATHERINE D'ARAGON, *joignant les mains avec désespoir.*

Mon père!...

LE COMTE DE SURREY.

Cardinal, arrêtez!...

CATHERINE PARR *et* ANNE ASKEW, *tombant à genoux.*

Grâce!...

MARIE.

Pitié!... c'est à genoux, les mains jointes, que je vous demande pitié!... (*S'attachant aux vêtements du légat.*) Ah!

pitié!... Pour l'amour de Dieu, grâce!... ah! grâce pour le roi!... grâce pour mon père!...

ANNE BOLEYN.

Sire?...

HENRI *agite sa main sur son poignard.*

Ne craignez rien, madame!...

CAMPEGGIO.

Henri d'Angleterre, vous n'êtes plus roi!... je vous dépose!...

LE COMTE DE SURREY.

Insensé!...

HENRI *tire son poignard.*

Misérable!...

ANNE BOLEYN.

Ducs, comtes, barons!...

(*Tous les grands tirent leurs épées; Surrey s'élance près du roi.*)

NORFOLK *et* SUFFOLK.

Sire, ordonnez!...

CATHERINE D'ARAGON.

Peuple chrétien, obéissance, respect au roi!...

(*Les cris de: Vive le roi! et de: Vive la reine! retentissent de tous côtés.*)

CAMPEGGIO, *avec sang-froid.*

Frappez! égorgez-moi!... j'attends la palme du martyre!...

(*Sur un signe du roi, tous les seigneurs remettent leurs épées dans le fourreau; Campeggio brandit la croix et le parchemin sacré.*)

CAMPEGGIO.

Peuple, le saint-père met l'interdit sur le royaume!...

BRANDS *et* LE GROS BOURGEOIS.

Miséricorde!...

(*Une terreur profonde s'empare du peuple; quelques-uns tombent à genoux.*)

CAMPEGGIO.

Évêques, fermez les églises!... plus d'offices divins!... plus d'onctions sacrées!... plus de baptêmes, de communions, de mariages!... plus d'espoir aux mourants, plus de pardons!... Aux morts, plus de sépultures en terre sainte!... Anathème à tous!... à tous, l'enfer!... (*Des sanglots et des gémissements confus se font entendre.*) Sir Thomas Cranmer, sir Thomas Cromwell, vous tous, conseillers, fauteurs et adhérents du monarque déchu, défense vous est faite de lui prêter, dès ce moment et à l'avenir, avis, aide ou assistance. Anne Boleyn, je déclare vos enfants bâtards!... Don Capucius, tout traité fait avec l'ex-roi Henri est nul; ses États appartiennent de plein droit et en propre au premier occupant. Peuple, je vous délie de vos serments; vous n'avez plus de maître!... Espagnols, Belges, Germains, tout trafic et négoce vous est interdit avec les Anglais!... Permis à vous de leur courir sus, d'en faire vos esclaves, et de vous saisir de leurs biens!...

BRANDS.

Sainte Mère de Dieu!... Ah! pour celui-là, c'est trop fort!...

CAMPEGGIO.

Roi qui t'éloignes de Dieu, Dieu t'abandonne, Dieu te maudit!... Seigneur Capucius, le souverain pontife commet à votre maître, au roi Charles V, empereur d'Allemagne, le soin d'exécuter la sentence!...

HENRI, *avec un rire amer.*

Notre vaillant neveu!... ah! par saint Georges, qu'il vienne!... je l'attends!... je le défie!... Duc de Suffolk, que mon roi d'armes, que Clarence soit dépêché à Madrid!... Seigneur nonce, ne te souvient-il plus que tu es mon sujet!... (*Avec un geste menaçant.*) Que je puis châtier l'évêque de Salisbury !...

CAPUCIUS.

Quoi! sire!... un cardinal?... Toucher à l'oint du seigneur?...

HENRI, *hors de lui*.

S'il ne sort, je le fais attacher en croix!... Et puisque votre homme est cardinal, je lui donnerai une potence plus haute qu'aux autres ! (*A Campeggio.*) Sauve-toi!... Va dire à ton pape, dis lui bien que je ne lui souhaite pas de me voir arriver dans sa ville de Rome!... Je n'ai plus les reins ni les genoux assez souples pour m'accroupir et lui baiser la mule!... Va-t'en, te dis-je! Va-t'en!... ou je vais l'apprendre que là où je suis le maître, il n'y a si belle tête que je ne fasse voler!

CAMPEGGIO.

Adieu donc, seigneur roi des Anglais, qui prétendez mettre une tiare par-dessus votre couronne!... Je pars!... mais cette ambitieuse fantaisie, comme ce mariage adultère, n'aura qu'un temps... Le repentir suivra le crime!... Apostat, réprouvé, bientôt vous me rappellerez! (*A Catherine d'Aragon.*) Reine, le Vatican vous offre un asile inviolable.

CAPUCIUS.

Et l'Escurial est prêt à recevoir Votre Majesté!

CATHERINE D'ARAGON.

Moi, milords, pour l'Italie ou l'Espagne, quitter l'Angleterre?... l'Angleterre, ma seule patrie?

(*Cris dans l'auditoire : Vive la reine! vive la reine!...*)

CATHERINE D'ARAGON.

Non, non!... Les ennemis de ce peuple, ses maux sont les miens! Qui le frappe m'a frappée!

(*Nouveaux cris : Vive la reine! vive la reine!...*)

CATHERINE D'ARAGON.

Si ma religion m'assujettit au pape, mon devoir d'épouse et de reine, et mon cœur plus encore, m'attachent au roi!... Milords, je ne veux pas de vos secours, au prix où ils me sont offerts. Tout ce qui se ferait en mon nom contre le roi, mon seigneur et mon époux, d'avance je le désavoue!... Voilà comme je conspire!... Milords, je suis Anglaise!... Je reste dans cette île : vous pouvez partir!

(*Vive la reine! vive Catherine d'Aragon! vive Catherine d'Aragon!...*)

CAPUCIUS, *à Campeggio*.

Cardinal, avant de retourner à Rome, venez prendre possession de votre riche archevêché de Tolède!

(*Sortent Capucius, Campeggio et Campana.*)

HENRI, *à Édouard Seymour*.

Édouard, qu'on le suive jusqu'à Douvres, et qu'on fouille ses malles!... Peut-être y trouvera-t-on la bulle décrétale, et mes lettres à la marquise?

SCÈNE IX.

LES MÊMES, *excepté* CAPUCIUS, CAMPEGGIO, CAMPANA *et* ÉDOUARD SEYMOUR.

CATHERINE D'ARAGON, *à Wolsey*.

Cardinal-roi, souverain cardinal, vous voyez votre ouvrage!... Vous avez voulu me précipiter,... et vous tombez avec moi!... Milord, craignez les jugements de Dieu!... (*A la marquise.*) Lady Anne, pour usurper ma place, vous faites de moi une incestueuse, et de ma fille une bâtarde!... Si je forme un vœu, madame, c'est que le ciel vous préserve de malheurs semblables! (*Avec calme et simplicité.*) Sire, vous êtes dans l'erreur: je n'ai point d'orgueil ni d'opiniâtreté; ce que je vous refuse, je voudrais vous l'accorder. Mais cela ne se peut; mon honneur et ma conscience s'y opposent. Sire, j'ai peu de temps à vivre.... Peut-être ne vous reverrai-je plus?... Au nom de la tendre affection dont je me sens pénétrée pour vous, Henri, je vous en conjure, prenez soin du salut de votre âme!... mon plus grand chagrin serait de vous savoir abandonné de Dieu.... Hélas!... Vous allez vous attirer de grands troubles.... Cher seigneur, cher époux, je vous en supplie, ne forcez pas vos peuples à consentir à votre impiété... à mettre sous le joug leur foi et leur conscience!... Moi, j'oublierai tout, et je prierai Dieu de l'oublier de même!... Tous mes vœux, Henri, toutes mes prières, vont être pour vous!... Jusqu'à ce que mon âme me quitte, je ne cesserai d'implorer sur vous les bénédictions du ciel! (*Marie, Anne Askew et Catherine Parr fondent en larmes.*)

CATHERINE PARR.

Ah! quelle tendresse! quel amour!...

ANNE ASKEW.

Quelle sainte et inviolable fidélité!

CATHERINE D'ARAGON.

Marie, ne plains pas les malheurs de ta mère! Quand bientôt je paraîtrai devant Dieu, mes disgrâces feront ma félicité!... Ma fille, sans toi, j'aurais depuis longtemps préféré la croix au trône!... attends patiemment l'heure que Dieu a marquée, et tu recevras les consolations promises à ceux qui souffrent!... Viens donc, mon enfant! (*A Catherine Parr et à Anne Askew.*) Venez, mes filles, venez avec moi remercier humblement ce grand Dieu de m'avoir faite chrétienne et reine malheureuse!

ANNE ASKEW.

Ah! madame, quel grand cœur!

CATHERINE PARR.

Quelle constance! quelle piété!

(*Catherine d'Aragon plie respectueusement le genou devant le roi, en se relevant avec une noble fierté, elle arrête ses regards sur la marquise. Anne Boleyn, émue et les larmes aux yeux, se trouble. Au moment où Catherine d'Aragon est sur le point de passer devant elle, Marie s'avance vers la marquise.*)

MARIE.

Mademoiselle Boleyn, honneur, révérence à la reine!... Inclinez-vous!

ANNE BOLEYN.

Moi, madame?

MARIE *appuie fortement sa main sur le bras de la marquise.*

Lady Anne, saluez!... plus bas, madame la marquise!... plus bas!... un genou en terre!

ANNE BOLEYN.

Imprudente!

CATHERINE D'ARAGON.

Marquise de Pembroke, respect à la fille du roi!... Respect à la princesse de Galles!

ANNE BOLEYN.

Sire?

HENRI.

Catherine d'Aragon, infante d'Espagne, veuve du prince Arthur, soumission, obéissance à la reine d'Angleterre!...

CATHERINE D'ARAGON, *fixant les yeux sur lui.*

Henri Tudor, qui voulez ceindre la tiare, qui prétendez attirer à vous les droits et l'autorité de l'Eglise, prenez garde de laisser violer Votre Majesté et briser votre couronne! comte de Richemond, ne réveillez pas la querelle de Lancastre et d'York!

HENRI, *avec un mouvement terrible.*

Téméraire!

CATHERINE D'ARAGON, *froidement et avec dignité.*

Marie, suivez-moi.

HENRI.

Duc de Norfolk, qu'on retienne ma fille!

SURREY.

Ah! sire....

MARIE.

Me séparer de ma mère!... Ah! monsieur, jamais! (*Elle s'élance dans les bras de la reine.*) Ma place est là!... c'est là, monsieur, que je veux mourir!

CATHERINE D'ARAGON, *d'un ton déchirant.*

Ma fille!... Ma fille!... L'arracher de mes bras!... (*Avec une noble fermeté.*) Qui l'oserait? Qui l'oserait?... Vous, monsieur le grand maréchal?... Ah! croyez-moi, ne l'essayez pas!... L'entreprise passe votre vaillance!... Ne crains rien, ne crains rien, enfant chérie!... La sainte vierge de Kent, Élisabeth Barton te l'a prédit : tu seras reine d'Angleterre!... Quoi qu'on fasse, qui t'épousera un jour sera roi!... Courage donc, courage, ma pieuse, ma religieuse Marie!... Reste fidèle à Dieu, à notre sainte mère l'Église catholique, et n'oublie jamais, ma fille, qu'on n'arrive au ciel que par l'adversité!... Peuples, je vous confie mon enfant!... Anglais, veillez bien sur ma fille!...

ANNE ASKEW, *avec enthousiasme.*

O mère, ô femme, ô reine admirable!...

(*Catherine d'Aragon s'éloigne avec Marie. Catherine Parr, Anne Askew et le comte de Surrey les suivent. Une partie du peuple les accompagne, aux cris de : Vive la reine Catherine d'Aragon! vive la princesse Marie!... Brands, les seigneurs, les membres des communes et de l'assemblée du clergé, leur répondent par des* cris de : *Vive la reine Anne!...* *Avant de sortir, Anne Askew se tourne vers la marquise qu'elle regarde fixement.*)

ANNE ASKEW.

Peuples, ne vous hâtez pas de maudire cette malheureuse femme!... Plaignez-la bien plutôt! Regardez-la comme un sujet de pitié!... Car bientôt chacun de vous pleurera sur son sort!... Adieu, fiancée de Henri VIII!...

(*Elle sort. La marquise, surprise et déconcertée, se remet aussitôt.*)

SCÈNE X.

Les mêmes, *excepté* Catherine d'ARAGON, MARIE, Anne ASKEW, Catherine PARR, le comte de SURREY, FISHER, STANDISH, GRIFFITH, PATIENCE *et* les jeunes Demoiselles qui accompagnaient la reine.

CRANMER, *s'adressant aux évêques et aux membres de l'assemblée du clergé.*

Ministres de la parole de Dieu, zélés et infatigables pasteurs de vos troupeaux affligés, courez, courez à Saint-Paul!... à Saint-Pierre!... à Westminster!... Montez en chaire!... Annoncez aux citoyens que l'évêque de Rome n'a plus de juridiction sur cette île, et qu'au roi seul appartient le titre de chef suprême de l'Église d'Angleterre!... Dites-leur que désormais l'Écriture, seule règle et seule juge de la doctrine, sera seule prêchée dans les temples du Seigneur!... Dieu sera vraiment connu!... Les droits de la couronne, les lois du pays, les priviléges des peuples, ne seront plus violés; les choses divines ne se vendront plus!... Allez! que notre délivrance soit prêchée jusque sur les toits!... Que les feux s'allument!... Déchirez, lacérez, brûlez toutes les bulles, toutes les décrétales!... Allez, et que Dieu soit loué!

(Sortent Longland, évêque de Lincoln, confesseur du roi, et Clerk, évêque de Bath.)

PAYTON, à Elston.

Ce Cranmer, j'en ai bien peur, s'inquiète beaucoup moins du bien que des biens de l'Église!

ELSTON.

Oui, bientôt cet hérésiarque s'en prendra aux moines!... Il nous fera une guerre à mort!

LE GROS BOURGEOIS, à Brands.

Comment, monsieur, le roi s'est fait pape?

BRANDS.

N'était-il pas notre père?... Ah! quel plaisir ce sera de le voir en mitre ou en chapeau rouge!... Peut-être bien me fera-t-il évêque?... Pourquoi pas?... Je suis assez gros pour ça!... Et comme lui et moi, bientôt tous les prêtres seront mariés!

SUFFOLK, au duc de Norfolk.

Milord de Cantorbéry s'est très-bien conduit dans toute cette affaire!

NORFOLK.

Avec une rare habileté!...

WRIOTHESLEY.

Et beaucoup de modération!...

(Tandis que le roi s'entretient à voix basse avec Catherine Howard et Jeanne Seymour, Anne Boleyn s'est approchée de Wolsey.)

ANNE BOLEYN.

Eh bien, milord cardinal, vous ai-je tenu parole?

WOLSEY.

Un caprice vous élève, madame,... un caprice vous fera

tomber!... Madame la marquise, la reine Catherine d'Aragon sera vengée!

ANNE BOLEYN.

Et par qui, monsieur?

WOLSEY.

Par l'une de ces jeunes filles à qui parle le roi!...

ANNE BOLEYN.

Vous mêlez-vous aussi de magie, monsieur le cardinal?... et avez-vous la prétention de prédire l'avenir?...

WOLSEY.

Madame, il me suffit de bien connaître le caractère du roi.... Lady Anne, le jour de votre ruine n'est pas éloigné!...

ANNE BOLEYN.

Si prochain qu'il puisse être, ce jour, milord, vous ne le verrez pas!...

(*Le roi fait un signe aux ducs de Suffolk et de Norfolk.*)

SUFFOLK.

Milord cardinal, la volonté du roi est que vous remettiez entre mes mains le grand sceau!...

(*Le gentilhomme portant le grand sceau fait quelques pas en avant.*)

WOLSEY *se leve aussitôt de son siège, et s'adressant au gentilhomme.*

Un instant, monsieur!... Un instant!...

HENRI.

Sir Henri Norris, vous le porterez de ma part au chevalier Thomas Morus, que j'ai nommé grand chancelier!... *A part.* Les prêtres n'y toucheront plus!...

(*Applaudissement général dans l'auditoire; cris prolongés de : Vive le roi! Dieu bénisse le roi!...*)

UN HOMME DU PEUPLE.

Ce Wolsey nous en avait-il mis des taxes?...

UN SECOND HOMME DU PEUPLE.

Ah! si le roi avait été le maître?...

UN TROISIÈME HOMME DU PEUPLE.

Sans le cardinal et ses évêques, le pauvre peuple n'eût jamais payé d'impôts!...

UN AUTRE HOMME DU PEUPLE.

La mort du cardinal terminera tous nos maux!...

(Nouveaux cris de : Vive le roi.)

HENRI, à part.

Fort bien!... Je sais maintenant le moyen de faire aimer le roi!... Quand ce peuple sera mécontent, j'aurai soin, pour l'apaiser, de lui sacrifier quelque grande victime!...

NORFOLK.

Milord cardinal, tous vos biens sont mis en séquestre. Votre palais d'York est destiné à la demeure des rois d'Angleterre!..

WOLSEY.

Je n'ai jamais eu d'autre intention, monsieur, que d'en faire hommage à mon bien-aimé souverain.

HENRI, à part, en souriant.

Bonne repartie, ma foi!...

WOLSEY.

Tout ce que je possède, monsieur, jusqu'à la dernière obole, est au roi!...

HENRI, à Kingston.

Cet homme, en vérité, parle comme un ange!...

NORFOLK.

Milord cardinal, le roi vous ordonne de vous retirer à huit lieues de Londres, dans votre maison d'Esher!...

WOLSEY.

Que la volonté du ciel et du roi soit faite en cela et en

toutes choses!... J'obéirai, monsieur,... mais avec une profonde douleur!...

SUFFOLK.

Milord cardinal, vous êtes cité à la Chambre de l'Étoile; et demain des commissaires iront vous interroger....

WOLSEY, *avec mépris et une ironie amère.*

Des procédures?... des procédures, monsieur?... A quoi bon des procédures?... Quelque plaisir que j'aurais à confondre mes accusateurs, il ne me convient pas de chicaner avec mon maître! Je ne le veux pas!... Je ne veux pas me justifier!... Le roi sait tout ce qui s'est passé entre lui et moi : je supplie très-humblement Sa Majesté de se le rappeler, et sa conscience lui dira si je suis coupable!... Des procès?... Non, non, monsieur, je m'en rapporte à la justice de mon souverain!... Le roi est un prince loyal, et qui ne peut vouloir que ce qui est juste!... je m'en fie à mon bon droit et à sa royale protection! je me soumets aveuglément à la clémence de mon maître.

(*Le roi semble irrésolu.*)

NORFOLK.

Prêtre orgueilleux!...

SUFFOLK.

Vice revêtu d'écarlate!...

CROMWELL, *indigné.*

Ah! milords!...

NORFOLK, *au cardinal.*

De tes grandeurs et de ta gloire, que te restera-t-il?...

WOLSEY, *avec fierté et dignité.*

Ma robe et la pureté de ma foi!... et si je dois tomber, je tomberai en bienheureux martyr!..

(*Suffolk et Norfolk poussent un éclat de rire.*)

CROMWELL, *au roi.*

Sire!... Ah! sire, quel acharnement! quelle animosité!...

HENRI.

Cromwell?...

CROMWELL, *avec chaleur.*

Sire, je dois tout au cardinal!... c'est mon protecteur, c'est un bon et généreux maître que je défends!... Le cardinal m'a donné mon pain!... je tiens de lui toute ma fortune!... et si je pouvais l'abandonner, je serais le plus ingrat, le plus lâche des hommes!... Sire, mes mains, mon cœur, mon intelligence, toutes les facultés de mon âme, appartiennent au roi!... Mes vœux et mes prières sont pour le cardinal!... (*Il se jette aux pieds du roi.*) Grâce, sire, grâce pour mon bienfaiteur!...

HENRI, *ému.*

Cromwell, lève-toi!... Par saint Grégoire, c'est bien!... (*Se tournant vers les ducs de Norfolk et de Suffolk.*) Milords, ceci est très-bien!... cette vigueur, cette honnêteté me plaisent!... J'aime, j'honore le dévouement!... Sir Thomas Cromwell, je vous fais chevalier!...

CROMWELL.

Ah! sire....

HENRI.

Je vous fais grand maître des joyaux de la couronne!... Et si votre ami est accusé.... j'approuve de tout mon cœur que vous soyez son avocat....

SUFFOLK, *à Wriothesley.*

Oh! oh!... est-il bien sûr que le roi veuille perdre son favori?... Je crains qu'il n'y ait dans tout ceci plus de politique que de haine!... Et le cardinal est homme à se relever de sa chute!...

CRANMER.

Sire, l'autel est prêt: le docteur Rowland Lee attend à Westminster Vos Royales Majestés....

LE GROS BOURGEOIS.

Bonté divine!... épouser une seconde femme du vivant de la première!...

HENRI.

Duc de Suffolk, que le vingt-cinq mai tous les grands du royaume soient réunis à Westminster pour assister au sacre de la reine.

ANNE BOLEYN, *à Suffolk*.

Monsieur le duc, Votre Seigneurie y remplira les fonctions de grand connétable....

SUFFOLK, *pliant le genou*.

Ah! reine, que de remercîments!...

NORFOLK, *à Wolsey*.

Adieu, mon bon petit lord cardinal!... A l'avenir, vivez mieux!... (*A part*.) A cet orgueilleux, à ce fils de boucher, le sort de Buckingham!... Sa tête y sautera!...

(*Marc Smeaton ouvre les rideaux qui couvrent la porte par laquelle Anne Boleyn et sa suite sont entrées. Henri présente sa main à la marquise. Les lords, l'archevêque de Cantorbéry, les évêques qui siégeaient au tribunal, les députations du parlement et de l'assemblée du clergé, se rangent derrière le roi, et défilent lentement, en passant devant le duc de Suffolk et le comte Wriothesley, placés près de la portière.*)

PAYTON, *aux moines qui l'entourent*.

Frères, frères,... n'en doutez pas! Demain ces ducs et ces comtes prendront les biens de l'Église!... Les seigneurs dépouilleront les prêtres!... Des monastères ils se bâtiront des châteaux!...

PLUSIEURS MOINES.

Ah! plutôt....

PAYTON.

C'est leur dessein!... ils le crient en pleine table!... Mais je vous le dis, frères.... Si jamais le roi met la main sur ce qui appartient à l'Église,... à sa mort, Dieu vengera la destruction des abbayes par une marque éclatante de sa colère!... Les chiens,... oui, les chiens.... lécheront le sang du roi,... comme ils ont léché autrefois le sang d'Achab!... Allons, frères, allons ameuter les femmes et les enfants!... Allons le huer, le siffler, le maudire sur son passage!...

(*Cromwell seul reste près de Wolsey. Le cardinal a les yeux fixés sur le cortége.*)

LE GROS BOURGEOIS, *à Brands.*

Ce fier cardinal fait triste mine! Comme son front est ridé!...

BRANDS.

Ma foi, depuis une heure, son visage est bien diminué de moitié!....

WOLSEY, *avec tous les signes de l'abattement.*

En cette femme est allée se perdre toute ma gloire!... Le soleil n'annoncera plus ma puissance!... Il ne dorera plus de sa lumière cette noble foule qui s'empressait pour attendre mes sourires!... Adieu, long adieu à toutes mes grandeurs!... (*A mesure que le roi s'éloigne, le cardinal paraît plus agité. Il prête l'oreille.*) Eh bien, Cromwell?...

CROMWELL.

La parole me manque, milord.... Je n'ai plus la force de parler....

WOLSEY.

Tu pleures?... Quoi donc? ton courage s'étonne de la chute d'un homme puissant?... Va, jamais je ne fus si véritablement heureux, mon bon Cromwell!... (*Ses regards* se portent douloureusement sur le cortège.) Maintenant je comprends combien sont heureux les petits!... Je me connais moi-même!... et je sens au dedans de moi une paix au-dessus de toutes les dignités terrestres, de toutes les faveurs du monde!... Le roi m'a guéri! (*Il essuie ses yeux et tourne la tête du côté par où le roi vient de sortir.*) Cromwell, crois-tu donc que le roi m'ait entièrement abandonné?...

(*Cromwell se jette à ses pieds, et l'étreint dans ses bras, en sanglotant.*)

BRANDS, *essuyant une larme.*

Il pleure vraiment à fendre le cœur!...

CROMWELL.

Non, non, mon maître, reprenez courage!... la malice de vos ennemis sera confondue!...

WOLSEY.

Ah! mon ami, je ne pensais pas que toutes mes misères pussent m'arracher une larme!... mais la fidélité me fait sentir toute la faiblesse d'une femme!... Quitte-moi, quitte-moi, Cromwell! prends ta place dans ce cortège! je ne suis plus qu'un pauvre disgracié, indigne d'être ton protecteur et ton maître! Va, va trouver le roi!... le roi seul est puissant!... sers-le.... Mais écoute ceci : Cromwell, cet homme est si vain, si attaché à ses sentiments, qu'il aimerait mieux perdre la moitié de son royaume que de changer d'opinion!... Quelquefois je suis resté jusqu'à trois heures à genoux pour lui faire quitter une résolution, sans avoir pu vaincre son opiniâtreté!... ah! Cromwell, que n'ai-je servi mon Dieu avec autant d'ardeur que j'ai servi mon roi!... Dieu ne m'aurait pas, dans ma vieillesse, exposé nu à la fureur de mes ennemis! (*On entend une explosion de vivat qui annoncent la sortie du roi. Le cardinal, après un moment de réflexion, semble reprendre toute sa fer-*

meté. *Il se lève et s'approche de sa croix de légat; puis il s'agenouille devant elle, en tournant ses regards vers le ciel.*) O mon Dieu, que votre volonté soit faite!... ô mon Dieu, je me résigne à vos ordres! Dès ce moment je vous donne toutes mes affections!... je ne veux plus m'attacher qu'à vous! je ne veux plus craindre que vous!... Ce que je dépose en ces divines mains, Cromwell, nulle force ne me le ravira!...

SCÈNE XI.

Les mêmes, NORRIS.

NORRIS *accourt.*

Milord!... Milord! de la part du roi!

CROMWEL.

Sir Henri Norris!

WOLSEY *se relève aussitôt.*

Qu'y a-t-il, Norris?

NORRIS.

Une bague d'or, milord, une bague d'or que le roi a tirée de son doigt!... Tenez! courage! vous allez être plus puissant que jamais! Sa Grâce m'a chargé de vous dire que ce soir elle vous écrira de sa main!...

WOLSEY.

Ciel! ô ciel! ô Marie, ô ma bonne étoile!... (*Le cardinal, les yeux baignés de larmes, se jette aux pieds de Norris, les deux genoux en terre. Il prend l'anneau royal et le baise. Puis il se relève, la bague sur son cœur, et s'écrie :*) Ah!... Ah! que je suis heureux, mon bon Norris!... Si j'étais roi, la moitié de mon royaume ne suffirait pas pour vous témoigner ma reconnaissance!... Et dire que je n'ai plus rien pour vous récompenser!.. Je me trompe!... *Portant la main à son cou.*) Tenez, prenez cette chaîne d'or, où pend une relique qui contient du bois de la vraie croix!... Ce matin, dans ma prospérité, je ne l'aurais pas donnée pour mille livres. Gardez-la par amour pour moi, et chaque fois que vous jetterez les yeux dessus, rappelez-moi, je vous prie, au souvenir de mon bon maître!... Oh! oui, de mon bon maître,... que j'aime plus que moi, et que j'ai bien servi, je vous le jure!... Allez, mon bon Norris, allez bien vite porter à Sa Gracieuse Majesté l'expression de ma gratitude!... Dites-lui que je lui donne Patch, mon fou!... Je lui en fais présent!... Patch vaut mille livres! il n'a pas son pareil pour sa gaieté et ses bons mots!... Allez! allez! (*Norris fait quelques pas ; le cardinal le rappelle.*) Norris! Norris!... Dites bien à mon clément et doux maître que son pauvre chapelain ne cessera de crier vers lui miséricorde et pitié!... Non pas que je doute de son cœur; mais parce que je veux qu'il sache qu'après Dieu, c'est de sa bonté seule que j'espère le pardon de mes fautes. Aussi, mon bon Norris, je ne crains pas de lui adresser les prières les plus ardentes!... L'idée que moi, pauvre fou, j'aie offensé mon roi bien-aimé, me déchire tellement le cœur, qu'il ne me reste plus que la force de répéter : Pitié!... Pitié!... (*Le cardinal, les yeux troublés et fixés sur Norris, ne semble plus voir ni entendre. Dans le désordre de son esprit, il tombe à genoux et lui baise les mains.*) Assez, assez, ô roi pieux!... Assez, ô mon gracieux et doux maître!... Henri! Henri! bon Henri!... Détournez la main de votre serviteur, de ce pauvre exilé!

NORRIS.

Rêve-t-il?... Est-ce la fièvre?...

WOLSEY.

O mon roi ! ô mon roi ! je vous en conjure, au nom de cette étoile dont Jésus a sucé le lait pour la guérison de nos péchés !... Jésus, sire, qui vous a commandé de pardonner, en vous disant : « Remettez et on vous remettra. Bienheureux les miséricordieux, parce qu'il leur sera fait miséricorde ! » (*Il se lève.*) Va, va, cours, bon Norris !... cours !...

NORRIS.

Oh ! l'ambition ! l'ambition !...

(*Norris sort. Kingston entre avec vingt hommes de garde.*)

SCÈNE XII.

LES MÊMES, KINGSTON, GARDES.

CROMWELL.

Ciel ! Kingston....

WOLSEY, *atterré et les mains jointes*.

Maître Kingston !..

(*Il fait un signe de croix.*)

CROMWELL.

Que veut-il ?... Aurait-il l'ordre de vous conduire à la Tour ?...

WOLSEY.

La Tour ! sir Thomas,... mais c'est un blasphème que vous prononcez !... La Tour !... Cela est faux !... je n'ai rien fait qui mérite la Tour !... La Tour !... Comme vous savez consoler votre ami dans l'adversité !... (*Ses genoux fléchissent : il s'appuie contre la balustrade et tire son chapelet.*) Dieu ! pourvu que ce tigre n'ait pas la fantaisie de faire tomber ma tête!... Mon cou se glace!... Ah! là, là!... dans mes entrailles, quelles douleurs aiguës!... Il semble qu'un ver les déchire et les ronge,... M'ont-ils empoisonné?... Serait-ce l'accomplissement de la prophétie de cette Élisabeth Barton?... Quoi donc?... dois-je périr sitôt?... Hélas! Cromwell, je ne peux plus marcher!... Hélas! je suis bien mal.... je m'en vais.... vous serez obligé de me porter au lit.... et demain.... (*mettant la main sur son front.*) demain, vous n'aurez plus de cardinal!... Ah! de légation, de sceaux, d'autorité, de crédit, je n'en demande pas.... Je suis prêt à laisser tout, tout, jusqu'à ma chemise!... C'est un peu de terre, ce n'est plus qu'un peu de terre que je demande.... Hélas! hélas! un peu de terre, comme au plus humble de ces moines!... (*Avec vivacité.* Cromwell, n'aurais-je pas mieux fait de l'effrayer par la menace d'un procès?

SCÈNE XIII.

Les mêmes, lord John RUSSELL.

RUSSELL *entre précipitamment.*

Milord! milord!

WOLSEY.

Qu'est-ce? qu'est-ce, lord John?

RUSSELL.

Un nouvel anneau d'or!... un nouveau gage de la bienveillance et de l'amitié du roi!...

WOLSEY.

Donne! donne!

RUSSELL.

Un rubis, milord!... un rubis où est gravé son portrait!...

WOLSEY.

Le rubis que je lui ai donné!... Ah! Cromwell, j'en connais le mystère!... Hier, hier encore, mon ami, le roi est convenu avec moi que, lorsque je verrais cet anneau, je devais être assuré de ses bonnes grâces,... malgré les apparences contraires et tout ce que pourraient me dire et me jurer mes envieux!... Ah! je vois, je vois, je comprends!... Sur son passage, on le siffle, on le hue, on le menace!... Écoute!... écoute!... (*Clameurs sur la place.*) Il a peur! il craint une sédition!... il sent sa faute! il se repent! il sait son impuissance!... Comment pourrait-il gouverner sans moi?... Ah! si, un moment, il lui était possible d'échapper aux charmes de sa maîtresse!... ah! qu'il viendrait bien vite se jeter avec amour dans les bras de son cher chapelain!...

RUSSELL.

« Hâtez-vous d'aller le consoler,... m'a dit le roi; dites bien à mon vieil ami que je n'ai rien dans le cœur contre lui. »

WOLSEY, *attendri*.

Son vieil ami!...

RUSSELL.

« Qu'il ne s'abandonne pas au désespoir, et que je l'aime toujours. »

WOLSEY.

Il m'aime toujours!... Et moi donc, et moi, cher Russell!... (*Il l'embrasse.*) Oui, le roi n'a voulu que m'humilier,... et il a bien fait;... car j'avais trop d'orgueil.... Cromwell, il tremble que je ne sorte du royaume,... que je ne divulgue tout ce que je sais....

RUSSELL.

Ce soir, milord, vous aurez une lettre du roi! une lettre écrite de sa main!...

WOLSEY.

Ce soir? ce soir? Attendre jusqu'à ce soir!... ah! c'est une éternité!... (*A part*) Et pourvu que ce soir l'oiseau de nuit ne soit pas caché dans les rideaux de l'alcôve, et n'arrête pas sa main....

(*Il se promène dans une violente agitation.*)

SUFFOLK, *à Wriothesley avec terreur.*

Milord! milord! que pensez-vous de tout ceci?

WRIOTHESLEY, *en riant.*

Moi? monsieur le duc, je pense que notre rusé et malicieux souverain s'amuse,... qu'en ce moment il joue avec son ancien ministre comme le chat joue avec la souris.... avant de l'étrangler.

WOLSEY, *au comble de la joie.*

O mon bon, mon souverain seigneur!... lord John, que Sa Royale Majesté reçoive mes tendres, mes amoureux remercîments, pour le présent qu'il lui a plu d'adresser à son pauvre prêtre, à son sujet dans la poussière!... Oh! je vois bien que mon gracieux maître a pris pitié et compassion de mon affliction!... Que Dieu le récompense!... Lord John, je vais, jusqu'à l'arrivée de sa lettre, de sa bonne lettre, me mettre en prières, pour supplier le ciel de veiller sur lui, et de le combler de ses trésors!... Peut-être croit-il que c'est moi qui ai secrètement sollicité du pape cette bulle d'excommunication.... non, non, ma foi de cardinal, il n'en est rien!... Mais s'il ne me rendait pas les sceaux, lord John?... je n'oserais pas répondre des suites!... la décrétale pourrait fort bien avoir son effet!... dites-lui cela, lord John, très-doucement.... Dites-lui qu'il y va de son salut!... dites-lui bien!... je vous en prie, lord John, dites bien à Sa Majesté,

mon gracieux maître, qu'au delà de cette vie, il y a un
ciel et un enfer! (*Appuyant sur le mot.*) et un enfer, lord
John!... Allez, et que Dieu vous bénisse!

(*Lord John Russell sort.*)

SCÈNE XIV.

LES MÊMES, *excepté* LORD JOHN RUSSELL.

WOLSEY, *à Cromwell.*

Il n'y a pas de mal, je pense, de lui faire un peu peur
du diable?... Quoi qu'il en dise, je sais qu'il a peur du
diable. (*A part.*) Non, Morus n'acceptera pas les sceaux!
moi vivant, il n'osera pas!... S'asseoir à ma place, sur ce
siége où, durant vingt ans, je jetai tant d'éclat,... ah! ce
serait le feu d'une petite lampe, après la splendeur du soleil!... Non, Morus ne précipitera pas son pays dans le
schisme! Il n'immolera pas les libertés de l'Église à
Mlle Boleyn! Il ne prêtera pas l'autorité de son nom à un
gouvernement dont le premier ministre serait en jupon!...
Il ne voudra pas faire une reine de la marquise de Pembroke!... Tant de bassesse ne saurait convenir qu'à un
Audley!... à un Wriothesley!...

(*Le constable de la Tour, qui s'était tenu éloigné, s'avance et met
un genou en terre.*)

KINGSTON.

Milord!...

WOLSEY.

Sir William, levez-vous! levez-vous! on ne s'agenouille
plus devant un misérable comme moi! debout, maître
Kingston, ou je tombe à vos pieds! (*Avec anxiété.*) Ce
n'est pas à la Tour.... n'est-ce pas, sir William?... ce n'est

pas à la Tour,... c'est bien à ma maison d'Esher que Sa Majesté vous a chargé de m'accompagner?...

KINGSTON.

Oui, milord....

WOLSEY.

Ah! m'arrêter!... me faire prisonnier! je n'obéirais pas! (*Avec fierté.*) Archevêque, cardinal, légat, je ne suis sujet qu'à la juridiction du saint-siége!

KINGSTON.

Sa Grâce, milord, veut que je vous traite avec tous les égards dus à votre grandeur,... et ces vingt hommes de garde ne sont que pour veiller à votre sûreté....

WOLSEY, *avec effroi.*

Ah! j'en suis bien persuadé!... Non, non, le roi ne croira pas un mot de tous les crimes dont on va sans doute m'accuser.... Il me sera facile de me justifier.... Je n'ai rien à craindre!... Je ne crains rien!

KINGSTON.

Oui, milord, oui, vous triompherez de vos accusateurs.... J'en suis sûr!

WOLSEY *se jette dans ses bras.*

Ah! cher Kingston!... ah! mon ami, vous me rendez la vie!

LE GROS BOURGEOIS.

Comment donc? il embrasse son geôlier!... Quel visage épanoui!

BRANDS, *d'un air de capacité.*

Monsieur!... il y a dix minutes que je sentais le saint homme revenir sur l'eau!

WOLSEY, *dans une sorte d'ivresse.*

O Providence!... ô fortune!... ah! mes amis!... ah! que notre Henri est un prince d'un grand courage!... qu'il a le cœur vraiment royal!... et voilà, voilà qu'il est enfin parvenu à contenir ses passions, à vaincre sa colère!... Quel généreux naturel!... O mon Dieu, fais que cet astre ne s'éclipse jamais!... Cromwell, va, cours, rejoins le roi! jette-toi entre lui et ses flatteurs!... Exprime-lui dans les termes les plus humbles et les plus tendres toute l'adoration de son pauvre aumônier!... Dis-lui qu'en ta présence je me suis prosterné aux pieds de ses messagers!... que tu m'as vu à leurs pieds!... et que je me recommande, du fond de mon cœur, à toute sa magnanimité!.... Va, va, ne le quitte pas d'un instant! fais taire, fais trembler nos ennemis! (*Il le pousse dans le cortége.*)

CROMWELL.

Patience, patience, mon bon seigneur!...

WOLSEY.

A demain! à demain!

CROMWELL, *à part.*

Ah! je crois qu'il servirait encore son roi avec plus d'ardeur que son Dieu.

(*Il sort.*)

SCÈNE XV.

LES MÊMES, *excepté* CROMWELL.

WOLSEY.

Kingston! cher Kingston! ne nous pressons pas, ne nous éloignons pas!... Voyez, voyez, la pluie tombe par torrents!... L'air d'Esher est épais et humide!... Infirme comme je suis, j'y mourrais!... Esher me servirait de tombeau! Avant de partir pour Esher, mon bon ami, laissez-moi le loisir de revêtir un cilice, et de faire une courte retraite aux Chartreux de Richemond!... Ah! qu'on me laisse vivre en ermite dans mon palais de Richemond!... Ah! sir William, laissez-moi attendre les ordres du roi à Richemond!... jusqu'à demain seulement?... Oui, oui, vous y consentez! (*A part.*) Richemond touche à Londres.... De Greenwich à Richemond, il n'y a qu'un pas!... ce soir ou demain, sous un déguisement, j'irai me jeter aux pieds du roi.... Norris, ou mon fou Patch, m'ouvrira sa porte! et si une fois je remets le pied à la cour.... ah! je jure ma foi de cardinal que pas un de ceux qui m'ont trahi ne gardera sa tête sur ses épaules! (*Au gentilhomme qui porte son chapeau de cardinal.*) Mon chapeau, monsieur!... vite, mon chapeau de cardinal! *Il se couvre avec orgueil en jetant un regard menaçant sur Suffolk et sur Wriothesley.* Ma croix d'archevêque!... ma croix de légat!... que mes croix, que mes masses marchent devant moi!... Allons, allons, ni l'adversité ni les persécutions ne sauraient ébranler un grand cœur!... En marche, maître Kingston!... Non, non, notre bon frère de France, François Ier, ni Madame Louise, n'abandonneront pas leur ami le grand chancelier d'Angleterre!.. et demain, maître Kingston, demain, nous dirons encore : « Le roi et moi nous voulons!... » A Richemond! à Richemond!

LES GENTILSHOMMES *et* LES PAGES DU CARDINAL.

Place, place au cardinal!... Place à sa grandeur milord l'archevêque d'York!... Place, place au légat de notre saint-père le pape!... Place au grand chancelier!

DES HOMMES DU PEUPLE.

A la Tour, le cardinal!... à la Tour!... en bateau! sur la Tamise!

WOLSEY.

A Richemond! à Richemond!

DES PETITS GARÇONS.

A l'eau! à l'eau! à l'eau, le cardinal!

BRANDS.

Monseigneur! monseigneur! (*Wolsey lui tend la main; Brands la prend et la porte à ses lèvres.*) Ah! que Dieu sauve Votre Grâce!... que Dieu confonde vos ennemis!...

WOLSEY.

Brands, dis bien à tous nos amis que ces jours-ci j'irai à Westminster ouvrir la cour de la chancellerie.... Sans adieu, Brands, au revoir, à demain, à demain!... Envoie-moi à Richemond du vin de Malvoisie.

BRANDS.

Vive le cardinal! vive le cardinal!

(*Cris confus dans l'auditoire : A la Tour! à la Tour! Des bateaux! A la Tamise! A bas le cardinal! Mort au cardinal! A l'eau, à l'eau, à l'eau, le cardinal!...*)

DES PETITS GARÇONS *et* DES PETITES FILLES, *dans les bras de leurs mères.*

Mort au cardinal! mort au cardinal! (*Ils battent des mains.*)

D'AUTRES ENFANTS.

Quel bonheur! Quel plaisir!... Des pierres! des pierres! Vive le roi! vive le roi!

(*Le peuple sort en tumulte.*)

BRANDS, *criant plus fort.*

Vive le cardinal! vive le cardinal! Ah! il faut lui rendre justice, à l'exception peut-être de la probité, il a toutes les vertus qui font un grand homme d'État! Vive le cardinal! (*Au gros bourgeois, en lui frappant sur l'épaule.*) Criez donc, monsieur, vive le cardinal!

LE GROS BOURGEOIS.

Vive le cardinal!

(*Sa femme lui donne un soufflet et se sauve en criant : A bas le cardinal!...*)

LE GROS BOURGEOIS.

Sainte Mère de Dieu !

BRANDS.

Bien frappé !... Ne faites pas attention ! de la main d'une femme, il n'y a pas d'offense ! (*Il le frappe rudement sur l'épaule.*) Vive le cardinal !

LE GROS BOURGEOIS, *sans bouger et montrant le poing à sa femme.*

Vive le cardinal ! vive le cardinal !... Tout de même, mon cher monsieur, nous voilà avec deux reines ?

BRANDS.

Et le roi avec deux femmes !

LE GROS BOURGEOIS.

Deux femmes !... Ah Dieu ! Si la coutume pouvait en venir !

BRANDS.

Par Notre-Dame !... quelle bénédiction dans tout le royaume !

LE GROS BOURGEOIS.

Quelle joie universelle !

BRANDS.

Compère, suivez-moi ! En attendant le couronnement, tâchons de voir le mariage.

(*Les secrétaires se lèvent et ferment la marche. Brands et le gros bourgeois enjambent avec beaucoup d'efforts la balustrade qui sépare l'auditoire de l'amphithéâtre royal.*)

WRIOTHESLEY, *à Marc Smeaton.*

Marc, tirez le rideau. (*Au duc de Suffolk, en riant.*) Sortons, milord, la farce est jouée.

FIN DU QUATRIÈME TABLEAU.

CINQUIÈME TABLEAU

PERSONNAGES.

HENRI VIII, chef suprême de l'Église d'Angleterre.
ANNE BOLEYN, reine d'Angleterre.
Le duc de SUFFOLK.
Le duc de NORFOLK.
Lord THOMAS CROMWELL, baron du royaume, principal secrétaire d'État, maître des rôles, grand maître des joyaux de la couronne, garde du sceau privé, vicaire général du roi, vice-régent pour les affaires ecclésiastiques.
Le comte WRIOTHESLEY.
Le comte de SURREY.
Sir ÉDOUARD SEYMOUR.
Sir GUILLAUME KINGSTON.
Sir GEORGES SPELMAN, juge criminel.
La vicomtesse de ROCHEFORD, dame du lit de la reine Anne Boleyn.
JEANNE SEYMOUR,
CATHERINE HOWARD, } filles d'honneur de la reine.
MARC SMEATON, musicien de la reine.
DEHERAM,
MANNOC, } pages du roi.
CULPEPPER,

La scène se passe au palais de Greenwich. Un salon qui ouvre sur la chambre à coucher du roi et sur celle de la reine. Plusieurs portes latérales.

CINQUIÈME TABLEAU.

SCÈNE I.

DEHERAM.

(*Deux flambeaux brûlent sur une table, au fond de l'appartement. Deheram est endormi par terre : il s'éveille et regarde la pendule.*)

Bientôt six heures !... il y a longtemps qu'il fait grand jour !...

(*Il se lève, éteint les flambeaux, et ouvre les rideaux d'une fenêtre.*)

Si Catherine Howard est exacte, nous aurons, avant le lever du roi, une bonne heure à nous !... Viendra-t-elle ?... Oui !... Le peu que j'ai dit à Jenny Lascels excitera sa curiosité.... Assurément, Catherine me trompe !... Catherine songe au roi !... je la gêne,... je suis un obstacle à son ambition !... Hier, à Withe-Hall, son projet était de se dégager adroitement.... La peur d'un éclat l'a tout à coup arrêtée ! Allons, du calme, du sang-froid.... La chère petite personne s'imagine être bien rusée, bien fine !... Elle est belle parleuse, et, ce qu'elle n'ose dire ouvertement, son grand art est de le faire entendre à mots couverts.... Gardons-nous de troubler trop tôt sa confiance !... Laissons-la s'aventurer, se jouer tout à son aise.... Quelque duplicité qu'il y ait dans son cœur, je saurai le percer à jour!... (*Catherine Howard sort de l'appartement de la reine.*) La voici!...

SCÈNE II.

DEHERAM, Catherine HOWARD.

DEHERAM.

Chère et bonne Catherine!... c'est vous?... Ah! que de remercîments ne vous dois-je pas!...

CATHERINE HOWARD.

Oui, monsieur, c'est moi! me voilà! et certes, bien malgré moi!... grâce à votre audace, à vos menaces!... Cela est joli, c'est beau d'intimider sans cesse une pauvre jeune fille, une enfant craintive et sans défense, pour s'en faire aimer à l'insu de ses parents, et l'entraîner méchamment dans de continuels rendez-vous?... Fi! fi! monsieur!... vous devriez rougir de votre mauvaise conduite!...

DEHERAM.

Qu'est-ce donc, mon amie?...

CATHERINE HOWARD.

Comment, monsieur?... Pas un seul moment de trêve ni de tranquillité?... Deux jours de suite?... Hier matin, pendant que lady Marguerite et Jeanne Seymour veillaient aux préparatifs du départ de la reine pour Greenwich, je m'arme de tout mon courage; j'affronte mille regards curieux, afin de me glisser furtivement dans la chapelle de Withe-Hall, où j'aurais été désolée de vous faire attendre.... Quoiqu'il m'en coûtât cruellement, je me fais violence, je reste enfermée toute seule avec vous durant deux grandes heures interminables!... C'était à mourir de peur!... Nous nous disons tout ce qu'on se peut dire!... nous tombons d'accord sur tout : vous louez ma prudence, vous vantez ma sagesse; tout ce que je propose, vous l'approuvez!... vous me promettez une docilité exemplaire!... Je crois vous avoir quitté convaincu, soumis, enchanté de moi!... et Dieu sait, monsieur, si vous aviez sujet de l'être!... et c'est peine perdue?... rien n'est fait?... Mais vous êtes incorrigible!... c'est chaque jour toute une éducation à recommencer!...

DEHERAM.

Eh! bon Dieu, quel si grand crime ai-je donc commis?...

CATHERINE HOWARD.

Quoi? à peine sommes-nous installés à Greenwich, où, grâce au ciel, nous aurons toutes les commodités de nous voir et de nous parler tête à tête, aujourd'hui surtout, pendant le tournoi,... qu'au lieu d'attendre le moment propice, sans m'avoir consultée ni prévenue, vous vous confiez, comme un étourdi, à ma femme de chambre, à Jenny Lascels, que vous connaissez à peine, dont la discrétion m'est fort suspecte, et cela pour m'assigner impérativement un nouveau rendez-vous!... où j'ai la faiblesse de me rendre!... et bien avant l'heure dite, encore!.. Écoutez, monsieur!... écoutez!... Voilà six heures qui sonnent à l'horloge du château!... Suis-je assez exacte?... Mais c'est de la tyrannie!... mais ce n'est pas exister que de vivre de la sorte!... mais votre amour devient un supplice, un martyre!... Passe encore si vous aviez de bien puissants motifs pour m'infliger toutes ces tortures!... Mon Dieu, peut-être en avez-vous?... je me plais à le croire!... je le crois!... mais au moins faudrait-il les connaître?... (*Après une pause.*) Ne pourra-t-on plus tirer une seule parole de vous? Voyons, voyons, cher petit Deheram, soyez gentil, soyez aimable!... ne froncez pas le sourcil!... ne vous fâchez pas, ne vous emportez pas!... Vous avez exigé que je vinsse? Eh bien, ne suis-je pas venue?... Me voilà!... je vous aime!... je vous aime!... Qui le sait mieux que vous? parlez, parlez... Puisque le mal est fait, du moins qu'il nous serve à quelque chose!... Dites, mon bon ami, dites sans crainte!... je puis rester toute une grande heure avec vous!... Allons.... dites.... Qu'attendez-vous? Que voulez-vous de moi?...

DEHERAM, *d'un ton décidé.*

Ce que je veux, Catherine? Je veux qu'après tant d'incertitudes et de remises, vous disiez tout à la reine!

CATHERINE HOWARD.

Moi?

DEHERAM.

Un aveu complet!... aujourd'hui!.. à l'instant!...

CATHERINE HOWARD.

Ah ça!... rêvez-vous? êtes-vous bien éveillé?...

DEHERAM.

Si cette confidence vous effraye, autorisez-moi à parler moi-même; je suis prêt.

CATHERINE HOWARD.

Ah! que les hommes deviennent difficiles à gouverner!... Mais, hier, vous m'avez précisément fait la même demande!... nous sommes convenus du contraire!... Vous avez goûté, approuvé toutes mes raisons!...

DEHERAM.

Oui, parce que je vous aime comme un insensé!... Tant que vous êtes près de moi, Catherine, vous avez le don de me persuader, de me faire croire et souhaiter tout ce que vous désirez!.. mais à peine êtes-vous éloignée....

CATHERINE HOWARD, *légèrement*.

Alors il n'y aura plus moyen de se quitter?... C'est où vous voulez en venir?... Mais enfin pourquoi changer d'avis à tout instant?... Qu'est-ce encore?... quelque lubie? un nouvel accès de jalousie? Toujours Mannoc ou Culpepper?...

DEHERAM *prend un air froid*.

Non, non, madame, aujourd'hui il n'est question ni de Culpepper ni de Mannoc!... il s'agit d'un rival plus dangereux!... C'est du roi que je suis jaloux!... Ce qui cause mon effroi, c'est l'amour que le roi a pour vous!...

CATHERINE HOWARD, *riant*.

Le roi? lui?... de l'amour pour moi? Ah! ah! ah!... à merveille! de mieux en mieux! ah! ah! ah!... Si le prétexte n'a pas même l'ombre du sens commun, il a du moins tout le piquant de la nouveauté!... ah! ah! ah!... ah! ah! ah!...

DEHERAM.

Oh! ne plaisantez pas!...

CATHERINE HOWARD.

Je n'aurais garde!... comment donc? L'affaire est de conséquence!... Voilà un rival digne de vous!... un ennemi vraiment redoutable!... Oh! maintenant je conçois votre effroi!... je me rends!... j'ai tort!... et vous avez agi le plus sagement du monde!... Une si précieuse découverte méritait, à coup sûr, une prompte et très-secrète entrevue!... Voyons, grand docteur, je brûle de tout apprendre!... ma curiosité est excitée singulièrement!... Ah! ah! ah!... Ah! ah! ah!...

DEHERAM.

Oh! vous avez beau vous efforcer de rire, la chose n'est que trop réelle....

CATHERINE HOWARD.

Mais, monsieur,... je le crois comme vous!... je ne déplais pas!... Le roi a toujours eu pour votre très-humble servante une faiblesse fort prononcée!... même avant son mariage avec ma belle cousine Anne Boleyn!... J'étais alors une bien petite fille,... bien candide,... bien ingénue;... vous m'adoriez déjà?... Eh! bien, mon beau page, déjà aussi Sa Grâce trouvait en moi quelque agrément!... Elle prenait plaisir à me faire d'affectueuses agaceries,... j'en étais toute fière!... et ma chère bonne petite amie Catherine Parr très-jalouse!... ce qui doublait ma joie et ma gloire!... Depuis, j'ai vu plus d'une fois notre galant souverain sur le point de s'enflammer tout de bon!... J'attendais une déclaration en forme!... mais non, non, mon pauvre ami, c'était un faux espoir!... (*En laissant échapper un soupir.*) Hélas! le roi n'aura pas osé?... Henri VIII est un prince si timide!... Ce n'est pas comme vous.... vous ne lui ressemblez guère, effronté petit mauvais sujet!... Allons, confiez-vous à moi bien vite!... Avez-vous réellement sujet d'espérer que cette fois je vais être plus heureuse!... Mes vœux les plus ardents seront-ils enfin comblés!... Il ne serait pas juste, cher bien-aimé, que j'eusse des secrets pour vous; aussi, dois-je vous le confesser, je me sens enivrée d'ambition et d'orgueil!... ah! ah! ah!... ah! ah! ah!... Que vous êtes drôle!... ah! ah! ah!... Que vous m'amusez avec votre air sombre!... et cette jolie petite mine tout effarée!... Ah! ah! ah!... ah! ah! ah!...

DEHERAM.

Quoi donc? hier au soir, au cercle de la cour, le roi a-t-il une seule fois adressé la parole à la reine?... N'était-il pas comme importuné, impatienté des gentillesses, des caresses de la petite princesse Elisabeth, de cette enfant qui pourtant semble lui être si chère!... Le roi n'était occupé que de vous, Catherine!... Plusieurs fois, sous le prétexte de vous faire admirer les apprêts de la fête qui se donne aujourd'hui sous les fenêtres du palais, n'a-t-il pas eu l'adresse de vous attirer seule sur le grand balcon?... Il vous parlait bas?... Que vous disait-il?... Ne puis-je le savoir?...

CATHERINE HOWARD.

Vous êtes curieux!... Révéler le secret de l'État!... Le crime est de lèse-majesté,... de haute trahison!...

DEHERAM, *avec impatience.*

Vous ne répondez pas?... vous ne voulez pas répondre?...

CATHERINE HOWARD, *du ton de la confiance.*

Voyons!... S'il était vrai que Sa Grâce eût daigné m'adresser quelques propos flatteurs, quelques paroles tendres....

DEHERAM.

Quoi? vous l'eussiez souffert?... sans vous fâcher?... sans vous mettre en colère?...

CATHERINE HOWARD.

Mais oui!... Est-ce qu'une femme de sens et d'esprit se fâche et s'emporte jamais pour si peu de chose?... J'aurais eu bonne grâce vraiment à faire la sotte? Ne voyais-je pas bien clairement que toutes ces douceurs, ces fadeurs, n'étaient dites que par distraction, ou plutôt par calcul?... Tout ce manége ne tendait qu'à se procurer un maintien, qu'à donner le change sur un autre amour.... oh! bien véritable celui-là!... Eh! mon jeune et innocent ami, le roi ne pensait même pas à moi.... L'hypocrite personnage ne songeait qu'à Jeanne Seymour!... à Jeanne, qu'il voulait inquiéter!... dont il espérait éveiller la jalousie!...

DEHERAM.

Il ne lui a pas dit un mot de la soirée?...

CATHERINE HOWARD.

Eh! c'est justement ce qui prouve sa passion!... On ne s'aime jamais tant que lorsqu'on affecte de ne se rien dire!... de se fuir!... de se détester!... Ne le savez-vous pas bien?... *(Confidentiellement.)* Je n'ai pu deviner ce qui s'est passé hier matin ;... mais je parierais que, pendant que vous me faisiez une si méchante querelle dans la chapelle de White-Hall,... oui, je gagerais qu'il est survenu entre le roi et la reine quelque vive altercation, dont Jeanne Seymour doit avoir été la cause.... Ah! si de la part du roi ce n'avait pas été une feinte,... un stratagème?... Et vous pensez bien que je n'ai pas manqué de le lui dire tout franchement,... de lui en faire un reproche sérieux?...

DEHERAM.

Comment?...

CATHERINE HOWARD.

Pourquoi se ferait-on faute de dire aux gens ce qu'on pense? surtout lorsqu'ils nous trompent et se moquent de nous?... On y gagne toujours quelque chose,... ne fût-ce que la satisfaction de ne pas jouer à leurs yeux le rôle de dupe....

DEHERAM.

Et le roi est lui même convenu....

CATHERINE HOWARD.

Non pas! du tout! pas le moins du monde!... Le pouvait-il après l'imprudence qu'il venait de commettre?... Sans le vouloir, il se trouvait pris, enlacé dans son propre piége!... Voilà où conduit le mensonge!... Si cependant, tout absurde qu'elle soit, votre jalousie vous avait à cet égard donné des lumières que je n'ai pas;... si des indices plus apparents,... plus probables.... Moi, je ne demande qu'à être éclairée!...

DEHERAM.

Eh! quelle preuve plus convaincante que l'impression reçue par toute la cour?... La préoccupation de la reine et de son frère le vicomte de Rocheford,... le dépit d'Édouard Seymour,... le visage riant de votre oncle le duc de Norfolk, la gaieté insolente de lady Marguerite,... l'attention du duc de Suffolk et de lord Cromwell à découvrir les désirs de leur maître,... et par-dessus tout, les basses courbettes de lord Wriothesley, toujours prêt à adorer le soleil levant,... ne sont-ce pas là des témoignages irrécusables de la passion du roi et de votre prochaine grandeur?...

CATHERINE HOWARD.

Ma grandeur?... ah! ah! ah!... que dites-vous là?... Une petite fille toute mignonne!... une enfant!... c'est le mot!... seize ans à peine?... Ah! ah! ah!... ah! ah! ah!...

DEHERAM.

Et vous traitez ceci avec cette légèreté!... et vous n'essayez même pas de me rassurer, de me convaincre?

CATHERINE HOWARD, *sérieusement*.

Vous le voulez?... eh bien, soit!... Examinons les choses froidement; raisonnons.... Pour combattre et dissiper bien des fantômes, souvent il suffit de les regarder en face. Mais de la bonne foi.... Point d'orgueil ni d'opiniâtreté.... point de vos vivacités ordinaires.... Aussitôt qu'on me fâche, j'entre en fureur,... et nous quereller ne serait pas le moyen de tomber promptement d'accord. Allons, peureux,... visionnaire,... venez vous asseoir.... ici.... dans ce petit coin.... près de moi.... pas si près.... (*Avec un regard plein d'amour.*) Deheram, ne m'aimez-vous plus?... ne me donnerez-vous pas votre main?...

DEHERAM.

Chère Catherine!... que vous êtes bonne!... Combien je vous aime!...

CATHERINE HOWARD.

Et moi!... En vérité, je n'ose plus vous gronder;... je commence même à me figurer que vous n'êtes pas aussi coupable que d'abord je l'avais pensé.... Oui!... oh! oui, c'est une heureuse idée que vous avez eue, mon ami, de vous inquiéter si fort;... vous m'avez mise dans la nécessité, vous m'avez forcée en quelque sorte de venir vous rassurer, vous donner quelques consolations.... Je vous en fais juge, n'était-ce pas pour moi un devoir? et sans être cruelle, pouvais-je agir autrement?...

DEHERAM.

Oh! non.... non, sans doute.

CATHERINE HOWARD.

Et si, comme j'en ai quelquefois la crainte, c'était bien mal à moi de vous chérir de toute mon âme et d'oser vous le dire,... aujourd'hui, du moins, grâce aux frayeurs et à la pitié que vous avez eu la sage précaution de m'inspirer, je sens avec calme et bonheur que ma conscience ne pourrait, sans injustice, m'adresser l'ombre d'un reproche.... C'est toujours cela de gagné,... et je vous en sais bon gré, Deheram.... Je suis si contente, si joyeuse, lorsque je vous vois!... nous nous comprenons si bien!

DEHERAM, *tendrement.*

Mais nous sommes si rarement ensemble!

CATHERINE HOWARD.

Oh! ne me regardez pas ainsi!... j'oublierais tout ce que

j'ai à vous dire. Mon ami, j'ai besoin de toute votre attention!... De grâce, ne m'interrompez pas au premier mot.... Au lieu de m'écouter, ne songez pas à me contredire.... Me le promettez-vous?
DEHERAM.
Oui, je vous le jure!
CATHERINE HOWARD.
Dois-je entrer dans toutes vos extravagantes visions?... faut-il, par complaisance, vous suivre dans la voie que votre folle imagination s'est frayée?
DEHERAM.
Je vous le demande à mains jointes!
CATHERINE HOWARD.
Soit! je le veux bien : car, en vérité, je vous ferais honte, si, à mon âge, je me montrais constamment plus raisonnable que vous.... Eh bien! cet amour effréné dont, il y a peu de jours encore, Henri brûlait pour la belle et spirituelle Jeanne Seymour, cette violente passion, réputée invincible, éternelle,... j'admets qu'elle se soit tout à coup refroidie;... que Sa Grâce, fatiguée de l'indifférence et des mépris de Jeanne, ait enfin reconnu l'impuissance de toutes ses séductions, l'inutilité de tant d'efforts,... je l'admets,... êtes-vous satisfait?
DEHERAM.
Parfaitement.
CATHERINE HOWARD.
Allons plus loin.... Je suppose avec vous que le dépit, ou quelque désir de vengeance, ait pu détourner un moment sur votre amie les regards du roi....
DEHERAM.
Fort bien.
CATHERINE HOWARD.
Je veux même croire que cette boutade m'a rendue l'ob-

jet d'une attention plus marquée,... j'y consens de tout mon cœur.

DEHERAM.

A merveille !

CATHERINE HOWARD.

Je ne fais pas de chicane,... vous le voyez!... J'avoue donc, sans vanité, qu'il n'y a rien là de trop invraisemblable.... Le roi ne cherche-t-il pas à plaire à toutes les jolies femmes?... Eh, mon Dieu! c'est là son humeur, son habitude.... Quelle est celle de nous qui se pourrait flatter d'échapper longtemps à ses poursuites, à ses galanteries?... Sans doute, j'ai de la jeunesse, de la vivacité, quelque fraîcheur....

DEHERAM.

Ah! Catherine! dites les traits les plus fins, les plus délicats!... les yeux les plus brillants, les plus pénétrants!... le front d'une pureté, d'un éclat....

CATHERINE HOWARD.

C'est ce que me disait le roi.... Ma taille, il est vrai, n'est pas très-grande....

DEHERAM.

Mais qu'elle est aisée et bien prise !

CATHERINE HOWARD.

Oui.... c'est aussi ce que trouvait le roi.... Ajoutez que tout le monde loue ma candeur et ma naïveté.... Je suis véritablement ingénue, sans détour, et discrète.... ah! discrète.... Toutes les filles d'honneur, toutes les dames de la reine, je dis toutes.... jusqu'à la prude, la dévote mistress Vingfield, m'ont confié leurs plus secrètes amours.... Il n'est pas une intrigue, une aventure, qui me soit étrangère ;... j'en aurais pour dix ans à régaler, à réjouir le roi.... Eh, eh!... ma foi!... cher bon monsieur Deheram, à considérer les choses de plus près,... savez-vous bien que vos suppositions ridicules ne sont pas si déraisonnables!... Oui!... vraiment oui!... Après tout, serait-il physiquement impossible que certaines idées se fussent réveillées dans l'esprit de Sa Majesté,... et qu'avec le temps,... sans m'en faire accroire.... Assurément, monsieur, le roi eût pu choisir plus mal.

DEHERAM.

Ah! vous en convenez donc enfin?...

CATHERINE HOWARD, *riant*.

Oui,... pour vous faire plaisir.... Vous auriez tant de chagrin que cela ne fût pas,... que, par bonté d'âme, je m'efforce de regarder comme possible tout ce que vous souhaitez.... Ah! ah! ah!... ah! ah! ah!...

DEHERAM, *se levant*.

Cruelle!... perfide!...

CATHERINE HOWARD.

Ah! ah! ah!... voyez l'écervelé!... il ne sera même plus permis de rire!... On ne saurait risquer une plaisanterie, le badinage le plus innocent, sans que monsieur ne prenne feu, sans que son méchant esprit ne s'effarouche et ne se cabre tout aussitôt!... Fi! fi! l'affreux caractère!... Monsieur, voulez-vous bien vous rasseoir tout de suite, et me rendre votre belle et blanche main, que je suis mille fois trop bonne de vous redemander?... (*Avec épanchement.*) Ingrat!... Voyons!... Quand il serait vrai que le roi eût de l'amour pour moi;... quand même il viendrait à me préférer à Jeanne Seymour,... en quoi, je vous prie, votre cœur aurait-il lieu de prendre de l'ombrage?... Doutez-vous de moi?... N'avez-vous pas en moi une confiance entière?... Me jugez-vous plus faible ou moins fière que ma cousine Anne Boleyn?... Plus qu'elle, Deheram, me croyez-vous capable de m'oublier?... d'être jamais la maitresse du roi?...

DEHERAM, *se modérant.*

Non, Catherine, non, je ne vous fais pas cette injure!... mais l'élévation soudaine d'Anne Boleyn,... le sort de lord Piercy.... sont présents à ma mémoire!... Malgré vos protestations réitérées, malgré le saint engagement que vous avez pris, à la face du ciel, de n'être jamais qu'à moi, mon amour s'alarme et s'irrite sans cesse.... Je vois ce que vous êtes,... le peu que je suis,... et dussiez-vous encore vous tenir pour offensée, .. j'en conviens,... oui, je crois possible qu'à l'exemple d'Anne Boleyn, Catherine Howard, aussi bien que Jeanne Seymour, se laisse éblouir par l'éclat d'une couronne!...

CATHERINE HOWARD.

Pourquoi prévoir un danger que rien ne semble encore rendre prochain?... Anne Boleyn n'est-elle pas au comble de la puissance et de la gloire?... Fut-elle jamais plus affermie sur le trône?... Le sort, qui visiblement la protége, ne vient-il pas de la délivrer de sa rivale?... Catherine d'Aragon n'est plus.... En apprenant sa mort, Anne Boleyn n'a-t-elle pas dû s'écrier avec un juste orgueil: « C'est d'aujourd'hui que je suis vraiment reine d'Angleterre!... » La naissance de sa fille, de cette jeune et charmante Elisabeth que le roi aime si tendrement, n'avait elle pas d'ailleurs placé son pouvoir hors de toute atteinte?

DEHERAM.

En est-il moins ébranlé?

CATHERINE HOWARD, *effrayée.*

Imprudent!...

DEHERAM.

A l'instar de Catherine d'Aragon, Anne Boleyn ne peut-elle tomber du trône?... Et plus tôt que vous ne pensez?... Demain peut-être?...

CATHERINE HOWARD.

Qu'osez-vous dire?...

DEHERAM.

Ah! vous le savez trop bien, Anne n'est plus aimée!... Ce n'est pas une fille que Henri espérait de son nouvel hymen. Que lui importait une fille? N'avait-il pas la princesse Marie?... C'était un fils qu'il voulait! la naissance d'un héritier mâle pouvait seule consacrer, légitimer l'usurpation d'Anne Boleyn. L'orgueil du roi s'irrite de ce mécompte, et s'en prend à la pauvre reine, que bientôt il répudiera comme il a répudié sa première femme!...

CATHERINE HOWARD.

Malheureux!... élever de pareils doutes!... parler mal de la reine, ou de sa fille!... L'oubliez-vous? c'est un crime que la loi punit de mort!...

DEHERAM.

Que peut cette loi contre les croyances populaires? Le mariage de la reine n'est-il pas tous les jours discuté, attaqué publiquement?... Loin d'accorder à sa fille Élisabeth le titre de princesse de Galles, le peuple ne voit-il pas dans la fille de Catherine d'Espagne, déshéritée, exilée de la cour, la seule et véritable héritière de la couronne?... Nos paysans ne disent ils pas tout haut que celui qui épousera la princesse Marie sera un jour roi d'Angleterre?... Depuis que vos jeunes compagnes, Anne Askew et Catherine Parr ont vu l'infortunée Catherine d'Aragon s'éteindre dans les larmes, au château de Kimbolton, les adeptes de l'Église réformée, comme les partisans de Rome, ne comprennent-ils pas qu'un mariage nouveau, contracté par le roi, mettrait cette fois l'état des enfants qui viendraient à naître à l'abri de ces perpétuelles controverses?...

CATHERINE HOWARD.

Ah! paix, paix, mon ami!...

DEHERAM.

Tandis qu'Édouard Seymour déploie toute son industrie en faveur de Jeanne, le duc de Norfolk, fidèle au siége apostolique, et l'ennemi implacable de la reine, ne s'applique-t-il pas à mettre en lumière tous les charmes et les grâces enchanteresses de sa nièce Catherine Howard?...

CATHERINE HOWARD.

Voulez-vous bien vous taire?

DEHERAM.

Le dévot Cromwell, qui doit son élévation à Anne Boleyn, serait-il affligé extrêmement, si la fortune lui offrait l'occasion de chercher un nouveau marchepied dans cette jeune merveille, cette superbe Anne de Clèves, l'ornement de l'Allemagne, dont il vante à tout propos la beauté et les talents?.. S'il entrait dans la politique du roi, ou dans celle de ses ministres, qu'il formât d'autres liens, pensez-vous qu'une fois connue, sa volonté rencontrât une résistance opiniâtre?... Cromwell, Cranmer, et tous leurs évêques se feraient-ils scrupule de défaire ce qu'ils ont fait?... Eh! madame, qu'il prenne fantaisie au prince de se réconcilier avec Rome, et de sceller cette paix par un second divorce,... un mot, un geste!... et dès demain tout est consommé!... demain, tous ceux qui ont marié le roi à Anne Boleyn, le marieront sans plus de façon à Jeanne Seymour, ou à Catherine Howard!...

CATHERINE HOWARD, *qui pendant tout ce temps est restée absorbée dans sa pensée.*

Ce n'est donc pas un rêve?... Tout cela pourrait arriver?... Moi aussi je serais reine?...

DEHERAM.

Que vois-je?... Catherine!... vous souriez?...

CATHERINE HOWARD, *se levant en sursaut.*

Moi?...

DEHERAM.

Vous!... Votre front s'est épanoui!... un éclair a brillé dans vos yeux!... ah! vous aimez le roi!...

CATHERINE HOWARD, *avec impatience.*

Perdez-vous le sens?...

DEHERAM.

J'ai tort!... non, vous ne l'aimez pas; vous feindrez de l'aimer!... non, vous n'aimez, vous n'aimerez jamais personne!... Ingrate! Ingrate!... Me suis-je contenu assez longtemps?... Ma rage s'est-elle fait assez de violence?... Je vous observais! mes yeux interrogeaient vos moindres mouvements!...

CATHERINE HOWARD.

Quoi donc?...

DEHERAM.

Vous vous êtes trahie, madame!... mais, sachez-le bien, toutes ces chimères, dont je me suis plu à bercer votre imagination, n'étaient qu'un piége!... c'est une amorce à laquelle votre vanité n'a pas su résister!... Votre tête folle, qui s'exalte par accès, peut bien chercher une émotion fugitive dans quelques faux semblants de tendresse; mais votre cœur sec et froid n'aime et ne convoite que le trône!... Vous venez à ce rendez-vous, poussée par la curiosité et l'ambition! Votre secret vous oppresse, vous transporte de joie! il faut qu'il s'épanche, vous ne sauriez vous taire!... Mais trop avisée pour vous confier légèrement, c'est à moi, dont vous avez tant de fois éprouvé le dévouement et la faiblesse, c'est à votre amant que vous avez l'audace de demander les lumières qui vous manquent!... tant il vous importe, avant de vous décider, d'être bien instruite du degré d'assurance que vous doit inspirer l'amour du roi!... Hier déjà, à White-Hall, vous aviez essayé, par quelques demi-mots timides et obscurs, de m'attirer doucement sur cette nouvelle voie,... de solliciter ma complaisance!... mais mon regard vous a glacée!... et tout aussitôt pour adoucir la blessure et retirer adroitement le trait entré dans mon cœur, sous cet air enfantin et virginal, vous avez affecté plus de candeur encore et d'innocence que de coutume!... vous avez feint de m'ouvrir votre âme sans réserve, de lier tous vos intérêts aux miens! Mais le voile est déchiré; je vous connais!... Oui, vous n'êtes venue que pour endormir ma surveillance, pour prévenir un éclat funeste à vos desseins!... Que sais-je?... dans la pensée peut-être de m'offrir un rôle, une part, dans vos entreprises infâmes! Mais non,... vous n'oserez pas!... cette fois encore je me suis découvert trop tôt, et je lis mon arrêt sur votre visage!... Votre orgueil ne me pardonnera pas d'avoir démêlé toute votre fausseté!... le dépit va vous rendre implacable!... Achevez donc! courage, madame!... courage!... déposez le masque!... dégagez bravement votre foi! rompez, brisez avec moi!...

CATHERINE HOWARD.

Fort bien, monsieur!... je vous fais mon sincère compliment!... Sans mentir, je ne savais pas tout ce que vous valez!

DEHERAM, *avec plus de calme*.

Ah! je vous en prie, madame, faites-moi grâce de ce ton léger et moqueur!

CATHERINE HOWARD.

Je ne me moque point : je vous rends justice!

DÉHERAM.

Oh! par pitié du moins....

CATHERINE HOWARD.

En conscience, vous avez sondé d'un œil clairvoyant et sûr les replis les plus secrets de mon âme! (*D'un air inquiet, et feignant de rire.*) Oui, monsieur, oui, hier je voulais rompre avec vous....

DÉHERAM.

Ciel!...

CATHERINE HOWARD.

L'occasion que je cherchais, que malgré moi peut-être j'évitai, c'est vous qui venez obligeamment me l'offrir!... Je la saisis, monsieur, et, je vous le jure, c'est sans déguisement, sans arrière-pensée.... Comment espérer mettre en défaut votre perspicacité?... Oh! maintenant j'ai peur de vous!... Vous me faites trembler!

DÉHERAM.

Quel mélange inouï d'ironie, de coquetterie, de cruauté!... Catherine!... est-ce un jeu de votre esprit? est-ce un défi? Que dois-je croire?... Votre ton, votre regard, semblent démentir vos paroles.... En convenant de votre perfidie, me trompez-vous encore?... Quelle que soit votre pensée, ah! dites-la-moi!... mais de telle sorte, mais si clairement, que le doute ne soit plus possible!... S'il vous reste quelque amitié pour moi, dussiez-vous m'arracher le cœur, me donner la mort, cessez ce manége féroce! délivrez-moi de cet horrible supplice!

CATHERINE HOWARD, *avec douceur*.

Mon ami!... oui, vous serez toujours mon meilleur ami,... c'est vous qui cherchez à vous tromper.... cela doit être.... Vous m'aimez, vous souffrez!... moi aussi je vous aime et je souffre!... mais il nous faut du courage, et j'en veux avoir pour vous et pour moi!... Sans doute j'ai usé d'adresse, d'artifice,... mais ce mensonge, dont j'avais honte, si vous êtes juste, vous devez l'excuser ; il témoigne de mon affection, de ma faiblesse : mon cœur saignait à l'idée de vous affliger!... Est-ce là de la perfidie, de la méchanceté?... Non!... en dépit de vous, vous sentez bien que non?... Mais, dès ce moment, je vais être si franche et si vraie, que vous pourrez vous plaindre du sort, jamais de ma sincérité!... Ce masque qui m'était odieux, que je dépose avec bonheur, de ma vie je ne le reprendrai!... Deheram, je ne peux plus être pour vous ce que j'étais.... Il m'en coûte de vous désespérer;... vous le voyez, à chaque mot j'hésite,... et cependant je me sens soulagée, moins mécontente de moi.... Ah! j'ai prévu l'orage que j'allais soulever, et je juge, à votre pâleur, qu'il sera terrible!... mais je sais aussi que bientôt il s'apaisera.... Vous me rendrez justice : vous me pardonnerez,... parce que je n'ai aucun tort envers vous;... parce que vous êtes bon, généreux,... que vous m'aimez!... et que vous m'aimerez toujours!...

DEHERAM, *avec explosion.*

Vous n'avez aucun tort envers moi?

CATHERINE HOWARD.

Aucun!

DEHERAM.

Quand vous m'assassinez?... Quand vous me plongez le poignard dans le sein?...

CATHERINE HOWARD, *avec un sourire ironique.*

Ah!... cher monsieur, point de déclamation ni de tragédie!... ou je vous laisse la scène libre....

DEHERAM.

Vous seriez-vous bien flattée de vous retirer ainsi?

CATHERINE HOWARD, *avec hauteur.*

Si telle était ma volonté, qui m'en empêcherait?

DEHERAM, *lui prenant la main.*

Moi!

CATHERINE HOWARD.

J'en doute!... Monsieur, quittez ma main! (*Elle le regarde fixement.*) Faut-il vous le redire? (*Deheram abandonne sa main. Catherine continue froidement.*) Non, mon intention n'était pas de m'éloigner; je n'ai pas dit tout ce que je dois vous dire. Jusqu'ici, vous avez le beau rôle!... Les apparences sont toutes en votre faveur, tous les torts de mon côté;... mais, monsieur, c'est vous donner trop d'avantages!...

DEHERAM, *interdit.*

Quoi? qu'est-ce donc?

CATHERINE HOWARD.

Je ne m'en dédis pas, vous m'avez bien jugée!... mais si légère, si vaniteuse, si crédule que je puisse être, monsieur mon ami, j'ai lu dans votre âme tout aussi sûrement que vous dans la mienne!... Déjà vous changez de visage!

DEHERAM.

Moi?...

CATHERINE HOWARD.

Ah!... cette toute petite fille si docile, cette faible enfant, qu'autrefois vous prétendiez mener à la lisière, gouverner en maître,... vous avez eu le tort de blesser grièvement sa fierté!... et, ne fût-ce que pour satisfaire mon orgueil, je veux à mon tour vous dire tout ce que je pense de vous!

DEHERAM, *plus ému et avec une ironie amère.*

Très-volontiers!... Sur mon âme, mademoiselle, vous me ferez plaisir!...

CATHERINE HOWARD, *reprenant son sang-froid.*

Monsieur, lorsque la duchesse de Norfolk, ma grand'mère, vous prit à son service, à titre de page, l'amitié qu'aussitôt vous m'avez montrée, fut sans doute exempte de tout calcul ; mais, depuis notre entrée dans la maison de la reine Catherine d'Aragon, surtout depuis l'avénement d'Anne Boleyn, cette affection est-elle restée toujours aussi désintéressée?... J'ai de l'ambition!... mais en avez-vous moins que moi?... Ne vous est-il jamais arrivé de considérer ce que Catherine Howard, nièce du duc de Norfolk, cousine de la reine, peut pour votre avancement et votre fortune? Tout à l'heure, le sourire et le fiel aux lèvres, vous tourniez ma candeur, mon innocence en dérision.... Vous avez une sœur?... dites-moi, quelle vengeance, quelle malédiction votre haine n'appellerait-elle pas sur l'homme qui se serait étudié à la séduire, à la pervertir?...

DEHERAM.

Ah! jamais pareil dessein....

CATHERINE HOWARD, *toujours avec sang-froid.*

Vous m'aimez : je le crois!... L'amour rend tout excusable! soit!... Mais enfin si j'ai appris à être fausse et coquette, n'est-ce pas vous, monsieur, plus que le séjour de White-Hall et les exemples que j'ai sous les yeux, qui m'avez enseigné la ruse et le mensonge?... Dans la dépendance où ma naissance m'a placée, s'il ne m'était interdit de disposer de ma main selon mon cœur, aurais-je été contrainte à toutes ces façons d'agir dont aujourd'hui vous me faites un crime, et qui m'ont toujours plus révoltée que vous?... Si parfois je semble écouter ou Mannoc ou Culpepper, n'est-ce pas en vue d'écarter les soupçons et de donner le change sur mes sentiments véritables?... De cette nécessité que vous m'avez faite de plaire et d'être aimable pour tous, sans attirer ni éconduire personne, est né peut-être ce nouveau caprice dont le roi vient de se prendre pour moi, et, de ma part, le désir de faire l'essai de mes charmes, la curiosité de connaître jusqu'où leur pouvoir pourrait s'étendre?... Est-ce ma faute, si vos leçons ont tourné contre vous-même?... Et lorsque vous apercevez le degré où je puis m'élever, il ne s'éveille dans votre âme aucun mouvement de générosité?... Lord Piercy s'est pourtant sacrifié! (*Avec une légère amertume.*) Mais lord Piercy aimait Anne Boleyn!... Quoi?... son exemple ne peut rien contre votre égoïsme?... Votre amour-propre rapporte tout à soi?... Oui, déjà votre langage n'est plus le même.... mes volontés ont cessé d'être les vôtres!... Ce n'est plus pour elle, avec le désir de la servir en toutes choses, de la voir heureuse, que vous aimez votre Catherine!... c'est par intérêt, c'est uniquement pour vous!...

DEHERAM.

Ah! madame!...

CATHERINE HOWARD.

Votre dessein, quel est-il aujourd'hui?... de me traiter en ennemie?...

DEHERAM.

Madame....

CATHERINE HOWARD.

Vous voulez ma ruine!... vous voulez m'enchaîner à vous par quelque faute irréparable!... Osez, osez me démentir!...

DEHERAM, *ironiquement.*

A merveille, mademoiselle!... Ah! je me sens trop novice pour ne pas baisser pavillon devant vous!... A votre âge, j'admire ce talent de l'analyse, cet art de résoudre, en remontant des conséquences aux principes, des effets aux causes!... Ah! sans flatterie, vous êtes de force à vous mesurer avec nos docteurs les plus savants!... Le plus expérimenté, madame, vous rendrait les armes!... Et ces grandes découvertes, vous les avez faites toute seule?

CATHERINE HOWARD.

Non, monsieur!... non, je n'ai pas ce mérite!... Non, pour cela j'étais trop aveugle, trop confiante!... L'honneur en revient à une autre!... Une femme, qui croit bien vous connaître, veillait sur moi!

DEHERAM.

Une femme?... Sans doute la dame du lit?... l'austère vicomtesse de Rocheford?...

CATHERINE HOWARD.

Non, monsieur!... ce n'est pas lady Marguerite qui m'a fait voir l'abime où vous avez l'espoir de me précipiter!

DEHERAM.

Le nom de cette amie précieuse.... ne puis-je le savoir?

CATHERINE HOWARD.

C'est Jeanne Seymour!

DEHERAM.

Lady Jeanne!... Ah! je suis juste,... de sa part le trait est méritoire!... admirable!... Mais, chère mademoiselle, lady Jeanne connaît-elle le danger auquel elle s'expose? Sait-elle l'amour que le roi a pour vous?

CATHERINE HOWARD, *très-froidement.*

Elle le sait.

DEHERAM.

Quel désintéressement!... Quoi?... en cherchant à vous détacher de moi, elle n'a pas la crainte de se donner une rivale?

CATHERINE HOWARD.

Me supposez-vous moins dévouée, moins fidèle à la reine que Jeanne Seymour?

DEHERAM.

Eh! eh!... madame,... à dire vrai, votre langage aurait pu le faire soupçonner.

CATHERINE HOWARD.

Le compliment est honnête!... il est flatteur!...

DEHERAM.

Pardon, madame!... mais nous n'étions pas, ce me semble, en voie de nous flatter.... D'ailleurs il n'est pas toujours facile de vous suivre,... ni de vous bien comprendre;... mais je sais un moyen infaillible de nous entendre et de dissiper tous les nuages.

CATHERINE HOWARD.

Ce moyen,... voyons, monsieur,... quel est-il?

DEHERAM.

Dès ce soir, madame, mettez le comble à vos bontés; unissez-vous à moi par un nœud indissoluble.

CATHERINE HOWARD, *étonnée*.

En vérité!... vous voulez....

DEHERAM, *impérieusement*.

Un contrat!... un mariage secret!... fallût-il fuir en France ou en Italie!... Cette fois, madame, je m'exprime clairement,... je le veux.

CATHERINE HOWARD.

C'est très-clair!... Mais si, par aventure, monsieur, je faisais quelque difficulté d'obtempérer à vos commandements?

DEHERAM.

Madame, je n'aurais pas l'ennui de vous voir la femme

du roi!... Le roi saura vos engagements avec moi!... toutes vos noirceurs!... vos agaceries, vos familiarités avec Mannoc, avec Culpepper!

CATHERINE HOWARD.

Bon monsieur, le roi m'aime!... Le roi ne vous croira pas!

DEHERAM.

Et vos lettres?

CATHERINE HOWARD.

Mes lettres?... pur enfantillage!... Vous commettrez une horrible méchanceté, gratuitement!

DEHERAM.

C'est ce que nous verrons!

CATHERINE HOWARD.

Que gagneriez-vous?... d'être honteusement chassé!... d'être jeté dans la Tour de Londres, comme un fou!... et, croyez-moi, s'il vous échappait un seul mot....

DEHERAM.

Espérez-vous m'effrayer?... Me prenez-vous pour votre lord Piercy?... Suis-je un lâche?...

CATHERINE HOWARD.

Eh! mon petit monsieur, que feriez-vous?

DEHERAM.

Ma grande dame, dussé-je périr, je le jure ici devant Dieu, je me vengerais!...

CATHERINE HOWARD, *retenant un cri*.

Ah!...

DEHERAM.

Je me vengerais de vous!... et du roi!...

CATHERINE HOWARD, *avec effroi*.

Vous venger du roi!... malheureux!...

DEHERAM.

Catherine Howard!... je vous rends responsable de tout ce qui peut arriver.

CATHERINE HOWARD *l'observe d'un œil pénétrant.*

L'ai-je bien entendu?... Vous menacez le roi!... vous, son serviteur,... qui, la nuit, veillez à cette porte!... vous, à qui sa vie est confiée!... et ces horribles menaces, vous osez les proférer devant moi?.,. Pourtant, s'il faut vous en croire, le roi m'aime!... Je suis une ambitieuse!... Un service signalé, une marque éclatante de mon dévouement pourrait aujourd'hui faire pencher la balance de mon côté!... et vous me présentez cet appât?... vous placez de pareilles armes entre mes mains?... Ah!... ah! voilà qui me venge de toutes vos injures!... Quoi que vous en disiez, vous n'avez pas si mauvaise opinion de moi!... Vous êtes bien sûr que je ne vous dénoncerai pas!... et cependant mon silence me fait votre complice!... Si l'on vous avait écouté!... Si le lord chambellan, le comte Wriothesley.... Derrière cette porte, j'ai cru entendre marcher.... (*Avec terreur.*) Oui!... on s'éloigne!... Voyez! ah! je vous en supplie, voyez dans cet appartement!...

DEHERAM *ouvre une porte.*

Personne!... Sa Seigneurie doit être entrée dans la chambre du roi....

CATHERINE HOWARD, *avec anxiété, et se rapprochant de lui.*

Eh bien, Deheram, que ceci meure entre nous!... Allons, rétractez, rétractez dignement, comme il sied à un homme d'honneur, ces menaces impies que votre cœur dément : je vous croirai, je vous pardonnerai!... et ce soir, vous prierez Dieu de vous pardonner aussi!... Me le promettez-vous?

DEHERAM.

Je ne promets rien!... Vous êtes maîtresse de tout dire!... de me perdre!...

CATHERINE HOWARD.

Quoi! vous ne vous repentez pas?

DEHERAM.

Non.

CATHERINE HOWARD.

Mais, si ce n'est mon attachement pour le roi, mon devoir, ma sûreté m'ordonnent de parler.... et si je dis un mot, vous êtes mort!

DEHERAM, *avec violence*.

J'aime mieux mourir que de vous céder, que de vous voir un jour la femme, ou la maîtresse du roi!

CATHERINE HOWARD.

Ah! vous êtes un furieux!... un insensé!... dont il faut prendre pitié!... Bientôt sans doute vous reviendrez à la raison. Monsieur, à midi, lorsque les joutes commenceront, je traverserai l'oratoire de la reine;... là, vous me jurerez, en face de la croix, mais d'un ton à me bien persuader,... que vous avez horreur des paroles abominables que vous a dictées la colère!... Je vous remettrai vos lettres.

DEHERAM.

Comment?

CATHERINE HOWARD.

Vous me rendrez les miennes.

DEHERAM.

Jamais!... ah! jamais!...

CATHERINE HOWARD.

C'est un refus?

DEHERAM.

Absolu!

CATHERINE HOWARD.

Mon cousin, le comte Henri de Surrey sera donc chargé de vous les demander.

DEHERAM.

Qu'il vienne! c'est à lui de trembler!... J'ai son secret!...

CATHERINE HOWARD.

Vous? Quel secret? que voulez-vous dire?...

DEHERAM.

Madame, votre cher cousin aime la fille du roi!... la princesse Marie!...

CATHERINE HOWARD.

Lui? Surrey?...

DEHERAM.

Il en est aimé!... il aspire à sa main!...

CATHERINE HOWARD.

Mensonge!... Calomnie!...

DEHERAM.

Avant de mourir, la reine Catherine d'Aragon a su leur amour!... Anne Boleyn en est instruite!... Vôtre oncle, le duc de Norfolk, favorise en silence l'ambition de son fils!... Madame, si vos nobles parents, dont vous pensez me faire peur, se déclarent mes ennemis, je les perds tous deux!... n'en doutez pas!... je découvre tout au roi!...

CATHERINE HOWARD.

Ah! ce serait infâme!... Mais, monsieur, je vous croyais bon, honnête homme, incapable d'une méchante action?... Sans cela, vous aurais-je aimé?... J'avais tant d'estime pour vous, que je vous aurais confié ce que j'aurais craint de dire à mon propre frère.... Me serais-je trompée?... Ne seriez-vous plus mon ami?... Il me faudrait vous haïr, vous mépriser? moi?... (*Avec entraînement.*) Ah!

pourtant, Deheram, malgré tout le mal que vous me faites, Dieu m'en est témoin, je sens que je vous aime encore de toute mon âme!...

DEHERAM, *avec désespoir.*

Quel plaisir étrange prenez-vous donc à aigrir ma douleur? Ah! c'est le désespoir qui me pousse à faire parade de ces mauvais sentiments qui jamais n'ont approché de mon cœur!... Catherine, excusez-moi, pardonnez-moi!... je souffre tant! je suis si malheureux!... Ciel! vous pleurez?...

CATHERINE HOWARD.

Eh! ne vois-je pas vos larmes?... N'en suis-je pas la cause?... Au lieu de flatter vos espérances, que n'ai-je écouté plus tôt Jeanne Seymour!... Et ne pouvoir vaincre ni mon amour, ni mon ambition!

DEHERAM, *avec l'accent de la plus violente douleur.*

Catherine!... ayez pitié de moi!... ayez pitié de moi!...

CATHERINE HOWARD.

Vous me déchirez l'âme!... Oh! mon Dieu! mon Dieu!

DEHERAM, *à genoux devant elle.*

Ma meilleure, mon unique amie!...

CATHERINE HOWARD.

Oh! assez! assez!... et vous baisez mes mains?... Vous les mouillez de vos pleurs,... lorsque je vous trahis, lorsque je vous abandonne?... Mais ne voyez-vous pas que je suis née pour votre malheur?... Deheram, je vous serai funeste!... fuyez-moi! fuyez-moi!...

DEHERAM.

Je ne puis!...

CATHERINE HOWARD.

Vous le devez!... Je ne mérite pas votre amitié!...

DEHERAM, *avec passion.*

Jamais, non, jamais je ne vous ai tant aimée!...

CATHERINE HOWARD *le regarde douloureusement.*

Ah! je le vois! j'en suis heureuse!... Que deviendrais-je, si vous ne m'aimiez plus,... s'il fallait ne plus vous revoir?... Bientôt, demain peut-être je serai la première à revenir, à demander grâce,... et vous me renverrez, vous me rejetterez avec mépris!... Ah! vous ferez bien! je l'aurai bien mérité!...

DEHERAM.

Non, non!... Jamais! jamais!...

CATHERINE HOWARD.

Que fais-je?... malgré moi je retombe encore dans les mêmes fautes.... Je vous donne un espoir faux!... Et pourtant ce supplice est horrible!... il y faut un terme!... Deheram, n'attendez pas de moi un effort dont je suis incapable!... ne vous fiez pas à ma parole!... L'engagement que vous me feriez prendre, je ne le tiendrais pas!... Oui, quoi qu'il puisse arriver, je veux rester maîtresse de moi-même,... ne dépendre ni de vous, ni d'aucun homme au monde!... La fortune qui semble s'offrir à moi, je l'envisage, sans dessein formé de l'accepter; et ce dont j'ose répondre, c'est que je ne trahirai pas la reine!... mon dévouement pour Anne Boleyn est inébranlable!... Je ferai tout pour elle; pour elle je donnerai ma vie!... Mais si, malgré mes vœux et mes efforts, le destin doit se prononcer contre elle;... s'il est écrit qu'Anne Boleyn doit être répudiée comme Catherine d'Aragon,... et que l'amour du roi balance entre Jeanne Seymour et moi....

DEHERAM.

Eh bien?

CATHERINE HOWARD.

Eh bien!... toute autre femme.... Anne Askew.... Catherine Parr.... Anne de Clèves!... je verrais en elles des rivales,... des ennemies! Mais Jeanne Seymour.... Jeanne.... je l'aime!... c'est mon amie!... je laisserai faire au sort!... Et si Jeanne l'emporte, si elle devient reine....

DEHERAM.

Vous êtes à moi?

CATHERINE HOWARD, *avec décision*.

Oui!

DEHERAM.

Ciel!...

CATHERINE HOWARD.

Oui, dès ce moment, affranchie de toute vaine illusion, rendue à moi-même, j'implore l'appui de Jeanne Seymour,... et, si ma famille y consent, ma main est à vous!

DEHERAM.

Catherine, j'ai votre promesse?

CATHERINE HOWARD.

Je vous la donne!... Mais, à l'instant même, sans plus réfléchir, jurez-moi que prêt à tous les sacrifices, jamais, même en face de la mort, vous ne conviendrez de l'aveu que je vous fais de mon amour! jurez-moi que jamais je n'aurai à craindre de vous une seule démarche qui puisse m'empêcher de m'élever au trône!

DEHERAM.

Ah!... ah! que demandez-vous?...

CATHERINE HOWARD.

Vous hésitez?... Quoi donc?... Je n'obtiendrais pas de votre amitié ce qu'Anne Boleyn sut obtenir de son amant? (*Jetant sur lui un regard profond.*) Ah!... pouvez-vous donc

pénétrer tout ce qui se passe dans le cœur d'une femme?...
Si je n'avais d'autre pensée que de vous éprouver, de juger
de l'empire que j'ai sur vous?...

DEHERAM.

Que dites-vous?... Ce ne serait qu'une épreuve!...

CATHERINE HOWARD.

Je ne dis pas cela!... non, ne vous flattez pas!... Ma volonté est inébranlable!... Ne prenez donc conseil que de votre cœur!... mais décidez-vous!... Je sais à quoi je m'engage.... Je sais la promesse que je vous fais au fond de mon âme!... Deheram, j'ai idée que jamais amant ne sera plus magnifiquement récompensé!...

DEHERAM.

Vous le voulez?

CATHERINE HOWARD.

Je n'exige rien!...

DEHERAM.

Eh bien?... je m'abandonne à votre générosité!... Catherine, soyez libre!... je vous rends le droit de disposer de vous même!...

CATHERINE HOWARD *lui prend la main avec tendresse.*

Ah!... ah!... que vous agissez noblement!... et que vous méritez bien toute ma tendresse!... Ah! j'en suis bien sûre maintenant,... c'est pour moi, dans mon seul intérêt, que vous m'aimez!... et je suis bien heureuse!...

DEHERAM.

Ah! Catherine,... je suis au désespoir!...

CATHERINE HOWARD.

Mais.... voyons!... (*Avec douceur et se rapprochant.*) Après tout, qu'y a-t-il donc de changé?... et pourquoi se tant désoler?... M'avez-vous donné sujet de vous aimer moins?...

DEHERAM.

Je vous en fais juge.

CATHERINE HOWARD.

Me faut-il renoncer à toute espérance d'être à vous?... non !

DEHERAM.

Que me dites-vous?

CATHERINE HOWARD.

Mais non !... Vous sentez bien que non !... Je ne vous dis pas un éternel adieu?...

DEHERAM.

Chère Catherine !...

CATHERINE HOWARD, *d'un ton très-caressant.*

Tout à l'heure,... ce soir, demain, chaque jour,... nous nous verrons !... Deheram, votre amie n'est pas une fille sans cœur, qu'une aveugle ambition dévore.... Elle s'abuse moins que vous ne croyez. Non, non.... il ne sera pas si facile de faire descendre Anne Boleyn du trône !... Anne est dans tout l'éclat de la jeunesse et de la beauté !... Anne peut devenir mère !... Anne est femme à ressaisir ses droits et à ruiner tous ses ennemis !... Et ce qui, je vous le jure, mon ami, ne me cause pas une peine excessive, n'ai-je pas la certitude que, malgré le dépit d'hier au soir, toute la passion du roi est pour Jeanne Seymour?... Vous même,... Allons, soyez franc, ne le savez-vous pas bien comme moi ?

DEHERAM.

Ah! si je n'étais pas jaloux....

CATHERINE HOWARD, *avec douceur.*

Pourquoi être jaloux?...

DEHERAM.

Si je ne vous aimais pas autant que je vous aime...

CATHERINE HOWARD.

Eh bien ?...

DEHERAM.

Que de choses devraient me rassurer !...

CATHERINE HOWARD.

Eh! oui!... Eh! oui!... Allons, soyez indulgent pour votre pauvre petite Catherine !... Soyez tout à fait bon !...

DEHERAM.

Ne le suis-je pas ?...

CATHERINE HOWARD, *avec grâce*.

Si! si!... excellent!... adorable de bonté!... Laissez donc, ami, laissez ma folle imagination courir en toute liberté!... Dût-elle quelquefois m'égarer, bientôt mon cœur me ramènera près de vous,... c'est lui qui m'indiquera les moyens de combler la distance qui nous sépare!... (*Avec enjouement.*) Le roi a du penchant pour moi?... quelque chose de plus?... sans doute, c'est délicat!... Le roi est le roi!... Mais au lieu de s'épouvanter, ne serait-il pas plus sage de mettre ce malheur à profit, de le tourner tout doucement à votre plus grand avantage?... Dites, le crime serait-il énorme?... Votre conscience crierait-elle bien haut?... (*En souriant.*) Ah! ah!... monsieur!... votre front s'éclaircit enfin!... c'est heureux! A votre tour, je vous vois sourire, malicieux petit compère que vous êtes,... je vous y prends!...

DEHERAM, *riant*.

Ah! ah! ah!... Vous ne m'en croiriez pas?

CATHERINE HOWARD.

Qu'importe? dites toujours!...

DEHERAM.

Ces princes ont du malheur! ah! ah! ah!... En vérité, il semble que plus je vous aime, plus je redouble d'efforts pour vous éloigner du roi, et plus Sa Grâce prend de goût pour moi et me montre de bienveillance!...

CATHERINE HOWARD.

Cela vous étonne?... Ah! ah! ah!... Mais c'est toujours comme cela!...

DEHERAM.

On dirait que son amitié pour Norris et pour Waston.... est sur le point de se reporter sur moi.

CATHERINE HOWARD, *avec gaieté*.

Voyez-vous!... et vous n'en soupçonnez pas même la cause?... Vous n'imaginez pas quelle peut être l'aimable petite fée dont la baguette merveilleuse opère toutes ces métamorphoses?...

DEHERAM.

Chère Catherine, serait-ce vous?... Quoi? c'est à vous que je serais redevable....

CATHERINE HOWARD.

Jeune homme!... jeune homme!... Ah! si vous n'étiez pas un franc écervelé!... si vous aviez autant de politique que d'amour,... peut-être serait-on moins discrète!.... peut-être se hasarderait-on à vous confier des choses qu'on a dû vous taire!...

DEHERAM, *riant*.

Pourquoi désespérer de moi?... L'esprit qui naturellement vient aux jeunes filles,... cette expérience,... cette science de la vie, ne puis-je l'acquérir à votre école?... instruisez-moi, faites-moi la leçon!... N'y consentirez-vous pas?... j'ai tant de bonne volonté!... un si vif désir d'apprendre!...

CATHERINE HOWARD.

Ah! l'écolier est bien indocile!... je doute qu'il fasse jamais grand honneur à son maître!...

DEHERAM.

Essayez!... dites tout!... Vous serez très-contente de ma soumission !...

CATHERINE HOWARD.

Ingrat!... que de peines vous m'avez déjà coûtées!... que d'assauts n'ai-je pas soutenus pour vous!... ô le plus ingrat de tous les êtres!... Tandis qu'il ne se passe pas un seul jour où, devant le roi, je ne guette l'occasion de glisser un mot en votre faveur.... (*avec mystère*) la reine, de son côté, semble mettre plus de soins encore à faire valoir Norris et Waston!...

DEHERAM.

La reine?... et pourquoi? dans quel intérêt?...

CATHERINE HOWARD.

Dans le sien!...

DEHERAM.

Je ne vous comprends pas!...

CATHERINE HOWARD.

Anne veut écarter ses rivales!... Anne veut marier ses filles d'honneur !...

DEHERAM.

Ciel!...

CATHERINE HOWARD.

Jeanne Seymour à Norris!... Catherine Howard....

DEHERAM, *vivement*.

A Waston?...

CATHERINE HOWARD.

Oui!... Je vous laisse à juger si le projet doit être du goût du roi,... et de nature à beaucoup augmenter son amitié pour ses favoris!

DEHERAM, *avec rage*.

Et Waston vous aime!... Ah! je le craignais?... Plus d'une fois même j'ai cru remarquer que Norris....

CATHERINE HOWARD, *avec légèreté*.

Fou!... jaloux!... Hélas! ni l'un ni l'autre n'ont d'amour pour moi!... ils ne savent pas tout ce que je vaux!

DEHERAM.

Offerte par la reine, comment Waston a-t-il osé refuser votre main?... Quelle excuse a-t-il donnée?

CATHERINE HOWARD.

Je l'ignore.... Peut-être aime-t-il ailleurs,... ou bien craint-il de déplaire au roi.

DEHERAM.

Mais vous, Catherine, qu'avez-vous répondu aux ouvertures de la reine?

CATHERINE HOWARD.

Moi?... J'ai baissé timidement les yeux,... et ma parole s'est glacée sur mes lèvres.

DEHERAM.

Mais vous avez eu très-grand tort!... c'est là une sorte de consentement!...

CATHERINE HOWARD, *gaiement*.

Eh! non!... ce n'est rien du tout!... c'est tout ce qu'on veut!... c'est de la politique! Eh! ne comprenez-vous donc pas que l'amour du roi est un obstacle aux vues de la reine?... Cet amour, dont vous avez la sottise de vous effrayer, devient notre refuge le plus assuré.

DEHERAM.

Ah! si je n'en voyais pas tout le danger!...

CATHERINE HOWARD.

L'aventure y perdrait tout ce qu'elle a de piquant! Ah! ah! ah!... Ah! ah! ah!...

DEHERAM.

Qu'avez-vous à rire?

CATHERINE HOWARD.

Ah! ah! ah! je ne puis m'en empêcher, c'est plus fort que moi!... Ah! ah! ah! mille folles idées me traversent la tête!.. Ah! ah! ah!... ah! ah! ah!... mon ami, vous avez peur de votre ombre!... Si prompt, si terrible qu'on vous représente le courroux du roi, jamais, à mon sens, prince ne fut plus patient, plus crédule, plus facile à tromper!

DEHERAM.

Vous croyez?

CATHERINE HOWARD, *malicieusement.*

J'en réponds!... Ah! si la reine eût voulu!... Fiez-vous à moi!... Le plus sage, le meilleur est de se laisser conduire par la femme dont on est aimé,... de lui abandonner en aveugle tout le soin de sa fortune!... (*Appuyant sur les mots.*) Je me charge de la vôtre!... Entendez-vous?... Je m'en charge!... Moi, je n'ai pas de frère que je puisse aimer : je n'ai que vous; j'aurai pour vous toute l'ambition qu'Anne a pour Georges Boleyn!... Je vous élèverai plus haut que le vicomte de Rocheford!

DEHERAM.

Moi?...

CATHERINE HOWARD, *les yeux fixés sur lui.*

Deheram, c'est mon rêve!... Je serai pour vous une amie si dévouée et si tendre, que notre grand connétable, le duc de Suffolk, si fier d'être le mari de la veuve de Louis XII et le frère de Henri VIII, portera lui-même envie à votre bonheur!

DEHERAM.

Que me promettez-vous?... Belle, généreuse Catherine! ah! vous m'enivrez d'ambition et d'amour!

CATHERINE HOWARD, *d'un ton significatif.*

Me comprenez-vous enfin?...

DEHERAM, *tombant à genoux, et couvrant les mains de Catherine de baisers et de larmes.*

Ah! je vous admire!... Je vous rends grâces!... Je vous adore!...

CATHERINE HOWARD.

Faut-il que je vous aime!... Que de soins, de tourments vous m'allez donner!... Fais-je bien?... fais-je mal?... Serai-je récompensée ou punie?... je ne sais!... Mais je sens qu'il est dans notre destinée de nous aimer toujours!...

DEHERAM, *avec feu.*

Toujours!...

CATHERINE HOWARD.

La paix est faite?...

DEHERAM.

Pour la vie!...

CATHERINE HOWARD.

Vous vous rappelez à quelles conditions?...

DEHERAM.

Vous ne serez jamais à d'autre que moi?...

CATHERINE HOWARD, *d'un ton très-expressif.*

Le roi excepté?...

DEHERAM.

Soit!... Que le sort en décide! je suis à vous : je vous appartiens!... Faites, ordonnez, disposez de moi; je vous obéirai!

CATHERINE HOWARD.

Donnez-moi donc la main?...

DEHERAM.

Oh! un baiser, Catherine!... Un seul! Ce sera le premier!... Ah! ne me refusez pas!...

CATHERINE HOWARD.

Sera-ce le dernier?... audacieux!... Ah! si une fois nous entrons dans cette voie!...

DEHERAM, *d'un air suppliant.*

Par pitié!... Le voulez-vous?...

CATHERINE HOWARD *le regarde avec tendresse.*

Est-ce que ces choses-là se demandent?...

DEHERAM *la presse dans ses bras.*

Ah! que vous êtes bonne!...

CATHERINE HOWARD.

Monsieur! je n'ai pas consenti! c'est malgré moi!... Adieu, cher enfant!... A midi! dans l'oratoire de la reine!... Vous m'apporterez mes lettres!... toutes mes lettres?...

DEHERAM.

Comment? est-il encore nécessaire....

CATHERINE HOWARD.

Les querelles vont recommencer?...

DEHERAM.

Ces lettres, qui me sont si chères, que je puisse les relire une dernière fois!... Demain, oui, demain je vous les rendrai!...

CATHERINE HOWARD.

Non, non, non!... Aujourd'hui! tout à l'heure!...

DEHERAM.

N'en pourrai-je garder une seule?...

CATHERINE HOWARD.

Aucune!...

DEHERAM.

Chère Catherine!...

CATHERINE HOWARD.

Non, non, non, non, non!... Je les veux toutes! monsieur, je les veux!...

DEHERAM.

Ne pourrai-je plus vous écrire?

CATHERINE HOWARD.

Je vous le défends!

DEHERAM.

Et vous?

CATHERINE HOWARD.

Moi?... Peut-être!... Moi, c'est différent!... je sais ce que j'écris!... et encore?... Des lettres?... à quoi bon? ça reste! ce sont des preuves!... A vrai dire, ce sont les seules qui puissent convaincre?... Pourquoi se compromettre, quand on peut se voir tous les jours?

DEHERAM.

S'il le fallait, s'il y avait force majeure?... qu'il y allât de la vie?

CATHERINE HOWARD.

Vous m'en direz tant!...

DEHERAM.

Aucune confidence au comte de Surrey?

CATHERINE HOWARD.

Pas un mot des vues qu'il pourrait avoir sur la princesse Marie?... Surrey a toujours été si bon pour nous!... Il mérite si bien d'être heureux! (*D'un air de confiance.*) Dans le cas où, pendant la fête, je croirais prudent d'adresser quelques mots à Culpepper, ne vous montez pas la tête!... Soyez discret! ne vous vantez à aucun de vos camarades, surtout à Mannoc, de tout ce que je fais pour vous!... Défiez-vous de lady Marguerite!... Pas un regard, pas un signe qui puisse nous trahir!... Moi aussi, je suis jalouse, monsieur!... beaucoup plus jalouse que vous ne pensez!... J'ai des yeux : je verrai si vous êtes occupé de moi! (*On entend sonner l'horloge du château.*) Sept heures!... Je suis attendue chez la reine!... A midi!... Vous me direz comment vous trouvez ma toilette!... Je vais être jolie à tourner toutes les têtes!... Je serai charmante! ravissante!

DEHERAM, *tristement*.

Et cela, pour le roi?

CATHERINE HOWARD.

Non!...

DEHERAM.

Il le croira!

CATHERINE HOWARD.

Qu'importe? qu'il le croie! tant mieux!... Au lieu de faire sottement le jaloux, songez bien plutôt à lui cacher votre amour, à flatter ses fantaisies!... Ne m'entendez-vous donc pas?... Me faudra-t-il mille fois revenir sur les mêmes choses?... Si je veux être belle, c'est pour vous!... (*Attachant sur lui un long regard.*) C'est pour toi, Deheram, pour toi seul! je t'aime! je t'aime!... je n'aimerai jamais que toi!...

DEHERAM, *lui donnant plusieurs baisers*.

Ah! mon amie!...

CATHERINE HOWARD.

Que faites-vous?... Mais pas si fort!

DEHERAM.

Chère!... chère Catherine!...

CATHERINE HOWARD.

Mais, mon dieu, n'appuyez donc pas si fort!... maladroit!... Comment, avec ces horribles marques, me montrer à la reine?... Faudrait-il du moins s'y prendre de façon qu'il n'y parût pas!... Enfant! enfant!... Ah! que j'aurai de peine à vous rendre tel que je voudrais vous voir!...

(*Catherine Howard entre rapidement dans la chambre à coucher de la reine.*)

SCÈNE III.

DEHERAM.

Ah! comment se défendre de tant d'attraits et de séductions!... Comment ne pas vouloir tout ce qu'elle veut!... Elle même a-t-elle plus d'empire sur sa volonté?... A chaque effort qu'elle tente pour rompre avec moi, elle se trouve liée plus étroitement; et, avec le désir de reprendre ce qu'elle a donné, ne finit-elle pas par accorder ou promettre tout ce que d'abord elle voulait refuser?... Est-ce faiblesse?... étourderie?... ignorance?... Que veut-elle donc?... le sait-elle bien?... Ah! son ambition sans doute serait d'être reine?... Mais avec le roi pour mari, ne songe-t-elle pas à m'avoir pour amant?... Moi!... moi qui mettais toute ma félicité, tout mon orgueil à l'avoir pour femme?... Ah!... Ah! Dieu!... Tant de perversité, d'audace, dans l'âme d'une jeune fille, d'une enfant!... Et si bientôt la fantaisie lui venait, m'ayant pour mari, d'avoir le roi pour amant?... l'indigne!... Comme elle est sortie radieuse et triomphante!... toute fière du traité infâme qu'elle s'imagine avoir conclu!... Voilà donc comme elle sait aimer!... Ah! tout beau, tout beau, chère Catherine!... Ces lettres que vous brûlez de ravoir,... elles ne vous seront rendues qu'en échange de gages plus certains!... Si brillantes, si charitables que soient vos propositions,... je ne suis point d'humeur à entendre à tous ces accommodements!... Et croyez-moi, prenez garde!... si, une seule fois, je trouve votre vigilance en défaut, ma très-charmante, je vous jure que je vous ferai perdre l'espoir d'être jamais la femme du roi!...

SCÈNE IV.

WRIOTHESLEY, DEHERAM.

WRIOTHESLEY.

Deheram!... hier au soir le roi a-t-il passé dans l'appartement de la reine?

DEHERAM.

Non, milord....

WRIOTHESLEY, à part.

Il ne l'a pas revue!... après la scène d'hier!... A merveille!... (*Haut*). Cette nuit le roi a-t-il appelé?...

DEHERAM.

Non, milord; mais sur les deux heures j'ai été réveillé subitement par des gémissements qui partaient de la chambre de Sa Majesté. Je suis entré. Deux flambeaux prêts à s'éteindre ne jetaient plus qu'une faible clarté. Le roi, debout, pâle, le regard égaré, poussait des cris funèbres, comme s'il eût eu devant lui des spectres menaçants. Les noms de Catherine, d'Élisabeth Barton, de Morus s'échappaient confusément de ses lèvres.... A mon aspect, Sa Majesté a repris ses sens, et m'a invité avec bonté à me retirer.

WRIOTHESLEY.

Et de ce côté?... de la chambre à coucher de la reine?... aucun bruit n'est arrivé jusqu'ici?...

DEHERAM.

J'étais près de me rendormir, lorsque j'ai cru entendre crier au feu,... et comme le brisement d'une porte qu'on enfonçait.... J'ai prêté l'oreille.... Un silence profond régnait dans le palais.

WRIOTHESLEY.

Le vicomte de Rocheford ni aucun des gentilshommes de la reine n'est sorti par cette porte ?

DEHERAM.

Aucun.

WRIOTHESLEY.

Ni Waston ?... ni Brereton ?... ni Marc Smeaton ?...

DEHERAM.

Personne, milord !

WRIOTHESLEY *le regarde d'un air de doute.*

En êtes-vous bien sûr ?

DEHERAM.

Je n'ai pas quitté ce salon.

WRIOTHESLEY.

Vous venez de me dire que vous êtes entré dans la chambre du roi ?

DEHERAM.

Un instant à peine....

WRIOTHESLEY.

Cet instant a pu suffire pour qu'on s'évadât sans être vu !

DEHERAM, *à part.*

Que signifient toutes ces questions ?

WRIOTHESLEY *indique la pièce que, sur la prière de miss Howard, Deheram a été ouvrir.*

Et dans cette chambre, derrière cette portière, aucun bruit, aucun mouvement n'a éveillé votre attention ?

DEHERAM.

Pardonnez-moi, milord.... Tout à l'heure, j'avais cru entendre marcher.... J'ai écarté ce rideau,... mais je n'ai aperçu personne.

WRIOTHESLEY.

Sans doute.... Vous m'aviez laissé le temps de m'esquiver.

DEHERAM, *reculant avec surprise.*

Quoi? milord, vous écoutez aux portes?

WRIOTHESLEY.

Oui, mon bon ami, j'ai cet honneur!... et je n'ai pas perdu une seule de vos paroles!

DEHERAM, *à part.*

Ciel!...

WRIOTHESLEY, *avec malice.*

Vous conviendrez, monsieur, que pour arriver à vous entendre, ni vous ni Mlle Howard ne prenez le chemin le plus court!... Vous êtes d'infatigables causeurs!... Hier, j'avais déjà pu m'en convaincre....

DEHERAM.

Hier, milord?

WRIOTHESLEY.

Oui.... la station que vous m'avez forcé de faire avec vous dans la chapelle de White-Hall.... n'a pas été de peu de durée?... Ah! que vous méritez bien, monsieur, d'y avoir gagné toutes les indulgences!... Je ne vous savais pas si dévôt!

DEHERAM, *avec dépit.*

Il faut, milord, que Votre Seigneurie soit douée de quelque vertu surnaturelle pour être si exactement informée de tout ce qui se passe!...

WRIOTHESLEY.

Mon Dieu, le procédé est très-simple....

DEHERAM.

Et fort honnête, sans doute?...

WRIOTHESLEY.

Il consiste dans l'habitude que j'ai contractée, dès ma plus tendre enfance, de tout observer, et d'épier tout le monde!

DEHERAM.

En vérité, milord, c'est une étrange habitude que vous avez là?

WRIOTHESLEY.

Mais non!... Elle est beaucoup plus répandue dans les cours qu'on ne le suppose généralement.... D'ailleurs cette passion immodérée de tout connaître a été singulièrement encouragée par le roi.

DEHERAM.

Quoi? milord, c'est par ses ordres....

WRIOTHESLEY.

Oui, mon cher monsieur!... et j'y cède sans trop forcer ma nature!... Et pour bien entrer dans toutes les vues de Sa Majesté, j'ai dû me faire la réputation d'être l'homme de son royaume le plus indiscret!...

DEHERAM.

Personne assurément, milord, ne serait assez hardi pour vous la disputer.

WRIOTHESLEY.

Je le crois!... A-t-on un secret à divulguer, une méchanceté à répandre, c'est à qui s'empressera de me faire sa confidence,... et je puis dire sans vanité qu'il ne m'est pas encore une seule fois arrivé de tromper l'attente de personne!...

DEHERAM, *avec ironie et s'inclinant*.

C'est une justice, milord, que chacun se plaît à vous rendre.

WRIOTHESLEY.

C'est trop de bonté!... Depuis quelque temps, mon beau jeune homme, il n'est bruit que de vos prouesses, de vos galanteries!... Vous me donnez à vous seul autant de besogne que toutes les filles d'honneur de la reine!... La charge devient lourde! (*D'un ton railleur.*) S'il pouvait entrer dans vos convenances de faire un peu moins parler de vous,... de n'être pas si matinal;... si, sans vous gêner trop, il vous était possible de fixer vos rendez-vous à des heures et dans des lieux plus commodes,... je vous en serais obligé très-sensiblement.

DEHERAM.

Dès que cela vous est agréable, milord, j'y ferai très-certainement tout mon possible. (*D'un ton sérieux.*) Monsieur le comte, c'est Jenny Lascels qui m'a trahi!... C'est elle qui vous a prévenu du rendez-vous que j'avais ce matin?

WRIOTHESLEY.

Précisément!... C'est elle-même qui, hier au soir, vous a rendu ce petit service!... et sans se faire trop prier!... A peine veniez-vous de la quitter.

DEHERAM.

Comment cela? A ce moment, miss Howard montait l'escalier qui conduit aux appartements des filles d'honneur?

WRIOTHESLEY.

Je n'en ai pas moins eu le loisir de questionner la jeune et jolie suivante tout à mon aise!... et voici comment.... Le hasard a voulu que Mlle Howard fût accostée, au premier étage, par votre ami Mannoc dont, entre nous, vous avez bien quelque sujet de vous montrer jaloux.

DEHERAM, *à part*.

La perfide!...

WRIOTHESLEY.

Au deuxième étage,... par ce petit sournois de Culpepper.

DEHERAM.

Ce n'est pas possible!...

WRIOTHESLEY.

Au troisième étage....

DEHERAM.

Au troisième étage!... Par qui, monsieur, par qui?

WRIOTHESLEY.

Ah! c'est ce que je suis désolé de ne pouvoir vous apprendre!... J'ai dû me retirer respectueusement.

DEHERAM.

Quoi? milord.... c'était le roi?

WRIOTHESLEY.

Mon cher monsieur, les surveillants de nuit ne m'ont pas encore donné le nom de l'interlocuteur du troisième étage. Mais s'il vous fait plaisir de le connaître,... je vous promets d'être bientôt en mesure de satisfaire votre curiosité.... Par ma foi, il est bien heureux pour vous, monsieur, que le palais de Greenwich n'ait pas une plus grande élévation!

DEHERAM.

Monsieur le comte!

WRIOTHESLEY.

J'ignore si Mlle Howard a reçu des pouvoirs de la reine, du genre de ceux dont le roi a bien voulu m'honorer;... mais depuis quelques jours tout le monde s'accorde à trouver votre jeune amie presque aussi curieuse et aussi babillarde que moi!... et ce n'est pas peu dire!... Il semble qu'il y ait d'elle à moi une sorte d'émulation, de défi!... Mais s'il ne s'agit que de parler ou de faire parler les autres,... par sainte Catherine, je ne suis pas homme à me laisser vaincre par une femme!... Mais voici Mlle Howard!

SCÈNE V.

WRIOTHESLEY, Catherine HOWARD, DEHERAM.

CATHERINE HOWARD *entre vivement*.
Deheram!...
DEHERAM.
Chut!...
CATHERINE HOWARD *aperçoit lord Wriothesley*.
Ah!... monsieur le comte....
WRIOTHESLEY.
Qu'avez-vous, mademoiselle? Vous êtes tout émue!
DEHERAM.
En effet....
WRIOTHESLEY.
Est-il vrai, mademoiselle, que le feu ait pris cette nuit dans la chambre à coucher de la reine?
CATHERINE HOWARD.
Oui, milord.... Sa Grâce m'en a dit un mot.
DEHERAM.
Je ne m'étais donc pas trompé?
CATHERINE HOWARD.
Mais, monsieur, il m'arrive un grand malheur!
DEHERAM.
A vous, mademoiselle?
WRIOTHESLEY.
Eh! qu'est-ce donc?
CATHERINE HOWARD.
Hélas! je suis chargée par la reine de porter à ma chère

miss Jeanne Seymour, que j'aime tant, monsieur.... l'ordre de ne point se montrer aujourd'hui aux divertissements de la cour.

WRIOTHESLEY, *souriant*.

Vous m'aviez effrayé, mademoiselle.

CATHERINE HOWARD.

Ah! cela me fait un chagrin!...

WRIOTHESLEY.

Sans doute le malheur est grand! mais moins, ce me semble, pour mademoiselle Howard que pour miss Seymour?

CATHERINE HOWARD.

Ah! milord, j'en suis au désespoir!

DEHERAM.

Et sait-on la cause de cette disgrâce, mademoiselle?

CATHERINE HOWARD.

Non, monsieur, la reine ne s'est pas expliquée.

WRIOTHESLEY.

Mais ce n'est plus un mystère!

CATHERINE HOWARD.

Quoi donc?... Que s'est-il passé?

WRIOTHESLEY.

Hier matin, mademoiselle, pendant que miss Catherine Howard faisait secrètement ses dévotions à la chapelle de White-Hall....

CATHERINE HOWARD.

Moi, monsieur le comte?

WRIOTHESLEY.

Pourquoi vous en défendre, ma belle demoiselle?... On sait que vous n'êtes pas de celles qui ne vont aux églises que pour y être aperçues!... Miss Seymour n'a malheureusement pas eu votre prudence.... Au moment du départ pour Greenwich, la reine l'a surprise, dans son oratoire, assise sur les genoux du roi!

CATHERINE HOWARD, *s'écriant*.

Miséricorde!... Miss Seymour sur les genoux du roi!...

WRIOTHESLEY.

Plus bas, mademoiselle!

CATHERINE HOWARD, *plus haut*.

Ah! quelle indécence!... miss Seymour!... une fille si modeste dans tous ses discours!

WRIOTHESLEY.

Plus bas, mademoiselle!

CATHERINE HOWARD.

Non, milord, non, c'est un mensonge! c'est une calomnie!... Je ne croirai jamais que ma meilleure amie ait perdu toute sorte de pudeur!

WRIOTHESLEY.

De grâce, mademoiselle....

CATHERINE HOWARD.

Ah! vous m'en direz tant!... Ah! dès que vous en êtes sûr,... Je ne m'étonne plus!.... Je n'ai pas le courage de blâmer la reine! Et toute autre, à sa place, serait sans doute beaucoup plus sévère;... et moi-même, malgré toute mon indulgence pour les fautes des personnes que j'estime et que j'aime, je ne sais en vérité pas si j'aurais la faiblesse de fermer les yeux sur de pareils écarts. Ah! je comprends maintenant, je comprends l'air soucieux de la reine, son silence pendant toute la soirée d'hier.

WRIOTHESLEY.

De là l'embarras du roi,... son empressement auprès

d'une autre personne.... infiniment plus jeune que miss Seymour!... non moins jolie!... bien plus sage!... Est-il besoin de la nommer?

CATHERINE HOWARD, *riant.*

Non!... non, monsieur!...

WRIOTHESLEY.

C'est inutile?

CATHERINE HOWARD.

Tout à fait! je devine très-aisément!...

DEHERAM.

Et si je ne m'abuse, milord, cette jeune et jolie personne est appelée à remplacer miss Seymour dans l'amitié,... dans la faveur du roi?

WRIOTHESLEY.

Diable! monsieur le page!... savez-vous bien que la question que Votre Grâce me fait l'honneur de me poser.... est fort délicate?... J'y répondrai pourtant avec toute franchise. Hier au soir, monsieur, tandis que miss Howard, discrètement enveloppée dans sa mantille, montait sans bruit l'escalier des filles d'honneur,... lorsqu'elle fit une petite pause....

DEHERAM, *vivement.*

Au troisième étage?...

WRIOTHESLEY.

Précisément!... au troisième étage!...

CATHERINE HOWARD, *à part.*

Ce maudit homme sait tout!

DEHERAM, *de même.*

Elle se trouble? plus de doute! c'était le roi!... (*Haut.*) Eh bien, monsieur le comte?

WRIOTHESLEY.

Eh bien, mon cher monsieur, le sentiment général se

trouvait alors complétement d'accord avec vos conjectures,... tout semblait indiquer que l'adroite et accorte personne, dont le nom et les louanges étaient d'ailleurs dans toutes les bouches, prenait la voie la plus directe pour atteindre son but.... Mais voici qui va terriblement changer les choses!... Le message dont mademoiselle Howard a l'obligeance de se charger doit amener infailliblement le triomphe de miss Seymour.

CATHERINE HOWARD, *avec inquiétude.*

Vous croyez cela, milord?

WRIOTHESLEY.

Je n'en doute pas, mademoiselle!... Ah! il faut être juste, de la part de la reine, le coup est fier et hardi!... c'est ouvrir la lice, et donner vaillamment le signal du combat!... mais, pour qui connaît l'humeur dont est le roi, engager une lutte si périlleuse, c'est courir à une défaite immanquable!... Mademoiselle Howard ignore-t-elle donc que jamais le roi ne se passionne et ne s'opiniâtre qu'en raison de la résistance et des obstacles qu'on lui oppose?

CATHERINE HOWARD, *souriant.*

Si fait!... je sais cela, milord.

WRIOTHESLEY, *avec une intention marquée.*

Miss Howard, je veux vous bien avertir du danger auquel s'expose la reine.... Ici son intérêt est en quelque sorte le vôtre.... En m'adressant à vous, je crois parler à une autre elle-même.... Miss Howard, songez-y bien! peut-être le roi hésite-t-il encore.... Si une fois vous exécutez l'ordre qu'on vous a donné, c'est fait de la reine!... La victoire de miss Seymour est assurée!...

CATHERINE HOWARD.

Milord, je vous remercie, au nom de la reine.... de votre

excellente intention.... Elle est comprise.... comme elle doit l'être!... Mais votre zèle s'exagère le péril, et je puis vous répondre qu'aujourd'hui la reine est en état de ne plus craindre de rivale. Tel événement, milord, dont ses ennemis feignent à dessein de désespérer, pourrait déjouer bien des complots,... ruiner plus d'une cabale!...

WRIOTHESLEY.

Comment donc?... La reine aurait-elle l'espoir d'être mère?

CATHERINE HOWARD.

Et comment ne l'aurait-elle pas, monsieur?

WRIOTHESLEY.

Mais encore.... Êtes-vous officiellement informée, mademoiselle?

CATHERINE HOWARD.

Ah! vous m'en demandez beaucoup trop, milord!... Ceci, monsieur, est le secret de la reine.

WRIOTHESLEY.

Ne savez-vous pas, mademoiselle, que jamais je ne répète ce qu'on daigne me confier?

CATHERINE HOWARD, *affectant un air mystérieux.*

Chut!... paix!...

WRIOTHESLEY, *de même.*

J'entends!...

CATHERINE HOWARD.

Peut-être en ai-je dit plus qu'il ne convenait?

WRIOTHESLEY.

Du tout!... Qui mieux que vous, mademoiselle, sait se taire et ne parler qu'à propos? Tout à l'heure encore je m'extasiais sur votre prudence, sur votre discrétion!

CATHERINE HOWARD.

La vôtre, milord, est au-dessus de tous mes éloges!

WRIOTHESLEY.

Je vois, mademoiselle, que nous nous comprenons à merveille.

CATHERINE HOWARD.

Le mieux du monde!... Ne cherchons pas, milord, à divulguer un événement que la reine a sans doute ses raisons pour tenir secret!...

WRIOTHESLEY.

Je n'aurai garde!...

CATHERINE HOWARD.

Plus un seul mot!

WRIOTHESLEY.

Le silence le plus absolu!

CATHERINE HOWARD.

Je vais, de ce pas, vous donner l'exemple.

WRIOTHESLEY.

Toute mon ambition, mademoiselle, sera de vous imiter.

CATHERINE HOWARD.

Ah! milord, c'est avoir de votre mérite un sentiment beaucoup trop modeste!

WRIOTHESLEY.

Vous me flattez!

(Wriothesley et Catherine échangent le salut le plus gracieux.)

CATHERINE HOWARD, à part.

Avant une heure, la chose sera publique, tout le monde la saura!

(Deheram reconduit miss Howard jusqu'à la porte.)

CATHERINE HOWARD, à voix basse.

La reine sait votre amour; Jenny Lascels a tout dit. Ce soir, Anne veut me parler. Si l'on vous interroge, ne convenez de rien. A midi, dans l'oratoire, mes lettres! et demain, ici, à pareille heure!... (*A part.*) Allons, allons, qui sait? la fortune peut encore être pour moi!...

(*Elle sort.*)

DEHERAM, *à part.*

Eh bien! que la reine sache tout! Tant mieux! c'est ce que je demandais!...

SCÈNE VI.

WRIOTHESLEY, DEHERAM.

(*Le comte Wriothesley s'est assis.*)

WRIOTHESLEY.

Ah çà! mon bel ami, ne vas pas t'y tromper!... Si miss Howard cherche à accréditer cette nouvelle, dont je doute fort, ce n'est pas qu'elle veuille empêcher la chute de la reine!... Son dessein n'est tout au plus que de retarder le triomphe de miss Seymour,... dans l'espoir de rendre avec le temps la partie moins inégale, et de supplanter plus sûrement sa meilleure amie. Ah! sur ma foi, mon cher, tu l'as bien jugée!... Non! eh! non, pardieu, miss Howard ne t'aime pas!...

DEHERAM.

Ah! milord....

WRIOTHESLEY.

Non, te dis-je!... Ton amour n'est pour elle qu'une sorte d'habitude, une occupation, un amusement!... Sa coquetterie y trouve à s'exercer!... c'est pour la malicieuse enfant l'occasion de faire sur toi l'épreuve des armes dont ensuite elle se sert pour captiver le roi!...

DEHERAM.

Ah! ce serait risquer beaucoup que de se livrer à ce double jeu!...

WRIOTHESLEY.

Sans contredit!... aussi maintenant voudrait-elle rompre avec toi;... mais le courage lui manque!... ton audace, et surtout les preuves que tu as encore contre elle l'arrêtent et l'épouvantent!... et pour te ménager, pour acheter ton silence, elle te leurre d'une espérance qu'elle est fermement résolue à ne jamais remplir,... Va, mon cher, eût-elle la liberté de t'épouser, elle n'y consentirait pas!... L'obstacle viendrait d'elle!... Miss Howard se souvient de quelle influence l'amour de lord Piercy pour Anne Boleyn fut autrefois sur l'esprit impétueux et jaloux de son royal amant,... et si demain Catherine croyait gagner le roi en lui dénonçant ton amour, c'est elle qui te sacrifierait, qui provoquerait ta ruine!...

DEHERAM.

Ah! milord, qu'elle ne s'y hasarde pas!...

WRIOTHESLEY.

Tiens ceci pour certain!... et, quoi qu'il arrive,... qu'Anne Boleyn, en flattant le roi de lui donner un fils, ressaisisse un empire éphémère,... que Jeanne Seymour soit élevée au trône,... tant que ces ambitieux et fiers Howard nourriront l'espoir de faire de leur nièce, ou la femme ou la maîtresse du roi, sois assuré que jamais Catherine ne se mariera!... Et si jamais le roi venait à savoir tout ce que j'ai appris depuis hier!... Deheram, après les menaces que tu as osé proférer contre ton maître,... il serait sans doute plus sage et plus loyal à moi de te dénoncer et de te déférer à la justice....

DEHERAM.

Vous, milord! me perdre! une lâcheté? Non, non, vous en êtes incapable!...

WRIOTHESLEY, *avec vivacité.*

C'est ce qui te trompe!... La vérité pourrait un jour arriver jusqu'au roi;... tu peux dès à présent juger de la discrétion ou du courage de Jenny Lascels!... Mais hélas! le parfait honnête homme dont tu portes le nom, était mon plus intime ami,... et j'avais pour ta mère une affection si tendre!... Mon enfant, crois-en mon expérience, pour parvenir à une haute fortune, ce n'est pas tant de nos grandes dames que du roi qu'il faut se montrer amoureux. Ici, le roi seul, avec Dieu, peut tout. C'est au roi qu'il est utile d'être fidèle, qu'il est bon de se dévouer. Quoi donc? avec de l'esprit et du jugement, dois-tu longtemps encore faire le métier d'un sot? Cher innocent!... Eh! donne donc bien vite au roi ta maîtresse! nous avons tant de maris qui seraient si heureux et si fiers de lui prêter leurs femmes!... Deheram, tu serais mon propre fils, que je ne croirais pas devoir te tenir un langage plus sensé, plus moral, ni plus paternel. (*Il lui serre tendrement les mains.*) Mon cher bon ami, tu dois bien me connaître.... Depuis que j'ai eu la force d'envoyer à l'échafaud les deux hommes vénérables que, pendant un temps, j'ai le plus aimés.... Fisher et Morus.... ma réputation doit être faite;... dès que le roi a parlé, mon cœur devient d'airain. La loi ordonnât-elle un jour qu'on te pendît au gibet ou qu'on te tranchât la tête,... dussé-je faire tirer par quatre chevaux les membres disloqués et sanglants, et mettre ton corps en cinq quartiers,... je te le jure ici par les mânes sacrés de ta pauvre mère, mon cher enfant, tu ne trouveras en moi ni cœur ni entrailles!... Je ne te ferai pas la moindre miséricorde!... Serre-moi donc encore une fois la main cordialement; et maintenant s'il t'arrive malheur, ne t'en prends plus qu'à toi!... On vient? Sors!...

SCÈNE VII.

Edouard SEYMOUR, WRIOTHESLEY, SUFFOLK.

ÉDOUARD SEYMOUR *entre vivement*.

Ah! mon cher comte....

WRIOTHESLEY.

Auriez-vous appris l'ordre donné par la reine?

ÉDOUARD SEYMOUR.

Oui, milord, et je viens moi-même d'en informer M. le duc de Suffolk. J'étais avec ma sœur, lorsque miss Howard s'est présentée avec son petit air contrit, où perçait déjà la joie du triomphe.

WRIOTHESLEY.

Et ce coup, messieurs, n'est peut-être pas le plus dangereux!... Afin sans doute de prolonger la lutte, de jeter de l'incertitude dans l'esprit du roi, ou de décourager miss Seymour, Mlle Howard fait insidieusement entendre que la reine est sur le point de déclarer sa grossesse.

ÉDOUARD SEYMOUR.

Ah! ciel!... Mais en effet,... ces vapeurs auxquelles depuis quelque temps elle semble sujette....

WRIOTHESLEY.

Et miss Seymour laisse échapper l'occasion?... Miss Seymour ne profite pas de la passion du roi?... N'a-t-elle donc voulu qu'ouvrir le chemin, et préparer les degrés à miss Howard?

ÉDOUARD SEYMOUR.

Eh! milord, Jeanne a-t-elle une volonté?... La vertu de ma sœur fera mon désespoir!... c'est une fille froide et sage, asservie aux moindres bienséances, dont l'ambition ni l'intérêt ne sauraient ébranler la droiture! Ah! ces délicatesses, cette pruderie, sont bien de saison! Mépriser le trône! dédaigner un roi jeune encore, prodigue, magnifique, qui, de sa vie, n'a su refuser une seule grâce à la femme dont il est épris! ah! c'est indigne! c'est affreux! Il y a des enfants qui ne sont nés que pour le malheur et la ruine de leur famille!...

WRIOTHESLEY.

Écoutez-donc, mon cher!... mon attachement pour les vôtres ne date pas d'hier;.. même avant l'élévation d'Anne Boleyn, corps et âme, j'étais tout à miss Seymour, à la vie, à la mort!... mais si votre sœur, au lieu de s'aider elle-même, contrarie tous les efforts de ses amis, si son ambition se borne à être la servante de miss Howard, ma foi, mon ami, moi je n'ai pas un très-grand intérêt à détester miss Howard,... et pourvu que cette aimable enfant vienne à me donner un gage assuré de sa reconnaissance, je n'ai aucune répugnance à lui faire l'offrande d'un dévouement qui, somme toute, ne cherche qu'à se fixer?..

ÉDOUARD SEYMOUR.

Mais comment espérer convaincre Jeanne?... Comment lui faire croire à la possibilité d'un nouveau divorce?... Comment briser un second mariage, dont tant d'actes publics ont consacré la légitimité aux yeux de toute l'Europe?... Ah! s'il y avait un moyen de séduire ma sœur, de la tromper, de lui persuader qu'elle n'est pour rien dans la disgrâce de la reine?... Il faudrait un événement tel qu'à ses yeux il devint manifeste qu'Anne, en tombant du trône, ne doit imputer sa chute qu'à ses propres fautes. Peut-être alors Jeanne se laisserait-elle conduire.... Le reproche d'ingratitude et de perfidie l'effraye et l'arrête,... et jamais, non, jamais de son plein gré, elle ne s'exposera au blâme et à l'animadversion qu'Anne Boleyn s'est attirés, en usurpant les droits de Catherine d'Aragon. Messieurs, si les choses ne prennent bientôt une autre face, tout est perdu!... Tant qu'elle croira la reine irréprochable et le roi heureux époux, Jeanne repoussera la couronne avec indignation. C'est un sacrifice que la vertu de son amie lui paraîtra mériter.

WRIOTHESLEY.

Et si cette voie salutaire, qu'au travers du nuage dont votre éloquence s'enveloppe, il est aisé cependant d'apercevoir.... se trouvait effectivement ouverte devant nous?...

ÉDOUARD SEYMOUR.

Que dites-vous, milord?

SUFFOLK.

Parlez!

WRIOTHESLEY.

Doucement, messieurs, doucement!... Je vous trouve bien braves!... Ne vous souvient-il plus de la peine portée par la loi contre les détracteurs de la reine?... (*Il se passe la main sur le menton.*) Il peut en coûter la tête!...

ÉDOUARD SEYMOUR.

Vous défiez-vous de vos amis?...

WRIOTHESLEY.

Eh! eh!...

SUFFOLK.

Vingt fois, milord, ne vous ai-je pas donné des armes contre moi?... (*Lui prenant affectueusement la main et en riant.*) Eh! mon cher comte, si aujourd'hui l'envie me prenait de vous envoyer à l'échafaud, n'êtes-vous pas en mesure de vous procurer le même plaisir?

WRIOTHESLEY, *de même.*

C'est vrai!... j'aurais bientôt pris ma revanche!... Soyez bien sûr, mon cher duc, que je n'y manquerais pas!

SUFFOLK.

J'y compte!... Vous faut-il de nouveaux gages, milord? Qu'à cela ne tienne! cette femme m'est odieuse, et j'en veux dire plus d'horreurs que vous!...

WRIOTHESLEY, *avec mystère.*

Messieurs, les découvertes que j'ai faites n'amèneraient pas seulement un divorce!... Un châtiment plus terrible serait sans doute infligé à l'adultère et à l'inceste?...

ÉDOUARD SEYMOUR.

L'inceste, milord?...

WRIOTHESLEY.

Oui!... j'ai contre elle et son frère des indices à les faire trembler!...

SUFFOLK.

Et vous n'avez pas encore averti le roi, monsieur?...

WRIOTHESLEY.

Monsieur le duc, l'avis peut être funeste! Il y a des traits qui, lorsqu'ils manquent le but, reviennent frapper celui qui les a lancés témérairement.

SUFFOLK.

Le silence est-il moins périlleux?

ÉDOUARD SEYMOUR.

Se taire, c'est trahir son devoir, c'est manquer à la loyauté due au souverain!

SUFFOLK.

Et si l'on vous avait devancé, milord?... si depuis longtemps le roi avait été éclairé par la jalousie et les rapports de la vicomtesse de Rocheford? si la dame du lit était autorisée à faire surveiller la reine?

WRIOTHESLEY.

Serait-il possible?...

SUFFOLK.

Monsieur le comte, ou je m'abuse étrangement, ou le roi a les yeux sur Norris, sur Waston, sur tous les favoris de sa femme!... Non, milord, le roi n'ignore rien de ce qui se passe!... et peut-être ne retient-il son courroux que pour éprouver la fidélité de ses serviteurs?... Comment, depuis plus de huit jours, ne vous êtes-vous pas aperçu que vingt fois Sa Grâce a vainement, et toujours avec un nouveau dépit, sollicité, provoqué votre confidence?... Si l'époux d'Anne Boleyn ne savait comment rompre son mariage, serait-il ce qu'il est pour miss Seymour et pour miss Howard?... Si l'arrêt d'Anne Boleyn n'était pas irrévocablement prononcé, son oncle le duc de Norfolk aurait-il osé s'entremettre dans un rapprochement avec le pape?...

ÉDOUARD SEYMOUR.

Ciel! que nous apprenez-vous, monsieur le duc?...

SUFFOLK.

Ah! mon jeune ami, je crains bien que vous ne soyez plus habile à rompre un escadron en rase campagne et la lance au poing, qu'à mener souterrainement une intrigue de palais.... Oui, messieurs, le cardinal Campeggio est à la veille de s'embarquer à Civita-Vecchia, et le chevalier Jean-Grégoire Cassali, qui le précède, est secrètement arrivé à Londres. Paul III, vous le savez, n'étant encore que le cardinal Farnèse, n'a point cessé, sous le pontificat de Clément VII, de seconder les vœux du roi, et Cassali vient aujourd'hui proposer l'oubli de tous les torts réciproques. Don Capucius, l'ambassadeur de Charles V, est aussi de retour, prêt à servir de médiateur et à conclure un nouveau traité d'alliance avec nous. Norfolk, toujours catholique au fond du cœur, et partisan zélé de Rome et de l'Empire, presse le roi de recevoir et d'écouter les envoyés, que sans doute il a eu l'art de prévenir en faveur de Mlle Howard,... et votre rival de guerre et de gloire, le comte de Surrey, qui, durant son exil, a reçu à Kimbolton les derniers soupirs de Catherine d'Aragon, Surrey, chargé aujourd'hui par la princesse Marie de paroles de soumission et de paix, doit ce matin même être admis à l'audience du roi.

ÉDOUARD SEYMOUR.

Quoi! après tant de menaces et de fanfaronnades, le roi aurait la couardise de se replacer sous le joug de l'évêque de Rome? A quoi donc songe Cranmer? que fait Cromwell?

SUFFOLK.

M. le vice-régent suit sa maxime ordinaire. Cromwell, comme il le disait un jour au chanoine Pole, quand il lui donnait des leçons de politique dans le palais du cardinal Wolsey, le dévot Cromwell, messieurs, a lu dans le livre de Machiavel, dont il fait son bréviaire, que tout le talent d'un homme d'État consiste à percer à travers les déguisements dont les princes ont coutume de voiler leurs inclinations réelles, et d'imaginer les expédients les plus spécieux pour satisfaire tous leurs désirs, sans outrager trop ouvertement la morale et la religion.

WRIOTHESLEY.

Eh! mais.... la leçon est bonne à retenir....

SUFFOLK.

Le savant précepteur n'a pas eu grand'peine à démêler qu'Anne, sa protectrice, n'a plus aucune puissance sur le roi. Sans doute, il n'agit pas encore visiblement contre elle. Mais il a cru prudent de se mettre en mesure de combattre au besoin, et sans trop de désavantage, les prétentions de ses jeunes rivales; et voici les batteries que notre vicaire général a dressées. A sa sollicitation, le ministre du duc de Clèves et des princes protestants, le baron de Norman, vient de proposer au roi d'embrasser la confession d'Augsbourg et d'accepter le titre de Protecteur de la ligue de Smalkalde. Sturmius, Georges Draco, Bucer et Mélanchton seraient envoyés en Angleterre pour conférer avec Cranmer et ses théologiens. Édouard Fox et le docteur Barnes ont reçu l'ordre de se tenir prêts à partir, pour porter en Allemagne la réponse du roi; et j'ai su hier au soir par le jeune comte de Valberg, qu'en cas de divorce, il était question de marier le roi à la princesse de Clèves.

ÉDOUARD SEYMOUR.

Anne de Clèves est promise au duc de Lorraine?...

SUFFOLK.

Non,... un simple accord entre les parents....

ÉDOUARD SEYMOUR.

Ah! mon cher comte, vous sentez qu'il n'y a plus un moment à perdre?

SUFFOLK.

Douteriez-vous, milord, de l'inconduite de la reine?

WRIOTHESLEY.

Moi, monsieur le duc?... quand il s'agit de croire au mal, je ne doute jamais!...

SUFFOLK

Eh bien, quand on est convaincu, est-il donc si difficile de convaincre?... Milord, vous en avez trop dit!... si vous hésitez plus longtemps, c'est moi qui vais prévenir le roi!...

MANNOC, *annonçant.*

Le roi!

SCÈNE VIII.

Les mêmes, HENRI, NORFOLK, SURREY, CULPEPPER.

HENRI *sort de sa chambre à coucher.*

Faites entrer le duc de Norfolk et le comte de Surrey.

(*Mannoc introduit le duc et son fils. Culpepper les suit. Dans ses mains il tient appuyés contre sa poitrine deux livres dont la couverture noire porte les noms et les titres de la reine Catherine d'Aragon, gravés en argent.*)

HENRI.

Comte de Surrey, j'ai tardé longtemps à vous recevoir. J'hésitais,... votre père a dû vous le dire. Mais vous aurez compris tout ce qui se passait en moi. J'avais des susceptibilités à ménager, des résistances à combattre.... La reine saura votre démarche.... Mais enfin j'ai cédé à la voix de mon cœur.... Oui, comte, j'avais besoin de vous entendre.... Quelque déplaisir que votre arrivée puisse causer à Greenwich, quelque orage qu'elle doive soulever, je le dis hautement, malgré les souvenirs douloureux que votre présence réveille, je suis heureux, milord, de revoir le fidèle serviteur de Catherine d'Aragon. Hélas! qui m'eût dit, à Black-Friars, que je la voyais pour la dernière fois!... Étaient-ce là les adieux qu'elle et moi nous devions nous faire?... (*Il promène tristement ses regards autour de lui.*) C'est dans ce palais que nous avons passé ensemble nos plus belles années!... Durant ces vingt années, tout ce que j'ai entrepris m'a réussi.... Catherine était mon bon ange, mon ange gardien!... Que de fois l'ai-je trouvée près de cette table, assise sur ce fauteuil, tenant entre ses genoux notre fille Marie,... à qui elle enseignait les commandements de Dieu!... C'est ici même que, la veille du jour où cette union si longue et si fortunée fut brisée, Wolsey et Campeggio l'ont surprise avec ses femmes, travaillant de ses mains, n'ayant à son cou pour toute parure qu'un écheveau de fil!... A cette place était son portrait.... (*S'adressant à Wriothesley.*) Milord, qui donc l'a fait enlever?... Cet ordre n'a pas été donné par moi.

WRIOTHESLEY.

Sire, ce fut Mme la marquise de Pembroke!...

HENRI.

Ah!...

WRIOTHESLEY.

Mais, sire, le portrait est resté à sa place,... il n'est que voilé.... J'étais sûr que le roi voudrait un jour le revoir....

(*Wriothesley écarte la tapisserie; le roi détourne la vue.*)

HENRI, *à part.*

Je n'ose la regarder,... je vais lire dans ses yeux ma condamnation! (*Il lève la tête.*) Non.... non, ce n'est pas là cette figure pâle et menaçante qui cette nuit m'est apparue.... (*Haut.*) Quelle noblesse!... comme cette gravité, qui règne dans tout son maintien, est heureusement tempérée par un fond de modestie et de douceur! Ah! que cette fierté, exempte de tout dédain, sied bien mieux sur le trône que cette légèreté de manières, cette gaieté, cette coquetterie d'esprit qui ne s'apprennent qu'à la cour de France!... Milord, désormais ce portrait restera découvert.... (*A Surrey.*) Comte, la reine Catherine d'Aragon m'a écrit?

NORFOLK, *à part.*

La reine!...

SURREY.

Oui, sire.... Voici la lettre que Sa Grâce m'a dictée de son lit de mort.

HENRI.

N'avait-elle pas plusieurs fois témoigné le désir de me voir?... Oui, vos messages me l'ont appris,... et j'allais partir pour Kimbolton, lorsque l'affreuse nouvelle est arrivée!... (*Il rompt le cachet et lit à haute voix.*) « Cher lord, roi et mari, vos longs déplaisirs vont s'éloigner de ce monde : je touche à ma dernière heure. L'affection seule dont je me sens pénétrée pour vous m'engage à vous exhorter à prendre soin du salut de votre âme. Vous m'avez précipitée dans de grands malheurs; j'oublie tout, et je prie Dieu de l'oublier de même. Je recommande à votre protection notre jeune fille Marie, l'image de nos chastes amours, et vous conjure humblement de vous conduire envers elle comme un bon père; c'est là ce qui a toujours été l'objet de tous mes vœux. Je vous supplie de procurer des établissements à mes filles d'honneur; elles vous seront peu à charge, car elles ne sont que deux, Anne Askew et Catherine Parr. Sûrement ceux qui les auront pour épouses seront des maris heureux. Adieu, Henri!... j'espérais vous revoir.... Pourquoi, malgré mes prières, n'êtes-vous pas venu? Ce doux remède, s'il m'eût été donné, m'aurait peut-être guérie. Je vous proteste qu'au moment où mes yeux sont prêts à se fermer pour jamais, mon unique désir serait de les attacher sur vous. Adieu, mon seigneur, cher roi, cher époux!... » Ah! milords!... Ah! quel cœur plein d'amour!... Quelle âme tendre et sainte!... Comment n'être pas ému,... touché jusqu'aux larmes!...

NORFOLK.

Milords!... le roi pleure!

SUFFOLK.

Le roi pleure?

WRIOTHESLEY.

Le roi?

NORFOLK.

Oui!... des larmes! des larmes véritables!...

ÉDOUARD SEYMOUR, *bas à Wriothesley.*

Milord, où tout ceci tend-il?

SURREY *prend les livres des mains de Culpepper et les présente au roi.*

Sire, voici les deux ouvrages que dans ses longues heures de retraite la reine Catherine a composés. Ils sont entièrement écrits de sa main.

HENRI *ouvre les volumes.*

Des *Méditations sur les Psaumes?...* un *Traité des plaintes du pécheur?...* que de vertus chrétiennes!... *(Il dépose les livres sur la table.)* Duc de Norfolk, ces manuscrits seront conservés précieusement dans la bibliothèque d'Oxford.

SURREY.

Sire, cet anneau nuptial dont la reine ne voulut jamais se séparer,... mais qu'au moment d'expirer elle a détaché de son doigt, en me chargeant de le remettre moi-même à Votre Majesté....

HENRI.

Cette bague, milord, ne me quittera plus. (*Il la met à son doigt.*) Hélas! en voyant mourir tous les enfants que j'avais eus de Catherine, j'avais dû croire que mon mariage n'était point agréable au ciel. Aujourd'hui suis-je plus favorisé? mes vœux ont-ils été mieux exaucés? Le fils qu'Anne m'a donné était mort en venant au monde!... Quand je vois ma seconde femme frappée d'une semblable malédiction, puis-je croire que ce nouveau mariage soit plus agréable à Dieu? (*Le roi semble en proie à une vive agitation.*) De quel mal pense-t-on que soit morte la reine?... (*Surrey garde le silence.*) Sa constitution fut toujours d'une extrême faiblesse,... et, lorsqu'elle arriva en Angleterre, quoiqu'elle se plaignît rarement, sa santé était déjà fort altérée.... (*Même silence.*) Comte, n'a-t-on pas connu sa maladie?... il importerait pourtant, dans l'intérêt de sa fille, qu'elle fût bien connue?

SURREY.

Sire, le chagrin....

HENRI, *avec impatience.*

Le chagrin?... quoi donc?... Est-on jamais mort de chagrin?... La tristesse a-t-elle le pouvoir d'user, de briser les ressorts de la vie? je ne m'en suis jamais aperçu! cela ne se peut pas!...

WRIOTHESLEY.

Que la maladie ait amené la tristesse! soit! ce n'est pas impossible.

HENRI.

A la bonne heure!

WRIOTHESLEY.

Que le médecin, qu'un remède donné à contre-temps ait causé la mort....

HENRI.
Je le veux bien !
WRIOTHESLEY.
La chose est naturelle....
HENRI.
Et fort vraisemblable !... D'ailleurs, quel nouveau sujet de s'affliger? n'ai-je pas satisfait à toutes mes obligations? n'ai-je pas exactement payé son douaire?...
SURREY.
Sire, la reine n'avait pas même un cheval pour la promenade !...
HENRI.
Comment? je n'ai pas su cela !...
SURREY.
Défense fut faite à ses serviteurs d'obéir à ses ordres !...
HENRI.
Je n'ai pas su cela !...
SURREY.
Malgré ses instantes prières, dix fois renouvelées, il ne lui a pas été permis de revoir sa fille !...
HENRI.
Jamais on ne m'en a parlé !...
SURREY.
Et quand elle exprima le désir de vivre dans un lieu moins éloigné de Londres.... et du roi....
HENRI.
Eh bien ?
SURREY.
Sire, on lui offrit le château de Fotheringay !...
HENRI.
Une prison ?... Et quelle fut sa réponse ?

SURREY.

Qu'on ne l'y mènerait que liée de cordes, garrottée!...

HENRI.

Traiter de la sorte une infante!... une reine!... Et Catherine ne s'est pas plainte à moi? Pourquoi cela?

SURREY.

La crainte d'appeler de nouvelles sévérités sur sa fille....

HENRI.

Mais je suis trahi!... mais on se joue de ma confiance!... je ne suis rien, je ne peux rien dans mon royaume!...

SUFFOLK.

Le roi a moins d'autorité qu'il n'en avait sous le cardinal!

HENRI.

Wolsey?... Ah! je lui rends justice!... Quoique absolu, Wolsey était humain!... Mais cette femme!... mais les hommes qu'elle m'a donnés!... ils auront tant fait qu'on chargera ma mémoire de la mort de Catherine!

SUFFOLK.

Ah! sire....

HENRI.

Vous verrez qu'on me rendra responsable de la mort de Fisher!... de la mort de Morus!... Par saint Georges, ces gens-ci me feront passer pour un tyran!

SUFFOLK.

Ah! sire....

WRIOTHESLEY.

Ah!

HENRI.

Pour un bourreau!

TOUS LES COURTISANS, *à l'exception de Surrey.*

Ah!...

HENRI.

Pour un monstre!...

LES COURTISANS.

Ah!...

HENRI.

Pour un Néron!... un Caligula!... un Caracalla!...

LES COURTISANS *indignés s'emportent et s'écrient avec colère.*

Ah!.. quelle odieuse comparaison!... quel horrible blasphème!... Sire!... sire!... Ah!... ah!... c'est trop!... c'est trop fort!...

WRIOTHESLEY, *avec violence.*

Si le roi continue, en ma présence, à médire du roi,... je dénonce le roi!... j'invoque la loi contre le roi!... Oui, mon roi, j'aurai ce courage!

HENRI.

Ah! toi, mon cher comte, et vous, mes vrais amis, mes bons conseillers, dont j'aurai désormais grand soin de suivre ponctuellement tous les avis et dans les moindres choses, vous connaissez mon cœur, vous savez lire dans mon âme!... Mais si le malheur voulait que la postérité prît le change sur mes mœurs et sur mon caractère,... si nos neveux devaient un jour tomber dans le piége tendu à leur crédulité.... Ah! cette pensée est cruelle!...

WRIOTHESLEY.

N'ayez point cette inquiétude, sire.

HENRI.

Ah! quand je vois comment Richard III, comment ce pauvre Glocester est déjà jugé de nos jours!...

WRIOTHESLEY.

Rassurez-vous, mon souverain;... vos fidèles secrétaires, vos évêques, se chargeront d'écrire votre histoire.

HENRI.

Ah! je ne leur demande que de l'impartialité.... Ce divorce.... ce déplorable divorce.... ne s'est-on pas imaginé qu'un caprice, qu'une amourette en avait été la cause?

WRIOTHESLEY.

Ah! sire, qui ne sait que le roi n'a consulté que sa conscience,... la raison d'État, le commandement de Dieu!...

HENRI.

C'est exact!... Cependant je suis sincère.... Dès que le sacrifice me fut irrévocablement ordonné par le ciel, sans aucun doute je cherchai à en adoucir l'amertume,... je ne restai pas obstinément sourd à mon inclination,... je désirai prendre une femme de mon choix,... la plus belle, la plus aimable entre toutes celles qui me seraient proposées....

WRIOTHESLEY.

Qui de nous, sire, n'aurait pas formé le même souhait?

HENRI.

Que ce fût Anne Boleyn, Jeanne Seymour, ou même cette fille du prince de Clèves dont le pinceau d'Holbein venait de m'offrir une si ravissante image, peu m'importait;... toutes étaient charmantes, toutes également désirables.... Mais on était alors dans l'engouement d'Anne Boleyn,... tout le monde me sollicitait en sa faveur,... je ne sus pas me défendre,... je cédai,... je me laissai conduire aveuglément au vrai but qu'après tout nous brûlions tous d'atteindre....

WRIOTHESLEY, *vivement*.

Le bonheur du peuple!

HENRI.

C'est le mot.

WRIOTHESLEY.

La perpétuité, la stabilité du trône !

HENRI.

C'est cela.... Ai-je jamais dit autre chose ?

LES COURTISANS.

Jamais.

HENRI.

Mon langage a-t-il varié ?

LES COURTISANS.

Jamais ! jamais !

HENRI.

Ce serait dix fois encore à recommencer, que je n'agirais pas autrement.... Et dans tout ce qui se fit alors, j'apportai si peu de mauvais vouloir contre Catherine, que, mon divorce prononcé, mon second mariage consommé, je ne cessai pas un seul jour de prêter l'oreille à des paroles d'accommodement.... Est-ce vrai, Norfolk ?

NORFOLK.

C'est la vérité même, sire.

HENRI.

Et je vous jure, milords, que si le ciel m'eût commandé un nouveau sacrifice, j'aurais, sans murmurer, remis toutes les choses dans leur état primitif.... Duc de Suffolk, j'ordonne que sa dépouille mortelle soit transférée, avec la pompe digne d'une reine et de la fille d'un roi, dans l'église de Peterborough, que j'érige en un siége épiscopal. Le cercueil sera couvert de fleurs virginales, afin que l'univers sache que Catherine d'Aragon fut jusqu'au tombeau une épouse chaste. Un mausolée somptueux transmettra le témoignage de mes regrets à la postérité la plus reculée. Le même jour, un service solennel sera fait dans Saint-Paul ; Gardiner prononcera l'oraison.

WRIOTHESLEY, *à part*.

Le roi est envers ses morts d'une justice et d'une tendresse qu'on ne se lasse pas d'admirer.

HENRI.

Hélas! milords, malgré sa grande douceur, j'ai lieu de craindre qu'au milieu de ses longs chagrins, l'infortunée, cédant à quelques accès d'impatience ou de colère, ne se soit exposée aux châtiments divins. Peut-être, avant d'être admise aux saintes joies du paradis, son âme expie-t-elle dans quelque lieu de souffrances, le péché dont elle n'a pas eu le loisir de faire en ce monde une pénitence suffisante?... Milords, l'usage d'intercéder pour les trépassés est recommandé par le livre des Machabées, comme une action bonne et charitable.... Ce soir, vous prierez avec moi en faveur de notre pauvre reine.... J'ai la confiance que Dieu, après tout ce que j'ai fait pour lui, aura quelque égard à mes prières.

WRIOTHESLEY.

S'il est vrai que Dieu éprouve ses élus par des tribulations, Catherine d'Aragon, sire, n'a-t-elle donc pas essuyé assez d'adversités pour nous donner l'espoir que Sa Grâce est entrée glorieusement dans le royaume des cieux?

HENRI.

Tu as raison, mon cher comte.... S'il pouvait en être autrement, Dieu, je le déclare, ne serait pas juste.... Quoi qu'il en soit, et surabondamment, je n'en doute pas, cinq cents messes basses seront dites dans notre chapelle royale de White-Hall, et, dès demain, un des officiers de notre maison, Jean Lascels, sera envoyé en pèlerinage à Notre-Dame de Walsingam.... Sur sa route il distribuera deux cents nobles aux pauvres. Comte de Surrey, il n'appartient pas seulement à l'éloquence de la chaire de célébrer la mémoire de celle que nous avons perdue ; la poésie et la musique, qu'elle aimait, lui doivent un tribut éclatant. Si ma muse ne vous paraît pas trop indigne de s'associer à la vôtre, j'aime à me persuader que je trouverai dans mon cœur quelques heureuses inspirations.

SURREY.

Sire, je ferai tous mes efforts pour me rendre digne d'un aussi grand honneur!... Mais un devoir me reste à remplir.... Sire, la princesse Marie, exilée, déshéritée, n'a point encore obtenu la faveur de se jeter aux pieds du roi?...

HENRI.

Est-ce ma faute, mon cher Henri, si ma fille n'est pas en ce moment auprès de moi?... Après les scènes violentes de Black-Friars, son esprit d'insubordination et de révolte ne m'avait-il pas forcé de la séparer de sa mère? Depuis, a-t-elle cessé de braver, d'attaquer ma suprématie?... n'avait-elle pas des intelligences secrètes avec les prêtres qui m'ont suscité cette prétendue prophétesse, cette vierge de Kent, dont j'ai dû punir les impostures et le libertinage? Marie, par son fanatisme, n'a-t-elle pas séduit, égaré Fisher et Morus? n'a-t-elle pas enchaîné ma clémence?... Depuis la mort de sa mère, même obstination! aucun signe de repentir! pas un seul acte de soumission!... n'avais-je pas fait les premiers pas?... Cromwell n'a trouvé chez elle que de l'orgueil et de l'opiniâtreté! Son âme ne respire que la vengeance!... Et cependant, mon cher Henri, j'aime ma fille. Je suis bon père; je le sais, je me dois cette justice. La rebelle! l'ingrate! préférer sa mère à moi!

SURREY.

Sire, son amour était égal;... mais sa mère était tombée dans la disgrâce.... Le roi, dans l'adversité, eût été l'objet de cette généreuse piété filiale!... Pardon, sire,... mais de tous les conseillers de la couronne, milord Cromwell était-il bien le plus propre à ménager cette réconciliation?... Je ne le pense pas. Si le roi daignait récompenser ma fidélité par un tel message,... s'il m'était permis de me rendre à Grafton avec mon père,... peut-être le dernier serviteur, le protégé de Catherine d'Aragon, serait-il mieux venu!... Je suis du moins assuré, sire, de rencontrer en ce moment à Grafton toute l'aide et toute la persuasion que le roi peut souhaiter.... Selon le vœu de leur auguste maîtresse, miss Anne Askew et miss Catherine Parr se sont rendues auprès de la princesse.... Ah! sire, que nous serions heureux et fiers de vous ramener votre fille!...

HENRI.

La ramener?... ici?... près d'une belle-mère?... près d'une ennemie implacable?... Comte, ne vous souvient-il plus des adieux de Black-Friars?... Ignorez-vous avec quelle joie, avec quelle barbarie, la nouvelle de la mort de Catherine a été reçue par sa rivale?...

SURREY.

Malgré les apparences, et tous les rapports, sire,... je ne doute pas de la noblesse d'âme, du cœur généreux de la reine!... Souffrez, sire, que je la voie!... j'aurai son assentiment.... j'en réponds!... Anne Boleyn sera glorieuse de montrer à la fille de Catherine cette jeune Elisabeth que la voix publique dit si spirituelle et si charmante.... Elisabeth et Marie sont sœurs!... Ces enfants ne doivent-elles jamais se connaître et s'aimer?...

HENRI.

Il est vrai qu'Élisabeth promet beaucoup!...

WRIOTHESLEY.

Ah! Dieu!... c'est une merveille que cette enfant-là!...

HENRI.

Sa mémoire est prodigieuse!... vous en jugerez!... Mon cher Henri, je suis franc,... je vous en ai voulu,... vous m'aviez bravé!...

SURREY.

Ah! sire....

HENRI.

Pourquoi vous en défendre? Il y a du courage à me tenir tête!... mais j'honore, j'estime le courage au fond de mon cœur, lors même que je dois m'en trouver offensé. Par saint Georges, il ne fait pas bon s'attirer ma colère!... mais la bourrasque une fois passée, je suis ravi de revoir ceux contre lesquels je me suis emporté. *(En souriant.)* Cela ne m'arrive pas toujours!... Comte, j'aurai bientôt à faire un meilleur emploi de ce courage.... Des moines s'agitent dans les comtés de Lincoln et d'York;... ils poussent la populace à la révolte!... Sous le nom du capitaine Gobler, un certain prieur, Mackrel, déguisé en artisan, se met à la tête des factieux. Vous accompagnerez votre père et M. de Suffolk.

ÉDOUARD SEYMOUR, *à part*.

Quoi? ce commandement qui m'était promis?...

HENRI, *au duc de Norfolk*.

Monsieur le maréchal, on se plaint, m'a-t-on dit, de l'élévation de quelques gens de basse extraction, et des mauvais conseils qu'ils me donnent!... On leur fait un grief de ce qu'ils retranchent des jours de fêtes? de ce qu'ils prohibent des pèlerinages, des images, des reliques?... Comme si cette vile multitude, ces brutes, étaient plus capables de juger de notre gouvernement que les aveugles des couleurs!... Mais enfin dites-leur de m'adresser une pétition!... On peut tout me dire! j'aime la vérité! je suis clément!... et pourvu qu'on en excepte quelques centaines de ces coquins, je puis promettre une amnistie générale!... Mais, par saint Georges, que les drôles ne nous forcent pas à déployer notre bannière royale et à les châtier militairement!... Mon cher Henri, aujourd'hui vous remplacerez le roi; vous présiderez aux joutes. Vous serez juge du tournoi!... Allez donc, voyez la reine.... et rendez-moi ma fille!... Un mot encore, comte!... Catherine n'avait-elle aucun dessein pour l'établissement de ses filles d'honneur?... Miss Catherine Parr promettait d'être grande et de belle taille?... Son air était noble, doux, enjoué et modeste.... Tout le monde ici l'aimait....

SURREY.

Sire, je crois savoir que la main de miss Parr était vivement sollicitée par lord Névil Latimer.

HENRI.

Lord Latimer?... Quoi? sans l'agrément du roi?... Je puis avoir d'autres vues.... La feue reine m'écrit que celui qui épousera Catherine Parr sera sûrement un mari heureux.... Je retiendrai cela.... Catherine d'Aragon était de bon conseil... D'ailleurs rien ne presse.... Miss Parr est beaucoup plus jeune que miss Seymour.... Elle doit être de l'âge de miss Catherine Howard, votre jolie cousine.... Quant à miss Anne Askew?...

SURREY.

Un gentilhomme du comté de Kent, sir Williams Kyne, l'avait demandée en mariage. Mais je doute que miss Askew eût beaucoup d'inclination pour lui.

HENRI.

Je m'en assurerai moi-même!... Cette jeune fille avait des traits sévères où se peignaient la fierté et le courage.... C'était une tête sujette à s'exalter.... A-t-elle toujours une foi inébranlable aux prophéties de cette Élisabeth Barton, dont elle prétendait faire une sainte?...

SURREY.

Je l'ignore, sire....

HENRI.

J'interrogerai miss Askew. (*Il lui présente sa main à baiser.*) Adieu, comte, si vous appreniez qu'il y eût encore dans les prisons quelques partisans oubliés de notre bonne Catherine d'Espagne, dites-le-moi.... Sur votre recommandation, je me ferai un plaisir de les mettre en liberté.

(*Surrey sort.*)

ÉDOUARD SEYMOUR, *à part.*

Quelle faveur!...

SCÈNE IX.

LES MÊMES, *à l'exception du* COMTE DE SURREY.

HENRI, *à lui-même et d'un air sombre.*

Oui, tout ce qu'Élisabeth Barton a prédit.... semble se réaliser!... Wolsey meurt.... sans que ce soit par ma volonté!... J'arrête que ses juges lui laisseront la vie,... et quand je veux le sauver, Wolsey meurt, subitement, malgré moi, comme frappé de la foudre!... Voici que Cranmer commence à me gêner!... Je suis las de Cromwell!... Mon cœur est embrasé d'un nouvel amour que rien ne peut éteindre!... Anne, jeune et belle, plus brillante que jamais.... je ne l'aime plus.... et j'en suis jaloux!... Dieu veut-il donc la punir?... veut-il que je sois moi-même l'instrument de sa justice?... Doit-il bientôt me punir moi-même?... sa main est-elle déjà sur moi?... (*Ses yeux se portent à la dérobée sur sa cuisse.*) Cette plaie qui me ronge!... Je mourrais!... Je mourrais! Cette femme serait cause de ma mort!... car c'est elle, c'est sa coquetterie, sa résistance insidieuse qui m'a précipité dans ce fatal divorce avec Catherine et avec Rome!... La malheureuse! l'impie!... (*Au duc de Norfolk.*) Milord, lord Piercy doit avoir quitté le deuil de son père?... A-t-il reçu une invitation pour se rendre à Greenwich et assister aux tournois?

NORFOLK.

Oui, sire, vos ordres ont été remplis. Le comte de Northumberland est arrivé à Greenwich hier au soir.

WRIOTHESLEY.

Ce matin, au point du jour, il se promenait seul dans les jardins.... On l'a vu assez longtemps arrêté tout pensif sous les fenêtres de la reine....

HENRI.

Ah!... serait-il encore amoureux d'Anne Boleyn?... (*Silence.*) Je le plaindrais!... car s'il faut en croire le bruit public.... lord Piercy, milords, ne serait pas le seul qui brûlerait pour elle?... (*Nouveau silence. — Le duc de Suffolk fait des signes d'intelligence au comte Wriothesley.*) Hier, au moment où la reine montait en litière, je m'étais arrêté sous le péristyle de White-Hall, pour lire une pétition qu'un dominicain venait de me présenter, au sujet de la suppression de son monastère.... Anne était entourée de son cortége favori: de Norris, de Waston, de Marc, de Guillaume Brereton.... A quelques pas de moi, une femme du peuple, tenant une petite fille sur ses bras, s'écrie : « Tiens donc, mignonne, regarde, regarde donc! voilà l'amant de la reine ! »

TOUS LES COURTISANS.

L'amant de la reine ?

HENRI.

« Lequel, dit l'enfant,... celui qui met le genou en terre ou l'autre qui présente le bras?... — Tous les deux, répond d'une voix perçante une jeune nonnain qui se perd aussitôt dans la foule.... Je lève les yeux.... L'un était Waston!... l'autre était Norris !...

(*Profond silence. Le duc de Suffolk fait de nouveaux signes au comte Wriothesley, comme pour l'encourager à parler.*)

HENRI, *d'un ton sévère.*

Milords, le roi n'a-t-il donc plus un ami ? un seul serviteur fidèle?

TOUS LES COURTISANS.

Ah ! sire....

HENRI.

Comment ne suis-je pas averti?... comment ces femmes ne sont-elles pas arrêtées ?....

WRIOTHESLEY, *avec vivacité.*

Sire, elles sont entre mes mains. Vos amis les plus favorisés, M. le duc de Suffolk et sir Édouard Seymour, dont je réclamais les sages conseils, afin de me sentir mieux autorisé et plus digne de créance, peuvent vous en rendre témoignage : j'allais faire mon rapport au roi, lorsque Votre Majesté est entrée. Quelle que soit la rigueur des supplices décrétés par le parlement contre tous ceux qui médiront de la reine, votre honneur, sire, nous est beaucoup plus précieux et plus cher que nos biens et que nos têtes.... Oui, sire, tous les trois nous voudrions à l'instant mourir, plutôt que de ne pas déclarer hardiment à Votre très-Clémente Majesté tout ce qu'ici la loyauté prescrit.

MANNOC, *annonçant*.

Milord Cromwell !

(*Il se retire.*)

SCÈNE X.

Les mêmes, CROMWELL.

CROMWELL.

Justice, sire !... justice à la reine !... Les bruits les plus outrageants sont semés jusque dans votre palais !...

SUFFOLK.

Et par qui, monsieur ?

NORFOLK.

Les coupables, qui sont-ils ?

CROMWELL.

Vous, monsieur le duc ! vous tous, milords, vous et votre affidée, la vicomtesse de Rocheford !

WRIOTHESLEY.

Par ma foi, milord, Votre Seigneurie est parfaitement informée !... Or donc, je continue.... Sire, m'étant inquiété, outre mesure sans doute, des assiduités de sir Marc Smeaton auprès d'une personne à qui je porte un vif intérêt,... et que je supplie humblement Votre très-Sacrée Majesté de me permettre de ne pas nommer en ce moment....

HENRI.

Quoi ? mon cher comte, est-ce que milady Wriothesley, d'une loyauté si longuement éprouvée....

WRIOTHESLEY.

Ah! sire, ce ne serait pas une raison!... L'âge ne fait rien à la chose!...

HENRI.

Elle! si prude! si dévote!...

WRIOTHESLEY.

Ah! cela n'empêcherait pas!... Mais la dame dont il m'est si pénible d'avoir à parler, sire, n'est pas ma femme.... Cela pourrait être!... quand l'exemple part de si haut!... Mais puisque enfin il faut la nommer, cette dame, sire, c'est ma sœur!... Hier, après le coucher du roi, comme je lui adressais quelques remontrances toutes fraternelles.... «Quoi donc? me dit-elle aussitôt avec dépit, m'allez-vous faire un crime d'une étourderie? est-ce un péché si grand? on fait la guerre à une pauvre petite colombe, quand on laisse en paix des corbeaux? — Que voulez-vous dire, ma sœur? expliquez-vous! — Mon frère, on vous trouve beaucoup moins sévère pour la reine!... — La reine?... effrontée!... audacieuse!... avez-vous perdu tout respect?.. — Mon frère, la plus malheureuse créature qui jamais fut sous les cieux, c'est Anne Boleyn!... Demandez à Marc!... Marc en est aimé!... A Windsor, à Richemond, Marc, Norris, et tous ses mignons attitrés, ont passé maintes nuits avec elle!... A peine le roi est-il éloigné, qu'ils arrivent chacun à leur tour.... Les heures sont assignées.... Quand l'un se retire, un autre vient après, puis un autre.... Waston!... Brereton!... je n'en sais pas le nombre.... c'est une procession!... Mon frère, faut-il tout vous dire?... son propre frère, Georges Boleyn, n'est pas le dernier à prendre part à ses bonnes grâces.... — Abomination! — C'est elle qui, par ses caresses et ses présents, les provoque!... — Ah!... — Vous ne voulez pas m'en croire? interrogez Marc, vous dis-je!... C'est Marc qui m'a fait le récit de toutes les aventures de la reine!... Marc vous contera au vrai toute l'histoire de sa vie!... »

(*La vicomtesse de Rocheford pâle et défaite entre précipitamment.*)

SCÈNE XI.

Les précédents, la vicomtesse de ROCHEFORD.

LA VICOMTESSE DE ROCHEFORD.

Le roi? le roi? où est-il? il faut que je lui parle!

CROMWELL, *se jetant au-devant d'elle.*

Que venez-vous faire ici, madame?

LA VICOMTESSE DE ROCHEFORD.

Il faut que le roi m'entende!... des preuves, sire?... ah! vous avez voulu des preuves?... ces preuves, je vous les apporte!

HENRI.

Qu'avez-vous su, milady?

LA VICOMTESSE DE ROCHEFORD.

Georges!... la reine!... je ne puis parler.... ah! quelle perfidie! quelle impudeur!... Sire, vengez-vous! vengez-moi!

CROMWELL.

Cette femme ne se connaît plus! sire, voyez sa pâleur!... tout son corps tremble, et son œil étincelle de rage!... insensée, revenez à vous!...

LA VICOMTESSE DE ROCHEFORD.

J'ai ma raison, milord!... et je ne suis que trop bien instruite!... La reine!...

CROMWELL.

Arrêtez!...

HENRI.

Parlez, madame! parlez! je le veux!...

LA VICOMTESSE DE ROCHEFORD.

Hier, à peine elle était couchée, qu'elle me congédie. Georges arrive, et demande à parler à sa sœur. La reine le fait entrer, et ordonne à ses femmes de se retirer. Une heure se passe!... mistress Stronor, avertie de mes soupçons et de l'ordre du roi, craint d'être accusée de négligence ou de complicité.... Elle consulte mistress Corsyns. Toutes deux pénètrent sans bruit dans l'appartement,... et que voient-elles?... Le frère penché sur le lit de sa sœur!...

WRIOTHESLEY.

Quelle horreur!...

LA VICOMTESSE DE ROCHEFORD.

Un cri leur échappe!... Georges fuit! et la reine, sans s'émouvoir, les prie de s'éloigner!... l'hypocrite!... l'infâme!...

CROMWELL.

Ah! sire, dans quelles mains exécrables vous êtes-vous placé? Ce n'est pas la première fois que cette vipère distille son venin sur la reine!... Sire, au nom du ciel, défendez-vous de cette femme!... cette femme est ici l'instrument d'une intrigue infernale!... Sire, on sait votre nouvel amour!...

LA VICOMTESSE DE ROCHEFORD.

Silence, Cromwell!... je n'ai pas tout dit!...

HENRI.

Achevez, madame!...

CROMWELL.

Quoi donc? on diffame la reine!... on accuse la reine

d'adultère!... on l'accuse d'inceste!... et le roi reste calme?... son visage ne montre ni surprise, ni douleur?..

HENRI.

Milord!... Achevez, madame!...

LA VICOMTESSE DE ROCHEFORD.

Vers les deux heures, mistress Corsyns est réveillée en sursaut : la porte de la reine, celle qui ouvre sur la galerie, tombe avec fracas; on crie au feu! Mistress Corsyns s'élance, et trouve la reine à peine vêtue, seule avec Norris, qui arrachait et foulait à ses pieds un rideau en flammes!...

HENRI.

Norris?... Comment est-il arrivé le premier, lui qui couche au-dessus de moi? comment, à cette heure de la nuit, se trouvait-il levé?

LA VICOMTESSE DE ROCHEFORD.

Il donne pour prétexte qu'ayant, à plusieurs reprises, cru entendre des gémissements dans la chambre du roi, il était descendu pour calmer son inquiétude, et qu'il traversait la galerie, lorsque les cris de la reine sont parvenus jusqu'à lui.

WRIOTHESLEY.

C'est habile!...

LA VICOMTESSE DE ROCHEFORD.

Oui.... Mais, par malheur, le garde de nuit, placé à l'extrémité de la galerie, affirme avoir aperçu, une heure avant cela, Norris qui, par cette même porte, se glissait mystérieusement dans la chambre de la reine.... A peine y était-il entré, qu'un autre personnage qui marchait sur ses pas, et que ce garde assure être un des gentilshommes de Sa Grâce, Waston, ou Brereton, donne un tour de clef, et s'esquive aussitôt, en faisant du doigt un geste menaçant.

WRIOTHESLEY.

Ah! diable!

LA VICOMTESSE DE ROCHEFORD.

Ce surveillant, qui n'est pas sot, tirait de ce fait une conséquence frappante. Au moment de regagner son appartement, Norris, rencontrant cet obstacle imprévu, et ne pouvant plus sortir que par la salle où nous sommes, ou par la chambre des femmes de service, ce qui perdait la reine, s'est trouvé dans la nécessité d'imaginer un expédient, pour s'ouvrir un passage.

WRIOTHESLEY.

Et celui-ci ne laisse pas que d'être ingénieux!...

CROMWELL

N'est-il donc pas possible que le feu ait pris par accident?... Une fenêtre entr'ouverte,... le rideau poussé par le vent sur une lampe de nuit!... et la porte de la reine, se trouvant fermée au dedans, comme cela devait être, Norris, n'écoutant que son dévouement, n'a-t-il pas dû, sans plus de réflexion, briser tous les obstacles? Quoi de plus naturel?...

WRIOTHESLEY.

C'est au moins très-vraisemblable!... malheureusement, milord, le contraire est démontré de la manière la plus péremptoire!... Il existe un témoignage irréfragable!... et personne ici n'en est plus affligé que moi!... (*Il tire un papier de sa poche.*) Ce rapport, bien circonstancié, à moi remis par l'officier des gardes, par mon neveu, sire, le seul homme au monde dont, après moi, j'ose répondre,... porte, en termes précis, qu'au moyen de la grande clarté répandue subitement dans la pièce, la sentinelle placée en face, a vu, au travers des vitres, Norris jeter un mantelet sur les épaules nues de la reine, ouvrir une fenêtre, et cela, avant que la porte ait été brisée!... Je n'invente rien,... sire, voici le rapport.

CROMWELL.

Impostures!... damnables impostures!... Sire, le comte Wriothesley et la vicomtesse de Rocheford sont coupables du crime de lèse-majesté!... Je demande qu'ils soient conduits à la Tour!...

WRIOTHESLEY.

Ce serait là le prix de ma fidélité?...

LA VICOMTESSE DE ROCHEFORD.

Quand lord Cromwell se taisait, qui donc, si ce n'est moi, avait le devoir d'avertir le roi? Je conçois l'intérêt de lord Cromwell à défendre son ouvrage!...

CROMWELL.

Moi? défendre la reine? Madame, je ne la défends pas! Je croirais l'outrager en prenant soin de la justifier!... Mais à chaque mot, à chaque instant qui s'écoule, le trait pénètre et s'envenime davantage.... bientôt il serait mortel!... Malheureuse, suivez-moi chez la reine!... (*Il saisit la vicomtesse par le bras et veut l'entraîner.*)

LA VICOMTESSE DE ROCHEFORD.

Vous suivre? moi? et de quel droit?...

CROMWELL.

Vous ne le voulez pas?... vous ne le voulez pas?... ah! je le savais bien!... vous n'avez que l'impudence et la lâcheté du mensonge!... Eh bien donc, je cours chez la reine!... Comte Wriothesley, lady Marguerite, ayez le courage de l'attendre!.. Je vous défie d'oser l'accuser en face!...

SUFFOLK.

Quoi? sire....

HENRI.

Arrêtez, milord!... sur votre vie, je vous défends de faire un pas!...

SCÈNE XII.

Les mêmes, Marc SMEATON.

MARC SMEATON.

Pardon, si je me suis fait attendre.... J'étais dans le parc, occupé à ordonner les apprêts du tournoi.... Dans l'espoir d'être mieux placées, et surtout d'être vues du roi, toutes nos plus jolies femmes m'adressaient les agaceries les plus tendres!... (*D'un air avantageux.*) J'en étais excédé!...

WRIOTHESLEY *lui saute au collet.*

Avance ici, drôle!...

MARC SMEATON, *d'un ton élevé.*

Qu'est-ce à dire? drôle?... le maître de chapelle du roi? un gentilhomme de la chambre?... Sire....

WRIOTHESLEY.

Misérable!... confesse ton crime!...

MARC SMEATON.

Un crime?....(*A part.*) Ciel! la reine s'est plainte au roi! je suis perdu! (*Haut.*) Eh! qu'ai-je donc fait, milord?...

WRIOTHESLEY.

Ce que tu as fait, malheureux!... Vingt fois tu as passé la nuit dans la chambre de la reine!...

MARC SMEATON, *avec effronterie.*

Moi?... Qui dit cela?...

WRIOTHESLEY.

Une femme honnête et digne de foi, à qui tu t'en es vanté!... et qu'il n'est pas besoin de nommer!...

MARC SMEATON.

Lady Wriothesley!...

WRIOTHESLEY, *lui mettant la main sur la bouche.*

Ah! traître....

MARC SMEATON, *d'un ton fat.*

L'ingrate!... après tout ce que j'ai fait pour elle?...

SUFFOLK, *avec un sourire ironique.*

Quoi? milord, c'est votre femme....

WRIOTHESLEY, *qui s'emporte.*

Ma femme! ma sœur! lady Suffolk! lady Seymour! celle-ci! celle-là! qu'importe au roi?... que m'importe à moi?... Avoue, gueux! avoue franchement!...

MARC SMEATON, *avec impudence.*

C'est faux!...

WRIOTHESLEY.

Tu mens!

MARC SMEATON.

C'est faux!

WRIOTHESLEY.

Tu mens, te dis-je!... (*Tendrement.*) Avoue, mon bon ami; qu'est-ce que cela te coûte?... Il n'y a pas de honte à cela?... Avoue, avoue tout de suite!... et je te pardonne! le roi te pardonne! M. de Suffolk, sir Édouard Seymour, nous te pardonnons tous!... Pourquoi te faire prier?... Norris, Waston, Brereton, Georges Boleyn en sont loyalement convenus!...

MARC SMEATON, *étonné.*

Quoi?...

WRIOTHESLEY.

Tous t'accusent!... à Richemond! à Windsor! le jour, l'heure, le lieu, tout est connu!... tout est prouvé!... Mistress Stronor, mistress Corsyns, cette nuit même, l'ont vu sortir de la chambre de la reine!... Avoue, mon bon, avoue-moi la vérité!... ou, par l'enfer, je te fais rouer vif, ou tirer à quatre chevaux!...

MARC SMEATON, *après un moment d'hésitation.*

Eh bien, je le confesse!... oui,... un jour que milady Wriothesley.... cherchait à m'attirer....

WRIOTHESLEY.

Au fait, coquin! au fait!...

MARC SMEATON.

J'ai pu dire à milady Wriothesley....

WRIOTHESLEY.

Au fait, drôle!...

MARC SMEATON.

J'ai pu lui dire qu'un jour à Windsor, me trouvant seul avec la reine, Sa Grâce m'avait donné lieu de penser que jamais le roi n'avait possédé son cœur,... que j'avais appris de Waston qu'elle lui avait confessé qu'elle l'aimait plus qu'aucune autre personne au monde, plus même que sa fille Élisabeth.... Brereton, milord, m'a tenu le même discours. Il est encore vrai qu'une des femmes de la reine, mistress Vingfield....

LA VICOMTESSE DE ROCHEFORD.

Mistress Vingfield!... que, malgré mes prières, Anne a chassée de sa maison, sans que j'aie pu connaître la cause de sa disgrâce?

MARC SMEATON.

Oui, milady;... cette dame s'était chargée deux fois de

me parler pour la reine.... Dernièrement encore, étant à Richemond, elle m'avait proposé de m'introduire la nuit dans l'alcôve de sa maîtresse....

LA VICOMTESSE DE ROCHEFORD.

Ah! Mistress Vingfield a trop de religion pour avoir fait un mensonge!... et je sais que lord Gardiner, qui, depuis qu'elle a quitté la reine, est devenu son confesseur, fait grand cas et se loue beaucoup des principes et de la moralité de sa pénitente!...

MARC SMEATON.

Voilà, milord, les seuls aveux que j'ai pu faire à milady Wriothesley!... Sur mon honneur, jamais je n'ai confessé autre chose!...

WRIOTHESLEY, *du ton de la confiance.*

Et le but de la reine? n'en as-tu rien su? quel était-il?

MARC SMEATON.

D'éviter le sort de Catherine d'Aragon!... de tenter, à quelque prix que ce fût, d'avoir un fils, d'être la mère d'un roi! (*Baissant un peu plus la voix.*) Pour plus de secret, c'est d'abord à son frère qu'elle s'adresse, mettant sa vanité à donner à l'Angleterre un monarque qui fût doublement de la race des Boleyn! Lorsqu'elle voit qu'elle ne tire aucun fruit de cet inceste, une société se forme entre elle et ses favoris; on discute les moyens de se débarrasser du roi et de la princesse Marie. Un poison sans remède, ne laissant aucune trace, doit être envoyé d'Italie par le chevalier Bryan!... La chute de cheval que le roi fit, il y a trois mois, croyez-vous que ce fût un pur accident!

WRIOTHESLEY.

Ah bien oui! à d'autres!

MARC SMEATON.

Le cheval avait été dressé par Norris à se renverser sur son cavalier!... Et le feu, dans quel dessein a-t-il été mis cette nuit au palais, pendant le sommeil du roi? Afin que toutes les preuves du meurtre projeté fussent ensevelies sous les cendres! Le roi assassiné, la princesse Marie frappée à Grafton, Élisabeth est proclamée héritière du trône! et la reine, déclarée régente, épouse Norris revêtu du titre de protecteur du royaume!

WRIOTHESLEY, *élevant la voix*

Et tu gardais le silence?

HENRI, *dissimulant mal sa joie.*

Elle mourra!

MARC SMEATON, *après un moment de silence, avec effronterie et très-haut.*

Sire, c'est de mistress Vingfield que j'ai su le complot! Qu'on l'interroge? Que Votre Majesté me fasse confronter avec elle?

HENRI.

Elle mourra sur un échafaud!... elle mourra comme une infâme!... sans miséricorde!... elle et son frère!... et Norris, et Waston, et tous ses complices mourront!

LA VICOMTESSE DE ROCHEFORD.

Et cependant, sire, votre vie est entre leurs mains!... Aujourd'hui à ce tournoi, il ne faudrait que le choc d'un cheval!

ÉDOUARD SEYMOUR.

Un coup de lance ou d'épée!

WRIOTHESLEY, *à genoux devant le roi.*

Ah! sire! ne vous mêlez pas à ces jeux?

NORFOLK.

Partez, sire! quittez Greenwich!

WRIOTHESLEY *se lève.*

Ordonnez qu'on saisisse les coupables!... Kingston! Antoine Anthony! Spelman!... où sont-ils? des geôliers! des juges! des bourreaux!

NORFOLK.

Grand Dieu!... et la princesse Marie?... Seule à Grafton avec des femmes,... sans défense!

WRIOTHESLEY, *dans la plus grande agitation, tournant à droite, à gauche, se portant de l'un à l'autre.*

Milords!... milords!... fermez les grilles! levez les ponts! doublez les postes! (*Au roi, sans le regarder, et lui prenant les mains qu'il secoue avec force.*) Monsieur!... mon cher monsieur!... sauvez le roi! (*Il saisit la vicomtesse de Rocheford par le bras.*) A l'assassin! arrête!

LA VICOMTESSE DE ROCHEFORD.

Quoi? milord....

WRIOTHESLEY.

Ah! dame du lit, c'est vous?..., pardon!.. Mon esprit est troublé!... ma pauvre tête s'égare! (*Avec un transport de colère.*) Par l'enfer, monsieur de Suffolk, j'admire votre sang-froid!

SUFFOLK, *avec hauteur.*

Comment donc, monsieur?

WRIOTHESLEY, *le prenant plus haut.*

Ma foi, monsieur, moi, j'ai du cœur! moi, j'aime le roi!

SCÈNE XIII.

Les mêmes, MANNOC.

MANNOC.

Sire, M. le commandant de la Tour, et le juge criminel,

sir Georges Spelman, arrivent de Londres. Ces messieurs ont à faire au roi une communication qui ne souffre aucun retard....

HENRI.

Qu'ils entrent!

(*Mannoc sort.*)

WRIOTHESLEY.

La révolte aurait-elle déjà éclaté dans Westminster?

SCÈNE XIV.

LES PRECEDENTS, KINGSTON, SPELMAN.

HENRI, *à Kingston et à Spelman*.

Qu'est-ce donc, messieurs, qu'est-il arrivé?

SPELMAN.

Sire, une des femmes de la reine, renvoyée tout récemment de sa maison, mistress Vingfield, se trouve à Londres, dangereusement malade. Cette nuit, l'évêque de Wincester, milord Gardiner, a été appelé, pour recevoir sa confession. Quelques moments après, cette dame, pressée sans doute par le remords, nous a mandés, sir Guillaume Kingston et moi. Arrivés près de son lit, que le prélat n'avait pas quitté, mistress Vingfield nous a déclaré, en sa présence, qu'elle avait à faire les révélations les plus importantes, concernant la conduite de la reine.

KINGSTON.

Avant d'entendre cette déposition, nous avons cru, sire, devoir prendre les ordres du roi.

SCÈNE XV.

Les mêmes, DEHERAM.

DEHERAM *entre vivement.*

Sire ! sire !

HENRI.

Qu'est-ce encore ?

DEHERAM.

Miss Jeanne Seymour va partir !

ÉDOUARD SEYMOUR.

Ciel !

HENRI.

Et pourquoi ?

DEHERAM.

La reine lui a fait signifier par miss Howard la défense de paraître aujourd'hui aux fêtes de la cour.

HENRI.

Édouard, mon ami, retenez votre sœur !... Allez ! courez !

DEHERAM, *vivement.*

Sire, j'ai prévenu vos ordres !

HENRI.

Par saint Georges, tu as bien fait !

DEHERAM.

La voici !

HENRI.

Tiens, prends ma montre ! prends ! Je te la donne !

DEHERAM.

Ah ! sire....

HENRI, *à Wriothesley.*

Ce page me plaît ! il est rempli d'intelligence !

WRIOTHESLEY.

Ah! sire, c'est docile, c'est dévoué, c'est discret! ah!...

HENRI.

C'est ce que m'a dit miss Howard! La chère enfant lui veut du bien!

SCÈNE XVI.

Les mêmes, Jeanne SEYMOUR, Catherine HOWARD.

JEANNE SEYMOUR, *à Catherine Howard*.

Venez, mademoiselle, venez, et soyez juge de ma conduite.

HENRI.

Quoi? mademoiselle, vous songiez à quitter Greenwich?

JEANNE SEYMOUR.

Depuis hier, sire, ne le saviez-vous pas? ne l'avais-je pas dit à Votre Majesté? Sans doute, il m'est cruel d'avoir encouru la disgrâce de la meilleure des reines!... Ce matin, je voulais me jeter à ses pieds, les baigner de mes larmes!... Il m'eût été aisé, ce me semble, de me justifier.... Mes torts, si j'en ai, sont à coup sûr bien involontaires.... Mais à présent, je le sens comme elle, en me refusant sa présence, la reine nous épargne à toutes deux une douleur et des regrets inutiles. Que lui dirais-je en effet?... Ce qui s'est passé ne comporte aucune explication. A quoi bon de stériles excuses, des protestations, des serments, qui ne remédieraient à rien. Ma faute, hélas! ne vient pas de moi!... Qui moins que moi a jamais envié le sort d'Anne Boleyn?... Moi, sa rivale?... moi, sire?... Oh! non, non, souffrez que je vous le répète.... mon cœur n'est point à vous!... Sire, je ne vous aime pas!... je n'ai rien fait pour encourager votre amour!... et le ciel m'en soit témoin!... je maudis ceux qui, pour mon malheur, ont eu la pensée détestable d'attirer vos regards sur moi!... Mademoiselle Howard, je ne vous retiens plus.... retournez près de la reine,... dites-lui qu'elle est obéie au delà peut-être de ses souhaits.... Je pars pour ne revenir jamais. Assurez-la bien, mademoiselle, que ses vertus, sa bonté, ne s'effaceront pas de mon souvenir. Adieu, miss Howard!... adieu!... Le moment est arrivé, je crois, de vous rappeler les avertissements d'une amie.... Croyez-moi, mon enfant, ce séjour ne vous vaut rien ;... profitez de mon exemple.... Il en est temps encore!...

HENRI.

Miss Jeanne Seymour, demeurez.

JEANNE SEYMOUR.

Non, sire, non....

HENRI.

Madame, je le veux!... votre départ pourrait accréditer des bruits injurieux dont je dois vous disculper.... Il convient, mademoiselle, qu'aujourd'hui vous vous montriez près de la reine!... ne fût-ce qu'un moment : il le faut!... je vous réponds qu'ici vous recevrez de tout le monde l'accueil qui vous est dû. Demain, ce soir, si nos prières ne peuvent rien sur vous, vous serez maîtresse de nous quitter. *(Jeanne Seymour va pour sortir.)* Un mot encore!... pardon, mademoiselle, je ne vous retiendrai pas longtemps.... Miss Howard!... veuillez, je vous prie, annoncer ma visite à la reine.... Ce soir, j'aurai sans doute à vous parler!...

ÉDOUARD SEYMOUR, *à part.*

Ah! ciel!...

NORFOLK, *de même.*

Quel espoir!...

HENRI.

Je ne pense pas qu'il y ait là de quoi vous alarmer, mademoiselle?

CATHERINE HOWARD *s'incline.*

Sire, quand le roi commande, je ne sais qu'obéir.

DEHERAM, *à part.*

Ah! la traîtresse!...

CATHERINE HOWARD, *de même.*

Non, oh non! hier je ne m'étais pas trompée!...

(*Elle sort.*)

SCÈNE XVII.

LES MÊMES, *à l'exception de* CATHERINE HOWARD.

SUFFOLK.

Avec quelle adresse il les amorce et les flatte tour à tour!

WRIOTHESLEY, *à Édouard Seymour.*

Que votre sœur y prenne garde!... Avec toutes ses façons elle compromet sa partie! Catherine est rusée!

HENRI.

Mademoiselle, depuis hier les choses ont bien changé.... Ce qui pouvait vous paraître injuste, impossible, ne l'est plus.

JEANNE SEYMOUR, *avec une curiosité inquiète.*

Sire, je ne vous comprends pas?...

HENRI.

D'étranges découvertes ont eu lieu, mademoiselle.... Des complots,... qu'aucune des filles d'honneur de la reine n'aurait dû ignorer, viennent de m'être révélés;... et peut-être pourrais-je avec raison m'étonner de n'avoir été averti ni par miss Howard ni par miss Seymour?

JEANNE SEYMOUR.

Quoi donc, sire?...

HENRI.

On a dû se donner bien des soins pour se cacher de vous, mademoiselle?... j'en suis certain!... votre modestie, votre réserve, m'en sont un sûr garant.

JEANNE SEYMOUR.

De grâce, sire, veuillez vous expliquer.

HENRI.

Ce n'est ni le lieu ni le moment, mademoiselle.

JEANNE SEYMOUR, *à part.*

Que se passe-t-il?

HENRI.

Il me reste encore quelques doutes à éclaircir;... mais je connais votre générosité : elle pourrait vous entraîner; et je veux vous épargner toute démarche imprudente. Votre frère et Mme la vicomtesse de Rocheford vont vous dire ce qu'il importe que vous sachiez. Miss Seymour, Dieu me prépare encore de terribles épreuves!... Quand vous serez informée, mademoiselle, peut-être ne sera-ce pas la reine que vous plaindrez le plus?

JEANNE SEYMOUR.

Sire, ce ne serait pas la première fois que la calomnie se serait essayée contre la reine?... (*Elle porte les yeux sur Marc Smeaton.*) Je vois ici un homme dont la présence éveille toutes mes craintes,... (*L'anxiété se peint sur les traits de Marc.*) un homme envers qui la reine a fait preuve d'une grande indulgence.... Mais voyons,... je puis écouter ce qu'on désire m'apprendre.

HENRI, *à part.*

Céderait-elle enfin?

JEANNE SEYMOUR.

Sire, puisque vous le voulez,... je resterai.

HENRI, *à part.*

Ah! ciel!

JEANNE SEYMOUR.

Je ne partirai pas avant ce soir. Allons, mon frère!...

ÉDOUARD SEYMOUR *s'approche de sa sœur.*

Le trône est à toi! viens! viens!

JEANNE SEYMOUR.

Allons, lady Marguerite! je suis prête à vous entendre. (*Elle s'incline devant le roi. En s'éloignant, ses regards s'arrêtent sur Marc Smeaton.*) Malheureuse reine!... ah! c'est moi qui te sauverai!...

NORFOLK, *à voix basse, à lady Marguerite.*

Songez à Catherine! Catherine est de votre famille, de votre religion!...

LA VICOMTESSE DE ROCHEFORD.

e songe à me venger, milord!

(*Elle suit Jeanne Seymour.*)

HENRI.

Mon cher Édouard, annoncez à votre sœur que je vous ai créé vicomte de Beauchamps!

ÉDOUARD SEYMOUR.

Ah! sire, que de bontés!... (*Bas, à Marc Smeaton.*) D'un mot tu peux faire une reine!... Si Jeanne l'emporte, tous tes désirs te seront accordés.

(*Il sort.*)

SCÈNE XVIII.

Les mêmes, *excepté* Jeanne SEYMOUR, Édouard SEYMOUR *et* la vicomtesse de ROCHEFORD.

NORFOLK, *bas, à Marc Smeaton.*

Achève! si Catherine est préférée, nous t'élèverons si haut que tu n'auras plus un souhait à former!

MARC SMEATON, *à part.*

Que croire?... à qui se fier?...

HENRI *s'assied.*

Eh bien, n'a-t-on plus rien à me révéler?... j'attends....

(*Marc garde le silence. Les courtisans s'approchent de lui.*)

SUFFOLK, *à voix basse.*

Que crains-tu?

NORFOLK, *de même.*

Ne vois-tu pas bien que le roi n'est plus jaloux?

WRIOTHESLEY.

L'honneur seul de la reine a fait naufrage en cette rencontre,... et le roi se forme des idées trop saines des choses, pour s'imaginer que le sien ait été flétri par là!... Parle!

(*Marc considère le roi.*)

SUFFOLK.

Vois!... te montre-t-il un visage offensé?

NORFOLK.

Es-tu menacé de sa colère?

WRIOTHESLEY.

Non.... Jamais son regard ne fut plus doux, plus caressant.

(*Marc les examine tour à tour et semble prêt à parler.*)

SUFFOLK, *d'un ton expressif.*

Ne comprends-tu pas ce qu'on veut de toi?... courage!

MARC SMEATON, *à part.*

Ah! si j'osais....

WRIOTHESLEY.

Sire, Marc veut confesser la vérité tout entière.... (*Il le prend par le bras.*) Avance hardiment!

MARC SMEATON.

Sire....

(*Long silence.*)

WRIOTHESLEY.

Qui l'arrête?

HENRI, *avec un ton de bonté.*

Eh bien?

MARC SMEATON, *à part.*

Il y va de la vie....

WRIOTHESLEY, *à voix basse.*

Lâche!...

HENRI, *d'un ton plus doux encore.*

A qui s'avoue spontanément coupable, tout peut être pardonné.

WRIOTHESLEY, *à voix basse.*

Imbécile! tête vide!

HENRI.

J'attends....

(*Nouveau silence.*)

MARC SMEATON, *à part.*

Faire un pareil mensonge!... non.... je ne puis.... je ne pourrai jamais!...

WRIOTHESLEY, *à part.*

Le misérable!... je l'étranglerais de mes mains!... (*Il s'approche de Marc et appuie amicalement son bras sur son épaule.*) Brave et honnête garçon!... Sire, Marc est galant homme,... il est chevalier discret et courtois.... Des scrupules de délicatesse et d'honneur, dont il est juste de lui tenir compte,... le gênent,... l'empêchent.... Sire, Marc aime mieux mourir !...

MARC SMEATON, *à part.*

Miséricorde !

WRIOTHESLEY.

Il y a sans doute de l'héroïsme,... mais qu'y faire!... c'est son idée;... et puis, en vérité, on l'intimide,... on lui parle trop rudement,... on ne lui laisse pas le temps de se reconnaître!... Sir Guillaume Kingston et sir Georges Spelman vont, sans bruit, le conduire à la Tour.

MARC SMEATON, *avec effroi.*

Ciel! à la Tour!...

WRIOTHESLEY.

C'est tout ce qu'il désire.

HENRI.

Très-secrètement, milord?

WRIOTHESLEY.

Oh! très-secrètement, sire.

HENRI.

J'entends qu'on lui donne le plus bel appartement.

MARC SMEATON, *avec joie.*

Dieu! est-il possible!

WRIOTHESLEY.

La chambre qui fut occupée par le grand connétable!...

HENRI, *avec intention et douceur.*

Par ce bon duc de Buckingham!...

MARC SMEATON, *avec terreur.*

Buckingham!... mort sur l'échafaud!...

TABLEAU V, SCÈNE XVIII.

WRIOTHESLEY.

Avec une sérénité d'âme admirable!... Cher bon, ne va pas te figurer que, pour être enfermé, on soit en prison.... Ne sais-tu pas bien que, la veille de leur couronnement, les reines d'Angleterre sont, en grande pompe, conduites à la Tour?

MARC SMEATON *interroge des yeux les ducs de Suffolk et de Norfolk.*

Milords!... ah! ne me trompez-vous pas?... Quel est le sort qui m'attend?... La mort?...

SUFFOLK.

La faveur du roi!...

NORFOLK.

Son amitié.

WRIOTHESLEY.

Cependant, sire, la journée ne saurait se passer, sans que Marc parût à la fête!... Bientôt j'irai le prendre avec les confesseurs du roi.... Personne n'est plus propre que milord Gardiner ou le docteur Rowland Lee à éclairer une conscience délicate!...

HENRI.

Comte, point de violences ni de séductions!...

WRIOTHESLEY.

Ah! sire!... (*A voix basse*). Que veux-tu?... l'intendance des joyaux de la couronne?... un riche monastère?... dis!... tu l'auras!... (*Le cajolant.*) Tiens, regarde l'héritier de Wolsey!... Regarde Cromwell!... déjà ton crédit l'épouvante!... et demain, milord, les Howard, les Seymour, voudront tous t'avoir pour gendre!...

(*Le roi fait un signe à Kingston.*)

KINGSTON, *à Marc.*

Monsieur!...

WRIOTHESLEY, *appuyant*.

Sir Guillaume Kingston est à vos ordres, milord !...

MARC SMEATON *à part*.

Milord !... Voilà la seconde fois qu'il me dit milord.

(*Marc Smeaton se retire lentement. Ses regards se promènent avec plus de confiance sur le roi et sur les lords. Ceux-ci lui sourient avec une sorte d'obligeance mêlée de malice. Au moment où il va passer le seuil de la porte, tous, à l'exception de Cromwell, le saluent gracieusement.*)

WRIOTHESLEY, *appuyant encore davantage*.

A bientôt, monsieur le baron !...

MARC SMEATON, *à part*.

Baron ? moi, baron ?... Allons, Marc, allons, de l'audace ! tu es en bon chemin ! pousse ta fortune, mon ami !...

WRIOTHESLEY.

Monsieur Spelman, vous m'attendrez chez mistress Vingfield !...

SCÈNE XIX.

Les mêmes, *excepté* KINGSTON, Marc SMEATON *et* SPELMAN.

WRIOTHESLEY, *à part*.

Qu'un être de cette espèce, qu'un polisson qui, dans l'ordre de la nature, n'a peut-être pas trente ans à vivre, préfère sa chétive existence à la gloire de passer dans la postérité pour avoir été l'amant heureux d'une reine !... et de quelle reine !... Ah ! cela fait pitié ! cela est bien lâche !...

HENRI *se lève brusquement.*

Milord Cromwell, tenez-vous prêt à convoquer les pairs du royaume!.... une commission! vingt-cinq! choisis, dévoués! aucun dont on ne soit sûr! ceux qui ont condamné Buckingham!... Duc de Norfolk, vous ferez les fonctions de grand sénéchal! Le duc de Suffolk, le comte Wriothesley, vous assisterontl!.. (*A Cromwell*) Le comte de Northumberland, lord Piercy siégera parmi les juges! J'ai mes raisons. (*Au duc de Norfolk.*) Duc, partez à l'instant pour Grafton, et partez sans votre fils! dites à notre bien-aimée fille Marie que je l'attends à Greenwich. Anne Askew et Catherine Parr accompagneront la princesse. Vous le voulez, mon cher duc.... Je recevrai les envoyés de Rome et de l'Empereur.... Allez, duc, allez, votre roi vous aime. (*Il lui donne sa main à baiser.*)

NORFOLK. (*Toute sa contenance est triomphante.*)
Dieu soit loué! la victoire est à nous!...

(*Il sort rapidement.*)

SCÈNE XX.

HENRI, WRIOTHESLEY, SUFFOLK, CROMWELL.

HENRI.

Comte Wriothesley, ô mon fidèle serviteur, ô le plus loyal de mes amis!... (*L'œil du comte étincelle.*) Dieu, en t'inspirant le courage de me donner cet avertissement, m'a montré le soin qu'il prend de mon honneur!... Jamais aucun service ne me fut plus agréable, ne fut plus digne de toute ma reconnaissance!... Mais s'il arrivait, milord, que votre rapport ne fût pas véritable,... si j'étais le jouet de quelque intrigue infernale,... (*Avec un accent terrible.*) Comte Wriothesley, vous êtes mort!...

WRIOTHESLEY, *à part, en souriant.*

Sa joie l'étouffe!...

HENRI.

Suffolk, aucun changement à la fête! les joutes à midi! Georges Boleyn sera l'assaillant, Norris le tenant!... Suis-moi, Cromwell!... Je veux te dicter la réponse que Barnes et Fox doivent porter aux princes protestants. Hans Holbein sera du voyage. Je suis curieux, mon cher, de savoir si la belle Anne de Clèves, dont on parle sans cesse, n'a rien perdu de ses charmes. Viens!

CROMWELL.

Quoi? sire....

HENRI.

Cromwell, j'aime, en toute occasion, à te trouver toujours le même. Aujourd'hui tu te fais le défenseur de la reine, comme autrefois celui de Wolsey. C'est bien. Je suis content de toi. Je sais ce qu'en me servant avec loyauté, on se crée d'ennemis dans le poste que tu occupes! Calme-toi donc et tais-toi! tout ira bien pour toi! Viens, te dis-je, viens!... Il me prend envie de marier ton fils Grégoire à la sœur de Jeanne Seymour!.. (*Il lui serre amicalement le bras.*)

SCÈNE XXI.

WRIOTHESLEY, SUFFOLK.

WRIOTHESLEY.

Ah ça! mais....

SUFFOLK.

Milord, dans combien de jours estimez-vous que miss Jeanne Seymour pourra être la femme du roi?

WRIOTHESLEY.

Mais, monsieur le duc,... avec du zèle,... en dépêchant,... dans quinze jours au plus tôt.

SUFFOLK.

Quinze jours !... y pensez-vous, monsieur?... le roi vous en donne huit.

WRIOTHESLEY.

Mais il ne suffit pas d'accuser, monsieur le duc !... il faut convaincre !... il faut des preuves !...

SUFFOLK.

Des preuves?... milord, en cherchant, on trouve.

WRIOTHESLEY.

C'est juste !... Je vais appliquer Marc à la question, et mettre fidèlement par écrit la déposition de mistress Vingfield.

FIN DU CINQUIÈME TABLEAU.

SIXIÈME TABLEAU

PERSONNAGES.

HENRI VIII.
ANNE BOLEYN.
ÉLISABETH, fille de Henri VIII et d'Anne Boleyn, princesse de Galles.
MARIE.
Le duc de SUFFOLK.
Le duc de NORFOLK.
Lord PIERCY, comte de NORTHUMBERLAND.
Le vicomte de ROCHEFORD, gouverneur de Douvres et des Cinq-Ports.
Le comte de SURREY.
Lord ÉDOUARD SEYMOUR, vicomte de BEAUCHAMPS.
Lord JEAN DUDLEY.
Lord JOHN RUSSELL.
La vicomtesse de ROCHEFORD.
JEANNE SEYMOUR.
CATHERINE HOWARD.
ANNE ASKEW.
CATHERINE PARR.
Sir HENRI NORRIS, premier gentilhomme de la chambre du roi et premier écuyer de la reine.
Sir GUILLAUME BRERETON, } gentilshommes de la chambre de la reine.
Sir FRANCIS WASTON,
Sir GUILLAUME KINGSTON.
Sir GEORGES SPELMAN.
Sir ANTOINE ANTHONY, commandant de l'artillerie de la Tour de Londres.
Sir WILLIAM PAGET.
Sir ANTOINE DENNY.
Sir ANTHONY BROWN.
Sir THOMAS SEYMOUR.
Le baron de NORMAN.
Le comte FRÉDÉRICK DE VALBERG.
DEHERAM.

PERSONNAGES.

MANNOC.
CULPEPPER.
Lady KINGSTON.
Mistress SIMONNETTE.
Mistress STRONOR.
Mistress CORSYNS.
Le docteur BUTTS.
Sir NICOLAS BRANDS.
LORDS et DAMES de la cour, OFFICIERS et GARDES.

La scène se passe au palais de Greenwich.

Une vaste galerie ornée de drapeaux et de riches trophées d'armes. A droite plusieurs balcons à claire-voie, ouvrant sur l'esplanade où les joutes doivent avoir lieu. A gauche, la chambre à coucher de la reine. Plus loin plusieurs portes conduisant aux appartements du roi.

La reine est vêtue d'une jupe de velours *bleu clair*, brodée d'étoiles d'argent; un surtout de moire de même couleur, garni de menu vair, avec de larges manches pendantes; sur sa tête une sorte de béret en velours bleu, orné de pointes disposées en auréole, au bout desquelles sont suspendues de petites clochettes en or. Un voile de gaze habilement attaché sous le sommet de cette coiffure retombe gracieusement en arrière sur les plis de sa robe, et dans toute sa longueur. Elle est chaussée de brodequins de velours bleu, fermés avec des agrafes de diamant.

SIXIÈME TABLEAU.

SCÈNE I.

WASTON, BRERETON.

(*Waston est assis dans un fauteuil, les yeux fixés sur la chambre d'Anne Boleyn. Son attitude exprime une grande anxiété.*)

WASTON.

Sortira-t-il enfin? sortira-t-il?...

(*Brereton sort de la chambre de la reine.*)

WASTON *se lève*.

Ah! par ma foi, c'est heureux!... je ne l'espérais plus!... Me diras-tu le motif qui t'a fait entrer dans l'appartement de la reine?...

BRERETON.

Comment donc?... Cette question....

WASTON.

Tu n'y réponds pas?

BRERETON.

Mais rien n'est plus simple.... Le comte de Surrey, arrivé ce matin de Kimbolton, sollicite l'honneur d'être reçu par la reine, avant que les joutes commencent; et n'ayant trouvé dans ce salon, ni Mlle Seymour, ni Mlle Howard, il a bien fallu que je prisse moi-même les ordres de Sa Majesté.

WASTON.

Mauvaise défaite!... Tu épies toutes les occasions de le trouver seul avec la reine!...

BRERETON.

Sa Grâce était avec la princesse de Galles.... Quoi donc?... après avoir été jaloux de Marc Smeaton, le serais-tu de moi maintenant?

WASTON.

Moi! jaloux de monsieur Guillaume Brereton?

BRERETON.

Tu l'es bien de Norris?... Waston, tu profites mal des avertissements que sir Nicolas Brands t'a donnés plus d'une fois!

WASTON.

En fais-tu un meilleur usage?

BRERETON.

Qu'est-à-dire?...

WASTON.

Je t'observe!...

BRERETON.

Et moi, j'ai les yeux sur toi!

WASTON.

Eh bien! que vois-tu à reprendre à ma conduite?... Mon obéissance aux plus légers signes de la reine, mon profond respect, ont-ils jamais été trouvés en défaut?

BRERETON.

Mon zèle à la servir est-il moins respectueux?

WASTON.

Ce zèle n'appartient-il qu'à la reconnaissance?

BRERETON.

Ton empressement ne cache-t-il pas un sentiment plus tendre?

WASTON.

Ah! si j'avais le malheur d'aimer ma souveraine autrement que je ne dois l'aimer,... jamais elle ne le saurait!... mon secret mourrait avec moi!...

BRERETON.

Tes façons d'agir n'annoncent assurément pas tant de discrétion!

WASTON.

Les tiennes marquent-elles plus de prudence?

BRERETON.

D'où vient que chaque jour tu compromets la reine par tes familiarités et tes extravagances?

WASTON.

Moi?... Hier, pendant la soirée, tandis que le roi s'éloignait avec dépit de miss Seymour, pour entretenir miss Howard près de ce balcon,... tes yeux cherchaient ceux de la reine!...

BRERETON.

A ce moment même, ton amour et ta douleur éclataient dans ton regard!

WASTON.

Eh! comment ne pas plaindre du fond de son âme une si bonne et si belle maîtresse!... Comment, sans en être indigné, voir ses filles d'honneur, qui lui sont si inférieures, lui disputer, jusque sous ses yeux, le cœur du roi?

BRERETON.

Cependant, ta souffrance ne t'a pas empêché de prendre sur cette table,... et de porter à tes lèvres,... le bouquet de violettes qu'elle avait respiré?

WASTON.

Ni toi, le verre où elle venait de boire?

BRERETON.

Mon cher, qui t'a fait cadeau de ce ruban d'or et d'argent que tu portes sur ta poitrine,.. et que j'ai aperçu, en jouant à la paume avec toi?

WASTON.

Pourquoi, cette nuit, t'es-tu levé?

BBERETON.

Moi?... cette nuit?

WASTON.

Oui!... Quel devoir t'appelait dans cette galerie? Dans quel dessein suivais-tu mystérieusement les pas de Norris? (*Il lui montre la porte de la chambre à coucher de la reine.*) Que venais-tu faire à cette porte?

BRERETON.

Espères-tu donc donner le change,... et rejeter sur moi tout ce dont on t'accuse?

WASTON.

Moi?

BRERETON.

Le garde, qui veillait au bout de la galerie, t'a nommé!

WASTON.

Par le ciel! il en a menti effrontément! et toi aussi!...

BRERETON.

Insolent!

WASTON *saisit son épée.*

Ah! ceci demande du sang!...

BRERETON *tire la sienne.*

Oui! l'épée à la main!...

WASTON.

Défends-toi!...

(*Ils croisent leurs épées.*)

SCÈNE II.

Antoine ANTHONY, WASTON, BRERETON, Anne BOLEYN, ÉLISABETH.

(*Anne Boleyn effrayée sort de son appartement. La princesse Élisabeth la suit. Antoine Anthony sort en même temps des appartements du roi.*)

ANTOINE ANTHONY.

Des épées nues?... ici?

ANNE BOLEYN.

Malheureux! que faites-vous? (*Avec autorité.*) Waston?

(*Un moment de silence. Antoine Anthony a les yeux fixés sur la reine. Waston et Brereton se jettent à ses pieds.*)

WASTON.

Ah! madame....

BRERETON.

Pardon!...

ANNE BOLEYN, *vivement*.

Levez-vous! levez-vous!...

(*Ils se lèvent et remettent leurs épées dans le fourreau.*)

ANNE BOLEYN.

L'objet de la querelle, quel est-il? Je veux le connaître! j'en serai juge!...

WASTON.

Vous, madame?...

BRERETON, *à part*.

Ciel!...

ANNE BOLEYN.

Monsieur Brereton, point de réticences ni de faux-fuyants! La vérité! la vérité!...

BRERETON, *avec embarras.*

Madame....

ANNE BOLEYN, *à Waston.*

Sir Francis, parlez! (*D'un ton impérieux.*) Je le veux! je l'ordonne!...

WASTON.

La chose la plus frivole, madame,... un mot....

BRERETON.

Une expression irréfléchie,... dont j'ai regret....

WASTON.

Guillaume, j'ai tort!

BRERETON.

Non! c'est moi!

WASTON *lui présente la main.*

Réconciliation! Ta main?

BRERETON *la saisit avec vivacité.*

Que tout soit oublié!

WASTON.

Je n'y pense plus. Embrasse-moi!

BRERETON.

Ah!...

(*Il le presse dans ses bras. Tous deux, sans regarder la reine, sortent aussitôt vivement agités.*)

SCÈNE III.

Antoine ANTHONY, Anne BOLEYN, ÉLISABETH.

ANTOINE ANTHONY, *à part*.

Milord Wriothesley ne s'était pas trompé!...

ANNE BOLEYN.

Sir Antoine Anthony, suivez-les, ne les quittez pas! S'il arrive un malheur, vous en répondrez!...

ANTOINE ANTHONY.

Oui, madame. (*A part.*) Ceci doit être rapporté au roi!...

(*Il sort.*)

SCÈNE IV.

Anne BOLEYN, ÉLISABETH.

ANNE BOLEYN.

Viens, Élisabeth, viens t'asseoir, chère fille.... De ce balcon tu pourras voir tout le champ clos.

ÉLISABETH.

Madame, vous allez être bien sage et bien gentille?... Vous m'avez promis de ne plus avoir de chagrin?... S'il vous arrive encore de pleurer,... c'est moi qui vous gronderai!...

ANNE BOLEYN.

Aimable enfant!...

ÉLISABETH.

Chère maman, quand je vous vois triste, cela me fait tant de peine!...

ANNE BOLEYN.

Et toi, fillette, tu tiendras aussi ta promesse? Tu n'auras pas peur?... En présence de tout ce monde, qui aura les yeux sur toi, songe bien à ne pas montrer de frayeur!...

ÉLISABETH *sourit*.

Soyez tranquille, madame!...

ANNE BOLEYN.

Un tournoi, ce n'est pas un combat sérieux, véritable;... c'est un exercice, une fête militaire.

ÉLISABETH.

Oh! ce serait une vraie bataille que je n'aurais pas peur!... Tout à l'heure, à la vue de ces épées nues, est-ce que j'ai jeté un cri?... Bonne mère, je n'ai peur de rien!... pas même de ce spectre de la reine Catherine d'Aragon,... que ma tante, Mme la duchesse de Suffolk, croit toujours apercevoir sous les grands chênes de la forêt de Windsor!... Je ne crois ni aux fantômes ni aux revenants!... Ces contes-là sont faits pour les petits enfants!... Elle n'est pas brave, la reine duchesse!... (*Elle examine le mouchoir que la reine tient à la main.*) Ah! le beau mouchoir!... Comme ce chiffre est bien brodé!... (*Lisant.*) A. R?...

ANNE BOLEYN.

Anna Regina.

ÉLISABETH.

La reine Anne!... (*Elle considère sa mère.*) Ah! elle est bien belle aujourd'hui la reine Anne!... La petite coquette veut plaire à quelqu'un?... Ah! je n'engage pas Mlle Jeanne Seymour à se placer trop près de nous!...

ANNE BOLEYN *l'embrassant*.

Ah! l'aimable, l'aimable enfant!...

TABLEAU VI, SCÈNE IV.

ÉLISABETH *examine la marque de son mouchoir.*

E. P. G....

ANNE BOLEYN.

Élisabeth, princesse de Galles.... Je t'ai dit, chère amie, que c'est, en Angleterre, le titre qu'on donne à l'héritière du royaume.

ÉLISABETH.

Chère maman,... ce titre, il est bien à moi, n'est-ce pas?... Il n'appartient qu'à moi seule?... Cette fille de la première femme de mon père,... que lord Wriothesley dit être si méchante,... lady Marie,... n'a pas le droit de le porter?

ANNE BOLEYN.

Non, mon enfant.

ÉLISABETH.

Pourquoi donc le prend-elle?

ANNE BOLEYN.

Qui t'a dit cela?

ÉLISABETH.

Lady Marguerite!... Elle cherche toujours à me faire de la peine!... Comment mon père, qui m'aime tant, souffre-t-il qu'une autre soit appelée d'un nom qui est à moi?... Oh! moi, à la place du roi, je l'empêcherais bien!...

ANNE BOLEYN.

Le roi l'ignore sans doute.

ÉLISABETH.

Eh bien, tout à l'heure, il le saura!... Dites-moi, bonne mère, croyez-vous qu'un jour je serai reine?...

ANNE BOLEYN.

Pourquoi penses-tu à cela, Élisabeth?

ÉLISABETH.

Je ne sais pas.... J'y pense toujours.

ANNE BOLEYN.

Peut-être, ma fille!...

ÉLISABETH.

Reine,... possédant un royaume?... gouvernant un État?... ou seulement reine, comme tu l'es, maman?... comme toi, femme de roi?...

ANNE BOLEYN.

Ma fille, personne ne peut répondre de la destinée!...

ÉLISABETH.

Hier au soir, lord Wriothesley s'est approché de moi, pour me faire compliment.

ANNE BOLEYN.

Et sur quoi?

ÉLISABETH.

Il m'a confié en grand.... grand secret.... que le fils du roi de France me demande en mariage?... A mon âge, ce serait un peu tôt?... Maman, est-ce que c'est vrai?... Lord Wriothesley est si faux et si menteur!...

ANNE BOLEYN.

Ne serais-tu pas bien contente, bien fière, d'être un jour reine de France, comme ta tante Marie?

ÉLISABETH.

Ah! ce serait bien quelque chose!... Mais non,... (*Résolûment.*) non! je ne veux pas me marier!... je veux rester fille!...

ANNE BOLEYN.

Et pourquoi?

ÉLISABETH.

Ma mère, je t'ai vu si souvent pleurer!...

ANNE BOLEYN.

Ma fille, il y a des reines plus heureuses que ta mère!...

ÉLISABETH.

Et puis....

ANNE BOLEYN.

Et puis?...

ÉLISABETH.

Je voudrais n'être obligée d'obéir à personne!...

ANNE BOLEYN, *souriant*.

Comment, mademoiselle?...

ÉLISABETH, *avec vivacité*.

Si ce n'est à Dieu, et à ma mère!...

ANNE BOLEYN.

C'est heureux!...

ÉLISABETH, *tendrement*.

Oh! à ma belle, à ma bonne mère,... de tout mon cœur!... et toujours, toujours!...

ANNE BOLEYN.

Élisabeth, dans telle condition qu'on soit né, pour bien commander, il faut avoir obéi.

ÉLISABETH.

Oh! ne t'inquiète pas, maman!... je saurai commander et me faire obéir!...

ANNE BOLEYN, *à part*.

Ah! combien elle tient de son père!... (*Haut.*) Ma fille, garde-toi bien de répéter ceci devant le roi!

ÉLISABETH *avec malice, et sautant au cou de la reine*.

On ne nous y prendra pas, belle maman!...

CULPEPPER *annonce*.

M. le vicomte de Rocheford!...

(*Il sort.*)

SCÈNE V.

Le vicomte de ROCHEFORD, Anne BOLEYN, ÉLISABETH.

LE VICOMTE DE ROCHEFORD.

Ah! madame, que viens-je d'apprendre? De quel danger vous êtes heureusement échappée!...

ANNE BOLEYN.

Sans Norris, mon frère, c'était fait de moi!... Périr par le feu!... Ah! j'en frémis d'effroi!... Georges, si bientôt je devais mourir sur un bûcher?...

LE VICOMTE DE ROCHEFORD.

Quelle pensée, ma sœur?...

ANNE BOLEYN.

Elle est horrible!... Mais quand je songe à ce qu'Élisabeth Barton et Anne Askew m'ont prédit!... Mon frère, depuis quelque temps, que d'accidents funestes!... que de malheurs!... La perte de cet enfant, de ce fils que j'avais tant souhaité!... Mourir en naissant!... Ah! mon frère, qu'il était fort et beau! (*Elle essuie ses pleurs.*) Et cette chute du roi!... S'il fût mort ce jour-là, que serais-je devenue?... et maintenant,... maintenant que va-t-il faire de moi?... Me répudier comme Catherine d'Aragon?...

LE VICOMTE DE ROCHEFORD.

Ma sœur, avez-vous fait ce que vous m'aviez promis hier au soir?

ANNE BOLEYN.

Oui, j'ai défendu à Jeanne de paraître aujourd'hui devant moi.

LE VICOMTE DE ROCHEFORD.

Le roi le sait-il?

ANNE BOLEYN.

Il le sait, et il veut qu'elle soit présente au tournoi!... Il va venir. Je l'attends. Oh! la jalousie!... la jalousie!... Que Catherine d'Aragon a dû souffrir!... Ah! je serai inflexible! Jeanne partira!... elle partira!... ou, dès ce soir, elle épousera Norris!

LE VICOMTE DE ROCHEFORD.

Ma sœur, il ne serait pas moins sage d'éloigner Catherine Howard.

ANNE BOLEYN.

Non, mon frère, non.... Catherine aime Deheram!

LE VICOMTE DE ROCHEFORD.

Deheram?

ANNE BOLEYN.

Je m'en doutais,... et Jenny Lascels vient d'éclaircir tous mes soupçons. Cet amour explique l'éloignement de Catherine pour Waston.... Ce soir, je parlerai à Catherine et à Deheram.... Ah! Georges, ah! mon ami, que je souffre!... que d'assauts! que d'angoisses!... (*Elle lui tend la main.*) Tiens, vois, je brûle et je frissonne!... et ma tête!... Ah! à force de penser, d'espérer ou de craindre, ma pauvre tête, ébranlée par tant de secousses, semble flotter entre la raison et la folie!...

LE VICOMTE DE ROCHEFORD.

Ah! ma sœur!...

ANNE BOLEYN.

Surrey est à Greenwich!... il a vu le roi!... il demande à me voir!...

LE VICOMTE DE ROCHEFORD.

Lui?... dans quel but?

ANNE BOLEYN.

Ah! je ne le prévois que trop!... Le retour de Marie?...

Non, non, jamais! jamais!... Et puis, tu ne sais pas?... Ce matin, comme je cherchais à me rendre compte de la manière dont le feu a dû prendre aux rideaux de ma chambre,... je m'approche de la fenêtre,... et qui vois-je dans le jardin,... arrêté devant moi,... seul, immobile?...

LE VICOMTE DE ROCHEFORD.

Qui donc?

ANNE BOLEYN.

Lord Piercy!...

LE VICOMTE DE ROCHEFORD.

Piercy!...

ANNE BOLEYN.

Ses yeux, en se levant, rencontrent les miens.... Il pousse un cri!... et moi, je me jette en arrière, saisie de surprise et d'effroi!...

LE VICOMTE DE ROCHEFORD.

Quoi?

ANNE BOLEYN, *vivement*.

Ah! je ne l'aime pas! Rassure-toi, je ne l'aime plus!... et pourtant après ce que lord Piercy a été pour moi, peut-il m'être totalement étranger?... Ah! pour cela, mon frère, sa faiblesse, son manque de foi, ont trop influé sur ma vie!...

LE VICOMTE DE ROCHEFORD.

Depuis le bal donné au palais d'York par le cardinal Wolsey, lord Piercy ne s'était jamais présenté à la cour?

ANNE BOLEYN.

Non, je ne l'avais pas revu. Je viens d'apprendre que le comte a été invité aux joutes de Greenwich par un ordre particulier du roi.

LE VICOMTE DE ROCHEFORD.

Quel peut être son motif?

ANNE BOLEYN.

Je ne le devine pas, mais, à coup sûr, il en a un!... il

faut qu'il espère, qu'il attende quelque chose de lui,... ou qu'il lui destine un emploi pénible.... Autrefois il trouva piquant de lui confier le soin d'arrêter le cardinal Wolsey, dont Piercy avait été le protégé.... Qui sait? peut-être se propose-t-il aujourd'hui de se servir de lui contre moi-même,... de le punir de m'avoir aimé?

LE VICOMTE DE ROCHEFORD.

Ah! ma sœur!

ANNE BOLEYN.

Mon frère, le roi ne fait rien sans préméditation!... et ses bizarreries les plus étranges cachent un dessein. Plein de fraude et de détours, jamais il ne se montre plus flatteur, plus caressant, et surtout plus prodigue envers ses favoris, que lorsqu'il a résolu leur perte: sachant bien que ce qu'il donne n'est qu'un prêt de quelques jours. Sa politique est de couvrir l'abîme de fleurs, d'encenser, d'enivrer ses victimes, avant de les précipiter. Crois-moi, quelque impétuosité qu'on lui prête, Henri sait résister à un premier mouvement: il est maître de lui, plus patient qu'on ne pense : cette colère qu'on dit si soudaine, est souvent le fruit de plusieurs années; et quand elle éclate, c'est qu'il le veut, c'est au moment qu'il a froidement choisi. Ah! je le connais!... Henri sera pour sa femme ce qu'il a été pour tous ses amis!...

LE VICOMTE DE ROCHEFORD.

Peut-être, en appelant lord Piercy à la cour, n'a-t-il que l'intention de l'éprouver.

ANNE BOLEYN.

Ah! Georges, je le voudrais!... Sa jalousie prouverait un reste de tendresse!... Mais non,... non, s'il est jaloux, c'est sans amour!... Ce n'est plus que par orgueil, par haine, dans l'espérance de rendre criminelles les plus innocentes libertés,... et de satisfaire sa nouvelle passion, en justifiant son inconstance!... Mais, mon frère, il se flatte,... quelque piége qui me soit dressé, le prétexte qu'il souhaite, il ne l'aura pas. J'ai soin de ne m'entourer, de ne composer ma société intime que de ses favoris, des gentilshommes dont il a lui-même formé ma maison, de Norris, de Waston, de Marc même, de son musicien,... de tous ceux enfin qu'il semble goûter le plus!... Ah! qu'il les interroge!... Ils n'ont été que trop souvent les témoins de mes inquiétudes et de mes larmes!... Moi! manquer de loyauté envers le roi?... de mes jours, je n'en eus seulement la pensée!... Jamais femme, pas même Catherine d'Aragon, ne fut plus attachée à ses devoirs, ni plus tendre que le fut toujours pour lui Anne Boleyn!... (*En souriant.*) Et à moins qu'un jour il ne se dise jaloux de mon frère....

LE VICOMTE DE ROCHEFORD.

Lui, non!... mais Marguerite?... mais ma femme?...

ANNE BOLEYN.

La folle!...

LE VICOMTE DE ROCHEFORD.

Ma sœur, au lieu d'en rire et de s'en moquer, il serait sans doute plus sage de se tenir en garde contre ses méchants propos et toutes les histoires qu'elle ne cesse de faire au roi!...

ANNE BOLEYN.

Oh! ce n'est pas d'hier qu'elle lui procure ce divertissement charitable!... Dans un de ces moments d'aménité et d'effusion de cœur qu'elle ne sait pas toujours contenir, elle m'a dévotement juré qu'elle se vengerait de moi,... et je compte sur sa parole!...

LE VICOMTE DE ROCHEFORD.

Pourquoi la laisser dire,... toujours lui pardonner,... et la garder auprès de toi?

ANNE BOLEYN.

Y penses-tu bien, mon ami?... me brouiller avec la femme de mon frère!... Quel scandale abominable!... Est-il au monde une seule famille où cela se soit jamais vu?... Casser la dame du lit!... un des officiers de la couronne! violer les priviléges des grands dignitaires!... ce serait un attentat que mon oncle de Norfolk, milord Wriothesley, et tous nos bons catholiques me pardonneraient moins que notre rupture avec le pape et la suppression des monastères!... Ah! je le sais, mon aimable et très-spirituelle belle-sœur me sert médiocrement auprès du roi.... Elle a le talent d'empoisonner toutes mes actions!... Plus d'une fois déjà, elle a essayé de lui insinuer les soupçons les plus odieux,... et pourvu qu'elle soit sûre de l'impunité, son imagination aura peu de respect pour la vérité!... mais, tout bien considéré, mon frère, ma tolérance l'embarrasse, la gêne.... Le mal qu'elle dit de moi, de concert avec lord Wriothesley et notre bon petit évêque de Wincester,... (*avec gaieté*) elle le dit avec plus de bénignité et de douceur d'âme.... Sa voix est moins aigre et moins perçante!... c'est un bruit infiniment plus agréable!...

LE VICOMTE DE ROCHEFORD,

Je doute qu'au fond tu y gagnes beaucoup?...

ANNE BOLEYN.

Eh! ne fût-ce qu'une noirceur, que deux ou trois méchancetés de moins par soirée, c'est quelque chose!... Et d'ailleurs, j'ai toujours une indulgence excessive pour tout ce que je ne puis empêcher!... Mais si le ciel exauce le plus ardent de tous mes vœux.... si jamais je reprends mon empire sur le roi,... si j'étais mère!... si j'avais un fils!... alors.... oh! alors.... je ne suis pas mauvaise,... je ne veux de mal à personne,... je ne désire pas me venger,.. non! non!... mais j'en fais le serment,... mon frère, je serai sans pitié!... Dès le lendemain, je les mets tous à la porte!...

(*On entend des trompettes et des hautbois.*)

ÉLISABETH.

Mon oncle!... vois donc!... comme le cheval de Norris se dresse sur ses pieds de derrière!...

(*La reine et le vicomte de Rocheford s'approchent du premier balcon.*)

LE VICOMTE DE ROCHEFORD.

Oui,... il refuse obstinément d'entrer dans la lice....

ANNE BOLEYN.

Si c'était un présage?... peut-être ce cheval a-t-il l'instinct de quelque malheur dont son maître est menacé?... Norris ferait mieux de ne pas combattre.

ÉLISABETH.

Ah! madame!... on dirait qu'il a eu peur!... tout le monde se moquerait de lui!...

CULPEPPER *annonce.*

M. le comte de Surrey!...

(*Le vicomte de Rocheford fait un mouvement pour sortir.*)

ANNE BOLEYN.

Restez, mon frère!...

SCÈNE VI.

LE VICOMTE DE ROCHEFORD, ANNE BOLEYN, LE COMTE DE SURREY, ELISABETH.

ANNE BOLEYN.

Je ne vous le cache pas, milord,... je ne croyais pas vous revoir.

SURREY.

Madame, une démarche que j'ai sollicitée, je le confesse,... et dont le roi a bien voulu m'honorer....

ANNE BOLEYN, *vivement*.

N'achevez pas, monsieur!... j'ai deviné le motif qui vous amène. Oui, vous êtes venu sur le bruit de ma disgrâce prochaine.... Le moment vous a semblé opportun... Vous avez demandé le rappel de lady Marie,... et le roi y consent?

SURREY.

Si j'étais assez heureux pour obtenir l'agrément de Votre Majesté....

ANNE BOLEYN, *avec fierté*.

Dans quel dessein reviendrait-elle? Pour satisfaire ses ressentiments, sa vengeance? dans l'espérance de ressaisir ses droits, de combattre ceux de ma fille? de détruire l'Église d'Angleterre? de nous replacer tous sous le joug de Rome?... Sa haine, je le sais, est implacable! son opiniâtreté invincible!... je n'ignore pas que, de concert avec votre père et mes ennemis secrets, elle voudrait aider au triomphe de ma rivale! me faire éprouver le sort qu'a éprouvé sa mère!... Et vous vous êtes flatté, monsieur, que je prêterais les mains à ma propre ruine, à celle de mon enfant?... Ah! vous avez trop présumé de votre éloquence, ou trop donné à votre imagination!... Revoir lady Marie!... après nos adieux de Black-Friars!... Ah! rien que d'y songer, je frissonne!... (*Avec force.*) Ah! pour elle, pour moi, qu'elle ne revienne pas!.... jamais! entendez-vous, monsieur le comte, jamais!...

ÉLISABETH *quitte le balcon.*

Madame, qu'est-ce donc?...

SURREY *fait un mouvement de surprise.*

Ah! Dieu!... ah! madame, la belle enfant!... (*Il considère la jeune princesse et s'adresse au vicomte de Rocheford.*) Ce sont tous les traits de la reine!... la douceur de son regard!... la noble fierté de son front!... Ah! madame.... ah! quelle admirable créature!...

ANNE BOLEYN *lui tend la main.*

Vous trouvez, mon cousin?

SURREY *met un genou en terre et lui baise la main.*

Madame, il me semble vous voir telle que vous étiez,... lorsque notre grand'mère vous considérait en silence devant nous.... avec tant de bonheur et d'orgueil!...

ANNE BOLEYN, *avec bonté.*

Quelle mémoire vous avez!... Vous devez me trouver bien changée?...

SURREY.

Oh! oui!... oui, madame!... plus d'éclat encore!... plus de grandeur et de majesté!... et, ce que je n'aurais pas cru possible,... quelque chose de si jeune!... qu'on ne vous donnerait pas vingt ans!...

ANNE BOLEYN *sourit.*

L'exil, monsieur le comte, ne vous a pas fait oublier complétement le langage de la cour!...

SURREY.

Quelque désir que j'aie, madame, de vous rendre favorable à ma prière, jamais je ne vous ai moins flattée!... Cela ne m'était point nécessaire.... Je m'attendais à un premier refus,... je le conçois,... mais j'ai compté sur votre bonté, sur votre générosité,... j'ai toute confiance, et je vous dis tout haut ce que je pense.... Est-ce là, madame, la conduite d'un homme de cour?...

ÉLISABETH, *à part.*

Comme il a l'air aimable et bon!... (*Haut.*) Maman, accorde ce qu'on te demande!... ce doit être une chose juste!... ma belle maman, fais cela pour moi, je t'en prie!...

SURREY.

Voyez, madame, si mes pressentiments me trompaient!... La trouver belle comme sa mère.... il le fallait bien.... Il suffisait de la regarder,... Et voilà que toute la bonté qu'elle tient de sa mère se trahit et se révèle de la manière la plus charmante!...

ÉLISABETH.

Mon cousin?

SURREY.

Madame....

ÉLISABETH.

La reine a dit mon cousin!... Je dois être votre petite cousine.... et je ne vous connaissais pas!... Comment vous nommez-vous?

SURREY.

Henri, comte de Surrey.

ÉLISABETH.

Surrey?... notre grand poëte!... L'ami de mon ami Thomas Wyatt?

SURREY, *à la reine.*

Ah! madame,... je la trouvais belle,... je la trouvais bonne.... Maintenant, je vous en fais juge, m'est-il possible de ne pas lui trouver infiniment d'esprit?

ÉLISABETH.

Je sais par cœur trois de vos sonnets!

SURREY.

Ah! madame! madame!

ÉLISABETH.

Ce soir, devant le roi, en présence de toute la cour, je vous les réciterai, sans faire une seule faute!... Vous ne partez pas, mon cousin? Vous resterez avec nous, n'est-ce pas?... Dites-moi.... Géraldine!... elle doit être bien belle et bien fière d'être vantée comme cela?... L'aimez-vous toujours?

ANNE BOLEYN, *sourit.*

Cette fois, milord, allez-vous aussi me faire compliment de la discrétion de ma fille?... Ah! les enfants font parfois des questions très-délicates!... et quand l'enfant est une altesse royale,... une princesse de Galles!... et que la mère,... une reine,... est tout aussi curieuse et aussi indiscrète que la petite fille,... il faut répondre!... Ici le plus fin courtisan serait embarrassé peut-être;... mais un poëte!... pour lui tout est aisé.

ÉLISABETH, *avec malice.*

Est-ce que c'est une princesse?

(*Surrey regarde la reine.*)

ANNE BOLEYN.

Milord, aurait-elle le don de deviner?

SURREY.

Madame, elle pourrait le tenir de sa mère! (*A Élisabeth.*) Oui, madame,... oui, Géraldine a été princesse.

ÉLISABETH.

Et elle ne l'est plus?... On cesse donc d'être princesse?

SURREY.

Quelquefois.... on cesse du moins d'en porter le nom.

ÉLISABETH.

Cela pourrait donc aussi m'arriver à moi?

SURREY.

Ah! madame, je souhaite que non!... Votre mère aurait tant de chagrin!

ÉLISABETH.

Est-ce que vous trouvez cela juste, mon cousin?

SURREY.

Non.... Oh! non, madame!

ÉLISABETH.

Alors, maman, pourquoi cela se fait-il?

(*Surrey regarde la reine. Un moment de silence.*)

Maman, si cela dépend de toi,... si tu le peux,... comment ne l'empêches-tu pas?

(*Un nouveau silence.*)

SURREY.

Géraldine, j'en suis certain, madame, regrette moins son titre et ses honneurs, que l'affection de son père dont elle est depuis si longtemps séparée,... sa belle-mère....

ÉLISABETH, *l'interrompant avec vivacité.*

Son père est remarié?

SURREY.

Oui, madame,... à une femme généreuse,... qui d'un mot, pourrait finir son exil,... qui lui suppose des sentiments et des desseins qu'elle n'a pas.... Ah! si aujourd'hui cette noble femme n'écoutait que son cœur!... Et qui sait.... son propre intérêt peut-être,... celui de son enfant!

ÉLISABETH.

Géraldine a donc une sœur?

SURREY.

Oui!

ÉLISABETH.

Une jeune sœur?

SURREY.

Oui!

ÉLISABETH.

Pourquoi ne s'est-elle pas adressée à elle?

SURREY.

En ce moment, madame, elle le fait par ma bouche!

ÉLISABETH.

Ah! cette sœur, c'est moi!... Géraldine, c'est lady Marie! C'est Marie que vous aimez, mon cousin?

SURREY.

Que dites-vous, madame?

ÉLISABETH.

Ne crains rien, Henri! Maintenant que je sais tout, je ne dirai rien! Oh! maman, chère maman, rappelle ma sœur! cela lui fera tant de plaisir!... et moi,... moi, je serai si heureuse de la connaître!

SURREY *prend respectueusement la main d'Élisabeth et tombe aux genoux de la reine.*

Madame, je mets ma prière sous la protection de votre enfant!

ÉLISABETH, *pliant le genou.*

Bonne, bonne mère,... puisque le bon Dieu ne m'a pas donné de frère, rends-moi ma sœur?... Marie t'aimera comme je t'aime!

ANNE BOLEYN.

Surrey!... chère fille!... Levez-vous! levez-vous!...

(*Son visage s'épanouit, ses mains tremblantes se portent avec précaution sur son ventre.*)

ÉLISABETH.

Belle maman, qu'est-ce donc?

ANNE BOLEYN, *à part*.

Oh! mon dieu!... ô Jésus!... ô Marie!... Oui!... Oui!... Là!... dans mon sein!... mon enfant a tressailli!... Oui, je ne me trompe pas.... je suis mère!... ô mon Dieu, je suis mère! Georges! mon frère! oh! quel bonheur!... Le roi! le roi! ah! quelle va être sa joie!...

LE VICOMTE DE ROCHEFORD.

Qu'as-tu? Qu'as-tu donc, ma sœur?

ANNE BOLEYN, *à part*.

Oh! non, non.... c'est au roi.... C'est le roi qui le premier doit apprendre....

(*L'horloge sonne midi. Les trompettes et les tambours se font entendre.*)

Il va venir.

CULPEPPER *annonce*.

Le roi!

SCÈNE VII.

Les précédents, HENRI, SUFFOLK, PIERCY, le vicomte de BEAUCHAMPS, Jean DUDLEY, John RUSSELL, NORRIS, BRERETON, WASTON, William PAGET, Antoine DENNY, Anthony BROWN, Thomas SEYMOUR, NORMAN, Frédérick de VALBERG, DEHERAM, MANNOC, la vicomtesse de ROCHEFORD, Jeanne SEYMOUR, Catherine HOWARD, lady KINGSTON, mistress SIMONNETTE, mistress STRONOR, mistress CORSYNS, BUTTS, Lords et Dames de la cour, Antoine ANTHONY, Officiers et Gardes.

ANNE BOLEYN.

Il vient! et il n'est pas seul!... Catherine!... Jeanne!... Oh!... oh! devant elles quel triomphe!... (*Elle jette les yeux sur une glace.*) Je dois être belle, je le sens!... oh! oui, oui, aucune d'elles n'est aussi belle que moi.... Ah! ah! ah!

(*La joie éclate sur toute sa physionomie. Le roi s'avance suivi de toute la cour. Anne Boleyn promène ses regards autour d'elle avec complaisance et une sorte de coquetterie ; elle contemple le roi en silence ; toute son attitude décèle l'excès de son ivresse ; on voit qu'elle fait effort pour se rendre maîtresse d'elle-même. Tout à l'heure, elle s'arrêtera, elle se contiendra à dessein ; elle parlera lentement, et avec mesure, afin de savourer son bonheur, d'irriter la curiosité et l'impatience du roi.*)

ANNE BOLEYN, *au roi, à voix basse.*

Sire, vous vous attendez à de nouvelles plaintes, à des reproches, à des refus?... Eh bien! non! non.... Ah! sans doute, vous m'avez fait hier bien du mal! Tous les tourments de la haine, de la jalousie, de la rage, je les ai éprouvés!... Si une seconde fois j'étais destinée à une semblable souffrance, mon cœur se briserait, je mourrais ou je deviendrais folle!... Mais tout est oublié, tout ce que vous désirez, je le veux.... (*Elle lui tend la main.*) Jeanne restera. (*Le roi baise sa main.*) Je ne suis plus jalouse!... Je ne la crains plus!... Je ne crains aucune femme au monde!... Jeanne!

JEANNE SEYMOUR.

Madame?...

ANNE BOLEYN.

Viens, approche, je te pardonne!

JEANNE SEYMOUR.

Quoi? madame....

ANNE BOLEYN.

Plus un mot! demeure près de moi! demeure! je t'en prie! (*Au roi.*) Votre fille Marie, je la prends sous ma garde, je l'adopte. C'est ma fille!... Je l'aimerai; je l'aime comme Elisabeth! (*A Surrey.*) Comte, partez ce soir pour Grafton! Que la princesse apprenne de votre bouche la fin de nos discordes. Mes bras, ceux de son père, lui sont ouverts! Qu'elle vienne! je l'attends! Qu'elle sache bien la part que vous avez à ce retour! je le lui dirai. (*Plus bas.*) Votre amour, je l'approuve!...

SURREY.

Ciel!...

ANNE BOLEYN, *à haute voix*.

Mon cousin, que Dieu vous comble de toutes ses faveurs!... (*A part.*) Ah! que Dieu est bon!... Ah! quand on est heureux, on veut le bonheur de tout le monde!...

HENRI, *étonné*.

Qu'est-ce donc, madame?...

ANNE BOLEYN.

Ah! je suis heureuse!... je suis fière!... je suis folle!...

HENRI.

Madame, quelle ivresse?... et vous pleurez?...

ANNE BOLEYN.

Oh! Henri, ces pleurs-là font du bien!... ce sont des pleurs de joie!... Quoi! vous ne soupçonnez pas?... vous ne devinez pas?...

PIERCY, *au comte de Valberg.*

Dieu! comme elle est radieuse! et qu'elle est belle ainsi!...

ANNE BOLEYN, *à demi-voix.*

Henri, vous ne vous plaindrez plus! vous ne regretterez-plus de m'avoir prise pour femme, de m'avoir préférée à Catherine d'Aragon.

HENRI.

Quoi donc?

ANNE BOLEYN.

Que vouliez-vous?... que demandiez-vous au ciel avec tant d'instances?... Pour vous, pour votre peuple?... Henri, tous vos vœux sont comblés! Sire, je suis mère!...

HENRI.

Ciel!...

ANNE BOLEYN.

Oui, oui, tout à l'heure, deux fois mon enfant a tressailli dans mon sein!... je l'ai senti!... j'en suis sûre!... dans ce moment.... Oui, je le sens encore!... Ah! n'hésitez pas! annoncez mon bonheur à toute cette cour!... Que mes ennemis tremblent! qu'ils se taisent! (*A haute voix.*) Sire!... milords!... messieurs!... je suis mère!... Rendons grâce à Dieu!...

JEANNE SEYMOUR.

Elle est sauvée!...

HENRI, *avec rage.*

Elle mourra!...

ÉLISABETH.

Vive la reine!...

(*Acclamations prolongées* : *Vive la reine! vive le roi! vive la reine!...*)

LE VICOMTE DE ROCHEFORD.

Ah! ma sœur!...

ANNE BOLEYN, *au roi, avec vivacité.*

Je ne lui ai rien dit! il ne le savait pas! Vous êtes le premier! n'est-il pas vrai, Georges?... Mais as-tu donc peur de m'embrasser, cher ami? mais embrasse-moi donc? (*Elle se jette dans les bras de son frère.*) Élisabeth!... et toi, chère fille!...

ÉLISABETH.

Maman!...

ANNE BOLEYN.

Viens, viens donc, que je t'embrasse, chère enfant!... (*Elle se jette aux pieds du roi.*) Sire, bénissez-nous!...

HENRI, *à part et la relevant.*

Elle mourra!...

ANNE BOLEYN, *avec une coquetterie ravissante.*

Vous ne m'embrassez pas, mon seigneur?... vous ne me trouvez plus assez jeune, ni assez jolie?...

HENRI, *la baise au front.*

Dieu, madame, vous accorde tout ce que vous méritez!

(*Cris prolongés* : *Vive le roi! vive la reine!...*)

ANNE BOLEYN, *à la vicomtesse de Rocheford.*

Milady, je reçois votre compliment! (*Au roi.*) Quel beau jour! le premier mai! un lundi! Cette fête a un objet maintenant! vous pressentiez donc que ce jour serait heureux pour moi?... et cependant.... sir Henri Norris?... Approchez, monsieur,... que je vous remercie devant le roi! Sire, vous avez su,... cette nuit,... je lui dois la vie!...

NORRIS.

Madame....

HENRI, *détache son collier et le présente à Norris.*

Ce collier lui rappellera toute ma reconnaissance!... Waston, je ne te reconnais pas là?... Comment t'es-tu laissé devancer par Norris?... (*Au vicomte de Rocheford.*) Mon cher Georges, dis à tes créanciers que le roi est leur débiteur. Je me charge de tes dettes! (*A Catherine Howard.*) Miss Howard, n'avez-vous rien à me demander pour sir François Deheram?

CATHERINE HOWARD.

Sire, je crois savoir qu'il s'estimerait bien heureux de pouvoir rendre au roi des services plus utiles;... un commandement en Irlande,... une mission en Italie....

HENRI.

L'éloigner de nous? et pourquoi? seriez-vous brouillés?

CATHERINE HOWARD.

Du tout, sire;... d'ailleurs ce ne serait pas un exil.

HENRI, *à part.*

Il n'y a pas à craindre d'amourette! j'en suis bien aise! (*Haut.*) Non, je ne veux pas que Deheram nous quitte,... je prévois que sous très-peu de jours nous aurons le moyen de le placer encore plus près de nous,... dans un poste de confiance,... et beaucoup plus élevé.... Vous pouvez le lui annoncer.

CATHERINE HOWARD *s'approche de Deheram.*

Vous n'êtes pas venu dans l'oratoire? Mes lettres?

DEHERAM.

Demain!

CATHERINE HOWARD.

Aujourd'hui! tout de suite! je le veux! allez, ou demain pas de rendez-vous!

(*Deheram sort.*)

SCÈNE VIII.

LES MÊMES, *excepté* DEHERAM.

HENRI

Allons, mes amis, en champ clos! au plus agile, au plus adroit! Suivez-moi!

ANNE BOLEYN.

Ah! sire, je vous en conjure, restez près de moi, ne combattez pas! un accident pourrait vous arriver : cette chute de cheval, je l'ai toujours présente à l'esprit; c'est l'effroi qu'elle m'a causé, qui fit périr mon enfant. Ne m'exposez pas à un semblable malheur,... vous me feriez encore des reproches, et pourtant la faute en serait à Votre Majesté?... (*Elle joint les mains avec grâce.*) Henri, ne me quittez pas!...

HENRI.

Je reste, madame, je ne veux pas que votre plaisir soit troublé. Je n'apporterai pas moins de curiosité et d'intérêt à la fête. De ce balcon, je suivrai de l'œil le moindre geste de nos combattants! Votre Grâce est-elle satisfaite?

ANNE BOLEYN.

Pleinement, sire!...

LE BARON DE NORMAN, *au comte de Valberg*.

Que nous disait donc milord Cromwell? Jamais le roi ne s'est montré plus aimable pour la reine!

HENRI.

Allons, Norris contre Rocheford!...

NORRIS.

Veuillez m'excuser, sire, et permettre que sir Francis Waston me remplace.

HENRI.

Comment?

NORRIS.

Mon cheval, ordinairement si fier et si brave, refuse obstinément d'entrer dans la lice.... Il recule et se jette en arrière, comme s'il pressentait que son maître est menacé de quelque grand malheur.

HENRI.

Eh bien, prends le mien, je t'en fais présent!...

SUFFOLK, *à part.*

Il sait bien qu'il ne le gardera pas longtemps!

NORRIS.

Puisse-t-il vivre autant que moi, sire, et me servir plus utilement, quand je combattrai les ennemis du roi!...

HENRI.

Fort bien! Rocheford, à toi ma lance! Waston, à toi mon épée! Je vous les donne! courage! bonne chance!... Allez, allez!... faites glorieusement triompher les couleurs de vos dames!...

SUFFOLK, *à part.*

Allons, les rois savent flatter et feindre aussi bien que le meilleur courtisan!...

ANNE BOLEYN, *à Waston qui sort.*

Monsieur Waston, votre mère est là?...

WASTON.

Oui, madame....

LA VICOMTESSE DE ROCHEFORD, *au roi.*

Voyez-vous, sire, quel doux regard elle lui envoie pour accroître son courage?...

SCÈNE IX.

Les mêmes, *excepté* le vicomte de ROCHEFORD, NORRIS, BRERETON, WASTON et plusieurs Officiers.

HENRI, *à Piercy.*

Milord comte de Northumberland, avez-vous offert vos compliments à la reine?

PIERCY *s'avance et salue la reine.*

Madame....

ANNE BOLEYN.

Soyez le bienvenu, milord;... je sais bon gré à Sa Majesté de m'avoir procuré l'occasion de vous faire les remerciments que depuis longtemps je vous dois.... J'ai su, monsieur le comte, avec quel empressement vous avez remis au cardinal d'York les tablettes d'or que j'avais jointes au rubis que le roi lui envoyait.

PIERCY.

Madame, le cardinal les a reçues à genoux pour marquer toute la joie qu'il ressentait d'une faveur aussi précieuse.... Il est mort avec le regret de ne pas revoir Votre Majesté.... Je suis plus heureux....

ANNE BOLEYN.

Je ne sache pas, milord, qu'aucun obstacle se soit jamais opposé à votre retour?

(*Piercy s'éloigne en faisant à la reine un profond salut.*)

HENRI, *à part.*

Il l'aime toujours!... (*Au baron de Norman.*) Monsieur le baron, Fox et Barnes vont partir. Cromwell leur remet en ce moment mes pleins pouvoirs. Monsieur de Valberg, Mme la princesse de Clèves est-elle toujours aussi belle?

FRÉDÉRICK DE VALBERG.

A mon dernier voyage, sire, Son Altesse m'a paru encore embellie !...

HENRI, *à part.*

S'il l'aimait, il donnerait envie de la lui ôter !...

PIERCY, *à Valberg.*

Ah ! monsieur, que je vous plains !... Croyez-moi, tâchez d'étouffer votre amour. Il est toujours dangereux de porter ses vues trop haut, et d'avoir pour rivaux ceux qui peuvent offrir des couronnes ! Si vous saviez ce que j'ai souffert,... et tout ce que je souffre en ce moment !...

FRÉDÉRICK DE VALBERG.

Votre exemple n'y peut rien, milord !... L'absence ne fait qu'accroître mon amour.

CULPEPPER *annonce.*

Milord Wriothesley !...

(*Le lord chambellan est accompagné de sir Guillaume Kingston et de sir Georges Spelman.*)

SCÈNE X.

Les précédents, WRIOTHESLEY, KINGSTON, SPELMAN, CULPEPPER.

HENRI, *à part.*

Que va-t-il m'annoncer ?

JEANNE SEYMOUR, *de même.*

Je frémis !...

(*Jeanne Seymour, le vicomte de Beauchamps et la vicomtesse de Rocheford observent le comte Wriothesley et suivent tous ses mouvements avec inquiétude.*)

TABLEAU VI, SCÈNE X.

LE VICOMTE DE BEAUCHAMPS, *bas, à la vicomtesse de Rocheford.*
Wriothesley a l'air consterné ?

(*Wriothesley leur jette un coup d'œil où perce toute sa joie.*)

LA VICOMTESSE DE ROCHEFORD, *au vicomte de Beauchamps.*
Non ! il sourit !

LE VICOMTE DE BEAUCHAMPS, *à Jeanne Seymour.*
Ah ! ma sœur!...

(*Wriothesley reprend aussitôt un visage sombre. Il salue la reine avec les marques du plus profond respect, et s'approche du roi. On entend des fanfares. Élisabeth parle à voix basse à sa mère et l'attire près du balcon.*)

WRIOTHESLEY.
Sire, que Votre Très-Sacrée Majesté veuille bien, en cette rencontre, consulter sa prudence habituelle,... et ne pas s'abandonner à un trop grand déplaisir !...

HENRI *fronce le sourcil.*
Quoi donc?... Marc s'est-il rétracté?

WRIOTHESLEY.
Non, sire,... non, Marc est convenu de son crime.... et mistress Vingfield a confirmé toutes ses dépositions.

HENRI, *à part.*
Ciel !

(*Son front rayonne et ses yeux se portent aussitôt sur Jeanne Seymour qui tressaille et pâlit.*)

JEANNE SEYMOUR, *à part et avec douleur.*
Marc s'est vendu!...

(*Le roi échange un signe d'intelligence avec le vicomte de Beauchamps et lady Rocheford.*)

LA VICOMTESSE DE ROCHEFORD, *au vicomte de Beauchamps.*
Victoire !...

HENRI, *à Wriothesley.*

Marc est-il prêt à être confronté avec la reine?

WRIOTHESLEY.

Oui, sire.

HENRI.

Et mistress Vingfield?

WRIOTHESLEY.

A peine avait-elle achevé sa déposition, mistress Vingfield, sire, a paisiblement rendu son âme à Dieu.

HENRI.

Ah!... c'est fâcheux!

(*Des applaudissements et des fanfares se font entendre.*)

WRIOTHESLEY, *avec componction.*

J'avoue, sire, que dans le sentiment de son malheur, Votre Grâce a bien quelques raisons de gémir.... Selon la fausse idée que des hommes se sont formée de l'honneur, le vôtre ici semble être extrêmement engagé.... Je ne crois même pas que la Providence vous ait encore envoyé une épreuve plus terrible que celle-ci... Le ciel veut sans doute voir si vous recevez de sa main, avec une humeur égale, les choses agréables et celles qui sont amères.... Mais s'il y a dans votre cœur une entière soumission aux décrets éternels,... si, sans murmurer d'une affliction si commune, vous recevez les maux avec autant de reconnaissance que vous recevriez des bénédictions,... sire, il en sera de Votre Grâce comme de Job qui, après avoir essuyé toutes sortes de calamités, vit enfin son obéissance et sa résignation heureusement récompensées.

HENRI, *considérant Jeanne Seymour.*

Dieu, dit l'Écriture, lui rendit toutes choses au double!...

WRIOTHESLEY.

Et si, après vous avoir ordonné de quitter votre première femme, le ciel veut encore vous séparer de la seconde, n'en doutez pas, sire, c'est que sa miséricorde est prête à vous combler de ses grâces, en vous en donnant une troisième,... c'est qu'à l'avenir Dieu doit vous défendre contre tout semblable accident!...

HENRI.

Dieu le veuille, mon cher comte!...

(*Les fanfares recommencent.*)

WRIOTHESLEY, *à part.*

Il faut bien en convenir,... cela ne cause un véritable chagrin qu'à ceux qui n'ont pas la certitude de pouvoir se venger!...

(*La reine s'est placée avec Élisabeth devant le premier balcon, à droite de l'appartement. La main qui tient son mouchoir est appuyée sur la balustrade.*)

ÉLISABETH.

Madame, ce gros monsieur, en face de nous, qui nous salue, en agitant son chapeau, qui donc est-ce?...

ANNE BOLEYN.

C'est sir Nicolas Brands, ma fille!...

ÉLISABETH.

On le voit partout!

ANNE BOLEYN.

Il t'aime beaucoup,... et il est très-aimé du peuple!... Rends-lui son salut, et fais-lui de la main un signe d'amitié.

(*Cris du dehors : Vive la princesse Élisabeth! vive la princesse de Galles!...*)

ELISABETH.

Il a l'air d'un bien bon homme!...

ANNE BOLEYN.

Oui.... J'aurais été bien trompée, s'il ne se fût pas trouvé là!... Il n'y a pas de bonne fête sans lui.... Tout à l'heure, nous l'apercevrons sans doute dans quelque coin de ce salon!...

(Le roi se lève et se dirige vers le second balcon; il passe devant miss Howard et miss Seymour.)

HENRI, *à Jeanne Seymour.*

Mademoiselle, n'approchez-vous pas?...

(Jeanne s'incline respectueusement.)

HENRI, *à Catherine Howard.*

Miss Howard, quels sont vos pressentiments?... A qui pensez-vous que restera la victoire?...

CATHERINE HOWARD.

Je n'ose former aucune conjecture, sire.... Si le roi devait prendre part au combat, je serais beaucoup plus hardie....

HENRI.

Je gage que vos vœux sont tous pour Waston?

CATHERINE HOWARD.

Ah! sire, ne pariez pas!... Votre Majesté courrait trop grand risque de perdre!... *(Elle semble disposée à suivre le roi.)*

JEANNE SEYMOUR *l'arrête.*

Mademoiselle, notre place est auprès de la reine!...

HENRI, *au vicomte de Beauchamps.*

De la jalousie! Bien!...

(Le roi s'assoit: le duc de Suffolk, lord Wriothesley et la vicomtesse de Rocheford se rangent derrière lui.)

SCÈNE XI.

Les mêmes, BRANDS.

(*Brands se coule doucement dans la galerie et sans qu'on s'en aperçoive. Lady Marguerite, tout en parlant au roi à voix basse, suit avec curiosité et inquiétude tous les mouvements de la reine et de Jeanne Seymour.*)

JEANNE SEYMOUR, *qui s'est approchée d'Anne Boleyn, lui dit à voix basse :*

Madame!... pardon....

ANNE BOLEYN *tourne la tête; mais sa main reste appuyée sur le balcon.*

Qu'est-ce, mademoiselle?... Qu'avez-vous?... ce trouble,... ces larmes dans vos yeux?... (*Avec bonté.*) N'ai-je pas tout pardonné?

JEANNE SEYMOUR, *affectueusement.*

Ah! ce n'est pas de moi que j'ai lieu de m'inquiéter, madame....

ANNE BOLEYN, *d'un ton très-calme.*

Et de qui donc?... De moi, mademoiselle?... Maintenant qu'ai-je à craindre?

JEANNE SEYMOUR, *baissant un peu plus la voix.*

Tout, madame, tout!...

ANNE BOLEYN.

Comment?

JEANNE SEYMOUR.

Le roi est jaloux!...

ANNE BOLEYN, *avec fierté.*

Lui? jaloux? et de qui, mademoiselle?...

JEANNE SEYMOUR, *avec douleur.*

Ah! madame, est-ce donc moi qui doute de Votre Majesté?...

ANNE BOLEYN, *avec vivacité.*

Explique-toi, Jeanne!...

JEANNE SEYMOUR.

De faux rapports!... Des accusations atroces!... Norris!... Waston!... Votre tendresse pour votre frère!...

ANNE BOLEYN.

Eh bien? Eh bien?...

JEANNE SEYMOUR.

Marguerite!... Ah! comment vous dire?... Ah! l'horrible, l'horrible femme!... Votre place m'est promise!...

ANNE BOLEYN.

Ciel! ciel!...

JEANNE SEYMOUR.

Des témoins subornés, des juges vendus,... Il y va de la vie, madame!... Vos ennemis entourent, obsèdent le roi!... Le temps est précieux, on nous observe.... Votre pâleur trahit votre inquiétude,... et déjà l'on a deviné l'avis que je vous donne!... Madame, allez au roi!... nommez-moi! dites tout! confondez vos accusateurs! Si vous tardez un moment, vous êtes perdue!...

(*Anne Boleyn fait un geste; son mouchoir s'échappe de sa main et tombe dans l'arène.*)

ANNE BOLEYN.

Les misérables!...

ÉLISABETH.

Mère! tu laisses tomber ton mouchoir!...

(*Des applaudissements et des cris de victoire s'élèvent du champ clos.*)

SURREY.

Vivat! bravo! Au vicomte de Rocheford le prix du combat!

(*Acclamations redoublées : Vive le vicomte de Rocheford!...*)

LA VICOMTESSE DE ROCHEFORD, *au roi*.

Sire, la reine lui a jeté son mouchoir!...

HENRI.

A Norris?...

LA VICOMTESSE DE ROCHEFORD.

A Georges!...

SUFFOLK.

Il le ramasse!...

WRIOTHESLEY.

Il s'en essuie le visage!...

LA VICOMTESSE DE ROCHEFORD.

Il le porte à ses lèvres!... Sire, voyez! voyez!...

WRIOTHESLEY, *à part*.

Ma foi, voilà un mouchoir tombé à propos,... et qui va nous servir merveilleusement!...

ANNE BOLEYN *va au roi*.

Sire, justice! justice!...

HENRI *se lève brusquement de son siège*.

Antoine Anthony, qu'on arrête le vicomte de Rocheford!...

ANNE BOLEYN.

Mon frère!...

HENRI.

Qu'on arrête Norris!... Waston!... Brereton!... Allez!... Qu'on les conduise à la Tour!... Vite! vite!... Pendez-les, pendez-les, pendez-les!...

(*Antoine Anthony sort avec plusieurs gardes.*)

SCÈNE XII.

Les mêmes, *excepté* Antoine ANTHONY.

ANNE BOLEYN.

Les malheureux! qu'ont-ils fait?

HENRI.

Vous le demandez, infâme!... Kingston, que la reine soit gardée dans son appartement!...

SURREY, JEANNE SEYMOUR, CATHERINE HOWARD.

La reine? Ah! sire....

ANNE BOLEYN.

Quel est mon crime?

HENRI.

L'adultère! l'inceste!

ANNE BOLEYN.

L'inceste?

SURREY.

Ah! sire, vous ne le croyez pas!

HENRI.

Téméraire!

SURREY.

Non, sire, non!... on vous trompe!... C'est vous qu'on outrage!

ANNE BOLEYN.

Ah! Surrey!... Et je me plaignais de votre retour!...

JEANNE SEYMOUR.

La reine? trahir ses serments, sa gloire? Sire, elle en est incapable!... Ah! épargnez votre femme, épargnez votre fille!...

ANNE BOLEYN.

Épargnez mon frère! d'innocents serviteurs!... Adultère? inceste? Oh! quelle tache, quelle tache odieuse!... Moi, un cœur perfide pour Votre Majesté?... Moi, une femme parjure? Moi, moi, souiller ma gloire?... Ah! tuez-moi, tuez-moi!... mais ne couvrez pas mon nom d'un opprobre éternel! Laissez-moi l'honneur! au nom du ciel, ne me flétrissez pas!

SURREY.

Eh bien, sire, eh bien, que l'épée en décide! Le jugement de Dieu!... (*A la reine.*) Madame, nous sommes de même sang : votre honneur est le mien. Souffrez que je sois votre chevalier!... (*Il se jette à ses pieds.*) Madame, accordez-moi cette grâce! Toute mon ambition est de mourir pour vous!...

ANNE BOLEYN *lui tend la main.*

Henri!.. homme généreux!... noble cœur!... Ah! comte, ah! sauvez-moi de l'ignominie!...

SURREY *tire son épée.*

Monsieur le vicomte de Beauchamps, outrager une femme, diffamer une reine, le fait d'armes est-il bien suffisamment glorieux, pour justifier le nouveau titre que vous portez?... Votre vaillance doit désirer quelque épreuve plus périlleuse?... La lice est ouverte!... Monsieur le vicomte de Beauchamps, c'est vous que je défie!...

(*Il lui jette son gant.*)

LE VICOMTE DE BEAUCHAMPS *le ramasse.*

Sortons!...

JEANNE SEYMOUR.

Quoi? sire....

HENRI.

Édouard, je vous le défends!...

ANNE BOLEYN.

Et qui donc me protégera, sire?...

HENRI.

La loi!...

ANNE BOLEYN.

La loi?... Quand c'est le roi qui m'accuse?... Ah! votre parti à mon égard est pris : l'arrêt est porté. Vous voulez que je meure!...

HENRI.

Madame!...

ANNE BOLEYN.

Mais ne sera-ce donc pas assez de ma mort?... Faut-il encore une calomnie infâme, pour satisfaire votre nouvelle fantaisie et vous assurer la possession de l'objet auquel aujourd'hui vous attachez votre bonheur?...

HENRI.

Madame, toutes ces trahisons vous seront prouvées et rendues manifestes!... Comte Wriothesley, interrogez la reine! Madame, préparez-vous à répondre à vos juges!...

ANNE BOLEYN.

Mes juges, qui seront-ils?...

HENRI.

Ma noblesse, les pairs du royaume, vos parents, vos amis, le duc de Norfolk, milord Piercy!

PIERCY.

Moi, sire?... (*Au comte de Valberg.*) Ah! monsieur!...

ANNE BOLEYN.

Oui, sire, que l'on m'interroge ouvertement, juridiquement. Que l'on me juge, j'y consens!... car je n'ai nulle honte à craindre de la vérité de mes réponses. Mais que ce soit à un tribunal légitime, et que mes ennemis jurés ne soient pas mes accusateurs et mes juges!... Vous verrez alors mon innocence éclaircie, votre inquiétude et votre conscience satisfaites, la calomnie et la méchanceté forcées au silence!...

HENRI.

Lady Boleyn, n'outragez pas les seigneurs du royaume ! Lady Boleyn, tenez-vous prête à vous présenter à la barre. Je vous y engage, et je vous le commande!...

ANNE BOLEYN.

Lady Boleyn!... ah! je me serais bornée volontiers à ce nom, je me serais tenue sans regret à ma place, si Dieu et Votre Majesté n'en avaient décidé autrement,... et je ne me suis jamais tant oubliée sur ce trône où vous m'avez fait monter, sire, que je ne me sois toujours attendue à la disgrâce que j'éprouve!...

JEANNE SEYMOUR *tombe aux genoux du roi.*

Pitié, sire, sauvez-la, sauvez-la, ou je meurs à vos pieds !...

CATHERINE HOWARD.

Pardon!...

ANNE BOLEYN.

Justice!...

CATHERINE HOWARD *se jette aux pieds du roi avec Élisabeth.*

Sire, regardez cette enfant !...

ÉLISABETH, *en pleurs.*

Mon père!... ma mère t'aime tant!...

JEANNE SEYMOUR.

Au nom de votre fille !...

LE VICOMTE DE BEAUCHAMPS.

Jeanne, insensée!...

HENRI.

Édouard, emmenez votre sœur!..

JEANNE SEYMOUR, *se relevant*.

Ah! n'approchez pas!... Laissez-moi!... laissez-moi!..

ÉLISABETH.

Mon père!...

HENRI.

Marguerite, ôtez cette enfant de mes yeux!..

ANNE BOLEYN.

L'oserait-elle?...

(*La vicomtesse de Rocheford saisit la main d'Élisabeth.*)

ÉLISABETH, *se dégage*.

Méchante!... Ma mère! ma mère!...

(*Elle s'attache aux vêtements de la reine; lady Marguerite l'en arrache avec violence.*)

ANNE BOLEYN.

Malheureuse!... Jeanne, veillez sur ma fille!...

JEANNE SEYMOUR.

Je réponds d'elle, madame!... Viens, viens avec moi, mon enfant!...

HENRI.

Duc de Suffolk, vicomte de Beauchamps, à Westminster! suivez-moi!...

(*Le roi s'éloigne rapidement.*)

ANNE BOLEYN, *hors d'elle-même*.

Henri!... Henri!... Sire!... écoutez-moi! sire!... (*Elle s'élance pour suivre le roi. Antoine Anthony et des soldats se jettent au devant d'elle et l'enveloppent de tous côtés.*) Ciel! ô ciel!...

SCÈNE XIII.

Antoine ANTHONY, des Gardes, *et* les précédents Personnages, *excepté* HENRI, SUFFOLK, le vicomte de BEAUCHAMPS, la vicomtesse de ROCHEFORD, mistress STRONOR, mistress CORSYNS, MANNOC, CULPEPPER.

SURREY, *à Jeanne Seymour.*

Madame, unissons nos efforts!... A nous le soin, la gloire de la défendre! Vous, près du roi! moi, s'il le faut, devant ses juges!...

JEANNE SEYMOUR.

Allons, comte, allons!...

SURREY, *à la reine.*

Que le ciel vous prenne sous sa garde, reine, et qu'il dirige toutes vos actions!...

(Jeanne Seymour sort avec Surrey, tenant Elisabeth par la main. Lady Kingston et mistress Simonnette les suivent. Les courtisans et les dames se retirent de tous côtés dans le plus grand désordre.)

BRANDS, *qui se sauve.*

Ah! Dieu! quel coup de tonnerre!...

CATHERINE HOWARD, *à la reine.*

Madame, je ne vous quitte pas!...

SCÈNE XIV.

Anne BOLEYN, Catherine HOWARD, WRIOTHESLEY, KINGSTON, SPELMAN, Antoine ANTHONY, Gardes.

ANNE BOLEYN.

Quoi donc, monsieur Anthony? Oubliez-vous que je suis votre reine?... Retirez-vous! place! place! Obéissez! je le veux!... (*Dans un délire furieux.*) Ah! ne me retenez pas!... ne me retenez pas!... ou les calamités les plus effroyables écraseront la nation! Au lieu de pluie, traîtres,... il tombera sur l'Angleterre de terribles jugements de Dieu!... Quoi? aucun serviteur fidèle?... aucune âme miséricordieuse ne se ressouviendrait de la reine?... Cromwell?... Cranmer?.. mes évêques, où sont-ils?... Ah! s'ils étaient ici, mes évêques iraient prier le roi pour moi!... Qu'on appelle mes évêques!... qu'on prévienne Cranmer!...

WRIOTHESLEY.

Madame, milord de Cantorbéry a reçu l'ordre de se rendre à son palais de Lambeth.

ANNE BOLEYN.

Ciel!...

WRIOTHESLEY.

Le primat doit y attendre la volonté du roi.

ANNE BOLEYN, *épouvantée, tombe sur ses genoux, et les mains jointes, s'écrie :*

Seigneur Jésus! Seigneur Jésus! ayez pitié de moi!... (*Un torrent de larmes suit cette exclamation.*) O mon Dieu, si je suis coupable, ne m'accordez jamais mon pardon!...

ne me recevez jamais dans votre saint paradis!... (*Elle se lève en riant aux éclats.*) Ah! ah! ah!... ah! ah! ah!...

CATHERINE HOWARD.

Malheureuse!... Dieu! Dieu! elle a perdu l'usage de sa raison!...

ANNE BOLEYN.

Ah! ah! ah!... ah! ah! ah!... C'est clair!... le roi veut seulement m'éprouver!...

WRIOTHESLEY.

Madame, quatre hommes vous accuseront!

ANNE BOLEYN.

Qui l'oserait?

WRIOTHESLEY.

Vos associés! vos compagnons de lit!... Norris! Marc! Waston! Brereton!... avec qui vous avez imaginé et discuté plusieurs moyens de faire mourir le roi!...

ANNE BOLEYN.

Moi? moi? attenter à la vie du roi?... souiller le lit du roi?... Ah! ma mère, ma mère, ma pauvre mère, tu en mourras de chagrin!...

WRIOTHESLEY.

Déjà, madame, Marc a déposé que trois fois il vous a connue charnellement!

ANNE BOLEYN.

S'il a dit cela, je le démentirai!... Eh! quels témoins pourrait-il produire?

WRIOTHESLEY.

Mistress Stronor!... mistress Corsyns!... mistress Vingfield!...

ANNE BOLEYN.

Vingfield! cette infâme que j'ai chassée pour son inconduite!...

WRIOTHESLEY.

Madame, Norris convient de sa trahison !...

ANNE BOLEYN.

Lui ? lui, Norris !... Ah !... ah ! vous ne me ferez pas croire cela !... C'est un piége, milord !... mais vos artifices ne sauraient m'arracher une confession !... Norris jurera que je suis une honnête femme !... *Dans la plus grande angoisse.* Norris !... ô Norris !... m'auriez-vous accusée ?... Ah ! si cela est, vous et moi, nous mourrons ensemble !... Et vous aussi, Marc, vous mourrez !... (*Elle va et vient à grands pas.*) Le sacrement ! la communion ! Notre-Seigneur ! Qu'on me donne Notre-Seigneur !... Catherine ?

CATHERINE HOWARD.

Madame ?

ANNE BOLEYN.

Va, cours à Saint-Paul ! vite ! vite ! une hostie ! ici, là, sur cette table, près de moi !... une hostie consacrée !... (*Elle s'assied.*) Je veux avoir une hostie près de moi, afin de mieux implorer la miséricorde de Dieu !... *Ses pleurs coulent en abondance.*) Ah ! après avoir fait tant de charités, tant de bonnes actions, comment ne serais-je pas une sainte dans le ciel ?... (*Elle se lève et tend ses mains en suppliante.*) Milord, oh ! je vous en conjure par le sang de Jésus-Christ, ne me jetez pas dans un cachot !... et je vais vous faire ma confession, comme si j'étais seule devant Dieu !

WRIOTHESLEY.

Oui, madame, agissez ouvertement : vous serez traitée avec plus de faveur.

ANNE BOLEYN.

Je ne veux rien vous cacher des choses qui se sont passées entre eux et moi !... Quelle meilleure preuve puis-je vous donner de mon innocence, que de vous découvrir mes plus secrètes pensées?...

WRIOTHESLEY, *avec une intention perfide jusqu'à la fin de la scène.*

Avouez la vérité, votre grâce est à ce prix. Si vous êtes innocente, les commissaires du roi, qui sont des hommes sages et bons, s'en réjouiront de tout leur cœur. Le roi lui-même en éprouvera de la joie, vous pouvez m'en croire. Rien ne lui a jamais été plus douloureux que de vous voir chargée de pareils crimes!...

ANNE BOLEYN, *avec ironie et les yeux égarés.*

Vraiment?... Pauvre homme!... je crains que le coup ne le tue sur l'heure!

WRIOTHESLEY.

Voyons, madame, voyons!...

ANNE BOLEYN. (*Tout annonce le désordre de ses idées.*)

Sans doute, milord, j'ai pu commettre des indiscrétions, des légèretés.... Peut-être ai-je été plus vaine que noblement fière!... Peut-être me suis-je plu trop souvent à voir autour de moi les effets de ma beauté;... mais si je me suis attiré mon malheur.... ah! Dieu sait que je ne l'ai pas mérité!... Le lundi de la Pentecôte.... je demandai à Norris pourquoi il tardait si longtemps à se marier? Il me répondit qu'il n'y avait pas de hâte, qu'il voulait attendre. — Et pourquoi? lui dis-je en le raillant. Est-ce que vous auriez envie de chausser les souliers d'un mort?... Je vois que si quelque malheur arrivait au roi, si je deviendrais veuve,... vous tenteriez de m'obtenir?...

WRIOTHESLEY, *d'un air encourageant.*

Et qu'a-t-il répliqué?

ANNE BOLEYN.

« Je veux perdre la tête, si j'ai jamais eu semblable pensée!... — Savez-vous que je pourrais vous perdre, si je le voulais? »

WRIOTHESLEY.

Et puis?...

ANNE BOLEYN.

Nous en restâmes là....

WRIOTHESLEY.

Et Waston?...

ANNE BOLEYN, *en tremblant.*

Waston?... Waston, milord?... Waston s'étant approché de moi.... « Il est aisé de deviner, me dit-il, à quelle intention Norris se trouve tous les soirs au cercle de la reine. Il ne vient pas à la cour pour offrir ses hommages ni à Magde, ni à Jeanne Seymour,... mais bien pour voir la reine!... » Je lui fis quelques réprimandes sur l'empressement qu'il montrait pour mistress Skelton,... pour ma sœur lady Marie Carew,... et comme je l'exhortais d'aimer la personne que je lui avais proposée en mariage.... (*A voix basse, et avec mystère.*) J'aurais voulu que Catherine Howard devînt sa femme.... Vous comprenez bien pourquoi?...

WRIOTHESLEY.

A merveille!... Et quelle fut sa réponse?...

ANNE BOLEYN.

« Je connais à la cour une dame pour qui je me sens plus d'amour que pour aucune femme au monde!... — Et laquelle? — Vous, madame!... » Et je l'en ai défié!... Milord, vous rapporterez tout ceci au roi?... tout?... fidèlement?... vous me le promettez?...

WRIOTHESLEY, *d'un ton d'amitié.*

Oui, madame, oui.... Des aveux sincères peuvent seuls vous mettre en sûreté....

ANNE BOLEYN, *dont l'esprit s'égare de plus en plus.*

Ah! je savais bien que vous étiez mon ami!... Oh! merci, merci, mon Dieu, à cet ange qui prend pitié de moi!...

WRIOTHESLEY, *à Spelman.*

Écrivez, monsieur!... écrivez!... Une reine! de pareilles hardiesses! de tels discours à ses domestiques!...

CATHERINE HOWARD, *à part.*

Elle se perd!... (*Haut.*) Ah! madame....

SPELMAN.

Miss Howard!...

ANNE BOLEYN.

Quant à Marc, j'affirme, milord, qu'il n'est entré dans ma chambre qu'une seule fois,... lors du voyage de Wincester,... quand je le fis appeler pour jouer de l'épinette devant moi.... Depuis, je ne lui avais jamais parlé.... Samedi dernier, le voyant appuyé près d'une fenêtre, et comme absorbé dans ses rêveries.... « Qu'avez-vous donc, Smeaton? lui demandai-je. Pourquoi êtes-vous si triste? — Pourquoi? dit-il brusquement. — Vous vous fâchez? Mais vous ne devez pas vous attendre à ce que je vous parle comme à un homme de qualité! — Non, non, madame, un seul de vos regards me rend heureux! c'est assez pour moi!... »

WRIOTHESLEY, *à Spelman.*

Écrivez! écrivez!

ANNE BOLEYN.

Est-ce tout?... est-ce bien tout?...

WRIOTHESLEY.

Brereton?...

ANNE BOLEYN.

Attendez!... attendez!... que je me rappelle.... (*Quelques moments de silence.*) Que s'est-il donc passé?... On dirait qu'il m'est arrivé un malheur.... Lequel?... (*Elle passe la main sur son front.*) Je ne sais,... et pourtant je comprends que le crime et la honte m'accablent!... La mort devait ici frapper quelqu'un?... mais qui?... qui donc?... je l'ai oublié.... (*Elle prête l'oreille.*) Tout est en joie dans ce palais!... on n'entend de tous côtés que des rires éclatants!... et moi aussi le fou rire me prend!... Ah! ah! ah!... ah! ah! ah!... ah! ah! ah!... (*Un torrent de larmes, des sanglots, succèdent à ces rires immodérés.*) Pauvre, pauvre enfant!... mort!... mort dans mon sein!... comme l'autre!... et c'était un fils!... Un fils!... Ah!... ah!... quel songe horrible!... Et n'en pouvoir sortir!... Là,... là,... sur mon cœur,... quel poids cruel!... De l'air! de l'air! j'étouffe!... Vingfield! ma bonne Vingfield!... réveille-moi! touche-moi! frappe-moi!... oh! frappe! frappe!... mais frappe donc!... (*Elle pousse des cris douloureux.*) Oh! plus fort!... plus fort!... plus fort!...

CATHERINE HOWARD *la presse respectueusement contre son cœur.*

Madame!... madame!...

ANNE BOLEYN. *Son visage s'éclaircit.*

Ah!... ah! quel bonheur! c'était un rêve!... Et Jeanne Seymour est partie!... (*Elle prend la main de Catherine.*) Et Catherine Howard aussi est partie!... (*Ses yeux hagards s'arrêtent sur Catherine.*) Mais non!... mais non!... ce n'est pas un songe!... Adultère!... inceste!... (*Elle couvre sa tête de ses mains, se jette une seconde fois à genoux et murmure :* Jésus! Jésus! ayez pitié de moi!

SCÈNE XV.

Les mêmes, MARIE, NORFOLK, Catherine PARR, Anne ASKEW.

(*La princesse Marie, Catherine Parr, Anne Askew, vêtues de deuil, traversent la galerie et s'arrêtent à la vue de la reine. Le duc de Norfolk est à la droite de Marie.*)

ANNE BOLEYN *se lève et s'approche avec tranquillité du lieutenant de la Tour.*

Je suis pure, monsieur Kingston,... je le jure devant Dieu!... je suis aussi pure de la compagnie de tout homme, sous le rapport du péché,... oh! pure de tout péché comme avec vous-même!... On me dit qu'ils sont quatre qui m'outragent, qui m'accusent!... Oh! ils mentent, dût-on me tuer, ils mentent!... Le monde entier dût-il m'accuser, je ne puis qu'affirmer mon innocence. Monsieur Kingston, je mourrai injustement. Je vous jure que je suis innocente!... Mais, dites-moi, le roi ne me laissera pas mourir sans m'entendre, sans m'accorder justice, n'est-il pas vrai?...

KINGSTON.

Madame, la plus pauvre femme du royaume a droit à la justice de Sa Majesté. Vous obtiendrez justice.

ANNE BOLEYN, *dans une espèce de frénésie.*

Justice, monsieur?... dans cette île?... vous parlez ici de justice!... Ah! quelle moquerie! quelle dérision!... (*Avec un bruyant éclat de rire.*) Ah! ah! ah!... ah! ah! ah!.. la justice du roi Henri VIII!...

MARIE *s'avance vers la reine.*

Et celle de Dieu, madame?...

ANNE BOLEYN *se retourne avec effroi.*

Qu'entends-je?... Cette voix?... Marie!... Marie!...

MARIE, *froidement.*

La justice de Dieu, madame, en doutez-vous encore?...

ANNE BOLEYN *considère la princesse et tressaille, épouvantée.*

Ah!... ah!... c'est Catherine d'Aragon!... c'est elle!... ah!...

(*Elle pousse un cri prolongé et tombe sans connaissance dans les bras de Kingston et de Catherine Howard.*)

WRIOTHESLEY.

Antoine Anthony, une barque est préparée sur la Tamise....

ANTOINE ANTHONY.

Où dois-je conduire la reine, milord?

WRIOTHESLEY.

A la Tour de Londres!... à la porte des traîtres!...

NORFOLK, *à la princesse Marie.*

Madame, Votre Altesse Royale est attendue au palais de Westminster.

FIN DU SIXIÈME TABLEAU.

SEPTIÈME TABLEAU

PERSONNAGES.

HENRI VIII.
ANNE BOLEYN.
ÉLISABETH, princesse de Galles.
MARIE.
Le duc de SUFFOLK.
Le duc de NORFOLK.
CRANMER, archevêque de Cantorbéry.
Lord CROMWELL.
Le comte WRIOTHESLEY.
Lord PIERCY, comte de NORTHUMBERLAND.
Le vicomte de ROCHEFORD.
Le comte de SURREY.
La vicomtesse de ROCHEFORD.
ANNE ASKEW.
CATHERINE PARR.
CATHERINE HOWARD.
Lady KINGSTON.
Sir HENRI NORRIS.
Sir GUILLAUME BRERETON.
Sir FRANCIS WASTON.
Sir GUILLAUME KINGSTON.
Sir GEORGES SPELMAN.
Sir ANTOINE ANTHONY.
Sir FRANÇOIS DEHERAM.
Sir HENRI MANNOC.
Sir ALFRED CULPEPPER.
Le marquis d'EXETER,
Le comte d'ARUNDEL,
Le comte d'OXFORD, } lords commissaires, juges de la reine.
Le comte de WESTMORELAND,
Le comte de DERBY,

PERSONNAGES.

Le comte de WORCESTER,
Le comte de RUTLAND,
Le comte de SUSSEX, } lords commissaires, juges de la reine.
Le comte de HUNTINGTON,
Le lord SANDS,
Le lord Maire.
Les Aldermen.
Le Shérif.
Sir NICOLAS BRANDS.
Les Députations des Corporations de la ville de Londres.
Des Seigneurs, des Espagnols, des Italiens, des Hommes du peuple.
Des Fossoyeurs.
Des Gardes.

La scène se passe à la Tour de Londres.

L'appartement destiné à recevoir les reines d'Angleterre, la veille de leur couronnement. Une table sur laquelle est une bourse et ce qu'il faut pour écrire ; à gauche, un prie-Dieu couvert d'un tapis de velours noir, devant un grand crucifix d'ivoire ; au-dessous la chapelle de Saint-Pierre-ès-Liens.

SEPTIÈME TABLEAU.

SCÈNE I.

KINGSTON, SUFFOLK, WRIOTHESLEY, MANNOC, CULPEPPER.

(*Suffolk et Wriothesley, dans la plus grande agitation, entrent par la porte du fond; ils sont suivis de Mannoc et de Culpepper. Kingston entre par une porte latérale.*)

WRIOTHESLEY.

Mistress Corsyns?... Mistress Stronor?...

SUFFOLK.

Sir Guillaume Kingston?...

WRIOTHESLEY.

Où est-il? où est-il?...

SUFFOLK, *à Kingston qui entre.*

Ah! l'on vous trouve enfin, monsieur!

KINGSTON, *sans s'émouvoir.*

Qu'est-ce donc, milords, qu'avez-vous?

WRIOTHESLEY.

Eh! monsieur, que s'est-il donc passé cette nuit à la Tour de Londres?

SUFFOLK.

Quoi! monsieur, le roi, à son réveil, n'a reçu de vous aucun avis?

WRIOTHESLEY.

N'êtes-vous donc plus chargé de surveiller lady Boleyn?

SUFFOLK.

De rendre compte de toutes ses actions, de ses moindres discours?

WRIOTHESLEY.

Voyons, vite, vite, monsieur! Depuis sa sortie du tribunal, qu'a-t-elle dit, qu'a-t-elle fait?

SUFFOLK.

Où est votre rapport? Est-il parti? Qu'est-il devenu? A qui l'aviez-vous adressé?

WRIOTHESLEY.

A la vicomtesse de Rocheford?... Mais le roi attend! mais le roi s'impatiente! Sa bile fermente! elle peut éclater! Et si Sa Grâce s'en prenait à moi de votre incurie!... Mais parlez, monsieur, parlez donc!

KINGSTON.

Ma réponse, milords, sera, je crois, péremptoire.... Ne sachant rien, et par conséquent n'ayant rien à dire....

WRIOTHESLEY.

Ce n'est pas une raison pour se taire, monsieur!

SUFFOLK.

On imagine, on invente!

WRIOTHESLEY.

Et dès que son intérêt parle, tout homme sensé, quitte à ne rien dire, doit avoir le bon esprit de parler.

SUFFOLK.

Voyez milord Wriothesley!

WRIOTHESLEY.

Hier encore, le roi m'avait ordonné de haranguer du-

rant trois heures consécutives.... J'ai obéi ponctuellement:
je n'ai pas failli d'une seconde!... Et je mets au défi, et
monsieur de Suffolk, et tout le parlement, et moi-même,
d'avoir compris un seul mot de ce que j'ai voulu dire!...

SUFFOLK.

C'est vrai!

WRIOTHESLEY.

Voilà comme les rois veulent être servis!... Et quand
notre excellent prince, par un jeu de cette humeur fantasque, que d'ailleurs je ne puis assez admirer, vous supplie, monsieur, de lui dire tout le mal qu'on peut dire
impunément d'une femme faible et sans défense....

SUFFOLK.

Qu'hier, j'en conviens, il adorait d'un amour effréné....

WRIOTHESLEY.

Mais qu'aujourd'hui il déteste d'une haine implacable!...

SUFFOLK.

Lorsqu'on fait appel à toutes vos mauvaises passions....

WRIOTHESLEY.

Et que du même coup, il vous est loisible de dénoncer
vos meilleurs amis, et de les envelopper dans la ruine de
cette infortunée, vous manquez une si belle occasion!...
Ah! cher monsieur, que vous savez peu la cour!...

SUFFOLK.

Quelle sottise!

WRIOTHESLEY.

Quelle stupidité! Mais moi, moi, monsieur, il y a plus
de trois ans que je guette le moment de vous perdre, et
d'avoir votre place pour le fils de ma femme, un mauvais
sujet que j'aime de tout mon cœur, mais que je verrais
mourir sur la paille, plutôt que de payer ses dettes!...

Cette occasion, si ardemment souhaitée, la voilà! Je la tiens enfin! et je vous jure, notre ami, que je ne suis pas homme à la laisser échapper! Sir Henri Mannoc?

MANNOC.

Milord?

WRIOTHESLEY.

Cours à White-Hall! annonce au roi qu'arrivé en toute hâte à la Tour, j'interroge vainement sir Guillaume Kingston! Qu'il refuse de répondre!

KINGSTON, *riant*.

Moi, monsieur le comte?

WRIOTHESLEY.

Qu'il se met en révolte ouverte contre l'autorité royale!...

MANNOC, *en sortant*.

C'est un homme mort!...

SCÈNE II.

Les mêmes, *excepté* MANNOC.

WRIOTHESLEY.

Vivat!... Ces enfants ont un instinct!... Toi, Culpepper, vole sur les pas de Mannoc! Dis à Sa Majesté que sir Guillaume s'obstine dans sa rébellion. Mais que par adresse et douceur, dussé-je le mettre à la question, j'aurai le secret de lui arracher des aveux tels que l'univers entier retentira de la honte et de l'opprobre imprimés au front royal!...

CULPEPPER.

Que dites-vous, milord?

TABLEAU VII, SCÈNE II.   117

WRIOTHESLEY, *en souriant*.

Si Sa Grâce s'emporte, ne t'en émeus point; pour la remettre aussitôt en joyeuse humeur, raille-toi, cher enfant, moque-toi hardiment de moi!

CULPEPPER.

Ah! milord!...

WRIOTHESLEY.

Tu m'obligeras!... La malice favorite du roi, son plaisir suprême est de simuler une violente colère, et de m'épouvanter de l'éclat de ses foudres; tu ne le sais que trop, petit vaurien! Tout à l'heure je t'ai vu rire sous cape de mes frayeurs!... Tiens, fripon, tu ris encore!...

CULPEPPER, *riant*.

Monseigneur était si drôle!

WRIOTHESLEY, *de même*.

En vérité?... Tu me flattes peut-être,... mais tu as de l'esprit : peins-lui donc sous les traits les plus bizarres, les plus grotesques, l'effroi que j'ai d'irriter son courroux ; ne crains pas de charger, d'outrer ma terreur et mes angoisses : plus tu me prêteras une sotte et ridicule figure, plus j'aurai de tendresse et de reconnaissance pour toi. Va, mon ami, va, fais cela pour ton bon petit lord Wriothesley.

CULPEPPER, *riant*.

Très-volontiers, milord! de tout mon cœur!... (*En sortant.*) Ah! Dieu, vais-je m'en donner!

SCÈNE III.

KINGSTON, SUFFOLK, WRIOTHESLEY.

WRIOTHESLEY, *à Suffolk.*

On peut s'en fier à lui?

SUFFOLK, *riant.*

Oui, le petit rusé vous contrefait à ravir!

WRIOTHESLEY, *de même.*

Comme un ange!... C'est la chose du monde la plus plaisante!... Il y met un naturel!... une verve!...

SUFFOLK.

J'aime à voir, milord, que vous y preniez plaisir.

WRIOTHESLEY.

Que voulez-vous? Toutes les fois que notre gracieux souverain me fait l'honneur de rire à mes dépens....

SUFFOLK.

Vous y gagnez une place nouvelle, ou un présent considérable?

WRIOTHESLEY.

Hélas! oui.... Et j'ai pris goût au badinage!... Cher prince! toute mon ambition est de le divertir et de le voir heureux!... (*A Kingston, avec emportement.*) Ah ça! mais, monsieur, pourrons-nous enfin savoir de vous la conduite qu'a tenue lady Anne, depuis qu'elle a quitté la barre?

KINGSTON, *en souriant.*

Puisque vous le voulez, milords, il y a moyen de contenter votre curiosité.... En sortant de la *salle du Roi*, Sa Majesté, encore revêtue de ses habits royaux, et suivie de ses femmes, est venue prendre place à la table préparée pour son repas du soir. Frappée du morne silence de miss Catherine Howard, la reine, afin de la distraire et de ranimer son courage, a eu recours, milords, à son arme familière, à cette raillerie fine et délicate qu'elle manie avec tant d'aisance et de grâce.... Vos Seigneuries en savent quelque chose !

WRIOTHESLEY, *brusquement.*

Au fait !

SUFFOLK.

Au fait, monsieur !

KINGSTON.

Jamais sa gaieté ne se montra plus expansive, ni plus brillante ; passant en revue les grands officiers de la couronne....

WRIOTHESLEY.

Comment donc ?

SUFFOLK.

Vous voulez plaisanter ?

KINGSTON.

Sa Grâce en a fait des peintures si vives et si vraies, que je croyais voir les originaux s'agiter encore, pirouetter, ramper autour d'elle, comme aux jours de sa prospérité !... Aucun personnage n'a été oublié, milords,... soyez-en bien sûrs !

WRIOTHESLEY.

Tant mieux, monsieur !

SUFFOLK.

A merveille !

KINGSTON.

Il n'est pas une bassesse, une perfidie, une lâche ingratitude, qui n'ait été mise en son jour et relevée par la plus heureuse saillie ! Et il n'y avait là ni âpreté ni fiel ; c'était l'expression naïve d'un mépris souverain. L'illustre prisonnière cédait à l'attrait irrésistible de répandre en toute liberté les flots de son esprit si longtemps contenu. Peut-être y entrait-il quelque désir secret d'éveiller une comparaison, d'effacer une rivale absente, de l'écraser de sa supériorité!... Ah! milords, quel charme, quel empire elle exerçait! qu'elle était belle et ravissante!... A l'aspect de tant de jeunesse et d'infortune, nos cœurs étaient attendris, navrés,... et en dépit du sort et de nous-mêmes, le rire, au milieu des pleurs, éclatait sur tous les visages!

SUFFOLK.

Vous en parlez avec un feu!

KINGSTON.

J'en ai la mémoire encore toute fraîche, monsieur le duc.... Et pour peu que cela soit agréable à vos seigneuries, je vais, à l'instant même, écrire sous vos yeux, le récit exact de cette piquante soirée; et sans entrer en dépense d'imagination, j'aurai le plaisir d'offrir à monsieur le comte Wriothesley, en retour de ses procédés honnêtes, un moyen infaillible de contribuer encore de sa personne au divertissement du roi.

WRIOTHESLEY, *à part.*

Insolent!

KINGSTON.

Êtes-vous satisfaits, milords?

SUFFOLK.

Complétement, monsieur.

WRIOTHESLEY.

On ne saurait davantage!

KINGSTON.

Dois-je prendre la plume, milords?

WRIOTHESLEY.

Mon très-cher monsieur, lady Boleyn se ferait-elle donc quelque illusion sur le sort qui l'attend?

KINGSTON.

C'est ce que je ne saurais dire à Votre Seigneurie; mais j'ose répondre que ni sa fermeté, ni son enjouement, ne se démentiront. Sachant bien qu'elle est épiée, et que ses moindres paroles sont redites à White-Hall, la reine s'est comme engagée dans une lutte secrète avec celui qui dispose de sa vie. Ces deux fiers ennemis, quoique séparés, sont sans cesse en présence, et se défient mutuellement. Plus l'un apporte de recherche et de raffinement dans sa haine, plus l'autre affecte d'insouciance et de sérénité. Cette femme, singulière en tout, milords, par dépit et vengeance, se fait un plaisir amer, une joie cruelle de mourir!

WRIOTHESLEY.

Allons donc! allons donc, monsieur!

SUFFOLK.

Est-ce croyable?

WRIOTHESLEY.

On se connaît!

SUFFOLK.

Et chacun peut en juger d'après soi!

KINGSTON.

Oui, milords, à la honte de bien des hommes que j'ai déjà vus mourir avec un si grand chagrin, cette jeune femme, loin de craindre la mort, semble l'appeler, la solliciter, l'agacer, lui sourire.... avec une sorte de coquetterie et d'impatiente curiosité!

SUFFOLK.

Milord de Cantorbéry a-t-il exécuté l'ordre du roi?

Est-il venu, cette nuit, recevoir la confession de lady Anne?

KINGSTON.

Oui, monsieur le duc.

SCÈNE IV.

Les précédents, Anne ASKEW.

(*Anne Askew est introduite par un garde.*)

KINGSTON.

Miss Anne Askew?

ANNE ASKEW.

Maître Kingston, la reine est-elle visible?

KINGSTON, *étonné*.

Vous ici, mademoiselle?

ANNE ASKEW.

Voulez-vous bien, monsieur, demander à Sa Majesté si je puis avoir l'honneur de la voir?

KINGSTON.

La reine, depuis deux heures après minuit, s'est enfermée dans la chapelle, où son aumônier ne l'a pas quittée; Sa Grâce y est encore.

ANNE ASKEW.

Si vous le permettez, monsieur, je vais attendre. (*Elle fait un mouvement.*) Ah! milord Wriothesley?

WRIOTHESLEY.

D'où naît votre effroi, mademoiselle?

ANNE ASKEW.

De l'effroi? à votre vue? Ah! milord, est-ce possible?...

Non, non.... Il ne sera jamais au pouvoir de Votre Seigneurie de m'effrayer.... Mais votre présence, monsieur, réveille en moi le souvenir d'un songe.... que j'ai fait cette nuit.

WRIOTHESLEY.

Un songe, mademoiselle, où je suis pour quelque chose?

ANNE ASKEW.

Oui, milord.

WRIOTHESLEY.

Vous piquez ma curiosité.

ANNE ASKEW.

Il m'est aisé de la satisfaire.

SUFFOLK.

Voyons, mademoiselle....

WRIOTHESLEY.

J'écoute.

ANNE ASKEW.

Catherine Parr était femme de Henri VIII, et reine d'Angleterre....

SUFFOLK *et* WRIOTHESLEY.

Miss Catherine Parr?

SUFFOLK.

Femme de Henri VIII?

WRIOTHESLEY.

Et reine d'Angleterre?... Ce serait là un beau rêve, mademoiselle!...

ANNE ASKEW.

Monsieur le duc de Suffolk n'était plus.

SUFFOLK.

Comment donc?

WRIOTHESLEY.

Ah! Dieu! (*Serrant la main de Suffolk.*) Pauvre ami!

ANNE ASKEW.

Et le roi, sur le bord de la tombe....

WRIOTHESLEY.

Le roi? lui! mourir! ah! mademoiselle, jamais!... Si jamais Sa Grâce vient à mourir!... après cela, je veux croire à tout!

ANNE ASKEW, *d'un ton calme*.

Le roi, milord, toujours aussi capricieux dans ses doctrines religieuses que dans ses amours, faisait pendre les partisans du pape et brûler ceux de Luther.

WRIOTHESLEY.

De sorte que l'on n'avait guère que l'embarras du choix.

ANNE ASKEW, *du même ton*.

Une des filles d'honneur de la reine, accusée d'hérésie, subissait la question,... ici même,... dans cet appartement. Rien ne pouvait vaincre sa fermeté. Le chancelier, présent au supplice....

WRIOTHESLEY, *vivement*.

Était-ce encore lord Audley, mademoiselle?

ANNE ASKEW.

Non, milord, lord Audley était mort.

WRIOTHESLEY, *avec joie*.

Pauvre cher Audley!... continuez, de grâce, mademoiselle.... Ce détail m'intéresse à un point....

ANNE ASKEW.

Le chancelier ordonne au lieutenant de la Tour....

WRIOTHESLEY, *avec vivacité*.

Ce n'était plus sir Guillaume Kingston?

ANNE ASKEW.

Pardonnez-moi, milord, c'était lui!

WRIOTHESLEY.

Ah! diable!

ANNE ASKEW.

Tel que je le vois!... Le chancelier ordonne au commandant de la Tour de serrer lui-même l'instrument de la torture.

KINGSTON.

L'office du bourreau!... à moi?... Quelle horreur!... Ah! jamais, jamais, mademoiselle!

ANNE ASKEW.

En effet, toujours humain, toujours sensible aux misères de ses prisonniers, sir Guillaume Kingston refuse d'obéir.... Le chancelier menace : il reçoit un nouveau refus. Sur quoi, le vertueux magistrat, dévoré d'un zèle fanatique, et de sa nature très-valet,... se dépouille de sa robe,... porte sa main à l'instrument,... et lui donne une secousse si violente.... (*Émue et agitée.*) que les membres de la jeune femme.... disloqués,... sanglants....

KINGSTON *jette un cri.*

Ah!

WRIOTHESLEY.

Ah! quelle barbarie!

SUFFOLK.

Le monstre!...

KINGSTON, *les larmes aux yeux.*

Et que devient cette infortunée, mademoiselle?

ANNE ASKEW *reprend petit à petit son calme.*

Elle est condamnée au feu,... portée dans un fauteuil au lieu du supplice,... liée au poteau, le chancelier lui offre sa grâce, au prix d'une rétractation.... « Je ne suis pas venue ici, dit-elle, pour renier mon Seigneur et mon maître.... » Et sans être troublée elle livre son corps aux flammes, en recommandant son âme à Dieu. (*D'un ton simple et naturel.*) Cette femme, milords, c'était moi.

SUFFOLK *recule de quelques pas.*

Vous, miss Askew?

KINGSTON, *attendri.*

Vous, mademoiselle?

WRIOTHESLEY, *vivement.*

Et le chancelier?

ANNE ASKEW, *souriant.*

Le chancelier?... c'était milord Wriothesley.

WRIOTHESLEY, *avec joie.*

Moi, mademoiselle!... moi, lord chancelier d'Angleterre!... Enfin! enfin!... (*Serrant cordialement la main de Suffolk.*) Ah! mon cher duc, ah! mon vieil ami, quel heureux présage!...

KINGSTON, *encore ému.*

Milords, la reine sort de la chapelle.... Sa Majesté monte l'escalier,... je crains que votre présence....

WRIOTHESLEY, *à Kingston.*

Suivez-nous, monsieur!... je vous ferai connaître les ordres du roi!...

(*Suffolk et Wriothesley entrent dans la chambre à coucher de la reine.*)

SCÈNE V.

KINGSTON, Anne BOLEYN, Catherine HOWARD, Anne ASKEW.

(*Anne Boleyn porte les insignes de la royauté : la couronne, le collier et le manteau. Elle tient un crucifix d'ivoire d'une main et un livre de l'autre. Catherine Howard accompagne la reine.*)

ANNE BOLEYN.

Monsieur Kingston !

KINGSTON.

Madame....

ANNE BOLEYN.

Lady Kingston a-t-elle bien voulu se charger de mon message à la princesse Marie ?

KINGSTON.

Oui, madame ; ma femme doit être en ce moment à White-Hall.

ANNE BOLEYN.

Et ma lettre au roi ?

KINGSTON.

Mlle Marie Wyatt espère parvenir jusqu'à milord Cromwell, et décider Sa Seigneurie à la porter elle-même à Sa Majesté.

ANNE BOLEYN.

Je vous suis obligée, monsieur. (*Kingston se retire.*)

SCÈNE VI.

Catherine HOWARD, Anne BOLEYN, Anne ASKEW.

(*La reine dépose son crucifix et son livre sur une table.*)

CATHERINE HOWARD.

Miss Askew! vous ici?... Ah! mademoiselle, est-ce bien généreux de votre part?

ANNE BOLEYN, *vivement*.

Oui! oh! oui, n'en doute pas, Catherine!... Hier au soir, tandis que j'étais devant mes juges, mes yeux, en plongeant au fond de l'auditoire, se sont arrêtés sur ceux de cette enfant,... et son regard, plein de douceur et de pitié, m'avait fait pressentir tout ce que sa démarche me dit en ce moment. J'avais aperçu vos larmes, mademoiselle.... Parents, amis, aucun des nôtres, à l'exception de notre chère Marie Wyatt, n'est venu; il faut qu'il y ait du danger.... (*Affectueusement.*) Anne, je vous attendais!

ANNE ASKEW.

Ah! madame!... ah! que de fois j'ai été dure et cruelle envers Votre Majesté!... ah! madame, daignez me pardonner!

(*Elle se jette aux genoux de la reine qui la relève aussitôt.*)

ANNE BOLEYN.

Noble fille!... (*A Catherine Howard.*) Que te disais-je? me suis-je trompée?... Si Jeanne Seymour nous a quittée,... Anne Askew nous revient : nous n'avons rien perdu.

ANNE ASKEW.

Ah! madame, qui ai-je vu sur ce tribunal?... Vos ennemis jurés, vos accusateurs!... Un oncle, qui sacrifie les liens du sang aux intérêts de son parti!... Lord Piercy!... lord Piercy parmi vos juges!... ah! le lâche!... le lâche n'aima jamais!... Et pas un ami, pas un conseil, pas un avocat pour vous soutenir ou vous défendre!... Accuser une reine, lui faire son procès, sur la confession d'une femme morte!... sur le témoignage d'un musicien, d'un vil histrion, que la crainte d'un danger, l'espoir d'une récompense, un orgueil monstrueux auront entraîné!... Et pourquoi n'avoir pas confronté ce misérable avec Votre Majesté?... C'était, à coup sûr, le moyen de connaître la vérité!... Ah! c'est qu'on ne voulait pas que la vérité se fît jour!... Ah! madame! que vous avez été digne et touchante!... Quelle éloquente parole! quelle modération! quel courage paisible!... Un inceste!... un inceste!... Mais moi, madame, moi-même, n'ai-je pas aussi un frère, un frère que j'aime de toute mon âme!... Après ma mère, c'est ce que j'ai de plus cher au monde!... La méchanceté, la jalousie pourraient donc un jour me rendre criminelle comme vous?... Ah! reine, vous ne l'êtes pas!... non, non, mon cœur me rend garant de votre innocence!... Toutes les sœurs, toutes les femmes seront pour vous!

CATHERINE HOWARD.

Mais le jugement est il donc connu? Pourquoi désespérer?

ANNE BOLEYN.

Ah! je quitterai la vie sans regret.... Maintenant, je serai bien heureuse de mourir. J'attends la bonne nouvelle,... et je suis préparée à faire une bonne mort. Le roi me rendra un grand service en me délivrant au plus tôt des tourments de ce monde.

CATHERINE HOWARD.

La reine est-elle donc chargée de fers, ou plongée dans

un cachot? Jamais elle ne fut environnée de plus de luxe et de magnificence. Voyez, madame, voyez!... depuis que Votre Majesté a traversé cette salle, quel changement! Des festons de fleurs!... les ameublements les plus riches!...

ANNE BOLEYN.

Oui, ces tapisseries de drap d'or, je les reconnais;... elles décoraient le salon de Wolsey, le jour où le roi me déclara son amour, en présence de lord Piercy. Depuis, je les retrouvai ici même, quand je dus être sacrée à Westminster.... (*A part.*) Ciel! ô ciel! quel soupçon! quelle lumière!... c'est dans cette salle que les reines d'Angleterre, la veille de leur couronnement.... Il l'épouserait en face de mon cercueil!... (*De la musique se fait entendre dans la chambre de la reine.*) Quoi?... dans ma chambre.... le son du luth,... du clavecin?... Quelle est cette voix?... n'est-ce pas celle de sir Francis Waston?

CATHERINE HOWARD.

Non, madame,... c'est celle de sir Henri Mannoc. Oh! espère, chère cousine, espère!

ANNE BOLEYN.

Qu'on est heureux à cet âge!... on croit encore à la justice des hommes!

CATHERINE HOWARD.

Ah! je vais savoir.... (*Le duc de Suffolk sort de la chambre de la reine.*) Monsieur de Suffolk?

SCÈNE VII.

Les précédents, le duc de SUFFOLK.

ANNE BOLEYN, *d'un ton railleur*.

Monsieur le duc, je ne vous savais pas si habile procureur!... Il ne fait pas bon avoir procès devant Votre Seigneurie!... vous êtes devenu chicaneur et retors en diable!

SCÈNE VIII.

Les mêmes, KINGSTON, la vicomtesse de ROCHEFORD, *habillée de noir*.

KINGSTON *annonce*.

De la part du roi!

ANNE BOLEYN.

Que vois-je?

CATHERINE HOWARD *et* ANNE ASKEW.

Lady Marguerite!

ANNE BOLEYN, *avec indignation*.

Cette femme!... cette femme ici!... et que veut-elle?

CATHERINE HOWARD.

Madame, c'est sans doute la réponse du roi au message de Votre Majesté.

ANNE BOLEYN.

Et voilà celle qu'il en a chargée?... celle qu'il sait être mon ennemie déclarée!... Ah! tout est dit, cela seul découvre les dispositions du roi à mon égard.

(*La cloche sonne trois fois lentement, et des chants religieux se font entendre.*)

CATHERINE HOWARD, *avec effroi.*

Juste ciel!

ANNE BOLEYN, *tranquillement.*

Ces chants funèbres, mêlés ainsi au son de la cloche, ne sont pas nouveaux pour moi. Quand donc les ai-je entendus? Chère Catherine, te le rappelles-tu?

CATHERINE HOWARD.

Ah! madame....

ANNE BOLEYN, *avec bonté.*

Parle, ma chère enfant!... Tu te tais?... tu pleures?...

SUFFOLK.

Je puis aider votre mémoire, milady.... La première fois, Votre Grâce était dans toute l'ivresse d'un triomphe!... c'était le jour des funérailles de la reine Catherine d'Aragon.

ANNE BOLEYN.

Oui!...

SUFFOLK.

Le roi avait ordonné que toute sa maison prît le deuil. Lady Boleyn défendit à ses serviteurs d'obéir, et se montra parée comme dans un jour de fête.

ANNE BOLEYN.

Ce même jour, un grand homme d'État, fort expérimenté dans les affaires de toilette, également jaloux de complaire au roi et à la reine, s'ajusta de telle sorte que son costume tenait le milieu entre l'habit de deuil et l'habit de fête,... et l'équivoque personnage, pleurant d'un œil et riant de l'autre, eut l'adresse de paraître tout à la fois triste et gai.

KINGSTON.

Fort bien! Si la partie s'engage....

ANNE BOLEYN, *riant*.

Monsieur le duc de Suffolk pourrait-il nous dire le nom de ce profond politique?

(*La cloche sonne trois fois et les chants funéraires recommencent. La terreur de Catherine Howard s'accroît.*)

SUFFOLK.

Cette cloche sonna, milady, le jour où Jean Fisher, évêque de Rochester, fut décapité, pour n'avoir pas dénoncé les discours prétendus téméraires d'Élisabeth Barton!

ANNE BOLEYN.

Et cela, sur la déposition d'un ami qui le dénonça!... Dirai-je à monsieur le duc de Suffolk le nom de ce fidèle ami?

SUFFOLK.

Oserai-je demander très-respectueusement à une grande et noble dame, que sa fidélité n'a pas rendue moins célèbre, ce qu'aujourd'hui elle pense des prophéties de la vierge de Kent? Aujourd'hui ne pourrait-il pas s'élever quelque doute à l'égard des impostures et de la démence dont la jeune fille a été déclarée convaincue par les prêtres de lady Anne?

ANNE BOLEYN.

Peut-être!... Et vous m'en voyez effrayée pour vous, monsieur le duc!

SUFFOLK.

Pour moi, milady? j'admire cet excès de générosité!

ANNE BOLEYN.

S'il était vrai qu'un châtiment fatal menaçât tous ceux qui se sont autrefois signalés par leurs discours et leurs entreprises contre les droits de Catherine d'Aragon, comment, sans être ingrate, pourrais-je, en ce moment, monsieur le duc, oublier vos efforts désintéressés pour m'élever sur le trône, et la reconnaissance éternelle que je dois à Votre Seigneurie?

SUFFOLK.

J'ai lieu d'être un peu surpris qu'une pitié si naturelle, et dont je suis très-profondément touché, milady, ne se soit pas exercée en faveur d'un homme qui, sans avoir à vos yeux le même mérite que moi, avait pourtant quelque titre à votre humanité.... (*La cloche sonne trois fois.*) Car la dernière fois que cette cloche jeta l'effroi dans White-Hall, Thomas Morus mourait, pour ne s'être pas fait l'adorateur d'un culte à la mode des doctes évêques de la pieuse marquise de Pembroke!

ANNE BOLEYN.

Tandis que ce même culte ne comptait pas de plus fervent apôtre que monsieur Charles Brandon, le catholique romain, qui renia son maître, parce qu'il eut peur de mourir !...

(*On entend le bruit de la scie et des coups de marteaux.*)

CATHERINE HOWARD.

Dieu!... Dieu!...

ANNE BOLEYN, *d'un ton d'indifférence.*

Quel est ce bruit?... Que fait-on là?... Miss Anne Askew, voyez donc, je vous prie.... (*Anne Askew s'approche de la fenêtre, à droite, et revient aussitôt sur ses pas.*) Qu'est-ce?...

ANNE ASKEW.

Ah! madame....

ANNE BOLEYN.

Eh bien, mademoiselle !

ANNE ASKEW.

Ah! madame, de grâce, n'approchez pas!

ANNE BOLEYN.

Et pourquoi? (*Souriant.*) L'échafaud?... un billot,... une hache,... de la paille,... un coffre de bois?... (*Prêtant l'oreille.*) Et ici, sous mes pieds, dans cette chapelle d'où je sors,... quel bruit sourd?... On fouille la terre?...

CATHERINE HOWARD.

Et on chante?..

ANNE BOLEYN, *avec enjouement.*

Oui, c'est ma fosse qu'on creuse!... Pour une reine, le cercueil et le mausolée seront peu coûteux!... J'ai connu le roi plus magnifique. Est-ce qu'il se ferait avare, à la façon de son père? Ah! prenez garde, milords!... Vous voyez comment Sa Grâce s'y prend pour ravoir ce qu'elle a donné? (*De la musique se fait entendre dans la chambre de la reine.*) Eh! mais.... cet air si gai,... ce chant nuptial,... quel en est donc l'auteur?... Monsieur Charles,... monsieur mon beau-frère,... trouverai-je, à mon tour, votre mémoire en défaut? Eh! monsieur, ce fut notre Henri qui le composa, à notre joyeux avènement!... Veut-il me rappeler combien il m'aima?... Oh! je ne l'oublie pas!... jamais homme n'aima comme lui!... (*Elle se dirige vers son appartement et soulève la portière.*) Quoi?... miss Page?... miss Exeter?... Les femmes de Jeanne Seymour?... Déjà?...

(*Mannoc et Deheram traversent le salon avec des corbeilles remplies d'écrins, d'étoffes et de dentelles; au même instant lord Wriothesley entre par la porte de droite, suivi de quelques fossoyeurs tenant des bêches à la main.*)

SCÈNE IX.

Les précédents, WRIOTHESLEY, DEHERAM, MANNOC, plusieurs Fossoyeurs.

ANNE BOLEYN.

Quoi? les présents de noce?... Ah! j'ai toujours été curieuse!... Vois donc, chère Catherine, mais vois donc!... ces diamants, ces bijoux, ces dentelles!... Tout cela est splendide et d'un goût exquis!... Ah! milords, ah! j'étais injuste!... Le roi ne fut jamais plus généreux!... Ici, des préparatifs de fête, des réjouissances!... là les apprêts d'un supplice!... Le contraste est ingénieux!... il est piquant!... Je comprends, milords,... je vais mourir,... et Jeanne Seymour....

WRIOTHESLEY.

Jeanne Seymour, lady Boleyn, va monter sur le trône!...

ANNE ASKEW.

Ah! les cruels!

CATHERINE HOWARD.

Reine!... Jeanne est reine!... et cela lui fut prédit!... comme à vous, madame!... comme à moi!...

ANNE BOLEYN.

Ah! Catherine, n'envie pas son sort! Je doute que le sommeil qu'elle cherchera cette nuit dans ce lit doré, où déjà deux reines ont dormi, soit aussi pur et aussi calme que celui qui m'attend dans ce méchant coffre de bois!...

CATHERINE HOWARD, *fondant en larmes.*

Anne!... Ah! malheureuse Anne!...

ANNE BOLEYN.

Malheureuse, dis-tu?... La vie me serait offerte, et ce diadème, qui chancelle sur mon front, serait à terre, que je ne me baisserais pas pour le ramasser!... Tu pleures, enfant? Loin de pleurer, réjouis-toi!... Eh! ne vois-tu donc pas que l'impatience de mon bourreau à satisfaire sa nouvelle passion, achève de me justifier, et proclame mon innocence!... Et pour surcroît de vengeance et de plaisir, j'ai mes plus cruels ennemis devant moi; leurs regards étincelants de colère me trouvent invulnérable : j'ai su mettre toutes mes passions sous mes pieds!... (*Riant.*) Cette femme,... vraie furie qui se force au silence pour mieux repaître sa haine du spectacle de mon agonie, j'ai la douceur de braver sa rage,... et par elle, bientôt celui qui l'envoie saura tout,... mon mépris du trône, mon bonheur de mourir, et la gloire ineffable qu'en dépit de lui sa cruauté m'a préparée!

SUFFOLK.

Ce n'est là qu'un langage!... Orgueil, orgueil, milady! Vaine ostentation! et qui ne trompe personne!...

WRIOTHESLEY.

Incurable manie de jouer un rôle !

SUFFOLK.

Toujours comme sur un théâtre!...

ANNE ASKEW, *fondant en larmes.*

Ah! les cruels!... les cruels!...

ANNE BOLEYN, *à voix basse, à Catherine et à Anne Askew.*

Oh! point de larmes! Ne m'ôtez pas ma force! Comment s'attendrir et pleurer, quand on est l'objet de tous les regards!... Courage!... Sortir de la vie avec fierté et le dédain aux lèvres, c'est se montrer maîtresse de la mort, c'est lui ravir sa proie!... (*Allant à la fenêtre de gauche.* Ces fanfares, ce chant national, annoncent la présence du roi.... Quoi! de si bonne heure, dans les jardins de White-Hall?... Les parfums de leurs arbres en fleurs arrivent jusqu'à nous!... Eh! mais,... sur ce tertre élevé,... c'est lui!... Il est vêtu de blanc!... Jeanne Seymour a la main dans la sienne,.. et leurs yeux sont arrêtés sur moi?... Qu'attendent-ils pour se mettre en marche?... que ma tête soit tombée?... Faites, milords!... Quand il plaira à Vos Seigneuries!... Je suis prête.... Allons, maître Kingston, allons!

KINGSTON.

Madame, ce ne sera qu'après midi....

ANNE BOLEYN, *vivement.*

Quoi! Je n'irai pas à Dieu avant midi?.... J'attendrai encore deux grandes heures, avant que tout soit fini pour moi?... Ah!... Ah! j'en suis fâchée, j'en ai vraiment du déplaisir, monsieur Kingston: j'avais pris mon parti; je croyais mourir ce matin. Ah! monsieur, j'avais espéré que la mort m'aurait plus tôt délivrée de mes peines. (*Après un moment de réflexion, elle reprend son assurance et son enjouement.*) Midi!... C'est pourtant l'heure où le roi est accoutumé à commencer toutes ses fêtes!... Et le signal, maître Kingston, quel sera t-il?... Quelque grand coup de canon.... qui partira de la Tour, je gage?... Sa Grâce a toujours aimé le bruit!... Et l'exécuteur de cet acte de haute justice?...

WRIOTHESLEY.

Ce doit être le bourreau de Calais, madame.... Notre excellent souverain l'a mandé tout exprès.

ANNE BOLEYN.

Le roi?... lui-même?... Il a pris soin de choisir le bourreau de sa femme?... Quelle attention!... En effet, j'ai ouï dire que cet homme savait bien son métier,... qu'il est très-expert,... d'une dextérité surprenante?

WRIOTHESLEY.

Madame, c'est le plus habile homme de toute l'Angleterre!... Le bourreau le plus expérimenté!...

ANNE BOLEYN.

Oui-da?...

KINGSTON.

Votre mort, madame, sera fort douce.

ANNE BOLEYN, *regardant Kingston avec un visage gai*.

Oh! je ne m'alarme point. (*Elle s'approche de la fenêtre de droite.*) Mais à considérer la largeur de cette hache,... j'ai grand'peur, milords, qu'avec moi votre homme habile n'acquière pas beaucoup de gloire?... (*Elle porte la main à son cou en riant.*) J'ai le cou si mince,... que la hache l'aura bientôt tranché!... Ah! ah! ah! ah! ah!

ANNE ASKEW.

Quelle fermeté!

KINGSTON.

Ma foi, milords, la reine rit de bon cœur!

WRIOTHESLEY.

Et nous aussi, maître Kingston!

ANNE BOLEYN.

Chère Catherine, nous aurons grand soin de relever nos cheveux et de les préserver,... car, en conscience, milords, ils sont innocents du crime de trahison et de lèse-majesté!... Ah! ah! ah!... cher monsieur Kingston, je me flatte que nous aurons du monde? j'y tiens! notre amour-propre y est intéressé!... Oh! qu'on sache bien dans toute la ville l'heure précise!... et que les étrangers soient admis dans la forteresse!... Je soupçonne que plusieurs gentilshommes espagnols et italiens, en ce moment à Londres, et de la connaissance du cardinal Campeggio et du seigneur Capucius, seront fort aises de nous faire un petit doigt de cour!... Surtout, maître Kingston, que sir Nicolas Brands ne soit pas oublié! A lui la première place!... J'aurai quelques mots à lui dire!... (*A part.*) Oh! je veux parler au peuple!... (*Haut.*) Brave et excellent homme!... On lui avait promis des spectacles!... Mais aujourd'hui, n'est-ce pas bien des plaisirs en un jour?... (*Avec grâce.*) Au revoir, milords, à bientôt! (*A Wriothesley.*) Monsieur le lord chambellan, je suis mal instruite du cérémonial en usage dans une pareille solennité,... je crains que vous n'ayez à remplir un devoir bien triste,... n'est-il pas vrai, monsieur?

WRIOTHESLEY.

Que dites-vous, madame, un devoir?... C'est un droit de ma charge!... C'est à ce titre que je l'ai réclamé!

ANNE BOLEYN.

Ce n'est certes pas moi, milord, qui vous le disputerai!

WRIOTHESLEY.

Je l'espère bien!

ANNE BOLEYN.

C'est une belle prérogative dont Votre Seigneurie jouira sans doute encore plus d'une fois.... (*Au duc de Suffolk.*) Monsieur le grand connétable, que votre cerveau ne se mette point en travail pour imaginer quelque nouvel habit de circonstance.... A quoi vous serviraient maintenant toutes ces délicatesses? Je ne puis plus rien pour vous. Montrez-vous hardiment dans tout l'éclat de votre beauté, avec vos accoutrements les plus somptueux!... Daignerez-

vous m'en croire?... En fait de toilette, monsieur, une
femme peut être de bon conseil.... Parez-vous de votre
longue robe traînante de velours cramoisi, fourrée d'her-
mine, à manches pendantes.... Elle vous sied à ravir!...
Je vous aime plus que je ne puis dire avec votre belle fraise
godronnée, à grands tuyaux d'orgue, et brodée à l'espagnole!... Un collier de perles,... des bracelets d'éme-
raudes,... un soupçon de rouge,... deux ou trois mou-
ches,... et vous serez adorable!... Dès qu'elles vous
apercevront à la droite de la litière de Jeanne Seymour,
une grande verge blanche à la main, les plus jolies filles
de Londres raffoleront de vous!... N'ayez pas peur!...
Mme de Suffolk tient de monsieur son frère : elle est jalouse,... et elle a lieu de l'être!... Mais elle ne saura
rien ; je vous jure que cette fois je serai discrète!... (*Les
congédiant de la main.*) Allez donc, allez, messieurs. Dites
bien au roi qu'il n'attendra pas : nous serons exacts. Qu'il
n'ait pas la crainte de heurter du pied contre mon cada-
vre!... Lorsqu'il fera son entrée,... je serai là,... enfouie
profondément dans cette fosse qu'il a creusée pour moi!

(*Le duc de Suffolk et lord Wriothesley se retirent.*)

SCÈNE X.

LES MÊMES, *excepté* SUFFOLK *et* WRIOTHESLEY.

ANNE ASKEW.

Lady Marguerite?... Que faites-vous donc ici?...

LA VICOMTESSE DE ROCHEFORD.

C'est la question que j'allais vous adresser, miss Anne
Askew?...

ANNE ASKEW.

Si je suis venue, milady, c'est dans l'espoir d'offrir quelques faibles consolations à la reine. Convaincue de son innocence....

LA VICOMTESSE DE ROCHEFORD.

Vous, mademoiselle?...

ANNE ASKEW.

Je rougirais d'avoir pu la mettre en doute un instant!... L'accusation seule est un crime qui me fait horreur!... Mais vous, lady Marguerite, quel devoir ou quel intérêt vous amène?... Êtes-vous en effet chargée d'un message royal?... Quel est-il?... Parlez!... Apportez-vous des paroles de paix? ou venez-vous chercher un détestable plaisir?... Avez-vous soif du sang de votre mari, du sang de votre sœur?... Et par un privilége dont, à coup sûr, vous êtes bien digne, devez-vous à la faveur du prince l'honneur singulier d'être conviée au meurtre de sa femme?

LA VICOMTESSE DE ROCHEFORD.

Miss Askew!

ANNE ASKEW.

Non!... ce n'est pas cette fête qui vous attire! Dame du lit de deux reines, vous allez donc, en cette qualité, dénouer encore la ceinture de Jeanne Seymour, et lui verser ce soir le vin du coucher?... Ce n'est pas cela!... Ah! m'y voilà!... Au moment d'épouser sa troisième femme, dévoré déjà d'un autre amour, le roi vous aura désigné celle qui la doit remplacer?... Tout est-il prévu?... Comment se défera-t-on de celle-ci?... Quel sera son crime?... l'adultère?... l'inceste?... car Jeanne aussi a un frère qu'elle aime et dont elle est aimée!... Quel châtiment lui ménagez-vous?... le divorce? ou la mort?... Infâme!... Quoi! ta main s'étend déjà sur Catherine Howard!... Quoi!

ton ambition insatiable te pousse jusqu'au pied d'un échafaud, pour y séduire cette jeune fille, et t'en faire un instrument nouveau?... Eh bien, parle, explique-toi!... Que
veux-tu de cette enfant?... Dis, que lui veux-tu?... Est-ce
son tour d'être reine?... Viens-tu pour saisir ta proie?...
Ah! c'est trop tôt!... Marguerite, un peu de patience,...
un peu de pitié!... Vois, elle n'a pas l'âge!... laisse-la
grandir!...

LA VICOMTESSE DE ROCHEFORD.

Dût l'ordre que j'apporte justifier, aux yeux de miss
Anne Askew, ses plus violentes invectives, je remplirai la
volonté du roi. Miss Catherine Howard, vous êtes attendue
au palais de White-Hall.

CATHERINE HOWARD.

Moi, madame?

LA VICOMTESSE DE ROCHEFORD.

Le roi, mademoiselle, vous a désignée pour remplir
aujourd'hui même auprès de lady Jeanne Seymour les
fonctions de première fille d'honneur.

CATHERINE HOWARD.

Ah! jamais! jamais!...

ANNE BOLEYN.

Eh! mon enfant, ne le vois-tu pas?... rien ici ne doit
être changé.... que la reine!...

LA VICOMTESSE DE ROCHEFORD.

Oui, madame... Et ce jour peut encore devenir pour
les plus criminels un jour de clémence et de pardon.

CATHERINE HOWARD.

Comment?

ANNE ASKEW.

Que dis-tu?

LA VICOMTESSE DE ROCHEFORD, *avec une douceur hypocrite.*

Lady Anne, ma sœur, nos prières, nos supplications n'ont pas été vaines : votre sort dépend encore de vous.

ANNE BOLEYN.

De moi?

ANNE ASKEW.

Achève! achève! peut-être me sera-t-il possible de ne pas te maudire!

LA VICOMTESSE DE ROCHEFORD, *à la reine.*

Lady Anne, votre oncle, le duc de Norfolk, va vous faire connaître la sentence de vos juges et la générosité du roi.

SCÈNE XI.

Les précédents, NORFOLK, PIERCY, le marquis d'EXETER, les comtes d'ARUNDEL, d'OXFORD, de WESTMORELAND, de DERBY, de WORCESTER, de RUTLAND, de SUSSEX, de HUNTINGTON, le lord SANDS, SPELMAN.

CATHERINE HOWARD.

Lord Piercy!

ANNE BOLEYN.

Lui! ici!

ANNE ASKEW, *à part.*

Pourquoi lui?

ANNE BOLEYN, *très-froidement.*

Qu'avez-vous à m'annoncer, milords, que je ne sache déjà?... n'étais-je pas d'avance condamnée?... MM. de Suffolk et Wriothesley m'auraient-ils laissé ignorer quelque chose?... Cet échafaud ne m'a-t-il pas tout dit? Mais lady Marguerite a prononcé le mot de clémence.... Le roi se serait-il ému de nos prières? aurait-il épargné mon malheureux frère,... d'innocents serviteurs?... Vous vous taisez, monsieur le duc?

NORFOLK.

Lady Anne, la sentence que nous venons vous signifier ne concerne que vous.

ANNE BOLEYN, *avec fermeté*.

Eh bien, parlez, monsieur le duc, de quelle façon mon seigneur et maître le roi a-t-il décidé de mon sort?

NORFOLK.

Madame, les pairs du royaume vous ont condamnée à être brûlée.

CATHERINE HOWARD *pousse un cri*.

Ah! Dieu! brûlée? brûlée vive?

(*La reine ne montre aucun trouble.*)

NORFOLK.

Ou écartelée,... selon le bon plaisir du roi.

KINGSTON, *à part*.

Les monstres!...

ANNE BOLEYN, *avec un sourire ironique*.

Quelle alternative! quels juges!

CATHERINE HOWARD.

Quels réformateurs!...

ANNE ASKEW.

Quel pardon! quelle clémence!...

CATHERINE HOWARD.

Cruels!... barbares!...

ANNE BOLEYN *lève les mains et les yeux au ciel, et s'écrie :*

O mon Créateur, vous savez si j'ai mérité mon sort!... (*Dans le plus grand calme.*) Ainsi cet échafaud même n'était qu'un leurre, un mensonge ? Cette hache n'était placée là,... sous mes yeux,... qu'afin de me donner un espoir qui devait être trompé ? Le supplice serait trop doux ? un supplice unique n'eût pas contenté la rage de mon bourreau : il fallait qu'entre les façons de tuer sa femme, on lui offrît à choisir ?... qu'il pût calculer froidement, à loisir, la violence ou la durée du martyre ?... il fallait qu'il eût la satisfaction de mesurer les souffrances, de me dispenser à sa guise les angoisses et les douleurs !... L'accusateur infligera la peine !... sa fantaisie décidera en souveraine !... Eh bien, voyons, dites, messeigneurs,... quel est le bon plaisir du roi ?

NORFOLK.

Toujours le même esprit de haine et de malice !... Fi ! fi ! fi !... Lady Anne, vous allez rougir de votre injustice, de votre ingratitude !... Le roi s'est refusé à signer la sentence.

CATHERINE HOWARD.

Ciel !... ô ciel !...

NORFOLK.

Loin de là, madame, notre excellent et gracieux maître s'est lui-même ingénié pour arriver au moyen de vous dérober à la mort, sans pourtant enfreindre les lois. Sa mémoire l'a servi merveilleusement : et la vôtre, j'en suis certain, madame, va bientôt venir en aide à sa clémence.

ANNE ASKEW, *à part*.

Quelque piége nouveau ?

NORFOLK.

Lady Anne, vous souvient-il que ce fut au palais d'York, pendant une fête donnée au roi par le cardinal Wolsey, à l'occasion d'un mariage projeté entre Mme la princesse Marie et le duc d'Orléans, que Sa Majesté vous fit l'aveu de son amour et de ses desseins sur vous ?

ANNE BOLEYN.

Comment aurais-je pu l'oublier, monsieur le duc?

NORFOLK.

Vous devez alors vous rappeler quelle fut votre réponse? N'est-il pas vrai, milady, qu'en présence de la reine Catherine d'Aragon, et de toute la cour, vous avez hautement déclaré que vous étiez liée par un contrat avec milord Piercy, ici présent?

CATHERINE HOWARD.

Oui! oui!... ah! je l'atteste! j'y étais! Jeanne Seymour y était aussi!

NORFOLK.

Monsieur Spelman, écrivez!... aux dépositions de lady Seymour, de lady Marie, de Mme la vicomtesse de Rocheford, de miss Catherine Parr, ajoutez celle de miss Howard. Miss Anne Askew, ce même soir, n'accompagniez-vous pas la reine Catherine d'Aragon?... J'invoque votre témoignage, mademoiselle.

ANNE ASKEW, *froidement*.

Je n'ai rien à répondre, milord.

NORFOLK.

Quoi donc? mademoiselle, c'est ici comme grand sénéchal, c'est au nom de la loi, que je vous interroge.... Avez-vous réfléchi au danger d'un refus, ou d'une réponse contraire à la vérité?

ANNE ASKEW.

Je n'ai qu'une crainte, milord, c'est d'avoir pénétré votre dessein.

ANNE BOLEYN.

Monsieur le duc, on fait erreur. Il est vrai que, pour me soustraire à l'honneur qui m'était offert, j'alléguai une inclination qu'alors j'avais lieu de croire mutuelle,... un engagement de cœur,... peut-être un projet de mariage;... mais un contrat, un acte quelconque, jamais, monsieur. D'ailleurs, une convention plus expresse eût-elle réellement existé, quelle conséquence, aujourd'hui, en pourrait-on tirer en ma faveur?

NORFOLK.

Cette conséquence, lady Anne, qu'il y aurait eu un empêchement légitime à votre mariage avec le roi.

ANNE BOLEYN, *la rougeur au front.*

Qu'entends-je?

NORFOLK.

Que n'ayant pu devenir sa femme,... ne l'ayant jamais été,... lady Boleyn ne pouvait être jugée que comme marquise de Pembroke.

ANNE BOLEYN, *indignée.*

Qu'entends-je,... ô ciel!...

NORFOLK.

Et la marquise de Pembroke ne saurait être coupable d'adultère, ni de lèse-majesté.

(*Anne Boleyn regarde le ciel sans pouvoir parler.*)

CATHERINE HOWARD.

Anne, fais ce qu'on te demande! conviens, conviens de tout!

ANNE BOLEYN.

Moi?

CATHERINE HOWARD.

Avoue! avoue! Anne, ma sœur, sauve tes jours!

ANNE ASKEW.

Et sa gloire, mademoiselle?

CATHERINE HOWARD.

Et qu'importe maintenant? C'est de vivre qu'il s'agit, ne fût-ce que pour prouver son innocence! Le temps est tout, et l'avenir est pour elle!... Quoi donc? miss Anne Askew désire-t-elle que la reine meure?

ANNE ASKEW.

Ah!... ah! mademoiselle!...

ANNE BOLEYN.

J'entends, messeigneurs!... La vengeance du roi n'est pas encore satisfaite!... Ce n'est pas une reine qu'il veut traîner à l'échafaud!... Quoi! votre excellent et gracieux maître songe à revenir sur ses pas?... Il aurait la prétention d'effacer, d'anéantir le passé?... Ah! s'il faut l'en croire, je ne pouvais pas être sa femme?... Je n'ai pas été sa femme?... Je ne suis pas sa femme?... Eh! qu'ai-je donc été?... Et que suis-je donc?... Ce que sans doute il désirait de toutes les forces de son âme?... Ce que vous avez tous souhaité?... Mais ce que moi, moi seule, je n'ai pas voulu!... Sa maîtresse, n'est-ce pas?... sa concubine?... Et mon enfant, ma fille, que serait-elle?... une bâtarde?... Oh! n'espérez pas cela!... Je suis votre reine!... Partie d'ici pour être couronnée et sacrée dans Westminster,... j'ai reçu de Dieu ma dignité de reine!... je ne la rendrai qu'à Dieu seul, avec mon âme!... et en dépit de votre maître et de vous, je mourrai sa femme et votre reine!... Messieurs, la mort!... la mort à l'instant!... je la demande! je la veux! je l'exige!... Votre jugement m'appartient! il est sans appel!... Brûlée ou écartelée!... le bûcher! le feu! les chevaux! tous les supplices, toutes les tortures, plutôt que de me dégrader, plutôt que de me mettre moi-même au front ce sceau d'opprobre et d'éternelle infamie!... (*A lord Piercy, sans amertume.*) Milord, je vous dois le trône,... et la mort sans doute.... Ne soyez pas généreux à demi : ne m'ôtez pas ce que vous m'avez donné. Je ne sais dans quel esprit vous vous présentez devant moi, ni ce que déjà vous avez pu déclarer.... Que si, par hasard, au souvenir d'une femme qu'un jour peut-être vous avez aimée,... un semblant de remords ou de vaine pitié était venu vous surprendre,... ah! par grâce, je vous en conjure,... n'essayez plus ici, au prix d'un mensonge, de me ravir le seul bien que j'envie!... Quel que soit le but, un noble cœur ne ment pas!... Dites toute la vérité, monsieur, et laissez-moi mourir!

PIERCY.

Madame, du jour qu'on vient de rappeler, et où je fus par force entraîné loin de vous, je m'imposai la loi de ne jamais m'offrir à vos regards. Si, hier, pour la première fois, je me suis trouvé en votre présence, c'était par ordre du roi; si, aujourd'hui, vous me voyez encore, c'est qu'en entrant ici, madame, j'ignorais que j'étais amené devant vous. Mais que Votre Majesté se rassure!... non, grâce à Dieu, non, il ne m'est échappé aucune parole qui puisse contrarier ce que votre grande âme attend de moi. Cependant, madame, puisque j'ai à me défendre de plus d'un reproche que je n'ai pas mérité, après un si long et si cruel silence, je saisirai la seule occasion qui m'ait été donnée, de justifier à vos yeux ma conduite. Et pourquoi tairais-je ce que tout le monde sait?... Oui, madame, je vous aimais, et, j'ose le dire, comme jamais femme ne fut aimée. J'élevai mes vœux jusqu'à vous. La sincérité, l'excès de mon amour, ou plutôt votre indulgence, une généreuse pitié, couvrirent mon peu de mérite. J'obtins votre aveu, et, en présence de vos jeunes compagnes, je fis le serment d'être à vous. Tout à coup, le roi, trop épris, pour mon malheur, des vertus et des charmes qui m'avaient ébloui, se place entre nous, et vous offre sa main et le trône. Je vous le demande, madame, ce que je venais de vous offrir pouvait-il seulement être mis dans la balance?... Devais-je me prévaloir d'un consentement donné à peine et depuis si peu d'instants?... Devais-je chercher à entraîner votre générosité de mon côté, intéresser votre délicatesse à me faire un sacrifice que de ma part rien ne pouvait compenser? Ah! madame, dites, était-ce possible?... La volonté du roi, l'ambition du cardinal, celle de votre famille, l'ordre de mon père, tout me condamnait, tout était contre moi!... La lutte ne présentait que des périls pour vous et les vôtres.... Eussé-je triomphé de tant d'obstacles, comment, après cela, me flatter encore de vous rendre heureuse?... Le souvenir du sacrifice, qu'il vînt de vous ou de moi, n'eût-il pas, à tous moments, inquiété, troublé, corrompu le bonheur que nous avions rêvé?... Vous m'eussiez caché vos regrets sans doute, mais moi je les aurais devinés,... et alors quel éternel sujet de remords et de désespoir!... Je cédai, je me tus, je fis ce que tout homme de cœur aurait fait. Je crus assurer votre félicité, votre gloire.... Et il y a bien peu de jours encore,... loin de vous, loin de cette cour, vous aimant toujours et toujours plus malheureux, ma souffrance n'était pas sans charme.... De toutes les femmes, de toutes les reines, vous passiez pour la plus heureuse;... le roi semblait vous aimer,... et vous, madame, je le dis sans amertume et sans reproche, puisque ici c'est vous défendre, depuis longtemps vous m'aviez oublié : vous aimiez le roi,... et jamais prince, j'en suis certain, n'eut une femme plus attachée à ses devoirs, ni plus tendre ni plus dévouée que le fut toujours pour lui Anne Boleyn!...

        ANNE BOLEYN, *d'un ton pénétré.*

Bien!... bien, milord!...

PIERCY.

Madame, ne nous en prenons de nos malheurs ni au sort ni à nous, n'en accusons que le véritable auteur, le roi!... Son inconstance, son orgueil, sa jalousie, ont tout fait. Il n'a que trop connu le fond de mon cœur, et ma présence ici n'est encore qu'un effet de sa rage!... Il veut que l'arrêt de votre mort ou de votre infamie sorte de la bouche même qui vous a tant aimée!... il veut que ce soit moi qui vous tue!...

NORFOLK.

Comte de Northumberland!

PIERCY.

Et pour comble d'infortune, sa haine n'a que trop bien calculé!... Au prix même de tout mon sang, je ne pourrais sauver vos jours, sans flétrir votre gloire! C'est en vain que, surmontant ma douleur, je suis venu m'asseoir parmi vos juges, dans l'espérance de vous protéger contre leur iniquité.

NORFOLK.

Milord! qui vous donne cette audace?

PIERCY.

Le mépris de la vie, monsieur le duc!... Oui, madame, vos juges s'étaient tous vendus!... Oui, la nouvelle passion de votre bourreau, son impatience de placer votre rivale sur le trône, ont fait de votre meurtre une nécessité fatale!... Mais, madame, je sais vous comprendre et vous admirer, et je ne trahirai ni votre gloire ni la vérité!... sir Georges Spelman, voici ce que j'ai à déclarer. Écrivez, monsieur!... Sur mon honneur, sur mon salut éternel, je jure que jamais il n'a existé de contrat entre la reine et moi; que je n'étais lié avec Sa Majesté par aucune espèce de promesse écrite ou verbale, qui pût faire le moindre empêchement à son mariage avec le roi!

CATHERINE HOWARD.

O mon Dieu, mon Dieu, ayez pitié d'elle!...

PIERCY.

Milord, faites appeler messieurs de Cantorbéry et d'York,... et ici même, dans la chapelle de Saint-Pierre ès liens, sur le bord de cette fosse qu'on y a préparée, je vais renouveler en présence des deux archevêques et de tous les membres du conseil, ce serment : Que nul contrat, nulle promesse, nul engagement légitime ne m'a lié avec la reine!... En témoignage de ma sincérité, je me présenterai devant la table sainte, et la main sur la croix et sur l'Évangile, je recevrai Notre-Seigneur Jésus-Christ!... Milords, si ce que je dis n'est pas vrai, je veux ne jamais voir la face de Dieu!...

ANNE BOLEYN, *les larmes aux yeux.*

Oh! bien!... bien, comte de Northumberland!... Merci!... mon ami, mon véritable ami, je vous avais jugé bien mal!... pardonnez-moi!

PIERCY *tombe à ses pieds le visage inondé de larmes.*

Ah! madame....

ANNE BOLEYN *lui tend la main, en fixant sur lui le regard le plus doux.*

Lord Piercy!... tous les torts ne furent pas de votre côté!... Oui, oh! oui, comte de Northumberland, vous êtes un homme de cœur!

PIERCY.

O reine! ô ma souveraine et chère maîtresse! souffrez que le plus humble, le plus reconnaissant, le plus fidèle de vos sujets, vous donne cette dernière marque de son respect et de sa douleur!... Ah! je n'ai pas la crainte de survivre longtemps à Votre Majesté!... mon arrêt, sans doute, est déjà prononcé. Mais si le châtiment pouvait se faire attendre, il est un moyen bien sûr de le hâter. Tant qu'il me restera un souffle de vie, reine, je ne cesserai de proclamer votre innocence, et de maudire vos juges et tous ceux qui vont vous immoler! (*Il se lève.*) Milords, suivez-moi!... Peuple,... la reine est innocente!... Anglais, la reine est innocente!... la reine est innocente!...

(*Les lords commissaires et sir Georges Spelman le suivent dans la plus grande agitation.*)

SCÈNE XII.

KINGSTON, LA VICOMTESSE DE ROCHEFORD, ANNE BOLEYN, ANNE ASKEW, CATHERINE HOWARD.

LA VICOMTESSE DE ROCHEFORD.

Madame!... ma sœur!... (*Anne Boleyn tressaille.*) Deux fois déjà nos prières et les supplications de lady Jeanne Seymour ont fléchi le courroux du roi,... deux fois sa clémence est venue vous chercher, vous solliciter de vivre pour votre Élisabeth,... de rendre une mère à sa fille!

ANNE ASKEW.

Le roi s'est-il imaginé que la reine rachèterait ses jours par une bassesse? Et qui a-t-il chargé de son message?... Lady Marguerite?... Une ennemie mortelle de la reine?... Celle qui l'a dénoncée? Ah! ce choix seul trahit la pensée du bienfaiteur!... Tout en recueillant le fruit de son crime, il lui serait doux de passer pour généreux!

TABLEAU VII, SCÈNE XII.

LA VICOMTESSE DE ROCHEFORD.

Madame, la voie qui vous a été ouverte n'est pas encore fermée;... jusqu'au dernier instant, vos amis ne cesseront d'intercéder pour vous.... Miss Howard, vous pouvez beaucoup ; ne viendrez-vous pas joindre vos efforts aux nôtres ?

ANNE ASKEW.

Quoi ? te serais-tu bien flattée d'arracher cette jeune fille des bras de la reine ?... de lui ôter sa dernière consolation ?... Misérable !... sors !... je ne sais, à ta vue, quelle horreur me vient saisir !... Ah ! si jamais tu devais être pour quoi que ce soit dans la perte de cette enfant, puisse le ciel, par un de ces coups suprêmes qui révèlent une éternelle justice, mettre à nu ta fausseté, toute la noirceur de ton âme !... Puisses-tu, dans ce même lieu, sur ce même échafaud que ta fureur a dressé pour les tiens, trouver le châtiment qui t'est dû !... Puisse la flétrissure imprimée à ton nom infirmer ton témoignage, faire éclater aux yeux les plus prévenus l'innocence de la reine, et ton opprobre venger sa mémoire outragée !... Sors, te dis-je !... ton rôle est joué !... ton deuil fini !... change bien vite de robe et de visage !... Va, va revêtir ton habit de gala !... cours à White-Hall, sous ces bosquets où ton maître soupire aux pieds de sa fiancée !... Comment ne crains-tu pas d'arriver trop tard ?... Marguerite, les réjouissances sont commencées !

LA VICOMTESSE DE ROCHEFORD.

Miss Askew, je n'eus jamais la prétention de faire la théologienne, ni de lire dans l'avenir.... Cet orgueil convient aux grandes, aux saintes prophétesses du comté de Kent !... Cependant, sans me croire possédée de l'esprit divin, j'aurais pu prédire le sort d'Elisabeth Barton,... et maintenant il me serait facile de révéler au roi quelques vérités.... Chacun sait à qui attribuer l'opiniâtreté de lady Marie!... personne n'ignore qui se plaît à mettre la fille en révolte contre son père!... Tout le monde devine et sent l'approche d'un complot de longue main préparé!... Miss Anne, Anne la prophétesse, crois-moi, c'est à toi de bien considérer cet échafaud!... ou plutôt de songer au bûcher qu'on apprête !... Tu pourrais y monter avant moi !...

(*Elle sort.*)

ANNE ASKEW.

J'y monterai du moins sans remords et sans peur !...

SCÈNE XIII.

LES MÊMES, *excepté* LA VICOMTESSE DE ROCHEFORD.

CATHERINE HOWARD, *à la reine*.

Madame, pourquoi ce regard si bon et si tendre?... Ah! vous pleurez enfin !... Mais vous semblez pleurer sur moi?... miss Askew !... maître Kingston !... Quoi! vous aussi?... qu'est-ce donc ?... Quand, à l'aspect des malheurs de la reine, je me sens l'âme brisée,... vous détournez la vue de sa misère?... c'est sur mon sort que vous vous apitoyez?... Qu'ai-je donc à craindre?... de quel danger suis-je menacée?

ANNE BOLEYN, *en lui serrant la main*.

C'est que tous les trois, mon enfant, nous avons sans doute les mêmes souvenirs, les mêmes pressentiments. Je ne suis pas superstitieuse.... Non, jamais je n'ai ajouté foi aux augures, aux oracles, aux prédictions des astrologues. Cependant, lorsque je viens à jeter les yeux sur moi-même et que je songe aux événements accomplis,... à ceux qui se préparent,... mon esprit est ébranlé,... le doute m'accable!... On m'avait prédit que je serais reine!... mais que d'obstacles n'avais-je pas à écarter?... que de degrés à franchir!... Un jour, je dus croire tout perdu; il fallait, pour m'asseoir sur le trône, que l'Angleterre changeât de religion!... La religion fut changée; je devins reine!... Une mort prématurée, malheureuse, violente, était annoncée à quiconque prêterait les mains au divorce de Catherine d'Aragon....

ANNE ASKEW.

Et des deux principaux auteurs du divorce, l'un, le cardinal Wolsey, est aussitôt précipité dans la tombe!...

ANNE BOLEYN.

Et l'autre va périr.... de la mort qui lui fut promise,... de la mort des scélérats!... On prédit à Jeanne Seymour qu'elle serait reine?...

CATHERINE HOWARD.

Et Jeanne va régner!...

ANNE BOLEYN.

Oui,... mais, autrefois, elle s'est associée à toutes mes espérances; son amitié s'est rendue complice de tous mes attentats contre Catherine d'Aragon?

ANNE ASKEW.

Si la prophétie de la vierge de Kent doit s'accomplir, Jeanne Seymour n'a pas longtemps à vivre....

CATHERINE HOWARD.

Et l'on m'a prédit aussi que je serais reine!...

ANNE BOLEYN.

Oui,... mais, dans le temps, tous les vœux, chère enfant, furent pour moi.... Tu t'es mise de moitié dans tout ce que j'entrepris pour faire répudier Catherine d'Aragon,... et si ton destin est de devenir reine....

CATHERINE HOWARD, *d'une voix étouffée par les pleurs.*

Bientôt aussi, n'est-il pas vrai, je dois mourir?... comme toi?... sur un échafaud?... car il a été prédit à Catherine Parr qu'elle monterait sur le trône.

ANNE ASKEW.

Mais Catherine Parr n'a pas encouru la peine portée par la prophétie!...

CATHERINE HOWARD.

Non,... sa fidélité à Catherine d'Aragon ne s'est pas démentie; ainsi que vous, miss Askew, elle a fermé les yeux de sa maîtresse,... tandis que nous.... (*Ses yeux se portent sur le commandant de la Tour.*) Monsieur Kingston!... ah!...

KINGSTON.

Mademoiselle, qu'avez-vous?

CATHERINE HOWARD.

Ah! monsieur,... vous me faites frémir!...

KINGSTON.

Moi?... et pourtant, en vous considérant toutes les trois, je ne puis retenir mes larmes....

CATHERINE HOWARD, *se jetant dans les bras de la reine.*

Anne, Anne, sauve-moi! prends pitié de moi!...

ANNE BOLEYN.

Chère enfant!...

ANNE ASKEW, *gravement.*

Miss Howard, ceci doit être un avertissement du ciel!...

ANNE BOLEYN.

Hélas! comment ne pas être épouvantée de l'avenir?

ANNE ASKEW.

Comment ici ne pas reconnaître le doigt de Dieu?... Malgré tous les avis et son propre instinct, Anne Boleyn, trop instruite déjà de l'inconstance du roi, s'aveugle à ce point qu'elle place à côté d'elle sa rivale?...

ANNE BOLEYN, *essuyant une larme*.

Et Jeanne Seymour, aujourd'hui, venge Catherine d'Aragon!...

ANNE ASKEW.

Qui sait si, en prenant Catherine Howard pour fille d'honneur, Jeanne Seymour ne fait pas la même faute?... Qui sait si Catherine Howard n'est pas appelée à venger Anne Boleyn?... Et si un jour Catherine Parr....

ANNE BOLEYN, *avec vivacité*.

Non, non!... Oh! non, je ne puis croire à toutes ces prédictions!... On est maître de sa destinée!... Moi-même, vingt fois j'ai pu choisir ma voie,... m'arrêter,.. et après avoir passé outre, revenir encore sur mes pas!... Non, les arrêts du ciel ne sont pas irrévocables : sa colère peut toujours être apaisée; Dieu est trop juste et trop bon pour ne pas se laisser fléchir à nos prières, à nos repentirs!... (*Avec fermeté.*) Écoute-moi, Catherine!... tout me l'a démontré : quelque volage qu'il soit, lorsque Henri a conçu un désir, il ne le quitte jamais!... Ce désir, contrarié ou combattu, peut bien quelque temps s'assoupir; mais c'est pour se réveiller avec plus de violence et l'obséder sans relâche, jusqu'à ce qu'il ait été satisfait!... Une fois que l'amour du roi me fut connu, et que je souhaitai le trône, je fus assuré de m'y placer. Vois!... il m'a voulue pour femme : je suis devenue sa femme. Il a voulu Jeanne Seymour : ce soir, il l'épouse. Et s'il était possible qu'à travers cet amour étrange dont il brûlait en même temps pour Jeanne et pour moi, ses désirs se fussent encore étendus jusque sur toi, ou sur Catherine Parr, tiens pour chose certaine qu'il n'y a pas d'expédients, de témérités, de crimes, que sa pensée n'ait caressés, dans l'espoir d'arriver tôt ou tard à toutes ses fins!... Te dirai-je plus encore?... Tandis que sa tendresse pour moi était dans toute sa force et sa nouveauté, sur le portrait d'une fille du prince de Clèves, peint par Holbein, que le hasard offrit à ses yeux, sur quelques louanges, très-exagérées sans doute, échappées soit au baron de Norman, soit au jeune comte de Valberg, son imagination s'était allumée!... Il s'était épris d'une femme qu'il ne connaissait même pas!... Et je n'étais pas reine, que Cromwell, qui cependant était à moi, que déjà l'avide, l'ambitieux Cromwell, à la piste de toutes les passions de son maître, et se flattant sans doute de trouver dans Anne de Clèves un instrument plus docile, négociait secrètement avec les ministres allemands, tandis que ton oncle, le duc de Norfolk, jaloux de ma prédilection pour mon frère, se détachait déjà de moi, et arrêtait sur toi ses regards ambitieux!...

CATHERINE HOWARD.

Est-ce bien possible?

ANNE BOLEYN.

Oui, j'appris tout alors de sir Henri Norris. Va, pour t'avoir nommée fille d'honneur de Jeanne Seymour, il faut que le roi ait quelque dessein sur toi!... et peut-être la démarche qu'il fit naguère à Greenwich, sous le prétexte de se réconcilier avec sa fille Marie, n'avait-elle pour objet que de rapprocher de lui Catherine Parr?...

CATHERINE HOWARD.

Qui? moi? devenir jamais la femme de ton assassin! Ah! il me fait horreur!

ANNE BOLEYN.

Mais, moi aussi, Catherine, ce fut avec effroi que je l'écoutai, lorsque au milieu de cette fête il me parla de son amour!... N'en doute pas, lord Piercy m'était cher : j'avais de l'attachement pour Catherine d'Aragon ; je m'indignais, à l'idée d'être la cause, même involontaire, des chagrins dont on abreuvait cette malheureuse reine!... et cependant je fus amenée à voir l'époux de Catherine d'un autre œil ; insensiblement, mon cœur vint à lui!... L'ambition m'attira sans doute, et bientôt, j'en conviens, je convoitai ardemment la couronne ; mais ce ne fut point l'appât seul du trône qui m'entraîna. Si j'aimai le roi,... cet aveu, dont peut-être je devrais rougir,... songe dans quel moment il est fait!... si je l'aimai,... et, crois-moi, ce fut sincèrement, c'est qu'il sut se rendre maître de mon cœur!... Soit qu'il eût réellement de l'amour, soit que sa vanité jalouse se fît une gloire de l'emporter sur lord Piercy, il n'est pas de séductions qu'il n'ait employées pour me fasciner!... Supplications, larmes, serments, tout servit à m'égarer!... Dans le transport de sa passion, dont il se plaît à s'enivrer, durant cette fièvre de tête, tout ce qui sort de ses lèvres touche et persuade, tant il affecte de franchise et de loyauté!... L'énergie de sa volonté, son mépris de l'opinion des hommes, cette audace à défier tous les périls, étonnent, exaltent l'imagination!... Son regard, sa voix, ses pleurs ont un charme irrésistible, et malgré qu'on en ait, ce tigre se fait aimer!... Va, qu'un jour il entreprenne de te prouver que j'étais coupable, que ma mort fut un sacrifice forcé, non à ses nouvelles amours, mais à la majesté du trône outragée,... et sa langue perfide trouvera le secret de te persuader et de te convaincre!...

CATHERINE HOWARD.

Ah! jamais!...

ANNE BOLEYN.

J'ai bien fini par croire le mariage de Catherine d'Aragon incestueux!... et s'il n'avait eu l'art de persuader Jeanne Seymour des crimes dont il m'accuse, et sans doute de tout ce qu'il dit en avoir souffert, Jeanne, qui m'aimait, qui la première m'avertit du péril, Jeanne, si noble et si généreuse, l'épouserait-elle donc aujourd'hui sur mon cercueil?... Catherine, compte que, si jamais il le veut, tu l'aimeras!...

CATHERINE HOWARD.

Non!...

ANNE BOLEYN.

C'est du vertige!... on se laisse éblouir!... et l'on tombe dans l'abîme!... J'y suis tombée!... vois à quelle profondeur!... Vois cet échafaud!... voilà le prix de ma tendresse!... voilà ce que promet Henri VIII à toutes celles qui auront la hardiesse de l'aimer!... Jamais il ne refusera la vie d'un homme à sa haine, ni l'honneur d'une femme à ses désirs!... Catherine, éloigne-toi!... n'hésite pas!... n'attends pas!... fuis le roi!... fuis Marguerite!... fuis Norfolk!... je l'exige!... je le veux!... Ma fille, mon enfant, c'est ta mère qui t'en supplie!... c'est la reine qui te le demande à genoux!...

CATHERINE HOWARD.

Ah! madame,... je vous le promets!... je vous le jure!...

ANNE BOLEYN.

Viens donc, viens ici, mon enfant!... je n'ai pas tout dit. Ne l'effraye pas de la présence de miss Askew;... tu connais sa discrétion!... et moi je suis bien aise de la prendre à témoin de notre dernier entretien. (*Anne Boleyn s'assoit. Catherine Howard se met à genoux, ses mains dans celles de la reine; Anne Askew reste debout; Kingston se tient à l'écart.*) Chère enfant, ouvre-moi ton cœur, parle avec confiance. Ici, dans cette cour, où je te vois environnée de tant de piéges et de périls, dis-moi, n'es-tu aimée de personne?

CATHERINE HOWARD.

Moi, madame?

ANNE BOLEYN.

N'aimes-tu personne?... (*Après quelques moments de silence.*) Plus d'une fois j'ai été frappée des soins empressés de sir François Deheram,... des assiduités de sir Henri Mannoc....

CATHERINE HOWARD.

Quoi?

ANNE BOLEYN, *avec douceur.*

Oui, je sais tout. On t'a écrit, tu as répondu, et en cela, mon amie, tu t'es conduite avec une grande imprudence. Pourtant, si ton attachement pour sir François Deheram est tel que je l'imagine, s'il est ce qu'il doit être,... cet amour peut te préserver des dangers mêmes dont je m'alarme pour toi. Oui, déjà, la veille du tournoi de Greenwich, j'avais interrogé ta jeune sœur de lait, Jenny Lascels, à qui peut-être tu t'es confiée trop légèrement....

CATHERINE HOWARD.

Comment cela?

ANNE BOLEYN.

A son trouble, à quelques mots qui lui sont échappés....

CATHERINE HOWARD, *vivement.*

Quoi? aimerait-elle Deheram?

ANNE BOLEYN.

Je l'ai craint; cette jeune fille m'a semblé jalouse.

CATHERINE HOWARD.

Ah! madame, Deheram ne l'aime pas! je peux en répondre!

ANNE BOLEYN.

Et toi,... faut-il le demander? tu aimes Deheram?

CATHERINE HOWARD.

Vous voyez ma confiance....

ANNE BOLEYN, *avec sévérité*.

Mais examine-toi bien, Catherine,... est-ce là une inclination véritable?... ou bien n'est-ce que le caprice d'un jour,... une coquetterie de jeune fille?

CATHERINE HOWARD.

Oh! non,... ce doit être pour la vie!... c'est un lien indestructible, madame!... tout mon cœur s'est donné!...

ANNE BOLEYN, *émue*.

Deheram le sait-il?

CATHERINE HOWARD, *avec un soupir et à demi-voix*.

Il ne peut plus en douter.

ANNE BOLEYN *la regarde douloureusement*.

Et ta mère?... et ta marraine,... notre bonne grand'-mère, la duchesse de Norfolk, qui t'a élevée; qui, avant qu'ils fussent au roi, avait pour pages Deheram et Mannoc, en est-elle informée?

CATHERINE HOWARD.

Non,.. pas encore....

ANNE BOLEYN.

Et pourquoi?

CATHERINE HOWARD.

Je n'ai pas osé.

ANNE BOLEYN, *tendrement*.

Mais à moi,... à ta cousine, à la sœur, par quel motif m'en faisais-tu un mystère? qu'attendais-tu donc?

CATHERINE HOWARD.

Je ne saurais le dire.

ANNE BOLEYN.

Aurais-tu quelque arrière-pensée ?

CATHERINE HOWARD.

Moi ?

ANNE BOLEYN.

Serait-ce l'ambition ?... serait-ce, par hasard, l'effet de cette prédiction ?...

CATHERINE HOWARD.

Ah ! madame, que dites-vous ? quelle idée ?

ANNE BOLEYN, *avec sévérité*.

Réponds !... Catherine, sois franche !...

CATHERINE HOWARD.

Eh bien !... eh bien, oui peut-être !... (*Les larmes aux yeux.*) C'est plus fort que moi !... oh ! ne le dites jamais !... jamais ?...

ANNE BOLEYN, *en souriant*.

Enfant !... folle !...

CATHERINE HOWARD.

Et pourtant j'aime Deheram !... oh ! oui, je l'aime !... j'en suis sûre !... oui, je l'aime autant qu'il est possible d'aimer !...

ANNE BOLEYN.

Sir Henri Mannoc en est-il instruit ?

CATHERINE HOWARD.

Il m'a fallu le lui dire.

ANNE BOLEYN.

Cependant, il te poursuit,... il t'obsède encore de son amour ?...

CATHERINE HOWARD.

En puis-je mais ?

ANNE BOLEYN, *gravement.*

Catherine, veux-tu avoir sir François Deheram pour mari? le veux-tu résolûment?

CATHERINE HOWARD.

Si je le veux!... mais, chaque jour, à toute heure, au milieu de ces rêves ambitieux, lorsque cette prédiction funeste revient m'assiéger,... je le demande à Dieu, comme une grâce, comme un bienfait!... J'ai fatigué le ciel de mes prières!...

ANNE BOLEYN *se lève, s'approche d'une table, et écrit.*

Eh bien, rassure-toi!... Dieu sans doute te vient en aide!... Monsieur Kingston, je désire parler à sir François Deheram et à sir Henri Mannoc. Veuillez, monsieur, les prier de venir ici. Vous m'obligerez.

KINGSTON.

J'y vais, madame.

(*Kingston soulève la portière qui conduit dans la chambre de la reine et sort.*)

SCÈNE XIV.

ANNE BOLEYN, CATHERINE HOWARD, ANNE ASKEW.

CATHERINE HOWARD.

Quoi? tous les deux?... Ensemble?... Quel est votre dessein, madame?

SCÈNE XV.

Les mêmes, KINGSTON, DEHERAM, MANNOC.

ANNE BOLEYN, *avec dignité.*

Approchez l'un et l'autre. (*Après une courte pause.*) Je le sens,... la situation qu'on m'a faite m'interdit le blâme ; la réprimande paraîtrait de l'audace dans la bouche d'une femme condamnée pour adultère et pour inceste. Mais la plainte peut encore lui être permise.... Messieurs, c'est une plainte, c'est une prière que j'ai à vous adresser. Mais déjà sans doute vous vous êtes fait les reproches que je ne suis plus en droit de vous faire. Quoi? après tout ce que mon aïeule, la duchesse de Norfolk, vous a montré d'attachement, après toute la confiance qu'elle vous a témoignée, vous n'avez pas compris toute la douleur que vous pouviez lui causer, en cherchant, à son insu, à vous faire aimer de cette enfant?...

DEHERAM.

Quoi? madame....

MANNOC.

S'il m'était permis...

ANNE BOLEYN.

Arrêtez!... Je n'ai, à cet égard, aucune excuse à recevoir, aucune lumière à acquérir; j'ai appris tout ce qu'il m'importait de savoir. Catherine a compris sa faute ; et, avant de nous séparer, elle a voulu, par un noble aveu, fait en présence de Mlle Askew, réparer l'imprudence de sa conduite.

DEHERAM, *avec passion.*

Ah! madame, croyez que jamais amour ni plus tendre, ni plus vrai....

ANNE BOLEYN.

Monsieur, il ne m'appartient pas de vous entendre; je ne le dois, ni ne le veux. Faites, dès demain, ce que depuis longtemps vous auriez dû faire; rendez vous près de sa mère, près de notre aïeule. Toutefois, sir François Deheram, il faut que vous le sachiez,... mes vœux sont pour vous.

DEHERAM.

Ah! madame, que de bontés!

MANNOC.

Si j'osais....

ANNE BOLEYN, *l'interrompant avec vivacité.*

Vous n'êtes point aimé, monsieur : vous ne l'ignorez pas; et, j'en ai la certitude, dès ce moment, votre conduite sera celle qui convient à un galant homme!... Miss Anne Askew, voici quelques lignes que j'adresse à la duchesse de Norfolk; veuillez vous charger de les lui porter, avec cet anneau qu'elle m'a donné, le jour où, bien jeune encore, je partis pour la France. Dites-lui que je le lui envoie, comme un témoignage des vœux que je forme pour le bonheur de sa petite-fille, et de son jeune protégé. Vous saurez dire ce qu'il faut; je ne saurais choisir un plus digne interprète. Ce n'est pas tout, mademoiselle; dès ce soir, vous et votre mère, vous conduirez Catherine près de notre aïeule. Anne, voudrez-vous bien prendre ce soin?

ANNE ASKEW.

Je n'ai qu'un désir, madame,... c'est de servir Votre Majesté en toutes choses.

ANNE BOLEYN.

Sir Henri Mannoc, sir François Deheram, miss Howard remettra vos lettres à Mlle Askew; aujourd'hui même, vous lui remettrez les siennes. Toutes seront brûlées sous les yeux de la duchesse de Norfolk. Je puis compter sur votre fidélité?

MANNOC.

Oui, madame.

ANNE BOLEYN.

Vous vous assurerez de la discrétion de Jenny Lascels et de celle de son frère. J'ai lieu de vous faire cette recommandation. Sir François Deheram, comptez peu sur la faveur du roi. Catherine ne prendra pas la place qui lui est offerte près de Jeanne Seymour; jamais elle ne doit reparaître à la cour. J'ai appris à connaître l'orgueil et les prétentions de notre famille; je n'ose prévoir l'accueil qui sera fait à votre demande. Mais si votre espoir et le mien doivent être déçus, jurez-moi, monsieur, qu'en aucun temps vous ne tenterez de réveiller un sentiment dont il faudra perdre jusqu'au souvenir; jurez-moi que jamais vous ne chercherez à la revoir ni à lui écrire?

DEHERAM.

Madame, sur mon honneur, sur ma vie, je vous le jure!...

ANNE BOLEYN, *avec attendrissement.*

Adieu donc!... puissiez-vous l'un et l'autre être plus heureux que Waston et que Brereton!... Pauvres enfants!... Quelle fin!... Gardez-vous bien de compromettre la reine!... songez à la jalousie du roi!...

MANNOC.

Ah! madame....

DEHERAM.

Comment l'oublier jamais!...

(*Il se jette aux pieds de la reine dont il baise respectueusement la main, puis il se retire rapidement avec Mannoc, sans regarder Catherine Howard.*)

SCÈNE XVI.

Les mêmes, *excepté* DEHERAM *et* MANNOC.

CATHERINE HOWARD.

Ah! madame, que ne vous dois-je pas? et de quel poids je me sens soulagée!...

ANNE BOLEYN.

Oui, nous avons fait sans doute ce qui dépendait de nous pour prévenir l'effet d'un présage funeste. Mais si le sort voulait que de si bonnes résolutions fussent vaines,... si un jour l'ambition devenait la plus forte,... si, comme moi, l'éclat d'une couronne venait t'éblouir,... Catherine, prends ce livre,... et conserve-le comme un gage de mon affection!...

CATHERINE HOWARD.

Traité de la préparation à la mort.

ANNE BOLEYN

C'est un présent qui me fut offert par le docteur Érasme, la veille du jour où je fus élevée au trône!...

CATHERINE HOWARD.

Ah! je m'en souviens!... Ce livre, madame, vous fut apporté par sir François Waston, tout ému, et comme saisi d'un secret pressentiment....

ANNE BOLEYN.

Et je me pris à rire!... et je défiai le sort!... Qu'en penses-tu maintenant?...Érasme savait-il prédire si juste?... et n'eût-il pas mieux valu pour moi épouser un honnête homme,... être la femme de lord Piercy? (*Après quelques instants de réflexion.*) Miss Anne Askew, quoique bien jeune alors, vous m'avez donné plus d'un avertissement, qu'il eût été sage à moi de ne pas mépriser : permettez-moi de vous adresser, en revanche, quelques conseils dictés par un vif intérêt.

ANNE ASKEW.

Ah! madame....

ANNE BOLEYN.

Malgré ce torrent de larmes versé à la mort de Catherine d'Aragon, et ces regrets fastueux prodigués à sa mémoire, mais déjà en haine de moi, pour rejeter sur moi l'odieux de cette mort, et me punir d'être à mon tour un obstacle à sa passion nouvelle,... Henri, sachez-le bien, nourrit encore un ressentiment invétéré contre tous les partisans de sa première femme. L'opiniâtreté de sa fille Marie le fatigue, l'irrite : il s'en prend de sa résistance à ses jeunes compagnes : c'est vous, c'est Catherine Parr qu'il en rend responsables; et bientôt sa colère peut éclater; il ne cherche qu'un prétexte. Ce serait assez qu'en matière de foi l'une de vous osât manifester une opinion contraire à la sienne. A vrai dire, je suis peu inquiète pour Catherine Parr : je la crois trop clairvoyante, trop bien avisée pour ne pas se laisser persuader et céder à propos. D'ailleurs, le goût que notre grand théologien s'est toujours senti pour elle la garantirait au besoin contre un orage passager. Ce n'est pas, miss Askew, que le roi soit insensible à vos charmes. Peut-être même votre beauté

sévère aurait-elle sur lui plus de prise et d'empire que les
grâces de Catherine Parr ; mais il s'effraye de votre esprit
fin, de votre inflexible raison : votre supériorité excite sa
jalousie ; et si jamais son orgueil se flattait de pouvoir
vous convaincre d'erreur, son bonheur serait de vous traduire à son propre tribunal, assuré qu'il est qu'armé du
sceptre et du glaive, un pontife-roi ne saurait avoir tort.
Anne, je connais votre fierté, la hardiesse de vos reparties.... Croyez-moi, son amour-propre offensé serait sans
pitié !... vous péririez par l'épée ou par la flamme !...

ANNE ASKEW.

C'est le songe que j'ai fait cette nuit, madame.

ANNE BOLEYN.

Quoi ?

ANNE ASKEW.

Avant votre arrivée, je le racontais à lord Wriothesley....
Oui, madame, cette nuit, je rêvais que j'allais mourir !...
j'étais sur le bûcher !

CATHERINE HOWARD.

Quel horrible présage !

ANNE ASKEW.

Oh ! il ne faut ajouter foi ni à tous les songes ni à toutes
les prédictions....

ANNE BOLYEN, *baissant la voix*.

Et cependant.... dois-je vous révéler un secret terrible,... un secret que, hormis le médecin de la cour,
Norris et moi, tout le monde ignore ?

ANNE ASKEW.

Parlez, madame, parlez.

ANNE BOLEYN.

La prophétie d'Élisabeth Barton n'épargne personne !...
et déjà la main de Dieu s'est appesantie sur le roi !...

CATHERINE HOWARD.

O ciel ! que dites-vous ?

ANNE ASKEW.

Et comment?

ANNE BOLEYN.

On dirait que la mort l'a touché!... Oui, déjà cette nature si forte, ce colosse est attaqué!... son sang, naguère si pur, se gâte et se corrompt : une humeur âcre et maligne mord, ronge sa cuisse; et cette plaie subite, où, loin de tous les regards, son œil inquiet s'attache sans cesse avec terreur, lui semble un effet de l'anathème lancé du Vatican!... Il se croit frappé! car l'auteur suprême de tous les maux de Catherine d'Aragon, il le connaît!... il sait bien que c'est lui!... La nuit, le spectre de sa femme lui apparaît, tantôt le menaçant de l'enfer, tantôt priant, intercédant pour lui!... La peur fait chanceler sa raison et glace sa foi!... Épouvanté de sa révolte contre Rome, et de son usurpation, il s'arrache la tiare du front, met les genoux à terre et se bat la poitrine en criant miséricorde!... mais aussitôt qu'il fait jour et que sa souffrance s'est amortie, ses remords se changent en désirs de vengeance. Sa pusillanimité devient de l'audace : sa haine se répand en railleries, en sarcasmes; il insulte, il défie la puissance qui, dans les ténèbres, le tenait prosterné et rampant!... Anne, sa rage peut fondre sur vous!... L'adieu de Marguerite contient la mort!... Et s'il devait en être de vous comme d'Élisabeth Barton,... pauvre enfant!... noble créature!... pauvre Catherine!...

(*Elle les presse toutes deux contre son sein.*)

CATHERINE HOWARD.

Mais ce n'est pas moi,... ce n'est pas miss Askew,... c'est

toi, grand Dieu! c'est toi qui vas mourir!... et tu l'oublies pour nous?...

ANNE BOLEYN.

Ah! qui sait si ce n'est pas sur moi-même que coulent mes pleurs!... et sur qui pourrais-je épancher ma tendresse?... O ma mère!... ô ma bonne grand'mère!... Georges!... malheureux frère! et toi, ma fille, mon Élisabeth, faut-il donc mourir sans vous revoir?... (*D'un ton déchirant.*) Ah! que c'est long!... quelle lente, quelle cruelle agonie!... mes forces s'épuisent.... Et si d'autres que vous étaient témoins de ces défaillances?... Si je ne marchais pas au supplice avec un courage tranquille!..., quel avantage mes ennemis n'en tireraient-ils pas contre moi?... Mon abattement ou mon silence passerait aux yeux de ce peuple ignorant et crédule pour la preuve ou l'aveu de mes crimes!... Midi?... encore une heure d'attente?... Ah! que c'est long!... ô mon Dieu, mon Dieu, que c'est long!

ANNE ASKEW.

Eh bien, madame, prions, prions ensemble!...

ANNE BOLEYN *s'agenouille devant le crucifix.*

Oui!... ah! je ne puis!... je ne puis!...

ANNE ASKEW.

Madame, songez au bien que vous avez fait!... Quels maux n'avez-vous pas soulagés?... Quelles misères n'avez-vous pas secourues?

(*Des clameurs se font entendre.*)

ANNE BOLEYN *se lève aussitôt.*

Qu'entends-je?... quels sont ces cris?

CATHERINE HOWARD.

Ce sont des cris de joie!

ANNE BOLEYN.

Quoi?... ce serait lui?... avec sa fiancée?... Ils ont devancé l'heure!... ils me croient morte!... Et je pourrais m'offrir à eux, et les voir, à mon aspect, pâlir et reculer d'épouvante!

ANNE ASKEW, *qui s'est approchée d'une fenêtre.*

Ah! madame, c'est la princesse Marie!

(*Cris du dehors* : *Vive! vive la princesse Marie!... Vive la princesse de Galles!...*)

ANNE BOLEYN, *transportée.*

Marie!... Marie vient à moi!... elle cède à mes prières!... oh!... oh! quelle confusion pour mes ennemis!

CATHERINE HOWARD.

Ciel! le duc de Norfolk!

(*La porte du fond s'ouvre* : *Norfolk*, *Suffolk*, *Wriothesley*, *et les lords commissaires, précèdent le vicomte de Rocheford, Norris, Waston et Brereton; ils sont suivis du lord maire, du shérif, une baguette blanche à la main, des aldermen, d'une députation des corporations, en tête de laquelle on remarque sir Nicolas Brands. La princesse Marie arrive par la porte de gauche; elle est accompagnée de lady Kingston, de Catherine Parr et du comte de Surrey.*)

SCÈNE XVII.

Les précédents, NORFOLK, SUFFOLK, WRIOTHESLEY, le marquis d'EXETER, les comtes d'ARUNDEL, d'OXFORD, de WESTMORELAND, de DERBY, de WORCESTER, de RUTLAND, de SUSSEX, de HUNTINGTON, le lord SANDS, le vicomte de ROCHEFORD, NORRIS, WASTON, BRERETON, MANNOC, DEHERAM, CULPEPPER, le lord Maire, les Aldermen, le Shérif, BRANDS, les Députations des Corporations, MARIE, lady KINGSTON, Catherine PARR, le comte de SURREY.

ANNE BOLEYN.
Georges!... ah! mon frère!...

LE VICOMTE DE ROCHEFORD.
Ah! ma sœur....

(*Anne se jette dans les bras du vicomte de Rocheford, lui couvre la tête de ses mains et la presse, à plusieurs reprises, contre ses lèvres; elle se tourne ensuite vers Norris, Waston et Brereton.*)

ANNE BOLEYN.
Amis, amis, ah! que venez-vous faire ici?

NORRIS, *avec fermeté*.
Madame, nous venons mourir glorieusement avec Votre Majesté.

ANNE BOLEYN.
Sir Henri, je sais que vous avez pu racheter votre vie,... que pour m'accuser on vous a vainement offert votre grâce.

NORRIS, *étendant la main.*

Ah! madame, je le jure encore devant Dieu, je subirais mille morts, plutôt que de souiller votre réputation!...

ANNE BOLEYN.

A Greenwich, Norris, vous m'aviez sauvé la vie,... ici vous me sauvez l'honneur.... Ah! merci, merci!... (*Elle lui tend la main; Norris, un genou en terre, la baise avec respect; elle fait quelques pas et regarde Waston et Brereton avec attendrissement.*) Eh bien!... un jour je vous l'ai promis : jamais vous ne me quitterez, vous disais-je,... et quand je devrai mourir, vous serez là,... tous deux.... Ah! malheureux, malheureux enfants!...

WASTON.

Ah! madame, c'était tout mon espoir!...

BRERETON.

Tous mes vœux sont comblés!...

ANNE BOLEYN.

Et vos pauvres mères?... et vos sœurs?... (*Elle leur présente successivement sa main, et tous deux, en s'agenouillant, la couvrent, en silence, de baisers et de larmes.*) Marie Wyatt, qui vous a vus devant vos juges, m'a dit ce que vous avez été. Je n'attendais pas moins de votre dévouement et de votre courage!... (*Elle regarde autour d'elle.*) Quoi donc, monsieur le comte Wriothesley, votre protégé, sir Marc Smeaton, sera-t-il donc le seul que je ne pourrai revoir?...

WRIOTHESLEY.

Sir Marc Smeaton, milady, a subi son jugement.

ANNE BOLEYN.

Déjà, monsieur?... Et la vie qu'on lui avait promise?...

J'entends!... il eût été dangereux de l'amener devant moi,... et de laisser vivre un homme qui pouvait, un jour, publier ce qu'il savait!... Mais quoi! avant de mourir, ne s'est-il pas rétracté?.. ne m'a-t-il pas déchargée de l'accusation dont il a eu l'infamie de me noircir?

WRIOTHESLEY.

Madame, Marc, avant de monter l'échelle, a confirmé tous ses aveux; en mourant, il confessait encore qu'il recevait la mort justement.

ANNE BOLEYN.

Ah! j'ai bien peur pour son âme!... Dieu le fera souffrir pour avoir menti!... il lui infligera le châtiment dû à tout faux témoignage!.. (*S'adressant à son frère et à ses compagnons d'infortune.*) Mes amis, nous prierons tous pour lui!... (*Elle s'approche de la princesse Marie.*) Madame, daignez m'excuser,... je vous savais,... je vous sentais là.... près de moi;... mon cœur en était fier!... il battait de joie et de reconnaissance!... et cependant, avant de vous remercier comme je le dois, j'ai voulu que ceux que j'aimai, et dont je cause la mort, reçussent devant Votre Altesse ces dernières marques de mon affection. Votre présence ici, madame, est pour eux et pour moi un grand sujet d'orgueil et de consolation!... S'il était vrai que je fusse coupable du crime dont ces messieurs ont la prétention de m'avoir convaincue, quelque effronterie qu'ils veuillent bien me prêter, comment, au moment de paraître devant Dieu, aurais-je poussé l'audace jusqu'à me jeter, sous vos yeux, dans les bras incestueux de mon frère, et de vous offenser avec cette impudeur, vous, lady Marie, qui êtes la vertu et la pureté mêmes!... Ah! je vous le demande, madame, est-ce possible?... est-ce croyable?... (*S'appro-*

chant du vicomte de Rocheford et le pressant contre son sein.) Non, je le jure sur la vie de notre pieuse mère, jamais embrassement ne fut plus pur, plus saint, plus exempt de trouble et de remords!...

(*De nouveaux cris de vive la princesse Marie partent du dehors.*)

LE DUC DE NORFOLK.

Que faut-il penser?... Vous ici, lady Marie?... Vous aussi, mon fils?... Entendez-vous ces cris séditieux?... Est-ce donc une insulte à la justice du parlement?... est-ce une alliance avec les ennemis du roi?...

ANNE BOLEYN.

Si la princesse est venue, monsieur, c'est que je l'en ai suppliée,... c'est que j'ai un devoir à remplir envers Son Altesse!... (*Prenant avec déférence Marie par la main et la conduisant devant un fauteuil.*) Madame, veuillez vous asseoir.

MARIE.

Devant Votre Majesté?... Moi, madame, m'asseoir devant la reine?...

ANNE BOLEYN.

La reine! avez-vous dit.... L'ai-je bien entendu?... Est-ce bien vous?... est-ce bien la fille de Catherine d'Aragon?... Quoi? ce nom de reine refusé si courageusement aux menaces de votre père....

MARIE.

Aujourd'hui, madame, votre malheur me l'arrache!... et je vous le donne volontairement.

ANNE BOLEYN.

Quand on veut que je ne sois plus qu'une pauvre coudamnée ?... Ah! madame!... ah! lady Marie, vous êtes bien noble et bien généreuse !...

LE DUC DE NORFOLK.

Lady Anne Boleyn !... la cour ecclésiastique, après avoir préalablement invoqué le nom de Jésus-Christ, et n'ayant en vue que la plus grande gloire de Dieu, a prononcé que le mariage autrefois contracté, célébré et consommé entre vous et le roi Henri VIII, était et avait toujours été nul et invalide, et votre fille Élisabeth incapable de succéder à la couronne.

ANNE BOLEYN.

Quoi donc!... lord Piercy, en face de la croix, se serait-il démenti ?... Non!... non, milord, c'est impossible !...

NORFOLK.

Madame, la preuve de votre engagement mutuel a été découverte. Une lettre de la main de lord Piercy, écrite au cardinal Wolsey, et retrouvée à la secrétairerie d'État, ne laisse plus aucun doute sur le contrat qui vous liait au comte. Milords, messieurs, bon peuple chrétien, sont déclarés traîtres à l'État et coupables de lèse-majesté tous ceux qui défendraient la validité des mariages du roi avec Catherine d'Aragon et avec Anne Boleyn ; qui diraient que les enfants de ces deux lits sont légitimes, ou refuseraient de faire hommage aux enfants mâles, ou aux filles, que Sa Grâce pourrait avoir de lady Jeanne Seymour, qu'elle est sur le point d'épouser, et encore de toute autre femme que le roi épouserait dans la suite. Bon peuple, Sa Majesté accorde un plein pardon à tous ceux de ses sujets qui, pendant les débats de ce procès, se sont rendus coupables de trahison, en parlant mal de lady Anne Boleyn ou de sa fille Élisabeth. Toutes lois, défenses ou restrictions à cet égard sont révoquées.

ANNE BOLEYN.

Après de tels affronts, aurait-il bien la cruauté de me laisser vivre?

NORFOLK.

Les douleurs du supplice vous seront du moins épargnées, madame. L'arrêt qui vous condamnait à être brûlée vive ou écartelée, selon le bon plaisir du roi, n'a point reçu l'agrément de Sa Majesté. Notre bon et gracieux souverain, milady, a voulu se montrer clément. Sa justice s'est contentée d'ordonner que la tête vous fût tranchée : vous mourrez par la hache. Sa Majesté vous a fait grâce des flammes.

ANNE BOLEYN *sourit légèrement*.

Merci!... mais que Dieu préserve ma fille et mes amis de la clémence de votre bon et gracieux souverain!...

ANNE ASKEW, *indignée*.

Et l'arrêt d'une cour frappe de mort, comme épouse adultère, celle que la sentence d'une autre cour déclare n'être qu'une concubine?... Quel mélange inouï de barbarie et d'absurdité!... Milord comte Wriothesley, comment Votre Seigneurie peut-elle concilier ces deux arrêts?... S'il n'a pas existé de mariage entre le prince et lady Anne, comment est-il possible qu'elle soit coupable d'adultère?... La raison veut que la sentence de mort soit révoquée!...

WRIOTHESLEY.

Vous êtes pointilleuse, ma belle demoiselle!... moi et le parlement, milady, nous avons pensé qu'il convenait que notre ignorance complète en un cas semblable fût guidée par la science et l'infaillibilité de l'Église;... et afin d'être juste envers tout le monde, je prierai instamment miss Anne Askew de vouloir bien considérer qu'avant que les lords spirituels eussent prononcé la nullité du mariage, lady Anne se trouvait déjà condamnée à mourir ;... et que le second jugement ne saurait avoir la vertu d'annuler l'autre.... La mort était acquise, ma chère mademoiselle !...

ANNE BOLEYN.

Admirablement raisonné.... pour un apprenti chancelier !... Je ne mets pas en doute, milords, que vous ne sachiez parfaitement pourquoi vous m'avez condamnée,... et si quelqu'un est en état d'examiner ma cause, ce doit être le roi : je l'en regarde comme le meilleur juge. Je ne vous en veux pas. Dieu veuille pardonner à tous ceux qui ont désiré ma fin !... Mais je vous déclare encore que je suis pure de tous les crimes dont vous m'accusez. Dieu, qui lit dans le fond des cœurs, ce juste juge, ce juge des pensées secrètes et des actions des hommes, sait si jamais j'ai trahi mon époux. Ce que je vous dis, milords, je le répéterai sur l'échafaud. Et ne croyez pas que je parle ainsi pour éviter la mort; car depuis que je suis en prison, j'ai bien appris à mourir. Quant à mon pauvre frère, et à ces autres infortunés, mes prétendus complices, je voudrais souffrir mille morts pour les sauver. Mais puisque telle est la volonté du roi, je les accompagnerai jusqu'au ciel, et nous unirons nos prières pour le prompt repentir et le salut de Sa Majesté !... Je souhaite que Dieu lui pardonne un si grand péché! Puisse-t-il ne pas lui demander, au jour du jugement universel, un compte rigoureux de sa cruauté envers moi. Nous paraîtrons bientôt l'un et l'autre à son tribunal, où, quelque chose que le monde puisse penser de ma conduite, mon innocence sera tout à l'heure démontrée.... *Elle s'approche gracieusement du lord maire.* Soyez le bienvenu, milord. C'est, je crois, Votre Seigneurie qui, dans ce même lieu, m'a fait l'honneur de me complimenter, le jour de mon couronnement?

LE LORD MAIRE.

Oui, madame; et malgré tout l'éclat de sa jeunesse, Votre Majesté me parut moins belle encore qu'en ce moment!

ANNE BOLEYN, *avec gaieté*.

Je crains, milord, qu'à mon retour de cette cérémonie, Votre Seigneurie ne me trouve le visage un peu changé.

LE LORD MAIRE, *au shérif*.

Elle a des mots de Thomas Morus!

LE SHÉRIF.

Oui, c'est la gaieté et l'humeur caustique du chancelier!

LE LORD MAIRE.

C'est une mort semblable, aussi enjouée!...

ANNE BOLEYN, *qui s'est approchée des députations*.

Que Dieu soit avec vous tous, messieurs, et avec notre seigneur et maître le roi!... et qu'il lui accorde d'intègres et de fidèles conseillers!... Je pourrais désirer, sans doute, que ceux qui ont cherché à me faire périr fussent plus chrétiens; mais je quitte le monde sans regret, et je vous dis adieu, vous priant de joindre vos prières à celles que je vais adresser à mon Créateur.

LE DUC DE NORFOLK.

Madame, il faut déposer le diadème, le collier et le manteau royal; vous ne pouvez garder les insignes de la royauté.

ANNE BOLEYN, *froidement*.

Il n'est pas temps encore, monsieur le duc; avant cela, j'ai à m'acquitter d'un devoir indispensable!... (*Elle s'ap-*

proche de la princesse Marie.) Madame, cette fois il faut que vous preniez place dans ce fauteuil.

MARIE.

Vous le voulez, madame?...

ANNE BOLEYN, *d'un ton pénétré.*

Je l'exige.

(*Marie s'assied. Anne Boleyn se met à genoux devant elle.*)

MARIE.

Que faites-vous, madame?... à genoux devant moi?...

ANNE BOLEYN.

Cette posture est celle qui convient. Madame, sur mon salut éternel, je le jure encore entre vos mains, j'ai toujours été pour le roi une épouse loyale et fidèle; je ne mérite pas cette mort. Mais j'ai eu de grands torts envers votre mère et envers vous; j'ai attiré volontairement sur elle et sur vous de cruels affronts; voilà mon crime véritable, et dont j'éprouve un vif repentir. Madame, je vous supplie de me pardonner mes offenses et tout le mal que je vous ai fait.

MARIE, *la relevant.*

Madame, miss Catherine Parr et miss Anne Askew en ont été les témoins, ma mère, avant de mourir, vous avait pardonné. Soyez assurée que je ne garde aucun ressentiment de tout ce qui s'est passé. Je plains sincèrement votre malheur.

(*Anne détache son manteau et le remet au duc de Suffolk.*)

ANNE BOLEYN.

Ce manteau est lourd à porter; mais on le garde peu de temps. Monsieur Charles, lorsque tout à l'heure vous en revêtirez la reine Jeanne Seymour, veuillez, je vous prie, lui dire le vœu que j'ose former pour elle : je lui souhaite de mourir avant que le roi ait cessé de l'aimer. (*Elle prend le diadème placé sur sa tête, et le dépose sur la table près de laquelle se trouve la princesse Marie.*) Madame, c'est devant vous que cette couronne fut mise sur mon front ; il était juste qu'elle me fût ôtée en votre présence.... Si jamais elle devait revenir entre vos mains, puisse ce retour de votre fortune ne coûter aucun sacrifice à votre cœur, et favoriser toutes vos espérances !...

NORFOLK.

Lady Anne, vous aurez à quitter, avec le titre de reine, ceux de princesse et de marquise de Pembroke, dont le roi vous avait précédemment décorée....

ANNE BOLEYN, *souriant*.

Ma désobéissance, monsieur, ne saurait jamais être bien longue ! (*S'adressant au comte de Surrey.*) Mon cousin, mon ami, il n'a pas été accordé à votre vaillance d'en appeler en ma faveur au jugement de Dieu : les lois de la chevalerie, les pieux usages de notre vieille Angleterre, s'en vont avec toutes ses libertés. Il ne vous a pas été permis davantage de venir me défendre à la barre, comme avocat ; mais votre plume, je l'espère, fera ce que n'a pu faire votre épée. Poëte, le comte de Surrey ne peut pas moins pour ma gloire que Thomas Wyatt ou Clément Marot.

LE COMTE DE SURREY.

Croyez, reine, que je saurai la défendre !...

ANNE BOLEYN.

Puisse cette belle Géraldine, que je crois connaître, devenir un jour la récompense de votre courage et de votre générosité !... (*Elle prend une bourse placée sur la table, et la présente à sir Nicolas Brands.*) Monsieur, je prends congé de nos pauvres. Je désire du fond du cœur qu'ils veuillent tous prier pour moi. Voici une grande tragédie!... Vous avez été satisfait, je crois, de la bonne mine que fit le duc de Buckingham en recevant la mort; je me flatte que vous ne serez pas trop mécontent de nous.... Ne faut-il pas aller de bonne grâce où l'on ne peut s'empêcher d'aller?

BRANDS, *les larmes aux yeux.*

Ah! madame!... madame!...

ANNE BOLEYN, *à Wriothesley.*

Monsieur le comte, laissez approcher M. Brands.... C'est un grand et difficile connaisseur en toutes choses; il trouvera, j'espère, que je sais bien mourir!...

BRANDS, *sanglotant.*

Seigneur Jésus!...

ANNE BOLEYN, *avec une légère ironie.*

Pourquoi ces regrets, monsieur?... Votre roi ne me traite-t-il pas avec plus de bonté que je n'ai mérité?... ses bienfaits ont toujours été croissant pour moi : de simple particulière il m'a faite dame; de dame, marquise; de marquise, reine; et ne pouvant plus m'élever ici-bas, de reine dans ce monde, il va me faire sainte dans l'autre!... Ah! monsieur, ah! c'est bien le plus aimable et le plus gracieux prince qui ait jamais existé!...

SCÈNE XVIII.

Les précédents, CROMWELL, CRANMER, ELISABETH.

(Cranmer tient Élisabeth par la main.)

NORFOLK.

Ciel! Cranmer!

ANNE BOLEYN.

Elisabeth!...

ÉLISABETH *court dans les bras de la reine.*

Ma mère!...

ANNE BOLEYN *la couvre de baisers.*

Ah! mon enfant, tu ne m'as jamais fait tant de bonheur!... (*A Cranmer.*) Quoi? monsieur l'archevêque, le roi aurait-il permis....

CRANMER.

Madame, j'ai fait d'inutiles efforts pour arriver jusqu'à lui : ses ordres étaient formels; mais j'ai couru à l'appartement de la princesse, et personne n'a osé m'arracher votre enfant.

ANNE BOLEYN.

Élisabeth, comme tu me regardes?

ÉLISABETH.

Ma mère, c'est pour bien me souvenir de toi!

ANNE BOLEYN.

Que dis-tu? comment? tu sais....

ÉLISABETH.

Oui, maman, je sais que tu vas mourir; que je ne dois plus te revoir que dans le ciel,... près du bon Dieu;... et maintenant que je t'ai bien regardée,... tu m'as dit souvent que j'ai de la mémoire,... oh! maintenant, bonne mère, je n'ai plus besoin du portrait que mon ami Holbein a placé au dessus de mon lit.... Ta belle figure, les yeux si doux, ta bouche que j'ai baisée tant de fois,... va, bonne mère, jamais je ne les oublierai !...

ANNE BOLEYN, *à Cranmer*.

Merveilleuse enfant!... Quelles espérances n'en doit-on pas concevoir?... que sera-t-elle un jour ?... (*A Élisabeth*) Que d'efforts tu fais pour retenir tes larmes !... Ah !... pleure, pleure, Elisabeth !... quand donc serait-il permis de pleurer, si l'on ne pouvait pleurer, quand on va perdre sa mère ?...

ÉLISABETH.

Ah! non, non, je ne veux pas pleurer !... je ne jetterai pas un seul cri !... Milord de Cantorbéry me l'a fait promettre,...j'ai du courage,... j'en aurai !... Cette nuit,... on ne me verra pas,... je pourrai pleurer !... *Elle fond en larmes et se jette dans les bras de sa mère.*) Ah! maman! maman! maman!... (*Elle essuie les larmes de la reine.* Oh! toi-même, toi, chère mère, ne pleure pas! Si on savait que la reine a pleuré?... ma tante Marguerite serait si contente d'apprendre que tu as pleuré !...

ANNE BOLEYN.

Mon enfant, qui donc t'a dit le sort de ta mère ?

ÉLISABETH.

Leurs regards !... leur silence !... leur abandon !...

ANNE BOLEYN.

Déjà?

ELISABETH.

On parlait bas,... j'écoutais,... je voyais tout,... j'ai deviné!... et hier au soir, le petit Édouard Wriothesley,... lui, qui autrefois faisait tout ce je voulais?...

ANNE BOLEYN.

Eh bien?...

ÉLISABETH.

Il a refusé de jouer avec moi!... il m'a repoussée!... « Laisse-moi! m'a-t-il dit; va-t'en! va-t'en!... tu n'es plus princesse de Galles!... tu n'es pas plus que nous!... tu es comme l'autre!... va, va jouer avec la sœur Marie!... » L'ingrat!.. ah! c'est bien mal!... moi qui l'aimais tant!... tout ce que j'avais, je le lui donnais!... (*Se tournant vers le comte Wriothesley.*) Et son père?... son père?... si, par hasard, je laissais tomber mon mouchoir,... il se précipitait,... il se jetait à terre pour le ramasser!... et maintenant.... Mais le roi m'aime toujours!... hier je m'en suis bien aperçue!... le roi peut tout!... et quand je veux bien une chose je sais comment l'obtenir!...(*Elle regarde tour à tour le duc de Norfolk, le duc de Suffolk, le comte Wriothesley, et les lords commissaires.*) Ces hommes qui t'ont fait tant de peine,... je les connais!... (*A voix basse.*) Et un jour,... oh! oui,... si je puis,... ma mère, je te le promets,... un jour, je te vengerai!...

ANNE BOLEYN.

Ma fille?

ÉLISABETH.

Ces méchants, je les punirai tous!...

ANNE BOLEYN.

Ma fille!... ah! garde-toi d'imiter ton père!... oui, ma chère enfant, je suis innocente, et je vais mourir. Mais c'est la volonté de Dieu : soumets-toi, mon pauvre cœur, aux décrets de la Providence, et pardonne à ceux qui m'ont condamnée. Chère fille, prie pour moi soir et matin,... et moi je prierai pour toi et pour tous nos amis!...

CROMWELL *s'approche de la reine et lui dit à voix basse :*
Madame,... deux mots!...

(*Anne Boleyn fait quelques pas pour s'isoler davantage des différents groupes dont elle est entourée. Élisabeth est près d'elle, prêtant l'oreille. — Cromwell est à la droite de la reine; Cranmer à sa gauche.*)

CRANMER, *à voix basse.*

Madame, le zèle du roi pour la saine doctrine ne se dément pas. Dieu, qui lui a commis la défense de son Évangile, l'a sauvé des piéges que vos ennemis lui avaient dressés; tout projet de raccommodement avec Rome est rompu.

CROMWELL, *de même.*

Cassali, l'envoyé secret de Paul III, que le duc de Norfolk se promet de présenter ce soir au roi, a reçu l'ordre de sortir du royaume. L'ambassadeur de Charles V, don Capucius, retourne à Madrid, tandis que le docteur Barnes part demain pour Clèves, avec le jeune comte Frédérick de Valberg, pour négocier une ligue entre Sa Majesté et les princes de la confession d'Augsbourg, assemblés à Smalkade!

CRANMER.

Demain, deux lois seront portées aux communes, afin d'anéantir les derniers vestiges de la tyrannie romaine!...

CROMWELL.

Malgré l'illégitimité prononcée par le parlement, le roi reconnaît lady Élisabeth pour sa propre fille, et veut qu'elle soit élevée sous ses yeux!... (*Élisabeth presse la main de sa mère en souriant.*) Le statut laisse au roi le pouvoir de la remettre dans la ligne des héritiers, et de lui rendre le rang dont un caprice passager vient de l'exclure. L'affection du roi est sujette à des retours. Qui sait, avant peu, ce qu'il adviendra de Jeanne Seymour?... Lui donnera-t-elle un fils!... ce fils vivra-t-il?... Qui peut prévoir les desseins de la Providence?... Cranmer et Cromwell restent tout-puissants, madame!... Ce qu'autrefois ils ont voulu pour la mère, un jour ne pourront-ils pas le vouloir encore pour la fille?... A leurs yeux, lady Élisabeth cessera-t-elle d'être princesse de Galles?...

ANNE BOLEYN, à part.

Il y a du prêtre, du démon dans cet homme! (Haut.) Eh bien, milords?... Eh bien, qu'attendez-vous donc de moi?

CRANMER.

De la modération, madame!... une prudente mesure dans vos dernières paroles. Catherine d'Aragon, par son opiniâtreté, attira sur sa fille toute la colère du roi.... Madame, soyez plus sage,... n'enveloppez pas la vôtre dans vos malheurs!...

ANNE BOLEYN.

Quoi? quoi donc? Que voulez-vous?... que, par mon silence, je me reconnaisse coupable d'une faute dont, je le répète, je n'eus de mes jours seulement la pensée?... Ne savez-vous pas mon innocence, monsieur?... n'avez-vous pas, cette nuit, reçu ma confession?... Et vous voulez que du haut de l'échafaud je n'adresse aucune parole au peuple?... à ce peuple, encore indécis, qui peut-être n'attend que mes dernières paroles, ou mon dernier regard, pour m'absoudre ou me condamner?... La manière de porter sa tête, de se présenter à la mort, pour lui, c'est la marque du crime ou de l'innocence!... c'est l'épreuve décisive!... et vous voulez que je baisse les yeux?... Vous voulez que je me taise?... Ah! je ne pâlirai pas plus devant le bourreau que devant mes juges!...

CROMWELL.

Madame, c'est le désir du roi.

ANNE BOLEYN.

Comment?

CROMWELL.

C'est une prière que Sa Majesté vous fait.

ANNE BOLEYN.

Une prière?... tu l'entends, ma fille?

CRANMER.

C'est beaucoup demander sans doute.... Ah! madame, que votre tendresse maternelle l'emporte sur l'indignation que doit exciter en vous l'iniquité de la sentence!... Marc Smeaton s'est repenti.

ANNE BOLEYN.

Quoi?...

CRANMER.

Oui, madame, en présence de plusieurs gentilshommes, Marc, avant de mourir, s'est rétracté de son accusation. Le roi doit le savoir!... il le saura!... Tout en disant assez pour faire connaître votre innocence, madame, choisissez du moins des expressions dont son orgueil ne puisse s'irriter. Sa conscience vous en tiendra compte,... et bientôt le remords se fera sentir!... Madame, ne flétrissez pas, ne maudissez pas le père d'Élisabeth!...

ANNE BOLEYN, *à part*.

Papistes ou protestants, chez tous le même esprit! Toujours la même douceur de langage!... Toujours le même mobile,... l'intérêt! (*Haut.*) Milords, je vous comprends,... rassurez-vous!... Je me souviens de ce que je vous dois,... je ne serai point ingrate;... sur l'échafaud, j'aurai grand soin de ne pas compromettre mes amis.

CROMWELL.

Ah!

CRANMER.

Ah! madame,... fiez-vous à moi!... Reposez-vous sur la fidélité, sur le zèle de vos évêques, pour venger votre mémoire!... Bientôt, madame, votre innocence brillera d'un tel éclat, que votre fille elle-même craindra de la ternir, en songeant à la démontrer!...

ANNE BOLEYN, *avec la plus grande noblesse.*

Eh bien, milord, je pardonne au roi, je lui pardonne son crime, et le livre pour tout supplice à sa conscience. Oui, je vaincrai toute pensée, toute émotion de haine et de colère; je vous promets de ne pas parler au peuple. Pour Élisabeth, je ferai cet effort. Après cela, mon enfant, dira-t-on encore que ta mère ne t'aimait pas?...

(*L'horloge de la Tour sonne une heure. Une musique joyeuse s'élève aussitôt des jardins de White-Hall. La cloche du beffroi tinte. Des chants funéraires retentissent dans la chapelle de Saint-Pierre ès Liens. La porte qui mène à la plate-forme s'ouvre. Kingston se présente, l'épée à la main; derrière lui sont Antoine Anthony et trois hommes d'armes, le tranchant de leur hache tourné du côté du visage des condamnés.*)

SCÈNE XIX.

Les mêmes, KINGSTON, Antoine ANTHONY, trois Hommes d'armes.

KINGSTON, *à la reine.*

Madame....

ANNE BOLEYN, *d'un air noble et doux.*

Oui,... voici le moment. (*Elle s'approche de lui, et lui*

prend la main.) Ne pleurez pas, mon bon ami, je prierai pour vous dans le ciel, et pour lady Kingston. Consolez-vous; du courage, nous nous reverrons là-haut! (*Avec enjouement.*) Le roi, milords, est en toutes choses d'une ponctualité rare! (*Elle s'avance près de la fenêtre.*) Et d'un bonheur!... A peine part-il de White-Hall, que le soleil se montre?.. On n'est pas plus heureux!... Tout lui vient à souhait!...

ÉLISABETH.

Mère, qu'est-ce donc?

ANNE BOLEYN.

C'est ton père, ma fille.

ÉLISABETH.

Quoi? Vient-il ici?

ANNE BOLEYN.

Oui.

ÉLISABETH.

Et pourquoi faire?

ANNE BOLEYN.

Pour se marier.

ÉLISABETH.

Aujourd'hui?

ANNE BOLEYN.

Ce soir.

ÉLISABETH.

Qui épouse-t-il?

ANNE BOLEYN.

Jeanne Seymour.

ÉLISABETH.

Ta fille d'honneur?

ANNE BOLEYN.

Oui, c'est par là qu'on commence.

ÉLISABETH.

Et toi?... où vas-tu?

ANNE BOLEYN.

Moi, ma fille?... Je vais rejoindre Catherine d'Aragon.

ÉLISABETH.

O mon Dieu !...

(*Le vicomte de Rocheford embrasse tendrement Norris, Waston et Brereton.*)

LE VICOMTE DE ROCHEFORD.

Allons, amis, allons gagner l'heureuse étrenne que Dieu nous a promise !... Allons devant la face du grand roi.

NORRIS, *s'adressant à Norfolk et à Cromwell.*

Milords, j'étais l'ami de Henri VIII !... Instruisez-vous par mon exemple.

BRERETON.

Messieurs, si vous me jugez, jugez-moi en conscience !...

WASTON.

Bonne et généreuse mère !... Tes cent mille écus n'ont pu racheter la vie de ton enfant !...

(*Kingston se place à la tête des hommes d'armes et se dirige vers la plate-forme. Le vicomte de Rocheford, Norris, Waston et Brereton tournent les yeux sur la reine avec attendrissement. Anne Boleyn leur indique Élisabeth du regard, et met le doigt sur ses lèvres, afin de les inviter au silence.*)

ANNE BOLEYN.

Chut !...

(*Ils s'éloignent, accompagnés du lord maire, du shérif, des aldermen, de sir Nicolas Brands, et de la députation des corporations.*)

BRANDS, *au lord maire.*

Pauvre reine !... pauvres jeunes gens !... Croyez-le bien, milord, tous sont innocents !...

LE LORD MAIRE.

Quant à moi, monsieur, j'en suis pleinement convaincu !... Sans l'amour du roi pour Mlle Seymour, jamais il n'eût été question des prétendus crimes de la reine: on n'eût parlé que de ses vertus et de sa beauté!... Mais que voulez-vous, mon cher monsieur, lorsque une fois une personne se trouve accusée,... c'est sans doute très-fâcheux pour elle!... mais l'honneur du roi exige qu'elle soit condamnée.

LE SHÉRIF.

Je crois bien!... Et si, au pied de l'échafaud, un seul de ces gentilshommes allait nier l'équité de sa sentence, ce serait une chose très-offensante pour le prince!...

UN DES ALDERMEN.

Après tout, messieurs, Anne Boleyn n'est pas née reine!...

UN AUTRE ALDERMAN.

Ni même princesse!...

LE LORD MAIRE.

C'est extrêmement juste, monsieur, ce que vous dites là!... Je le répéterai.

SCÈNE XX.

Les mêmes, *excepté* le vicomte de ROCHEFORD, NORRIS, WASTON, BRERETON, KINGSTON, Antoine ANTHONY, le lord Maire, le Shérif, les Aldermen, BRANDS *et* la Députation des Corporations.

Anne Boleyn, *qui s'est approchée d'Anne Askew et de Catherine Parr.*

Mesdemoiselles, est-ce trop espérer de votre charité que de vous demander le dernier service que déjà vous avez rendu à Catherine d'Aragon ?

CATHERINE PARR.

Ah! madame....

ANNE ASKEW.

J'étais venue dans ce dessein.

ANNE BOLEYN.

Hélas! ce sont des soins que je voudrais pouvoir récompenser.... Anne Askew, souvenez-vous de moi!... Estimez toujours votre honneur plus que votre vie.... Et dans vos prières au Seigneur Jésus, n'oubliez pas d'intercéder pour mon âme! (*Elle prend le crucifix qu'elle a placé sur la table, le baise avec ferveur, et dit à Catherine Parr:*) Mademoiselle, veuillez, je vous prie, porter ce crucifix devant moi. Rien ne sied mieux au chrétien qui va mourir, que l'image de son Rédempteur.

(*Elle prend Élisabeth par la main et la conduit devant la princesse Marie.*)

ÉLISABETH.

Quelle est cette dame?

ANNE BOLEYN.

Mon enfant, c'est la fille du roi et de la reine Catherine d'Aragon,... Mme la princesse Marie.

ÉLISABETH.

Ma sœur?... Dieu! qu'elle est belle!... et qu'elle a l'air bon!

ANNE BOLEYN.

Madame, ma fille aura besoin d'une mère!

MARIE.

Ma sœur, voulez-vous bien m'embrasser?

ÉLISABETH.

Moi?... Oh! oui, de tout mon cœur!

(*Marie lui ouvre ses bras: Élisabeth saute à son cou. Anne Boleyn les considère, les yeux baignés de larmes.*)

ANNE BOLEYN, *à Cranmer.*

Quel retour!... quel changement!... Hélas! elles n'ont plus rien à envier l'une à l'autre!... Toutes deux bâtardes! toutes deux exclues du trône! Puisse ma mort rendre leur amitié durable!... (*D'une voix basse et étouffée.*) Adieu, mes enfants!... Élisabeth!... ma fille chérie!... je te bénis!... Adieu!.. éternel adieu! au revoir!... au revoir dans le ciel!...

(*Elle pose une de ses mains sur le bras de Cranmer, et sort lentement, en envoyant de l'autre main mille baisers à Élisabeth. Pendant ce temps Marie attire sa sœur d'un autre côté, afin d'occuper son attention.*)

NORFOLK, *à Catherine Howard.*

Restez, ma nièce!

ANNE ASKEW *saisit fortement le bras de Catherine Howard, en jetant les yeux sur Norfolk et sur Cromwell.*

Viens!... il est bon d'apprendre à bien mourir!...

(*Cromwell, Norfolk, Suffolk, Wriothesley et les lords commissaires suivent les jeunes filles. Le comte de Surrey et lady Kingston restent avec Marie et Élisabeth.*)

SCÈNE XXI.

LE COMTE DE SURREY, LADY KINGSTON, MARIE, ÉLISABETH.

ÉLISABETH, *à Marie.*

Madame, on me disait que vous ne vouliez plus revenir près de mon père,... et que j'en étais cause?

MARIE.

En étiez-vous fâchée?

ÉLISABETH.

Mon Dieu, non.

MARIE.

Et pourquoi?

ÉLISABETH.

On me faisait si grand'peur de vous!

MARIE.

Et qui donc?

ÉLISABETH.

Ma tante Marguerite!

MARIE.

Que vous disait-elle?

ÉLISABETH.

Que vous voudriez me voir morte!

MARIE.

Moi?

ÉLISABETH.

Ce n'est pas vrai, n'est-ce pas?

MARIE.

Dieu le sait,... jamais je n'ai souhaité la mort de personne.

ÉLISABETH.

Comment ai-je pu la croire?... Oh! c'est bien mal de mentir!... le bon Dieu la punira!... Ma sœur, je ne veux pas que le roi m'aime plus que vous,... ce n'est pas juste,... ce soir, je le lui dirai.... Ne sommes-nous pas toutes les deux ses filles?... Deux sœurs doivent être traitées de la même manière,... pas de préférence!.. et si jamais mon père se met en colère contre vous ou contre moi, comme il s'y est mis, à cette belle fête de Greenwich,... vous demanderez grâce pour moi, et moi pour vous!... Serez-vous bien contente d'avoir près de vous une bonne et bien gentille petite sœur qui ne vous quittera pas,... qui vous caressera,... qui vous dira tout,... tout ce qu'elle pense!...

MARIE.

Oui.

ÉLISABETH.

Oh! que je désirais vous voir!... Marie, belle sœur Marie, dites, me trouvez-vous un peu jolie?

MARIE.

Charmante !...

ÉLISABETH.

Que vous êtes bonne!... (*Se retournant.*) Ah! chère maman, je suis bien heureuse!... Ma mère!... ma mère!... où donc est-elle?

MARIE, *au comte de Surrey.*

Que lui dire?

ÉLISABETH *prête l'oreille.*

Là,... je crois entendre.... Oui, c'est sa voix!... c'est elle qui parle!... (*Après quelques moments.*) Quel silence !...

CATHERINE HOWARD *jette un cri.*

Ah !...

ÉLISABETH.

Quel est ce cri?... Ma mère! ma mère! qu'est devenue ma mère?...

(*Elle s'élance vers la porte par laquelle la reine est sortie: Marie l'arrête. Un coup de canon part de la Tour.*)

ÉLISABETH.

Qu'est-ce donc?... Ma mère!... ma mère!...

MARIE.

Mon enfant, prions pour elle.

(*Elle presse Élisabeth contre son sein, et s'agenouille avec elle sur le prie-Dieu, en l'enveloppant de ses bras.*)

SCÈNE XXII.

Les précédents, Catherine HOWARD, KINGSTON, quatre Fossoyeurs, CRANMER, CROMWELL, Anne ASKEW, Catherine PARR.

CATHERINE HOWARD, *pâle et reculant d'effroi.*

Ah!... ah! Dieu!... ses yeux et ses lèvres se meuvent encore!... (*Elle tombe sur un fauteuil.*)

(*Le son des tambours, des trompettes et des hautbois se rapproche. — Kingston, l'épée nue, se dirige vers l'escalier par où l'on descend à la chapelle de Saint-Pierre ès Liens. — Un brancard, recouvert d'un drap blanc, traverse la salle, porté par quatre fossoyeurs. — Cranmer et Cromwell, dont l'attitude exprime une profonde douleur, suivent la bière. Après eux, viennent Anne Askew et Catherine Parr, en récitant à haute voix les psaumes des morts.*)

LE COMTE DE SURREY.

Cranmer!... Cromwell!... ceux qui l'ont faite reine, derrière son cercueil!...

(*Marie se lève, en tenant Élisabeth par la main; les fossoyeurs s'arrêtent : Cranmer et Cromwell s'inclinent respectueusement.*)

SCÈNE XXIII.

Les mêmes, le duc de SUFFOLK.

SUFFOLK.

Lady Marie, M. le vicomte de Beauchamps vous attend à la porte des Traîtres, pour vous reconduire à Grafton avec madame Élisabeth. Monsieur le comte de Surrey, le roi vous défend sa présence.

(Marie ne répond pas et prend place avec sa sœur derrière le cercueil. Les fossoyeurs se remettent en marche, et le cortège s'éloigne lentement.)

SCÈNE XXIV.

Lady KINGSTON, Catherine HOWARD, SURREY, SUFFOLK.

SURREY *s'approche de Catherine Howard.*

Ma cousine, on doit avoir besoin de consolations au château de Witshire!...

CATHERINE HOWARD *se lève et lui tend la main.*

Henri, vous prévenez mes vœux. Je suis prête à vous suivre.

SCÈNE XXV.

Les mêmes, NORFOLK, WRIGTHESLEY, le marquis d'EXETER, les comtes d'ARUNDEL, d'OXFORD, de WESTMORELAND, de DERBY, de WORCESTER, de RUTLAND, de SUSSEX, de HUNTINGTON, le lord SANDS.

NORFOLK.

Henri! Catherine! où donc allez-vous?

CATHERINE HOWARD.

Jeter de l'eau bénite et un peu de terre sur la fosse de la reine.

SURREY.

Et de là, monsieur, nous irons joindre nos prières et nos larmes à celles de notre vieille grand'mère.

(*Le comte de Surrey, Catherine Howard et lady Kingston sortent par la porte latérale qui conduit à la chapelle de Saint-Pierre ès Liens. Des fanfares retentissent au pied de la Tour. Wriothesley s'élance à l'une des fenêtres.*)

SCÈNE XXVI.

LES MÊMES, *excepté* SURREY, CATHERINE HOWARD *et* LADY KINGSTON.

SUFFOLK.

Le roi, milords!...

WRIOTHESLEY.

La reine!... Ah! lord John Russell est déjà près d'elle!... Volons, milords, volons au-devant du roi et de notre belle reine Jeanne Seymour!... Allons, allons louer hautement et remercier notre généreux souverain de ce cœur magnanime qui, malgré les infortunes qu'il a éprouvées dans son premier et dans son second mariage, l'a déterminé, pour le bien de ses sujets, à s'exposer courageusement à tous les risques d'un troisième!... Vive le roi!...

SUFFOLK *et* LES LORDS COMMISSAIRES *se précipitent en tumulte vers la porte qui conduit à l'entrée de la Tour.*

Vive le roi!... vive la reine!... vive la reine!...

(*Des concerts d'instruments et de voix, des acclamations, des cris de vive la reine Jeanne Seymour! s'élèvent de toutes parts.*)

SCÈNE XXVII.

NORFOLK, *absorbé dans ses réflexions.*

Quoi!... la mort de celle qui causa la rupture avec l'Église et l'Empire n'amènerait aucune réconciliation?... Marie et mon fils retournent en exil!... Cromwell et Cranmer survivent à la disgrâce de la femme qui les avait élevés!... et Gardiner et moi, nous n'aurions travaillé que pour eux et pour les Seymour?... Non, non!... il faut que demain Catherine Howard ait repris sa place auprès de la reine!...

(Il sort rapidement.)

FIN DU SEPTIÈME TABLEAU ET DU PREMIER VOLUME.

Ch. Lahure, imprimeur du Sénat et de la Cour de Cassation
(ancienne maison Crapelet), rue de Vaugirard, 9.

www.ingramcontent.com/pod-product-compliance
Lightning Source LLC
Chambersburg PA
CBHW071721230426
43670CB00008B/1082